管理应用型财会专业人才培养系列教材

高级财务管理

杨　昀　杜　剑　主编

科学出版社

北　京

内 容 简 介

本书以经典财务理论为基础，力求吸收最新财务管理思维和实务的同时，结合当前知识经济、经济全球化、互联网、大数据等背景，紧扣我国财务管理实践经验，全面、系统地讲解和论述了目前学术界对高级财务管理体系、框架和内容的基本共识。本书主要内容包括：高级财务管理导论，企业价值评估、管理与创造，企业业绩评价，财务治理理论，财务战略，行为财务理论，公司治理，财务预警与风险管理，企业并购，国际财务管理，企业集团财务管理等内容。本书各章节均附有相关案例，密切结合当前财务管理实践，使得本书更具备使用价值与可操作性。

本书适合高等学校财务管理、会计学、金融学高年级本、专科生及研究生使用，同时也适合经济管理类相关专业学生、从事财务管理学研究的学者和从事财务管理的实务工作者使用。

图书在版编目（CIP）数据

高级财务管理/杨昀，杜剑主编. ——北京：科学出版社，2021.5

管理应用型财会专业人才培养系列教材

ISBN 978-7-03-067574-3

Ⅰ. ①高… Ⅱ. ①杨… ②杜… Ⅲ. ①财务管理–高等学校–教材 Ⅳ. ①F275

中国版本图书馆 CIP 数据核字（2021）第 001462 号

责任编辑：王京苏 / 责任校对：王晓茜

责任印制：霍　兵/ 封面设计：蓝正设计

科学出版社 出版

北京东黄城根北街 16 号

邮政编码：100717

http://www.sciencep.com

三河市宏图印务有限公司印刷

科学出版社发行　各地新华书店经销

*

2021 年 5 月第　一　版　开本：787×1092　1/16

2024 年 1 月第四次印刷　印张：18 1/4

字数：429 000

定价：56.00 元

（如有印装质量问题，我社负责调换）

前　言

传统公司财务理论和实践主要关注的是企业的融资、投资、上市和分配等决策及其对企业市场价值的影响，忽视了现实企业内部财务运作、管控能力、企业价值评估和创造、企业内部绩效评价、公司治理、跨国经营、风险控制等问题。在当今经济全球化的新时代，财务学更需要关注和研究企业内部治理模式、经营战略、组织架构、盈利模式等企业经营管理的内容，因为财务业绩是企业管理的最终标准，提高财务业绩和公司价值的主要手段是能在竞争性商业市场上获得成功。创造价值最基本的方法就是识别、评估和采纳那些创造收益超过资本成本的战略和治理模式。衡量公司成功与否的最终标准也是价值是否增值。

本书是在现行企业财务管理的理论研究成果和实践经验的基础上，将企业经营置于新经济时代，以财务管理中特殊和复杂的业务管理、财务管理领域新问题及财务管理研究中尚不成熟的问题为研究对象，使学生了解和掌握高级财务管理理论与方法，致力于培养学生的分析、判断等综合能力，为社会培养高级财务管理人才。本书从理论、方法和实务等方面全面阐述高级财务管理的最新研究成果和企业实践，有以下三大特点。

（1）知识体系完整，内容更加完善。贴近现实，着眼未来，强调实用。本书在吸收国内外财务管理理论研究成果和实践经验的基础上，围绕企业价值创造的主线，以财务管理基本方法的应用为重点，系统地阐述新经济时代基于财务治理、公司治理、行为财务、企业战略、企业并购、国际财务管理、企业集团财务管理、财务风险预警体系的方法和实例，为读者提供了在复杂环境下进行企业财务管理的方法和运作思路。

（2）案例真实丰富，时效性更强。在本书中，每章设有开篇案例，概览全章主要内容，激起读者阅读的兴趣；在每章开头都列出了学习目标，使读者明了每章的学习任务，把握重点和难点；章后有思考题。本书的教学案例均来自最近几年企业的财务管理实践，贴近现实，有很强的参考价值。同时，在最后附上主要参考文献，读者可以进一步阅读有关论著和文章，以便对相关问题有更深入的了解。

（3）内容深度合适，兼顾介绍与探索。一方面，本书主要介绍经典的财务管理理论；另一方面，探索和剖析一些非主流甚至尚不成熟的财务管理思潮或实践活动，开阔读者的视野，活跃读者的思维，培养读者的创新思维能力。

党的二十大报告指出："我们要坚持教育优先发展、科技自立自强、人才引领驱动，加快建设教育强国、科技强国、人才强国，坚持为党育人、为国育才，全面提高人才自主培养质量，着力造就拔尖创新人才，聚天下英才而用之。”教材是教学内容的主要载体，是教学的重要依据、培养人才的重要保障。在优秀教材的编写道路上，我们一直在努力。

本书由贵州财经大学会计学院杨昀教授、杜剑教授担任主编，白世秀副教授和贵州理工学院刘宏副教授担任副主编。全书共十一章，各章分工如下：第一章至第三章由杨昀教授编写，第四章至第七章由杜剑教授编写，第八章、第十一章由白世秀副教授编写，第九章、第十章由刘宏副教授编写。最后由杨昀教授对全书进行了修订和总撰。硕士研究生况红俊、周彦均、左爽、叶勇、裴晋在后期的文字校对过程中做了大量基础性工作。

高级财务管理的结构安排一直是极具争议的课题。希望本书的出版能够为财经类院校财务管理专业教材建设提供一个新的思路。由于时间和水平有限，书中可能存在不妥之处，敬请批评指正。本书在编写过程中，参考了大量国内外财务管理专家和学者的著作，吸收了他们很多有益的观点。在此，谨向这些文献资料的作者表示衷心的感谢！本书的出版，得到了科学出版社编辑老师们的大力支持和帮助，他们为本书的编辑和出版付出了大量心血，在此表示诚挚的谢意！

编　者

2020 年 8 月 1 日

目 录

第一章　高级财务管理导论

学习目标

◇掌握财务管理的理论框架与理论基石

◇了解财务管理的发展历程

◇熟悉高级财务管理产生的背景及特点

◇掌握高级财务管理的内容和体系

【开篇案例】

新经济时代的财务管理模式

“互联网+”时代，伴随着需求、生产、能源等各类资源与各类经济信息的全球互联与全球共享，人类社会的经济交往大大突破了时间、空间和成本的障碍，各行业原有的壁垒被打破，经济发展日趋全球化、一体化。近年来，随着“中国制造2025”战略、“走出去”战略、“一带一路”倡议等的提出，大批国内大中型企业逐渐在世界经济舞台上崭露头角。

在“互联网+”的时代浪潮中，面向全球市场的我国企业，如何在全球化的世界经济竞争格局中，充分利用互联网技术与信息技术进行财务转型，成为目前急需解决的问题。财务共享服务模式就是近年来在信息技术与“互联网+”背景下形成并迅速推广开来的一种新型财务管理模式。

华为于1987年在深圳创立，2005年，华为的海外合同销售额首次超过国内，同年又在IBM公司的帮助下成立了中国成都、中国深圳、马来西亚、罗马尼亚、毛里求斯和阿根廷六个财务共享中心，旨在解决传统财务管理模式的不足。在传统模式下，华为母公司和子公司之间采用链条式的财务管理模式，所有子公司都设置了独立的财务部门，财务信息又需要逐级汇总上报。这种冗余的组织架构产生了大量的人工成本，松散的财务管理体系则造成了信息孤岛，增加了财务信息在不同地区、不同层级间传递时延迟与失真的可能。2007年，华为再次与IBM合作，启动集成财经服务（integrated financial service，IFS）变革，从销售合同和采购合同开始，再到项目经营管理，最后到责任中心经营管理，不断拉近财务与业务之间的联系，从而建立了完整的以业务为导向的财经管理体系（华为财经管理的“财”是指财务，“经”是除了技术方向外的全部经济活动，包括供应链、行政、后勤、物流、基建、研发等，强调财务管理要融入项目和业务）。

如今，华为集团年销售收入由2005年的453亿元增长至2018年的7 212亿元，位列我国民营企业500强榜首。业务增长离不开科学的财经管理体系的支持，先进的财务共享模式提供的高效账务处理发挥了基础性作用。本案例对华为财务共享模式的组织环境建设、管理标准设计、财务流程再造、信息平台应用等方面加以分析。

一、华为财务共享的组织环境建设

通过组织环境设计，可以明确财务共享中心与企业其他部门及财务共享中心内部的权责关系，推动企业高效协调运行和整体目标实现。华为对于财经管理的定位十分明确，即有效执行核心财务活动，积极协同业务共同管理经营绩效及风险，通过公允、准确的财务信息支撑业务持续提高经营绩效，在扩张与控制中实现平衡。因此，在业务导向下，华为构建了包含财务能力中心（center of expertise，CoE）、财务业务伙伴（business partner，BP）和财务共享中心三大职能模块的财经管理体系。华为在建立财务共享中心时，并非只考虑规模效应和节约成本，而是结合业务场景建立多级共享的模式。具体如下：将流程规范、数据准确的业务集中到位于中国成都和马来西亚的全球性财务共享中心处理，从而节省经营成本，如应收账款、固定资产和关联交易等；将流程不健全、不规范或涉及税务的业务留在区域性的财务共享中心进行处理，以满足业务需要，其中包括应付账款、存货成本和财务报告等。

二、华为财务共享的财务流程再造

华为将业务流程Owner（所有者）作为交易数据质量管理第一责任人，并将账务处理从业务中剥离出来，建立了垂直管理的账务系统，对账务管理提出“不为客户负责，不为业务负责，不为领导负责，为真实性负责”的要求，从而保证账务处理的公允性，对业务行为产生有效的监督和制衡。进一步地，通过对财务共享进行流程再造，将内部控制机制固化到规范化、标准化的财务流程，保证财务管理合规、高效，从而推动财务报告数据能够更好地服务业务。

三、华为财务共享的管理标准设计

1998年，毕马威帮助华为实现了会计制度、财务流程、数据编码和表格模板的“四个统一”，即会计制度标准化、财务流程标准化、数据编码标准化、表格模板标准化，使账务处理的及时性、准确性以及资金安全得到了有效保障，并为财务共享的集中管理和后续的财经管理变革奠定了基础。

四、华为财务共享的信息平台应用

业务的发展离不开数据的支撑，华为将数据管理分为两个发展阶段：第一阶段是财务报告数据质量管理和数据管理体系建设；第二阶段是业务运营数据质量管理。通过建立垂直化的账务管理模式、成立财务共享中心，财务报告的数据质量得到保证，然而停留在不做假账的层面显然不够，还需要借助信息平台和高科技手段，将财务数据融入数据管理体系，使财务大数据更好地服务于业务运营。

华为以业务发展为导向，以业财融合为手段，围绕组织环境建设、管理标准设计、财务流程再造和信息平台应用建立了财务共享模式，并以此为基础构建了财经管理体系，为自身全球化战略提供了坚实的保障。

案例思考：

在“大智移云”背景下，企业财务管理如何适应新经济时代的挑战，构建财务管理体制？

（资料来源：宗文娟，王伯伦．基于业财融合的企业财务共享模式研究——以华为为例．财会通讯，2020，(12)：173-176；万颀钧，邱玉霞．财务共享服务助推企业财务转型——从华为与海尔实施财务共享服务模式谈起．商业会计，2020，(1)：100-102；本书有删节）

第一节　财务管理的理论框架与理论基石

财务管理是研究如何通过计划、决策、控制、考核、监督等管理活动对资金进行管理，以提高资金效益的一门经济管理学科。它是一个以经济学原理和经济管理理论为基础，结合组织生产力和处理生产关系的有关问题，对企业和国民经济各部门财务管理进行科学总结而形成的知识体系。

一、财务管理的理论框架

1897 年，美国著名财务学者 Thomas L. Green 出版了《公司理财》（*Corporation Finance*）一书，它标志着西方财务理论的独立。自此，西方财务理论以其独特的研究核心和研究方法成为经济学的一门分支，并在 20 世纪取得了大发展，大批学者以股份公司为研究对象进行了研究，并着眼于不断发展的资本市场，获得了丰富的研究成果。

对于公司财务学，中英文都有多种表述，如公司理财（corporate finance）、公司财务管理（corporate financial management）等，从内容上讲，“公司理财”更多地涉及财务经济学（financial economics）的问题，如金融市场、资产定价理论、金融中介、融投资工具及其创新、上市发债、公司并购等。有人提议把概念定位于“公司财务管理”，理由是这门学科应该立足于非金融企业如何利用财务理论和金融工具实现财务资源的组织、配置对企业价值的影响，包括财务决策、计划、控制、分析等，只有这样才能使“公司财务管理”名副其实。

当然，无论是“公司理财”还是“公司财务管理”，从学科内容上看，基本是一致的，主要包括资本预算、融资与资本结构、股利政策和并购。公司财务管理涵盖的核心原理应该包括净现值、资本资产定价、马科维茨的资产组合、以MM理论为代表的资本结构及布莱克和斯科尔斯的期权定价模型等。尽管这些财务学核心内容的理论基础比较丰富，但主要还是集中在代理理论（完全合约理论）、理性经济人、有效市场假说、对称信息等理论框架内，可以说没有这些基本理论就没有如今公司的财务管理学科体系。

财务管理学究竟是研究什么问题的？学者们对此问题的表述各异。1994 年被《商业周刊》评为全美商学院 12 个顶级教授之一的达莫德伦（2001）在其《公司财务：理论与实务》一书中前后一贯的表述是，公司财务的研究对象是公司所制定的具有财务意义的所有决策。这些决策可分为三大部分：与资源分配有关的决策（投资决策）、与项目筹资有关的决策（资本结构决策）、与再投资或退出经营现金额度有关的决策（股利决策）。布里格姆和埃尔霍尔特（2005）在《财务管理：理论与实践》一书中提出，大部分财务管理知识围绕三个问题展开：①一个特定公司的股票价值通过什么因素产生；②管理者如何选择增加公司价值的决策；③管理者如何保证公司在执行这些计划的时候不出现资金匮乏。罗斯等（2002）在《公司理财基础》一书中认为，财务经理必须关注三个基本问题：第一个问题着眼于企业的长期投资（资本预算），第二个问题着眼于企业对支持其长期投资需要的长期筹资的获取和管理方式（资本结构），第三个问题着眼于对客户收款和向供应商付款等日常财务活动的管理（营运资本管理）。

若进一步分析这三部书及其他财务管理类教科书的内容安排就会发现，西方学者对财务管理学框架的认识是大同小异的，即由一个目标函数、四个模块的内容和一个财务管理工具箱组成。其中，一个目标是公司价值最大化；四个模块的内容包括投资决策、融资决策（或资本结构）、股利决策和营运资本管理；财务管理工具箱里有四把工具，即会计报表与比率、现值、风险收益模型和期权定价模型。

财务的八大奠基理论包括现值分析理论（present value analysis theory）、资本结构理论（capital structure theory）、投资组合理论（portfolio theory）与资本资产定价模型、有效市场假说（efficient markets hypothesis，EMH）、代理成本理论（agency cost theory）、信息不对称理论（asymmetric information theory）、期权定价模型（option pricing model）、股利政策理论（the theory of dividend policy），这些理论都是建构在一系列严格的假设基础上的，Damodaran 教授曾将建构财务管理学的基础性假设归纳为四组，即经理与股东目标函数一致性假设、债权人利益得到完全保护假设、市场有效性假设和社会成本为零假设。当然，现实的公司财务管理实践是远离上述严格假设的。

二、财务管理的理论基石

（一）现值分析理论

现值分析理论是贯穿现代财务管理的一条红线。利用现值分析理论对企业未来的投资活动、筹资活动产生的现金流量进行贴现分析，以便正确地衡量投资收益，计算筹资成本，评价企业价值。现值分析理论的基本原理是

$$P_0 = \sum_{t=1}^{n} \frac{\mathrm{CF}_t}{(1+R_i)^t}$$

式中，P_0为现在值；CF_t为第 t 年现金流量；R_i为第 t 年折现率。

利用现值分析理论进行财务决策的标准是未来现金流入量的现值大于现金流出量的现值，即净现值大于零时，才值得去投资或筹资。在通常情况下，企业资产的净现值越大，企业的价值就越大。在现代企业财务管理中，几乎所有的财务决策都涉及未来现金流量，都需要决定未来现金流量的现值，因此，现值分析是企业进行投资或筹资决策的基本准则之一。

（二）资本结构理论

资本结构理论是财务管理学中一个非常重要的理论问题，它所研究的核心是，一个公司能否通过改变其融资组合来对其整体价值及资本成本产生影响。MM[①]理论从无公司所得税的MM定理，通过放宽假设条件限制，发展到考虑税差的MM定理，进而发展到考虑破产成本和代理成本的权衡理论，解释了当一个公司的负债与权益比率变动时，对公司整体价值及其资本成本的影响。Modigliani 和 Miller 也因此分别于 1985 年和 1990 年获得了诺贝尔经济学奖。

这一理论也引起了学术界的广泛讨论，产生了一些新的认识。代理理论认为债务的代理成本和代理收益也影响企业价值。信息不对称理论认为资本结构被设计成一种“信号”以影响企业估值，管理者会产生优序融资行为，偏好首选留存收益筹资，其次是债务筹资（先普通债券后可转换债券），而将发行新股作为最后的选择。从 20 世纪 80 年代至今，资本结构理论主要沿着委托代理理论—信息不对称理论—财务契约理论的方向继续向前发展。在此发展过程中，控制权及控制权转移问题、不完全合同理论、证券设计理论等成为财务契约理论新的研究课题；产业组织理论也开始运用于资本结构的研究，产业组织理论被用来研究公司资本结构与公司市场竞争战略之间的关系，同时还被用来研究公司资本结构与公司产品投入或投入特性之间的关系；此外，行为金融理论在 20 世纪 90 年代也开始被应用于资本结构的研究。资本结构理论发展的脉络如图 1-1 所示。

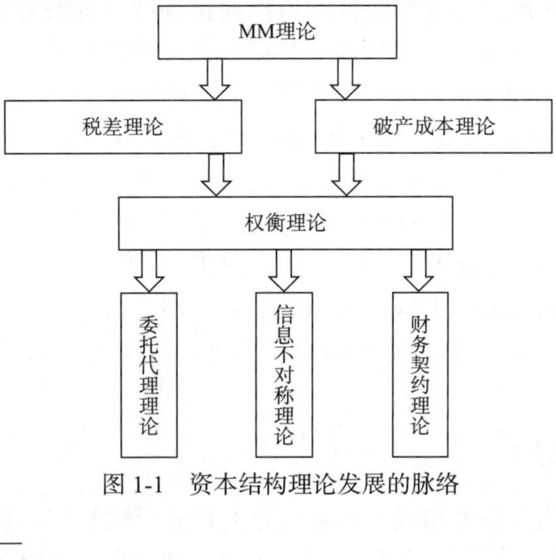

图 1-1　资本结构理论发展的脉络

① Modigliani 和 Miller，简称 MM。

（三）投资组合理论与资本资产定价模型

1952 年，美国著名财务学家哈里·马科维茨在《财务杂志》（*The Journal Finance*）上发表的《资产组合的选择》一文奠定了投资组合理论发展的基石，也被认为是现代财务理论的开端。马科维茨模型的主要思想包括：只要不同资产之间的收益变化不完全正相关，就可以通过资产组合方式来降低投资风险。投资者可以从多样化投资降低风险的角度出发，得出投资者创造证券投资组合有效前沿（efficient frontier）。由于在较短的期间内，证券投资回报率接近于正态分布，可以用两个数字来表示一个证券投资组合，即证券投资组合回报率的均值（表示投资组合的期望回报率）和方差或标准差（表示投资组合的风险）；投资者的效用是关于证券投资组合的期望回报率和方差的函数，理性的投资者将选择有效的投资组合，以实现其期望效用最大化，也就是说，投资者追求在一定回报率下风险的最小化，或在风险一定情况下回报率的最大化；一个投资者在有效前沿上根据其回避风险的程度选择投资组合，如果用该投资者的风险——回报率无差异曲线来表示投资者的等效用曲线，那么，投资者无差异曲线与有效前沿的切点就是该投资者所选择的投资组合。

20 世纪 60 年代财务管理理论的最大成就是，在马科维茨投资组合理论的基础上，夏普等建立了资本资产定价模型。马科维茨全协方差模型是一个理论比较完备且易于理解的模型，但是在解决证券总体数目较大的投资组合问题时，作用却十分有限，因为该模型中要明确地考虑证券间以协方差表示的相关性，而获取这些数据是一项极其繁重的工作。资本资产定价模型是一种简单却优美的模型，它包含了关于证券价格一般均衡的深刻含义，系统地阐述了资产组合中风险与收益的关系，区分了系统风险与非系统风险，简洁地用单一模型使投资组合及其风险可以定量化计量。在竞争的市场中，期望风险增溢与系统风险成正比，所有投资者都在证券市场线上选择证券，资本资产定价模型说明了系统风险是证券或投资组合风险的重要组成部分，它强调有必要集中精力评价证券或投资组合的系统风险，而非系统风险可以通过分散投资来减少，因而是相对不重要的。资本资产定价模型减少了需要统计的数据，极大地简化了证券投资组合分析，使投资组合理论有了革命性的变化，成为证券估价的基础。

1976 年，罗尔针对资本资产定价模型完全依赖市场组合的情况对其提出了质疑，并得到了法玛（Fama）和马克伯斯等的支持。1976 年，罗斯则针对资本资产定价模型中风险性资产仅与市场风险这一单一因素存在线性相关的缺陷，放宽了假设条件，提出了套利定价理论（arbitrage pricing theory，APT）。他认为，风险性资产的报酬率不是只与单一的公共因素之间具有线性关系，而是与多个因素之间具有线性关系，他提出了多因素模型。并且，他在若干基本假设前提下，推演出了反映资产报酬随机过程的 K 模型。

（四）有效市场假说

有效市场假说是研究资本市场上证券价格对信息反映程度的理论。该理论的主要贡献者是法玛，如果说以上若干定价理论侧重于研究和把握企业财务管理的量的方面，那么有效市场假说则是从质的方面来阐释影响企业价值的若干因素，它涉及资本市场对形成证券价格的信息的反映程度。在证券市场中，每个投资者都力图获取最大收益，从理论上来说，若证券市场对每个人都是均等的，且投资者都是理性的，资本市场在证券价格中充分反映了全部相关信息，则称资本市场为有效率的，在这种市场上，任何投资者都不可能获得超额收益。法玛把有效市场分为三种形式：弱式、半强式和强式。投资组合理论、资本资产定价模型、MM 理论和期权定价模型等许多重要的财务理论与模型均建立在有效市场假说的理论基础上，对公司经理做出正确的财务决策具有非常重要的意义。

（五）代理成本理论

1976 年，詹森和麦克林提出了代理成本理论，它是研究不同筹资方式和不同资本结构下代理成本的高低，以及如何降低代理成本以提高公司价值的理论，是资本结构理论的一个重要分支。因为代理成本理论以代理理论、企业理论和财产所有权理论来系统分析和解释信息不对称下的企业资本结构问题，所以成为人们分析所有权和经营权分离状况下，企业存在的许多问题的根源和解释这种问题的理论依据。

代理成本是主人监督费用、代理人受限制费用和剩余损失之和。詹森和麦克林还对存在于股东、债权人和经理三方之间的利益冲突进行了分析。代理成本理论是在代理理论、企业理论和财产所有权理论的基础上发展起来的，它和企业理论、财产所有权理论一起，对财务管理理论（包括企业理财目标理论、资本结构理论、股利分配理论、投资理论、融资理论等）的发展产生了极大的影响，从而使财务理论研究进入一个新的更高层次。

（六）信息不对称理论

阿克罗夫在 20 世纪 70 年代发表了著名著作《柠檬市场》（*The Market for Lemons*），首次提出了“信息市场”概念。信息不对称是指在某种相互对应的经济人关系中，一方不具备或不完全具备另一方所拥有的信息，从而使各方在某些事件的认识上呈非对称分布。该理论认为：①市场中卖方比买方更了解有关商品的各种信息；②掌握更多信息的一方可以通过掌握的可靠信息在市场中获益；③买卖双方中拥有信息较少的一方会努力从另一方获取信息；④市场信号在一定程度上可以弥补信息不对称问题。

在资本市场中，信息不对称是普遍而严重的，尤其是在新兴的资本市场中。信息不对称的原因有如下几个方面：一是信息披露是有成本的，公司是按照成本效益原则和重要性原则进行有选择的披露；有些公司还进行恶意盈余管理和利润操纵，或者与机构、庄家合谋等，更加重了信息不对称，扰乱了市场秩序。二是投资者是异质的，即使对于同一公司同样的公开披露，投资者之间实际接受和消化的信息也是有差异的。三是信息在资本市场的传导机制可能不畅通。四是市场制度不健全，披露制度不能适应越来越复杂的业务，不能充分揭示风险。

（七）期权定价模型

期权定价模型是有关期权的价值或理论价格确定的理论。1973 年，布莱克和斯科尔斯提出了期权定价模型，又称 B-S 模型。期权定价模型及其实践是近年来财务学界重要的一项创新和发展。自从 1973 年首次在芝加哥期权交易所进行有组织的规范化期权交易以来，期权交易量和种类飞速增长，期权成为引人注目的金融衍生工具。这不仅是因为期权是最活跃的金融资产交易工具之一，更重要的是，许多投资和筹资决策都隐含着大量的期权问题，如可转债权、认股权证、后继投资选择权、放弃投资选择权和投资时机选择权等。财务管理活动中存在的大量的经济现象和期权类似，用期权思想来解决经济管理中的许多问题，可以使人们避免单纯使用传统决策方法所造成的僵化和封闭现象，从而达到传统决策方法所无法达到的效果，这就是期权的价值，也是管理所创造的价值。

（八）股利政策理论

股利政策理论是在探求股利的支付与股票价格（或企业价值）之间的关系时形成的前后一贯的假设性、概念性和适用性的逻辑关系和系统说明。研究股利政策的核心在于：股利政策是否会影响企业的价值，如何影响，如何制定股利政策以便使企业的资本成本最低且公司价值最大化。股利政策理论的研究经常和企业价值、资本结构、投融资政策等联系在一起，是研究企业财务管理必须了解的一个重要理论。该理论可以分成以下几个不同的学派：股利的相关理论、股利的无关理论、税差理论、客户效应理论和信号传递理论等。

第二节　高级财务管理的产生和发展

一、财务管理发展历程

财务管理是一种古老的活动，自人类生产劳动出现开始，便有了理财的活动，但是最早的财务管理只是简单的会计意义上的管理。财务管理作为企业的一种独立经济活动，是伴随着公司制这一企业组织形式的产生和发展而逐渐形成的。在十五六世纪，商业比较发达的地中海沿岸城市，特别是意大利的威尼斯，出现了邀请公众入股的城市商业组织（原始的股份制形式），入股的股东包括商人、王公、大臣、市民等。商业经济的初步发展要求商业组织做好资金筹集、股息分派和股本管理等财务管理工作，但由于这时企业对资本的需求量并不是很大，且筹资渠道和筹资方式比较单一，故企业的筹资活动仅仅附属于商业经营管理，并没有形成独立的财务管理职业，这种情况一直持续到 19 世纪末 20 世纪初。尽管当初尚未在企业中正式形成财务管理部门或机构，但上述财务管理活动的重要性已在企业管理中得以凸显。因此，该时期可以视为西方财务管理的萌芽时期。

学者们对西方财务管理发展阶段划分的观点不一致。在对众多学者文献进行总结的基础上，本书根据西方财务管理的发展变化将其划分为以下五个阶段。

（一）筹资财务管理阶段：19 世纪末 20 世纪初

19 世纪末 20 世纪初，工业革命的成功使制造业迅速崛起，新技术、新机器不断涌现，生产技术的重大改进和工商活动的进一步发展，促进了企业规模的不断扩大，股份公司迅速发展起来，并逐渐成为占主导地位的企业组织形式。许多公司都面临如何为扩大企业生产经营规模和加速企业发展筹措所需资金的问题，筹资渠道和方式发生了重大变化，如何筹集资本扩大生产经营，并在对外关系上处理好公司与投资者、债权人之间的财务权、责、利关系成为大多数企业关注的焦点。于是，各股份公司纷纷成立专职财务管理部门，以有效筹资，适应加强财务管理的需要。财务管理职能与机构的独立化，标志着近代西方财务管理初步形成。

在这一阶段，市场竞争不是十分激烈，各国经济得到了迅速发展，只要筹集到足够的资金，一般都能取得较好的效益。然而，当时的资本市场还不是很成熟，金融机构也不够发达，因此，如何筹集资金便成为财务管理的最主要问题。财务管理的主要职能是预测公司资金的需求量和筹集公司所需要的资金，理论研究的侧重点在于金融市场、金融机构和金融工具的描述和讨论。因此，筹资理论和方法得到了迅速的发展，为现代财务管理理论的产生和完善奠定了良好的基础。这一时期西方资本市场发育日趋完善。

这个阶段有代表性的理论贡献如下。

（1）1897 年，Thomas L. Green 出版的《公司理财》一书详细阐述了公司资本的筹集问题，被学界认为是筹资财务理论的最早代表作，它标志着西方财务理论的独立。

（2）1910 年，Meade 出版《公司财务》一书，其主要研究企业如何最有效地筹集资本，该书为现代财务理论奠定了基础。

（3）1920 年，Arthor Stone 出版《公司财务策略》一书，该书的研究成果主要集中在如何有效地筹集资金上。

（二）法规财务管理时期：1931~1950 年

筹资财务管理阶段的财务管理往往只注重研究资本筹集，却忽视了企业日常的资金周转和企业内部控制。1929 年经济危机后，为保护投资者利益，各国政府加强了证券市场的监管，尤其加强了对公司偿债能力的监管。美国分别在 1933 年、1934 年通过了《联邦证券法》和《证券交易法》，要求公司编制反映企业财务状况和其他情况的说明书，并按规定的要求向证券交易委员会定期报告。政府监管的加强，客观上要求企业把财务管理的重心转向内部控制，同时，对企业而言，要尽快走出经济危机的困境，内部控制也十分必要。第二次世界大战以后，随着科学技术的迅速发展，市场竞争日益激烈，西方财务管理人员更加清醒地认识到，在残酷的市场竞争中，要维持企业的生存和发展，财务管理的主要功能不仅在于筹集资金，更在于进行有效的内部控制，管好、用好资金。西方财务学家将这一时期称为“法规财务管理时期”或“法规描述时期”。

这一时期，财务管理的理念和内容发生了较大的变化：财务管理的重点开始从扩张性的外部融资向防御性的内部资金控制转移，各种财务目标和预算的确定、债务重组、资产评估、保持偿债能力等问题，开始成为这一时期财务管理研究的重要内容。具体表现在：①财务管理不仅要筹措资本，而且要进行有效的内部控制，管好、用好资本。资产负债表中的资产科目，如现金应收账款、存货、固定资产等引起财务管理人员的高度重视。②人们普遍认为，企业财务活动是与供应生产和销售相并列的一种必要的管理活动，它能够调节和促进企业的供、产、销活动。③对资本的控制需要借助于各种定量方法，因此，各种计量模型逐渐应用于存货、应收账款、固定资产的管理。财务计划、财务控制和财务分析的基本理论和方法逐渐形成，并在实践中得到了普遍应用。如何根据政府的法律法规来制定公司的财务政策，成为公司财务管理的重要方面。财务管理内容还涉及企业的破产清偿和合并等问题。

这个阶段具有代表性的理论贡献如下。

Lough 出版《企业财务》，首先提出了企业财务除筹措资本之外，还要对资本周转进行有效的管理。英国学者 Rose 出版《企业内部财务论》，书中特别强调企业内部财务管理的重要性，认为资本的有效运用是财务研究的中心。这个阶段的研究成果为企业财务状况的系统分析及资产流动性分析打下了基础。

（三）资产财务管理时期：1951~1964 年

20 世纪 50 年代以后，由于激烈的市场竞争和买方市场趋势的出现，财务经理普遍认识到，单纯靠扩大融资规模、增加产品产量已无法适应新的形势发展需要。财务经理的主要任务应是解决资金利用效率问题，公司内部的财务决策上升为最重要的问题，西方财务学家将这一时期称为“内部决策时期”（internal decision making period）。在此期间，资金的时间价值引起财务经理的普遍关注，以固定资产投资决策为研究对象的资本预算方法日益成熟，财务管理的重心由重视外部融资转向注重资金在公司内部的合理配置。这使公司财务管理发生了质的飞跃。由于这一时期资产管理成为财务管理的重中之重，故又称为资产财务管理时期。

20 世纪 50 年代后期，对公司整体价值的重视和研究是财务管理理论的另一显著发展。实践中，投资者和债权人往往根据公司的营利能力、资本结构、股利政策经营风险等一系列因素来决定公司股票和债券的价值。由此，资本结构和股利政策的研究受到高度重视。

这一时期主要的财务研究成果如下。

（1）1951 年，美国财务学家 Joel Dean 出版了最早研究投资财务理论的著作《资本预算》，该书着重研究如何利用货币时间价值确定贴现现金流量，使投资项目的评价和选择建立在可比的基础之上，该著作成为此后这一领域众多论著共同的思想、理论源泉，起到了极其重要的先导和奠基作用，对财务管理由融资财务管理向资产财务管理的飞跃发展起到了推动作用。

（2）1952 年，哈里·马科维茨在论文《资产组合选择》中提出，在若干合理的假设条件下，投资收益率的方差是衡量投资风险的有效方法。从这一基本观点出发，1959 年，马科维茨出版了专著《资产组合选择和资本市场的均值-方差分析》，从收益与风险的计量入手，研究各种资产之间的组合问题。马科维茨也被称为资产组合理论流派的创始人。

（3）1958 年，弗兰科·莫迪利安尼（Franco Modigliani）和默顿·米勒（Merton H. Miller）在《美国经济评论》上发表文章《资本成本公司财务和投资理论》，提出了著名的 MM 理论。

（四）投资财务管理阶段：1965~1979 年

第二次世界大战结束后，科学技术迅速发展，产品更新换代速度加快，国际市场扩大，跨国公司不断增多，金融市场更加繁荣，市场环境更加复杂，投资风险日益增加，因此，企业必须更加注重投资效益，规避投资风险，这对已有的财务管理提出了更高要求。20 世纪 60 年代中期以后，财务管理的重心重新从内部向外部转移，理财活动比以往更加关注投资问题，特别是 20 世纪 70 年代后，金融工具的推陈出新使公司与金融市场的联系日益增强。认股权证、金融期货等广泛应用于公司的筹资与对外投资活动中，推动财务管理理论日益发展和完善，另外，统计学和运筹学优化理论等数学方法也被引入财务理论研究中，因此这一阶段被称为投资财务管理阶段，其核心的研究问题是资本结构和投资组合的优化。

这个阶段的主要研究成果有以下几个方面。

（1）资本结构理论进一步深化和发展。如前所述，投资组合理论和资本资产定价模型揭示了资产的风险与其预期报酬率之间的关系，受到了投资界的欢迎。它不仅将证券定价建立在风险与报酬相互作用的基础上，还大大改变了公司的资产选择策略和投资策略，因此被广泛应用于公司的资本预算决策，结果导致财务学中原来比较独立的两个领域——投资学和公司财务管理的相互组合，使公司财务管理理论跨入了投资财务管理的新时期。前述资产财务管理时期的财务研究成果同时也是投资财务管理初期的主要研究成果。在这一阶段，资本结构理论研究的深化经历了从早期传统资本结构理论到现代资本结构理论的发展过程（1952~1977 年），并以 MM 理论为开端，逐渐发展到破产成本理论、税差理论、市场均衡理论、权衡理论、信息不对称理论等。1977 年，以梅耶斯、迈基里夫所代表的新优序融资理论为起点，又开始了新资本结构理论的发展阶段，其后出现了以约翰逊、麦克林、梅耶斯为代表的代理成本说，以史密斯、华纳等为代表的财务契约论，以罗斯、利兰等为代表的信号模型，以邓洛夫斯基、史密斯为代表的产业组织理论，以及以哈里斯、拉维夫为代表的企业治理结构学派。

（2）资本市场的发展和投资风险的日益加大使人们开始寻求资产组合、避险和控制的工具。金融工具的推陈出新使企业与金融市场的关系更加密切，认股权证、金融期货等广泛应用于企业融资和对外投资活动中，特别是 20 世纪 70 年代中期，布莱克和斯科尔斯提出了期权定价模型；罗斯提出了套利定价理论。这一时期的财务管理理论呈现出百花齐放、百家争鸣的繁荣景象。

（3）1972 年，法玛和米勒出版了《财务管理》一书，这部集西方财务管理理论之大成的著作的出版，标志着西方财务管理理论已发展成熟。

一般认为，该时期是西方财务管理理论走向成熟的时期，其主要表现在以下几个方面：①建立了合理的投资决策程序；②形成了完善的投资决策指标体系；③建立了科学的风险投资决策方法。由于吸收了自然科学和社会科学的丰硕成果，财务管理进一步发展成为集财务预测、财务决策、财务计划、财务控制和财务分析于一身，以筹资管理、投资管理、营运资金管理和利润分配管理为主要内容的管理活动，并在企业管理中居于核心地位。

（五）财务管理深化发展的新阶段：20 世纪 70 年代末以后

20 世纪 70 年代末以后，企业财务管理进入深化发展的新阶段。这一阶段，财务管理的环境发生了以下变化：①通货膨胀不断加剧；②政府对金融机构放松控制，金融机构由专业金融机构向多元化金融服务公司转化；③电子通信技术在信息传输中广泛使用，电子计算机在财务决策中大量应用；④资本市场上出现新的融资工具，如衍生性金融工具和垃圾债券；⑤企业集团化、国际化。

以上变化对财务决策产生了重大影响，加剧了公司面临的不确定性，使得市场需求、产品价格及成本的预测变得更加困难。这些不确定性的存在使财务管理的理论和实践都发生了显著的变化，并且产生了更为细分的财务管理领域，如通货膨胀财务管理、企业集团财务管理、国际企业（跨国企业）财务管理与企业并购财务管理等。另外，20 世纪 80 年代以后，财务学在吸收心理学、行为科学、决策科学等相关成果的基础上，研究心理和行为因素对人类财务行为的影响，解释和预测财务主体的财务决策行为的实际决策过程（而非最优决策模型），以及金融市场的实际运行状况，促成了一门新的科学——行为财务学的发展。

根据财务管理内容变化的特点，可将 20 世纪 70 年代末以后财务管理的发展阶段分为以下几个子阶段。

1. 通货膨胀理财阶段：20 世纪 70 年代末至 20 世纪 80 年代初

20 世纪 70 年代末期至 20 世纪 80 年代初期，伴随着石油价格的上涨，西方国家出现严重的通货膨胀，持续的通货膨胀给财务管理带来了一系列前所未有的问题，因此这一时期财务管理的主要任务是解决通货膨胀问题。在通货膨胀条件下，如何有效地进行财务管理一度成为热点问题。大规模的通货膨胀使企业资金需求不断膨胀，货币资金不断贬值，资金成本不断提高，成本虚降，利润虚增，资金周转困难。为此，西方财务管理根据通货膨胀的状况对企业筹资决策、投资决策、资金日常调度决策、股利分配决策进行了相应的调整。

2. 国际经营理财阶段：20 世纪 80 年代中后期

20 世纪 80 年代中后期，由于运输和通信技术的发展，市场竞争加剧，企业跨国经营发展很快，国际企业管理越来越重要。当然，一国财务管理的基本原理对国际企业也是适用的，但是，由于国际企业涉及多个国家，要在不同制度、不同环境下做出决策，就会有一些特殊问题需要解决，如外汇风险问题、多国融资问题、跨国资本预算问题、国际投资分析、跨国公司财务业绩评估等都和一国财务管理不同。自从 20 世纪 80 年代中期以来，国际财务管理的理论和方法得到了迅速的发展，并在财务管理实务中得到广泛应用，成为财务管理发展过程中的又一个高潮，并由此产生了一门新的财务学分支——国际财务管理。

20 世纪 80 年代中后期，拉美、非洲和东南亚发展中国家陷入沉重的债务危机，苏联和东欧国家政局动荡、经济濒临崩溃，美国经历了贸易逆差和财政赤字，贸易保护主义一度盛行。这一系列事件导致国际金融市场动荡不安，使企业面临的投融资环境具有高度的不确定性。因此，财务风险问题与财务预测、决策数量化受到高度重视。

3. 网络财务管理阶段：20 世纪 90 年代以来

20 世纪 90 年代以来，随着计算机技术、电子通信技术和网络技术的迅猛发展，财务管理的一场伟大革命——网络财务管理已经悄然到来。

21 世纪，人类社会已经进入了一个以知识为主导的时代，知识、创新精神和声誉等无形智力资源成为企业赢得竞争优势的关键资源和企业价值创造的主要驱动力。从财务管理家的角度来看，其改变了企业资源配置结构，即从传统的以厂房、机器、资本为主要内容资源配置结构转变为以知识为基础、以智力资本为主的资源配置结构。例如，美国的微软公司有形资产的数量与小型企业相差无几，而市场价值则超过美国三大汽车公司的总和。面对知识经济趋势的深化，传统财务管理理论以物为本的理念受到巨大冲击，以人为本的理念必将贯穿企业筹资、投资、资金运营和利润分配的各财务环节，而对于智力资本如何进行确认、计量和管理将成为财务管理的一个重要课题。

同时，知识经济拓宽了经济活动的空间，改变了经济活动的方式，其主要表现在以下两个方面：一是网络化。容量巨大、高速互动、知识共享的信息技术网络构成了知识经济的基础，企业之间的激烈竞争将在网络上进行。二是虚拟化。由于经济活动的数字化和网络化加强，开辟了新的媒体空间，如虚拟市场、虚拟银行。许多传统的商业运作方式也将随之消失，代之以电子支付、电子采购和电子订单，商业活动将在全球互联网上进行，使企业购销活动更便捷、费用更低廉，对存货的量化监控更精确。同时，网上收付使国际资本的流动加快，而财务主体面临的货币风险却大大地增加，网络财务管理主体、客体、内容、方式都会发生很大的变化。相应地，现代的财务管理理论和实践将随着理财环境的变化而不断革新，并继续朝着国际化、精确化、电算化、网络化方向发展。

从 20 世纪以来财务管理的发展过程可以看出，财务管理目标、财务管理内容、财务管理方法的变化都是理财环境综合作用的结果。可以这样说，有什么样的理财环境，就会产生什么样的理财模式，也就会产生相应的财务管理理论体系。实际上，财务管理总是依赖于其生存发展的环境。在任何时候，财务管理问题的研究，都应以客观环境为立足点和出发点。脱离了环境来研究财务管理理论，就等于是无源之水、无本之木。所以，将财务管理环境确定为财务管理理论结构的起点是一种合理的选择。

二、高级财务管理的产生

作为财务管理学科的一个重要组成部分，高级财务管理在财务管理学科日渐成熟的过程中形成和发展。理论通常来源于实践的推动，高级财务管理也不例外，其产生与企业经营模式、组织形式和理财环境的变化密切相关。

（一）企业经营模式的演进和金融市场发展创新促使财务管理内涵不断拓展

现代大企业经营不只是一个生产适销对路商品并实现其销售的商品研产销过程，还是一个持续地进行资本吞吐、资本配置和结构聚合与裂变的资本运动过程。企业经营管理领域逐步由生产经营型向资本经营型转变。资本经营型企业的投资不只是传统的固定资产、无形资产和营运资本的投资，更多的是进行资产、负债和股权的重组，通过优化配置来提高资本经营效益。

股权融资是任何一个企业都必不可少的财务活动。资本市场的发展和金融工具的创新，使企业股权融资逐步从吸收直接投资发展到发行股票并上市。吸收直接投资又从主要依靠直接投资向风险资本和私募股权基金融资过渡；发行股票不只是非上市公司首次公开发行股票，还包括上市公司股票再融资等。企业投融资活动的这种变化，意味着财务管理内容的进一步拓宽与深入。

（二）经营理财环境的变化引起财务管理理念变革

无论是经济环境，还是金融和法律环境，甚至是企业内部的微观环境，每时每刻都处于变化之中，企业的经营和财务运作面临了诸多的风险。经济的全球化和网络技术的发展在给企业带来发展机遇的同时，也加剧了企业的财务风险。在企业理财中，财务战略的制定、预算、财务风险控制和业绩评价方法对企业的生存、发展和获利具有越来越重要的意义，得到企业的高度重视。

（三）企业组织形式的变化带来财务管理主体的扩展

正是在财务管理环境的变化与创新和企业自身的变革与成熟的过程中，财务管理开始向高层次发展，高级财务管理逐步走向成熟，趋于系统化。中小企业成长为超大型企业，进而通过资本组带形成企业集团，再发展为全球化的跨国公司或全球公司，这一演变意味着财务管理的主体从单一走向复杂，从职能化结构走向流程化结构，从财务经理理财层面向出资者、经营者和财务经理多层面的理财层次扩展。

三、高级财务管理的发展

财务管理理论随着财务管理环境的变化逐渐发展和完善。西方财务管理理论比较成熟，形成了众多有代表性的、广泛应用的财务管理理论，对我国财务管理理论的发展起到了重大的促进作用。我国财务管理理论在发展过程中兼收并蓄，既吸收了西方财务管理理论的精华，同时又具有自己的特色。

（一）西方财务管理理论的发展

1897 年，美国著名财务学者 Thomas L. Green 出版了《公司财务》一书，自此，西方财务理论以其独特的研究核心和研究方法成为经济学的一门分支，并在20世纪取得了较大的发展。由于财务管理和金融环境、法律环境及各国的企业成长、经济变化密切相关，财务管理的内容、体系及重点也随之有所不同。不同学者对这100多年里财务管理的具体发展阶段的描述也不相同，有的学者将其称为财务管理的五次发展浪潮，见表1-1；有的则认为可分为三个阶段，见表1-2和表1-3。

表1-1　西方财务管理发展的五次浪潮

发展阶段	时间划分	财务环境	财务管理重点	财务理论贡献
第一次浪潮	20世纪初	各国经济和股份公司迅速发展	筹资管理理财（传统财务管理）	财务预测和筹资理论
第二次浪潮	20世纪40年代至60年代初期	科学技术迅速发展	资产管理理财（控制财务管理）	有效的内部控制
第三次浪潮	20世纪60~70年代	资金运用日趋复杂，市场竞争更加激烈	投资管理理财	资本预算和风险
第四次浪潮	20世纪70年代末期和80年代早期	石油价格上涨，西方国家通货膨胀激烈	通货膨胀理财	通货膨胀条件下的财务管理
第五次浪潮	20世纪80年代中后期	运输和通信技术，企业跨国经营发展很快	国际经营理财	外汇风险、多国融资、跨国资本预算和国际投资环境的评价

表1-2　西方财务管理发展的三个阶段（一）

发展阶段	时间划分	财务环境	财务管理重点	财务理论贡献
初期阶段	1890~1930年	企业规模不断扩大，公司设立、合并重组	如何筹资满足扩张需求	筹资财务分析
中期阶段	1930~1950年	经济危机和政府管制	公司如何生存	破产财务和证券管理
近期阶段	20世纪50年代以后	环境频繁变化	20世纪50年代的公司内部管理，60年代的资本结构与投资组合，70年代的投资评估，80年代的通货膨胀财务与国际财务	资金规划、资本结构理论、资本资产定价模型和期权定价

表1-3　西方财务管理发展的三个阶段（二）

发展阶段	时间划分	财务环境	财务管理重点	财务理论贡献
传统财务阶段	20世纪初至50年代	企业规模不断扩大，经济大萧条	企业资金筹集和内部控制	经济计量技术应用于财务研究和学科制度化方面
现代财务阶段	20世纪50~70年代	经济危机和政府机制	个人、企业乃至社会如何在风险资产合理估价的基础上，就稀缺资源的有效分配做出正确的决策	资产组合理论、现代西方资本结构和企业决策理论、实证方法的运用
新财务思潮阶段	20世纪70年代后期	各种经济观点和看法不断翻新，新的分析方法相继出现	寻求能够更好地解释企业现实生活的新理论	套利定价理论、代理成本理论、动机激励模型、新优序融资理论、财务契约论和信号模型等

（二）我国财务管理理论的发展

现代财务管理作为一门新兴学科，在国外规范化的理论研究不过有60余年的时间，在我国，对财务管理理论的系统研究时间则更短。改革开放后的 20 世纪 80 年代，才开始有现代财务管理理论的系统性研究，随着现代企业制度的逐渐建立和资本市场的迅速发展，财务管理才真正受到重视，财务管理理论研究才得以迅速展开。

目前，我国已初步形成以财务管理环境为出发点，以相关学科内容和研究方法变化为基础，以基本理论、通用业务理论、特殊业务理论和其他领域理论为基本框架的财务管理理论结构。

1. 财务管理的基本理论

财务管理的基本理论是财务管理研究的基础，包括财务管理的内容、方法和价值观念等。

1）财务管理内容

20 世纪 80 年代，我国对财务管理基本范畴有关内容研究不多，主要体现在对财务管理本质的讨论中。进入 20 世纪 90 年代之后，对财务管理基本理论的研究开始逐渐增多，涉及目标环境假设、职能和理论结构等诸多方面，其中对财务管理目标的研究是一个重要方面，从利润最大化到股东财富最大化再到企业价值最大化是其发展主线，中间还有资金流动最优化、持续发展能力最大化和权益资本利润率最大化等观点，现在又有了相关者利益最大化的观点。同时，随着经济环境的变化，对新环境下财务管理理论研究的变化也有了越来越多的探讨。

2）财务管理方法

财务管理方法是指财务管理人员为了实现财务管理目标、完成财务管理任务，在进行理财活动时所采取的各种技术和手段。具体来说，这一部分既包括计划和控制等财务管理的环节，又包括对企业的财务状况和经营业绩的评价。

20 世纪 80 年代到 21 世纪初，我国关于财务管理方法和企业业绩评价的研究成果占财务管理基本理论研究的一半以上，其他的主要是关于财务分析、预算管理和内部控制等方面的研究。早期对于企业业绩评价的讨论一般是就企业业绩指标体系的设计，分析存在的缺陷并提出建议；20 世纪 90 年代中后期则出现了一些新的思路，采用多种方法对企业业绩进行评价，如层次分析法、权变方法和针对上市公司的主成分分析法等。

3）财务管理价值观念

我国关于财务管理价值观念的研究基本上都集中在 20 世纪 80 年代，1985 年以前讨论的全是货币时间价值的问题，1985 年以后讨论的全部是风险价值的问题。有关时间价值和风险价值的研究奠定了我国财务管理研究的观念基础。后来的各种研究都是建立在对时间和风险的充分考虑之上的，为财务管理的通用业务理论建立了正确的立足点。

2. 财务管理的通用业务理论

财务管理的通用业务是指各类企业都有的财务管理业务。一般来说，通用业务理论可以分为广义筹资管理理论、广义投资管理理论和广义分配管理理论。

1）广义筹资管理理论

企业筹资管理理论主要研究企业资本结构的问题。传统的资本结构理论一般只研究权益资本与负债资本的比例关系问题，但权益资本内部结构和负债资本内部结构随着经济环境变化出现更多的问题，所以广义筹资管理理论不仅包括传统的资本结构理论，还包括权益资本和负债资本内部结构的分析。

20 世纪 80 年代，我国关于筹资理论的研究绝大部分都是在讨论股份制的问题。进入 20 世纪 90 年代，研究的内容变得丰富起来。在传统的资本结构理论方面，对资本结构的总体评价比较多见，兼有资本结构影响因素的分析等。在权益资本内部结构理论方面，越来越多的研究探讨的是股权结构与其他有关问题之间的关系和影响，如股权结构对企业价值的影响、股权结构对企业融资方式选择的影响等。

2）广义投资管理理论

企业投资管理理论主要研究资金的投入和运用问题。随着市场经济的发展，除了传统的固定资产投资和证券投资以外，无形资产投资和人力资本投资在企业中起到越来越重要的作用。因此，广义投资管理理论还应包括无形资产投资和人力资本投资。

20 世纪 80 年代，我国对投资管理理论的研究尚不多见，这与当时刚刚改革开放的经济现实有关。进入 20 世纪 90 年代后，随着资本市场的建立，对于投资的研究更多地借鉴了西方的投资组合理论，尤其是对证券市场系统风险、股票市场整体风险、系统风险与其他因素关系的研究等的借鉴。

3）广义分配管理理论

企业分配理论主要研究企业一定的生产成果的分配问题。从财务管理实践来看，对资金提供者和劳动提供者的分配均属于财务管理的重要内容。但一段时间以来，后一方面的问题却被忽略了，广义分配管理理论则将这些内容囊括在内。

20 世纪 90 年代前半期，我国关于激励机制的研究，从宏观、体系性的角度考虑得比较多，如国有企业的激励机制变革及效果评价；进入 20 世纪 90 年代后半期，特别是进入 21 世纪之后，则是研究具体的激励措施比较多，如内部职工持股计划和经理股票期权计划等。有关股利分配的研究对现金股利比较关注，既有理论上的分析，也有实证数据的检验。

3. 财务管理的特殊业务理论

财务管理的特殊业务是指只有在特定的企业或某一企业的特定时期才有的财务管理业务。这些业务往往是在特定情况下或在特定的企业中发生的，它往往会对原有的财务管理假设产生一定的冲击。这部分包括企业并购财务管理、企业集团财务管理、国际财务管理和企业财务危机管理等几个方面，其中关于企业并购的研究较多，这跟我国一段时期内发生的大量重组、收购业务密切相关。

4. 其他理论

这部分主要包括财务管理的发展、财务管理的比较、财务管理教育和西方财务管理理论介绍等。

第三节　高级财务管理的理论结构

一、高级财务管理的界定

高级财务管理是以财务管理中的特殊业务、复杂业务、财务管理领域中的新问题及财务管理研究中尚不成熟的问题为研究对象，从价值目标、战略规划与组织管理等视角综合讨论财务管理重点难点问题的一门学科，其内容涵盖面比较广泛，包括企业价值管理、公司财务治理、战略财务管理、风险管理与危机预警业绩评价、资本经营财务、知识管理财务、企业集团财务管理、中小企业财务管理等。

把财务管理教材划分为初级、中级、高级，并不一定是按难易程度来划分的，而是一种知识内容上的递进与补充。初级财务管理介绍财务管理的基础知识，如财务管理概念意义、环境、基本财务活动和财务关系等，树立诸如时间价值风险和收益等理财的基本价值观念。中级财务管理介绍企业的主要财务决策（投融资决策、营运政策、股利政策、成本控制）、企业财务分析基本技术等。它是基于财务数据分析研究财务资源的有效配置问题，其基本变量局限于成本、收益和风险。高级财务管理是在读者已掌握公司财务基本理论的基础上，进一步就公司财务特殊的、复杂的经济业务和前沿问题进行较为深入的学习和研究。它是就管理来论财务，体现财务管理的社会过程，立足于组织结构和治理环境，从实现企业战略目标、创造企业价值、提高其核心竞争能力的角度诠释财务管理功能。

财务管理课程内容设置与财务管理假设有密切的关系。中级财务管理主要阐述财务管理的常规业务，即不超出财务管理假设的内容；高级财务管理主要介绍对财务管理假设有突破的内容。例如，中小企业财务管理主要涉及有效市场假设和理性理财假设。由于中小企业规模较小，即使市场有效，仍然存在融资困难的问题，而且中小企业财务管理人员素质相对较低，无法达到理性理财假设的要求。因此，高级财务管理在内容上具有以下特点：①全局性，是事关企业发展与生死存亡的大问题；②长远性，会对企业发展有根本性的长远影响；③高层性，是企业领导层关注并应解决好的问题；④整体性，管理业务涉及企业各部门，是需要领导统筹规划、各部门通力合作才能解决好的问题。

二、高级财务管理理论的基本框架

高级财务管理理论研究的起点是企业组织，企业组织形式决定着财务目标和财务主体。财务目标为财务管理过程提供了技术标准和方向，而财务治理结构下的分层财务主体则为处于管理过程核心的人提供了行为导向和规范。这是财务管理过程展开的两个必要前提，即既要知道目标也要知道规则。依据财务目标，在财务治理的框架内确定能够有效实现目标的财务战略，然后用财务预算将财务战略与日常经营管理连接起来。在预算实施的过程中，运用财务控制手段对过程进行相应的风险预警和效率控制。财务决策还必须超越商品经营的限制，实施促进或加速战略目标实现的重组计划，进而进入新一轮的更具竞争优势的商品经营管理，具体内容如下。

1. 企业价值评估、管理与创造

财务目标是能确定财务管理主体的行为目标和准则，在多种财务目标取向中，我们认为企业整体价值最大化目标是现代企业财务目标的最好表达。由此提出有关企业整体价值的基本命题：①企业价值不是股东财富的价值，而是要考虑股东在内的企业所有的利益相关者，包括股东、债权人、员工、管理者、客户、供应商、社区、政府甚至整个社会。一个企业的价值增加不应该仅仅使股东受益，而应该使所有的利益相关者获利。只有当所有的利益相关者的权益得到保证并不断增长时，企业经营才是有效率的和成功的。所以有人说："作为一种责任和利润分担机制，公司财务管理既要投资者确保不被排除在企业利害关系人之外，又不至于损害其他利害关系人的利益。对于投资者和其他外部人士来说，财务责任乃是关键之所在。"②企业整体价值的概念强调的不仅仅是财务的价值，而是在组织结构、财务、采购、生产、技术、市场营销、人力资源、产权运作等各方面整合的结果。③企业整体价值的概念，不是基于已经获得的市场份额和利润数据，而是基于与适度风险相匹配的已经获得和可能获得的现金流量。④企业整体价值有多种表现形式，但是市场价值是最主要的形式，所以现代企业财务必须密切关注资本市场或产权市场，企业只有从内部和外部两个方面下手才能提高企业整体价值，包括关注不断变化的市价而引发的市值管理。这部分内容在本书的第二章讲述。

2. 企业业绩评价

自 1911 年美国"科学管理之父"泰勒创立科学管理理论后，经过一百多年的研究探索，企业业绩评价的理论、方法和技术已日趋完善和成熟，既产生了极为丰富的研究成果，同时也积累了丰富的实践经验。作为企业管理的一部分，企业业绩评价从简单地运用会计指标进行判断发展到运用综合指标进行分析，再发展到与企业管理全过程的融合，经历了传统方法向现代方法的转变。本书第三章主要介绍企业业绩评价的概念、分类，以及企业业绩评价体系的构成要素、传统业绩评价模式、综合业绩评价模式（包括平衡计分卡等），并探讨绩效评价方法的公平性问题。

3. 财务治理理论

高级财务管理理论所要研究的问题不能脱离现代企业制度及其法人治理结构。依据现代财务治理理论，财务管理因多层委托代理关系、治理结构差异应分为出资者财务、经营者财务和财务经理财务。中级财务理论主要以财务经理的立场研究财务管理问题，或者说在一个封闭的产权结构条件下，探讨财务管理的具体问题。高级财务管理理论以企业效率为出发点，以激励与约束对称为标准，探讨各个层次财务管理的权、责、利。而财务治理理论着重讨论如何在财务管理过程的各个环节中体现分层财务管理思想，如何通过决策机制的构建理顺出资人和经营者的财务决策、约束、激励与协同关系等。这部分内容将在本书第四章讲述。

4. 财务战略

现代财务与战略管理的相互影响和渗透主要体现在三个方面：第一，在财务决策中必须注入战略思考，尤其是在进行企业长期财务决策时。以投资决策为例，在高级财务管理中，投资决策的首要任务不是选择备选项目，而是确定投资战略，这是搜寻和决策项目的前提。在战略领域内，财务总裁办公室需要进行战略性分析，并且对企业决策的合理性和承担风险的合适度进行不断的反省，将企业价值放在两个背景中进行分析，即企业内部的价值链分析和企业在社会整体价值链中的位置分析。第二，在使用财务评价方法时，要注入战略元素。例如，广泛使用的评价方法是现金流量折现法，当企业更加关注资本支出的战略性时，就要对此方法加以补充。现金流量本身无法涵盖项目带来的战略收益，如采用一项新的生产技术时，它的战略收益可能包括更优的产品质量及为企业未来发展提供更多的灵活性和选择等，这些是很难用财务指标量化的，现金流量方法只衡量该技术成本节约的数额及财务收益，并将财务收益作为项目取舍的主要依据。第三，预算管理是落实战略、强调财务资源配置的战略思考。

高级财务管理在这个方面关注的问题主要包括：什么是财务战略？它与公司经营战略的关系如何？如何制定筹资战略和投资战略？如何在财务决策、控制与分析中注入战略思考？等等。市场的竞争与风险直接导致了对公司战略的需求。财务战略的基本作用表现为对公司战略的全面支持，它可以根据企业的经营战略目标而制定，如更大的市场份额、更低的产品成本等，也包括从财务的角度对涉及经营的所有财务事项提出自己的目标，如高速增长的收入、较大毛利率、强劲的信用等级、恰当的融资结构、可观的自由现金流量、不断上涨的股票价格、在行业处于衰退期的收益稳定程度等。这部分内容将在本书第五章讲述。

5. 行为财务理论

行为财务理论是在对新古典财务理论（尤其是在对有效资本市场理论）的挑战和质疑的背景下产生的。行为财务理论将人类心理与行为纳入财务管理的研究框架。行为财务理论是一个较新的研究领域，也是一个具有广泛开拓前景的研究领域。Fuller（2000）认为，行为财务理论是传统经济学、新古典财务理论、心理学研究及决策科学的综合体；行为财务理论试图解释实证研究发现的与新古典财务理论不一致的“异常”现象；行为财务理论研究投资者在做出判断时是怎样出错的，或者说是研究“心理过火”是怎样产生的。

新古典财务学发端于20世纪50年代，其都假定行为主体是理性经济人，金融资产都能够在一般均衡框架下确定其价格。这些理论较好地解释了金融市场的运作机理和金融资产的定价机制，成为新古典财务学的理论基础。但是，20世纪80年代以来，随着财务学研究的深入，不少学者发现，一些经济现象与新古典财务理论不一致。随着越来越多的“异常”现象（如公司规模效应、季节效应、股权溢价之谜、封闭基金之谜等）被发现，学者开始对新古典财务理论提出质疑，尤其是有效市场理论近年来遇到了实证检验方面的严峻挑战。这种挑战推动了行为财务理论的产生与发展。本书第六章主要介绍行为财务学的产生背景和发展历程、行为财务学的心理学基础和经济学基础、行为财务学的基本内容等。

6. 公司治理

关于公司治理的研究至少可以追溯到1776年，在《国富论》中，亚当·斯密就已卓有远见地指出，股份公司的董事是在管理他人财富，不能期望他们像私人合伙企业中的合伙人那样尽心尽力，“疏忽和挥霍”常常是股份公司业务经营上难免的弊病。1932年，经济学家伯利和米恩斯通过对当时美国最大的200家工业公司的考察发现，这些公司的股票所有权分散现象十分显著，管理层事实上已经掌握了公司的控制权。据此，他们首次明确提出了“所有权与控制权相分离”的观点。20世纪90年代以来，在经济全球化和经济自由化的背景下，投资者利益保护等问题成为引发各国公司治理改革的直接动力。本书将在第七章详细讲述公司治理的概念、起源、特征，以及公司治理的主要模式、我国公司治理的实践等。

7. 财务预警与风险管理

财务控制是财务管理过程的核心职能，是财务预算完成的保障。一个全方位的财务控制体系包含多元的财务监控措施和顺序递进的多道财务安保防线。在企业中，广义的财务控制体系包括财务组织控制、集权分权体制，以及一系列的授权控制、流程图控制、风险控制、责任控制、预算控制、实物控制和网络化财务体系，并且包括使这些控制手段相互配合并融合的平台；而较为狭义的财务控制就是立足于财务风险的防范，着力进行财务风险管理，设置财务预警分析系统等。具体内容将在本书第八章讲述。

8. 企业并购

经济全球化的发展与市场竞争激烈程度的提高，要求企业向规模化的方向发展，公司可以通过内部发展实现增长，也可以通过收购与兼并实现增长。公司并购是资本运作的主要方式，是企业实现快速扩张的重要途径。经济学家斯蒂格勒指出，几乎没有哪家美国著名大企业不是以某种方式、在某种程度上应用了兼并收购而发展起来的。据统计，环球500强中80%的企业发展是靠并购完成的。依据不同的标准，并购可以划分为许多类型。在并购过程中，企业会面临成本、风险等相关的财务问题。本书第九章具体讲述并购理论、企业并购的动因和效应、企业并购价值估值方法、并购融资形式和反收购方法等内容。

9. 国际财务管理

随着全球化和世界经济一体化的进程加快，越来越多的企业需要在国际环境下进行财务管理活动，正是在这样的背景下，国际财务管理受到重视并逐渐发展成为财务管理的一个新的分支。作为一门新的学科，国际财务管理的目标、内容、方法体系尚不成熟，国内外财务学者关于国际财务管理概念的表述也存在不同的看法。国际财务管理应研究一切国际企业在组织财务活动、处理财务关系时所遇到的特殊问题。本书第十章将具体讲述国际企业经营中外汇风险的种类、国际企业的筹资方式、国际投资管理的内容、国际双重征税产生的原因等。

10. 企业集团财务管理

高级财务管理理论除了关注股份公司这一单一财务主体，同时关注多层组织结构（集团制）的财务控制、体制构造、总部功能设计与内部资本市场等问题。本书特别分析集团管理扁平化的背景与具体路径，强调集团内部组织管理扁平化的基础是内部股权结构的扁平化；随着市场竞争格局的变化、信息流程的变革，集团内部应该在业务经营上建立越来越分权的“自组织”体系。本书第十一章重点介绍企业集团特征、企业集团财务管理特点、企业集团财务管理体制、企业集团融资管理、投资管理和收益分配管理等内容。

三、高级财务管理的内容

高级财务管理中的“高级”是一个相对概念，是相对于传统或者说“中级”财务管理而言，其所蕴含的具体内容随着管理科学的发展、财务环境的变化及企业财务事项的出现而不断变化。

（一）高级财务管理的性质

对于何为高级财务管理以及高级财务管理应包括哪些内容，人们的认识很不统一，截至目前，这仍然是个仁者见仁、智者见智的问题。高级财务管理与中级财务管理有何区别？它的“高级”是如何体现的？

如果我们审视其他学科的“高级”定义，可以发现其含义并不统一，有先进、复杂或者特殊等意思。与财务管理学科相近的、相对较为成熟的高级财务会计和高级管理会计是如何界定“高级”这一概念的？阎达五、耿建新教授曾明确指出“高级会计是随着社会经济的发展，对原有的财务会计内容进行补充、延伸和开拓的一种会计”。目前国内出版的各种《高级财务会计》是对原有财务会计内容进行横向补充、纵向延伸的一种以新出现的特殊业务为主的会计。卡普兰的《高级管理会计》中“高级”隐含的是“先进、科学”的意思。他将管理会计放在了企业的集权和分权体制及委托代理契约中，进行与企业组织环境、管理过程相融合的研究。这里的“高级”不再是内容上的增补，而是实现管理会计管理机能的飞跃。

综上所述，相对于中级财务管理而言，高级财务管理内容应在两个方面得到拓展：一是对中级财务管理内容的横向拓展，也就是财务管理范围的拓展，如集团企业财务管理、中小企业财务管理、跨国企业财务管理、非营利组织财务管理、公司并购、企业财务战略、企业价值评估、企业重整与清算等，这些内容突破了原来中级财务管理假设条件，主要探讨企业整体和企业之间的财务管理问题；二是对原来中级财务管理内容的深入探讨，如绩效评价与价值管理、超越预算管理期权及其应用股权激励等，这些内容主要涉及对原来中级财务管理环节和方法的深入研究，目的在于丰富和发展财务管理的方法体系。上述两个方面内容的共同点是，它们同属于财务管理实务范围，而不是与财务管理理论课程的内容相互交叉，也就是说，财务管理理论框架中的财务管理目标、财务管理假设、财务管理环境、资本结构理论、投资组合理论及所有者财务理论、经营者财务理论等财务管理理论问题不属于高级财务管理的范围。

（二）高级财务管理的内容

不管学术界对高级财务管理的内容体系有多大的争执，我们是基于教学的需要编写这部教材。因此，以高级财务管理是中级财务管理的拓展与延伸这样的视角来完成对高级财务管理内容体系的界定。之所以冠以“高级”两字，是为了区别于阐述基本原理的财务管理原理和以普通理财主体的日常财务管理为研究内容的中级财务管理，表达财务管理由易到难的学习进程。

本书将重点论述与探讨以下几个方面的内容。

1. 非日常财务决策及相关问题

从内容看，财务管理涵盖投资和筹资两大领域。投资是指为了在未来可预见的时期内获得收益，在一定时期向特定的标的物投放一定数额的资金或实物等非货币性资产的经济行为。现代大企业除进行固定资产、无形资产和营运资金等日常的投资活动外，通常还会基于资本运作的需要或其他特殊目的进行非日常的投资扩张、收缩或重整。公司并购、公司紧缩和公司重整就是通过对企业的资产、负债和股权的整合，完成投资规模和结构的调整，实现企业的重组。

筹资是企业根据生产经营等活动对资金的需要，通过一定的渠道，采取适当的方式获取所需资金的一种行为。在日常的运作中，企业需要根据营运资金、固定资产和无形资产等投资活动的需要进行资金的筹集。这种资金的筹集或为债务融资，或为股权融资。股权融资虽然是每一个企业都必不可少的财务活动，但对一个企业来说，创立股权融资和首次公开募股（initial public offering，IPO）是单次的，股权再融资也不是经常会进行的。国外的有关统计资料显示，上市公司平均 20 年出售一次新股。中级财务管理主要阐述股权融资的类型和特点，但基本没有涉及股权融资的方法与技术。因此，探讨私募股权融资和股票上市的财务问题也是十分有意义的。

期权是一种特殊的合约协议。它赋予持有人在某特定日期或该日期之前的任何时间以固定价格购进或出售一种资产的权利。企业许多的财务决策都隐含期权，公司也要经常利用期权来控制风险。将期权思想和方法运用到企业财务决策中，不仅有助于提升决策的科学性，而且对于企业战略发展和可持续经营具有重要的意义。

2. 非日常或全局性财务管理环节

财务管理过程从总体上可划分为财务预测、财务决策、财务计划、财务控制和财务分析五个环节。这五个环节相互联系、相互配合，形成周而复始的财务管理循环过程，构成完整的财务管理方法体系。这些方面的常规问题在中级财务管理中已经有比较系统而全面的阐述与介绍。本书则以此为基础阐述财务战略、预算管理、财务风险管理和业绩评价。

2006 年财政部颁布的《企业财务通则》明确指出：企业财务管理应当按照制定的

财务战略，合理筹集资金，有效营运资产，控制成本费用，规范收益分配及重组清算财务行为，加强财务监督和财务信息管理。财务战略是为适应公司总体的竞争战略而筹集必要的资本，并在组织内有效地管理与运用这些资本的方略。它是企业整体战略规则的具体化，是进行财务预测的前提。

预算管理是指管理者通过对未来的详细计划，有效地配置财力、物力和人力等企业资源，以实现企业既定的战略目标。它既是财务战略实施的方法基础，也是财务控制和财务分析的重要依据。2014 年 10 月，国务院发布《国务院关于深化预算管理制度改革的决定》，要求改进预算管理和控制，建立跨年度预算平衡机制，这将积极推动预算制度和方法的进一步完善。

财务控制是指在财务管理过程中，利用有关信息和特定手段，对企业财务活动施加影响，以实现财务预算的目标。企业价值最大化是企业财务管理的目标。企业的价值只有在风险和报酬达到比较好的均衡量时才能达到最大。一般而言，报酬和风险是同增的，即报酬越多，风险越大，报酬的增加是以风险的增加为代价的，而风险的增加将会直接威胁企业的生存。因此，财务风险控制对于企业的生存、发展和获利均具有十分重要的意义。

业绩评价就是指采用特定的指标体系，对照统一的评价标准，按照一定的程序，运用科学的方法，对企业一定时期的经营成果和发展能力做出客观、公正和准确的综合评价和解释。业绩评价有别于中级财务管理的财务分析。一方面，业绩评价作为公平的价值分享政策和薪酬计划的前提，能够激发经营者和员工为企业目标而努力工作的积极性；另一方面，通过业绩评价，把握企业经营管理过程，判断它们对企业价值的影响方向与程度，为企业进行财务战略性重组决策提供依据。

3. 特殊财务主体的财务管理

财务管理的基础是企业组织形式。现代企业的组织形式日益复杂，公司发展的集团化和面临的全球化市场运作，使其财务管理有别于一般公司的财务管理。高级财务管理摆脱了普通股份制公司这一单财务主体，同时关注企业集团和国际企业等特殊企业的财务问题。

（三）高级财务管理的基本特征

虽然高级财务管理的内容具有多变性，但作为一门有别于一般财务管理和中级财务管理的学科，它也呈现出自身的特点。

1. 从资金管理到价值管理

传统的财务管理重点关注股东价值最大化，以资本利润率或者股东财富最大化来表现企业的成长和壮大，财务部门强调资金运营、筹措和投放，财务管理呈现出典型的资金管理特点。高级财务管理是以企业价值最大化目标为出发点，以收益和风险的平衡发展为基本财务管理理念，以财务预警机制为监控手段，通过资产组合和风险控制，保障企业的可持续增长，并以相关的评价机制和激励机制来激励管理者和全体员工不断追求企业价值的最大化。

2. 从资产运营到资本运营

财务理论的发展除了受到财务学科本身特质、相关学科相互关联的影响外，越来越受到理财环境和企业经营模式的影响，当今世界，经济的一体化趋势、跨国战略、并购浪潮、抵御区域性风险已经成为企业关注的热点。资本运营已成为企业实施战略性结构调整和谋求价值快速增长的重要手段，也已成为企业实现全球战略的捷径。初级财务管理或中级财务管理重点关注的是资产管理，关于资本运营的原理和方法较为零散和随机。在高级财务管理中，将以资本、资产配置为内容，以企业价值最大化为行为准则，对资本运营进行较为系统的描述。

3. 从保障型到战略型

初级财务管理或中级财务管理主要定位于企业特定发展阶段和特定组织结构模式下的投融资决策财务控制与分析问题，其讨论的财务管理似乎与战略距离较远，可以说是一种保障型财务管理。现代财务强调财务管理应该在企业战略管理中发挥更为广阔、深远的作用，应该侧重于企业财务的长期发展。实现企业价值最大化必须突出战略管理与财务管理的结合，战略的目标不再仅仅是获取竞争优势，而是获得企业整体价值的不断提高。

4. 从结果导向型到过程控制型

初级财务管理或中级财务管理主要是探索如何在财务管理中取得成功，对于如何面对逆境，使企业免遭损失和防止风险则不够重视。实践证明，由于理财环境的动荡和人们对未来认识能力的局限性，企业可能的风险与损失是难免的，财务管理必须居安思危，防患于未然，把握企业财务失败的原因及预防措施，必须实现结果控制向过程控制延伸的管理导向，充分重视人的行为因素。财务管理的职能在协调、沟通、激励、评价与奖惩等行为管理方面得以扩展延伸。

5. 从单一财务主体到复杂财务主体

不同企业的组织形式是决定财务管理特征的主要因素。市场经济的发展与企业组织形态的多样化，要求财务管理必须关注不同规模、不同组织结构企业的财务管理行为。既要分析单一组织的财务运作问题，也要研究多层组织结构（集团制）企业的财务管理问题；既要研究国内企业的一般财务问题，又要关注国际企业的特殊财务情况。

【思考题】

1. 高级财务管理的基本内容有哪些？
2. 高级财务管理的基本特征有哪些？
3. 简述高级财务管理的发展过程。
4. 简述高级财务管理理论的基本框架。

第二章 企业价值评估、管理与创造

学习目标

◇掌握价值评估的含义及内容

◇掌握资本资产定价模型、MM 结构模型

◇掌握期权定价模型、自由现金流量贴现模型

◇掌握价值管理理论及其内容

◇熟悉基于价值管理的财务目标、基于价值的经营和内部控制

◇掌握价值创造的评价标准和驱动因素

◇了解价值创造体系

【开篇案例】

宝钢金属的价值管理和价值创造

宝钢金属有限责任公司（以下简称宝钢金属）成立于 2007 年 12 月，是宝钢集团旗下的子公司。从 2007 年起，宝钢金属通过提高经济增加值（economic value added，EVA）、进行关键绩效指标（key performance indicator，KPI）管理和商业智能（business intelligence，BI）管理、推进阿米巴经营模式等方式，构建价值管理信息化平台，实现财务转型，建立了价值管理指标考察体系，实现了全员价值管理模式。

宝钢金属以价值整合为理念，通过建立商业智能系统，以 PDCA 循环[①]为辅助，提升财务组织洞察力，最终实现财务转型，实现财务与公司的业务对接，推动企业组织变革，进而促使企业价值增长，取得了良好业绩。宝钢金属主要从影响 EVA 的三个方面着手提升：①通过提高货币资产的使用效率降低加权平均资本成本；②通过提高子公司的营利能力提升税后净营业利润；③通过优化投资方式提高投资效率、降低资本占用。在宝钢金属建立价值管理考察指标体系的过程中，彰显了制度建设的重要性，制度化管理为企业价值提升奠定了基础，为企业的行为活动制定了标准和原则，促进了企业价值的

① PDCA 循环的含义是将质量管理分为四个阶段，即 plan（计划）、do（执行）、check（检查）和 action（处理）。

提升。

商业智能系统在宝钢金属的应用涵盖五个方面。第一，通过建立数据库对有关考察指标进行分析，为企业的营运及管理层的决策提供信息。第二，展现库存动态信息。为解决企业内部库存信息不对称的情况，使业务员能实时准确地将信息传达给管理层及公司领导，商业智能系统通过信息共享平台实时更新库存信息，便于企业的各个部门对库存信息的掌控。第三，资金周报。在投融资及企业运营的过程中，对货币资金的实时监控体现在调控营运周期、及时平衡余缺、提升资金营运效率方面。第四，实时监控应收账款客户、应收账款账龄和性质等，对应收账款进行按时跟踪分析，最大限度地控制坏账等经营风险。第五，经营预测模型。利用杜邦分析、损益预测、资金预测、量本利分析等多种分析模型预测资金运作、产品结构等方面的具体情况，提升企业的经营管理效率。

宝钢金属 KPI 实施过程：成立 KPI 管理推进小组，展开业务分析，形成指标体系，进行试运行，发现问题并提出工作要求及解决方案。围绕宝钢金属亏损的主要原因，在边际贡献和营运周期等关键节点上设置 KPI，将公司级指标分解到各部门、各岗位，实现层层支持，落实到人。KPI 管理如果不能与公司日常经营管理相结合，则可能成为新的形式主义。在宝钢金属的月度分析会上，除通报经营成果外，基本围绕 KPI 分析展开，通过分析来发现问题，并提出工作要求和解决方案。

全员价值管理模式的实施过程如下：①公司制订相关推进方案，召开动员大会，导入阿米巴经营理念，进行相关培训。②拟定阿米巴核算方法。③运行阶段对核算方法进行进一步完善，按照阿米巴经营理念开展全年阿米巴核算，定期对阿米巴的实施情况进行总结并且对实施成果显著的阿米巴及个人进行表彰，并将阿米巴实施理念融入公司的价值观和企业文化中。

案例思考：

（1）宝钢金属进行价值管理和价值创造的驱动因素是什么？

（2）宝钢金属是如何进行价值管理的？

（3）宝钢金属进行价值管理之后获得了哪些方面的成效？

（资料来源：王馨毓. 企业价值管理的路径研究——基于宝钢金属有限公司的案例分析[D]. 内蒙古大学硕士学位论文，2016；本书有删节）

企业价值评估是企业财务管理的重要工具之一，具有广泛的用途，是现代财务的必要组成部分。企业价值的内涵包括企业发展的可持续性、风险性和战略性等多方面特征。企业价值评估也包含对企业生存和发展至关重要的非财务业绩信息，尤其注重对企业可持续发展能力的评估。

第一节 企业价值评估概述

一、企业价值评估的概念

企业价值评估简称价值评估，是由专业机构和人员将企业作为一个有机整体，依据其拥有或占有的全部资产状况和整体获利能力，充分考虑影响企业获利能力的各种因素，结合企业所处的宏观经济环境及行业背景，对企业整体公允市场价值进行的综合性评估。

它是一种经济评估方法，目的是分析和衡量企业（或者企业内部的一个经营单位、分支机构）的公允市场价值，并提供有关信息以帮助投资人和管理当局改善决策。

二、企业价值评估的对象

（一）价值评估的分类

价值评估可以从不同的角度进行分类，常见分类如下。

1. 按评估主体分类

按评估主体分类，可以分为内部评估和外部评估。内部评估是指由资产的占用者自己或者聘请中介机构进行的评估，其评估结果主要是为企业内部的经营管理服务。外部评估是指企业外部的专业评估机构独立进行的评估，其评估结果是为外部投资者和研究人员服务。

2. 按评估客体分类

按评估客体分类，可以分为企业价值评估、股票价值评估、债券价值评估、不动产价值评估、自然资源价值评估和无形资产（专利）评估等。由于以上各种资产均具有不同的特点和运行机理，因而对它们进行估价的假设及其适用的模型方法也有较大的不同。

3. 按评估范围分类

按评估范围分类，可以分为整体资产评估、单项资产评估。整体资产评估是指对某一企业或企业集团的全部资产（包括企业整体、股票、债券等）进行的评估；单项资产评估是指对某企业的某一项或若干项资产（如专利、自然资源、不动产等）进行的评估。

4. 按评估方法分类

按评估方法分类，可以分为现金流量折现估价法、经济利润估价法、相对价值比较估价法等几种，这些方法应用的原理和估价的模型各不相同，因而它们适用的场合和范围也各不相同。例如，现金流量折现估价法主要应用于有现金流入的资产；经济利润估价法与现金流量折现估价法原理相同，但主要是从股东的价值增值角度来考察的；相对价值比较估价法是在市场上选择一个或几个与目标企业类似的企业，在分析、比较的基础上，修正、调整目标企业的价值，最后确定被评估企业的市场价值。

（二）企业价值评估的价值标准

在企业价值评估中需要注意区分会计价值与经济价值的关系，以及现时市场价值与公平市场价值的关系。

1. 会计价值

会计价值是指资产、负债和所有者权益的账面价值。会计价值与市场价值是两回事，会计报表以交易价格为基础。

例如，某项资产以 2 000 万元的价格购入，该价格客观地计量了资产的价值，并且有原始凭证支持，会计师就将它记入账簿。过了几年，由于技术更新，该资产的市场价值已经大大低于 2 000 万元，或者由于通货膨胀，其价值已远高于最初的购入价格，记录在账面上的历史成交价格与现实的市场价值已经毫不相关，会计师仍然不修改其记录。会计师只有在资产需要折旧或摊销时，才修改资产价值的记录。会计师选择历史成本而舍弃现行市场价值的理由有两点：①历史成本具有客观性，可以重复验证，而这正是现行市场价值所缺乏的。会计师和审计师的职业地位，需要客观性的支持。②如果说历史成本与投资人的决策不相关，那么现行市场价值也同样与投资人决策不相关。投资人购买股票的目的是获取未来收益，而不是企业资产的价值。企业的资产不是被出售，而是被使用并在产生未来收益的过程中消耗殆尽。与投资人决策相关的信息是资产在使用中可以带来的未来收益，而不是其现行市场价值。

其实，会计报表数据的真正缺点，不是没有采纳现实价格，而是没有关注未来。会计准则的制定者不仅很少考虑现有资产可能产生的未来收益，而且把许多影响未来收益的资产和负债项目从报表中去除。表外的资产包括良好管理、商誉、忠诚的顾客、先进的技术等；表外的负债包括未决诉讼、过时的生产线、低劣的管理等。

2. 经济价值

经济价值是经济学家所持的价值观念，它是指一项资产的公平市场价值。公平市场价值是指在公平的交易中，熟悉情况的双方自愿进行资产交换或债务清偿的金额。资产被定义为未来的经济利益。经济利益其实就是现金流入。资产就是未来可以带来现金流入的东西。由于不同时间的现金不等价，需要通过折现处理，故资产的公平市场价值就是未来现金流量的现值。未来现金流量计价又称未来售价计价。从交易属性上看，未来售价计价属于产出计价类型；从时间属性上看，未来售价属于未来价格。它也经常被称为资本化价值，即一项资产未来现金流量的现值。未来现金流量计价有以下特点：未来现金流量面向的是未来，而不是历史或现在，符合决策面向未来的时间属性。经济学家认为，未来现金流量的现值是资产的一项最基本属性，是资产的经济价值。只有未来现金流量计价符合企业价值评估的目的。因此，除非特别指明，企业价值评估的“价值”一般是指未来现金流量现值。

3. 现时市场价值

现时市场价值是指按现行市场价格计量的资产价值，它可能是公平的，也可能是不公平的。首先，作为交易对象的企业通常没有完善的市场，也就没有现成的市场价格。非上市企业或者它的各个部门，由于没有在市场上出售，其价格也就不得而知。对于上市企业来说，每天参加交易的只是少数股权，因此市价只是少数股东认可的价格，未必代表公平价值。其次，以企业为对象的交易双方，存在比较严重的信息不对称。人们对于企业的预期会有很大差距，成交的价格不一定是公平的。再次，股票价格是经常变动的，人们不知道哪一个是公平的。最后，评估的目的之一是寻找被低估的企业，也就是价格低于价值的企业。如果用现时市场价值作为企业的估价，则企业价值与市场价格相等，那么任何有意义的信息都得不到。

4. 公平市场价值

企业价值评估的目的是确定一个企业的公平市场价值。企业的公平市场价值就是企业未来现金流量的现值，是股权的公平市场价值与债务的公平市场价值之和，是持续经营价值与清算价值中的较高者。对于上市公司而言，每天参加交易的只是少数股权，多数股权不参加日常交易，因此，股票的市场价格只是少数股东认可的价格，再加上比较严重的信息不对称和股价经常波动，它未必代表公平价值。

（三）企业的整体价值

企业价值评估的一般对象是企业整体的经济价值。企业的整体价值观念主要体现在以下四个方面。

1. 整体不是各部分的简单相加

企业作为整体虽然是由部分组成的，但是它不是各部分的简单相加，而是有机的结合。这种有机的结合，使得企业总体具有其各部分所没有的整体性功能，所以整体价值不同于各部分的价值。企业整体能够具有价值，在于它可以为投资人带来现金流量。这些现金流量是所有资产联合起来运用的结果，而不是资产分别出售获得的现金流量。

2. 整体价值来源于要素的结合方式

企业的整体价值来源于各部分之间的联系。只有整体内各部分之间建立有机联系时，才能使企业成为一个有机整体。各部分之间的有机联系，是企业形成整体的关键。例如，企业资源的重组即改变各要素之间的结合方式，可以改变企业的功能和效率。

3. 部分只有在整体中才能体现出其价值

企业是整体和部分的统一。部分依赖整体，整体支配部分。部分只有在整体中才能体现其价值，一旦离开整体，这个部分就失去了作为整体中部分的意义。

4. 整体价值只有在运行中才能体现出来

企业是一个有机运行着的整体，一旦成立就有了独立的“生命”和特征。如果企业停止运营，整体功能随之丧失，不再具有整体价值，它就只剩下一堆机器、存货和厂房，此时企业的价值是这些财产的变现价值，即清算价值。

（四）企业整体经济价值的类别

企业整体价值可以分为实体价值和股权价值、持续经营价值和清算价值、少数股权价值和控股权价值等类别。

1. 实体价值和股权价值

当一家企业收购另一家企业的时候，可以收购卖方的资产，而不承担其债务；或者购买它的股份，同时承担其债务。

例如，甲企业以20亿元的价格买下了乙企业的全部股份，并承担了乙企业原有的10亿元的债务，收购的经济成本是30亿元。对于甲企业的股东来说，他们不仅需要支付20亿元现金（或者印制价值20亿元的股票换取乙企业的股票），而且要以书面契约形式承担10亿元债务。实际上他们需要支付30亿元来购买乙企业的全部资产，其中20亿元现在支付，另外10亿元将来支付。因此，企业的资产价值与股权价值是不同的。

企业全部资产的总体价值称为企业实体价值。企业实体价值是股权价值与债务价值之和。股权价值在这里不是所有者权益的会计价值（账面价值），而是股权的公平市场价值。债务价值也不是它们的会计价值（账面价值），而是债务的公平市场价值。

大多数企业并购是以购买股份的形式进行的，因此评估的最终目标和双方谈判的焦点是卖方的股权价值。但是，买方的实际收购成本等于股权成本加上所承接的债务。

2. 持续经营价值和清算价值

企业能够给所有者提供价值的方式有两种：一种是由营业所产生的未来现金流量的现值，称为持续经营价值；另一种是停止经营，出售资产产生的现金流量，称为清算价值。这两者的评估方法和评估结果有明显区别。我们必须明确拟评估的企业是一个持续经营的企业还是一个准备清算的企业，评估的价值是其持续经营价值还是其清算价值。在大多数的情况下，评估的是企业的持续经营价值。

一个企业的公平市场价值，应当是持续经营价值与清算价值中较高的一个，一个企业持续经营的基本条件，是其持续经营价值超过清算价值。依据理财的“自利原则”，当未来现金流量的现值大于清算价值时，投资人会选择持续经营。如果现金流量下降，或者资本成本提高，使得未来现金流量现值低于清算价值，则投资人会选择清算。

3. 少数股权价值和控股权价值

企业的所有权和控制权是两个极为不同的概念。首先，少数股权对于企业事务发表的意见无足轻重，只有获取控制权的人才能决定企业的重大事务。我国的多数上市企业

“一股独大”，大股东决定了企业的生产经营，小股东基本上没有决策权。其次，从世界范围看，多数上市企业的股权高度分散化，没有哪个股东可以控制企业，此时有效控制权被授予董事会和高层管理人员，所有股东只是“搭车的乘客”，不满意的乘客可以“下车”，但是无法控制“方向盘”。

在股票市场上交易的只是少数股权，大多数股票并没有参加交易。掌握控股权的股东不参加日常的交易。我们看到的股价，通常只是少数已经交易的股票价格，它们衡量的只是少数股权的价值。少数股权与控股股权的价值差异，明显地出现在收购交易当中。一旦控股权参加交易，股价会迅速飙升，甚至达到少数股权价值的数倍。在评估企业价值时，必须明确拟评估的对象是少数股权价值还是控股权价值。

总之，在进行企业价值评估时，首先要明确拟评估的对象是什么，搞清楚是企业实体价值还是股权价值，是持续经营价值还是清算价值，是少数股权价值还是控股权价值。它们是不同的评估对象，有不同的用途，需要使用不同的方法进行评估。

三、企业价值评估的重要性

企业价值评估是市场经济和现代企业制度相结合的产物，西方发达国家经过长期发展，已形成多种模式，并日趋成熟。目前我国正处于经济转型期，企业价值评估在对外开放和企业改革中的作用越来越突出。

1. 企业价值最大化管理的需要

企业价值评估在企业经营决策中极其重要，能够帮助管理当局有效改善经营决策。企业财务管理的目标是企业价值最大化，企业的各项经营决策是否可行，必须看这一决策是否有利于增加企业价值。价值评估可以用于投资分析、战略分析和以价值为基础的管理；可以帮助经理人员更好地了解公司的优势和劣势。重视以企业价值最大化管理为核心的财务管理，企业理财人员通过对企业价值的评估，了解企业的真实价值，做出科学的投资与融资决策，不断提高企业价值，增加所有者财富。

2. 企业并购的需要

企业并购过程中，投资者已不满足于从重置成本角度了解在某一时间点上目标企业的价值，更希望从企业现有经营能力角度或同类市场比较的角度了解目标企业的价值，这就要求评估师进一步提供有关股权价值的信息，甚至要求评估师分析目标企业与本企业整合能够带来的额外价值。同时，资本市场需要更多以评估整体获利能力为代表的企业价值评估。

3. 企业价值评估是投资决策的重要前提

企业在市场经济中作为投资主体的地位已经明确，但要保证投资行为的合理性，必须对企业资产的现时价值有一个正确的评估。我国市场经济发展到今天，在企业改制、合资、合作、联营、兼并、重组、上市等各种经济活动中，以有形资产和专利技术、专有技术、商标权等无形资产形成优化的资产组合作价入股已很普遍。合资、合作者在决策中，必须对这些无形资产进行量化，由评估机构对无形资产进行客观、公正的评估，评估的结果既是投资者与被投资单位投资谈判的重要依据，又是被投资单位确定其无形资本入账价值的客观标准。

4. 量化企业价值、核清家底、动态管理

对每一位公司管理者来说，知道自己公司的具体价值，并清楚计算价值的来龙去脉至关重要。在计划经济体制下，企业一般关心的是有形资产的管理，对无形资产常忽略不计。在市场经济体制下，无形资产已逐渐受到重视，而且越来越被认为是企业的重要财富。在国外，一些高新技术产业的无形资产价值远高于有形资产，我国高新技术产业的无形资产价值亦相当可观。希望清楚了解自己家底以便加强管理的企业家，有必要通过评估机构对企业价值进行公正的评估。

5. 董事会、股东会了解生产经营活动效果的需要

公司财务管理的目标是使公司价值最大化，公司各项经营决策是否可行，取决于这一决策是否有利于增加公司价值。我国现阶段会计信息失真，会计信息质量不高，在实质上影响了企业财务状况和经营成果的真实体现。会计指标体系不能有效地衡量企业创造价值的能力，会计指标基础上的财务业绩并不等于公司的实际价值。企业的实际价值并不等于企业的账面价值。公司管理层仅仅以公司现阶段的财务报表来衡量公司的经营成果是片面的做法，正确推行以价值评估为手段的价值最大化管理，是推动我国企业持续发展的一个重要手段。

6. 企业价值评估是扩大、提高企业影响，展示企业发展实力的手段

随着企业的形象问题逐渐受到企业界的重视，名牌商标宣传已经成为企业走向国际化的重要途径。企业拥有大量的无形资产，给企业创造了一般生产资料、生产条件所不能创造的超额利润，但其在账面上反映的价值是微不足道的。所以，企业价值评估及宣传是强化企业形象、展示发展实力的重要手段。

7. 增加企业凝聚力

企业价值评估不但要向公司外的人传达企业的健康状态和发展趋势，更重要的是向公司内所有员工传达企业信息，培养员工对本企业的忠诚度，以达到凝聚人心的目的。

第二节　基本财务估价模型

本节主要介绍资本资产定价模型、MM 理论、期权定价模型、自由现金流量贴现模型四个基本财务估价模型。

一、资本资产定价模型

（一）资本资产定价模型的理论假设

资本资产定价模型是由美国学者夏普、林特尔、特里诺和莫辛等于 1964 年在资产组合理论和资本市场理论的基础上发展起来的，主要研究证券市场中资产的预期收益率与风险资产之间的关系，以及均衡价格是如何形成的，是现代金融市场价格理论的支柱，广泛应用于投资决策和公司理财领域。

资本资产定价模型是在 6 个假设下产生的，这些假设的核心是尽量使投资者同质化（这些投资者本来是有着不同的初始财富和风险厌恶程度的），这样会使我们的分析大为简化。

资本资产定价模型假设有以下几个方面。

（1）存在着大量投资者，每个投资者的财富相对于所有投资者的财富总和来说是微不足道的。投资者是价格的接受者，单个投资者的交易行为对证券价格不产生影响。这一假设与微观经济学中对完全竞争市场的假设是一致的。

（2）所有投资者都在同一证券持有期计划自己的投资行为。这种行为是短视的，因为它忽略了在持有期结束的时点上发生任何事件的影响，短视行为通常是非最优行为。

（3）投资者投资范围仅限于公开金融市场上交易的资产，如买卖股票和债券、借入或贷出无风险的资产安排等。这一假定排除了投资于非交易性资产如教育（人力资本）、政府资产（如市政大楼、国际机场）等的可能。此外还假定投资者可以在固定的无风险利率基础上借入或贷出任何额度的资产。

（4）不存在证券交易费用（佣金和服务费用等）及税赋。在实际生活中，投资者处于不同的税收级别，这直接影响到投资者对投资资产的选择。举例来说，利息收入、股息收入、资本利得所承担的税赋不同。此外，实际交易中也发生费用支出，交易费用因交易额度的大小和投资者信誉度的不同而不同。

（5）所有投资者均是理性的，追求投资资产组合的方差最小化，这意味着他们都采用马科维茨的资产选择模型。

（6）所有投资者对证券的评价和经济局势的看法均一致。这样，投资者关于有价证券回报率的概率分布预期是一致的。也就是说，无论证券价格如何，所有的投资者的投资顺序均相同，这符合马科维茨模型。根据马科维茨模型，给定系列证券的价格和无风险利率，所有投资者的期望收益与协方差矩阵相等，从而产生了有效边界和一个唯一的最优风险资产组合。

（二）资本资产定价模型涉及的相关因素

1. 系统风险

系统风险是指市场中无法通过分散投资来消除的风险，也被称作市场风险（market

risk）。例如，经济衰退、战争都属于不可通过分散投资来消除的风险。

2. 非系统风险

非系统风险也被称作特殊风险（unique risk），这是属于个别股票的自有风险，投资者可以通过变更股票投资组合来消除。从技术的角度来说，非系统风险的回报是股票收益的组成部分，但它所带来的风险是不随市场的变化而变化的。现代投资组合理论指出，特殊风险是可以通过分散投资来消除的，而即使投资组合中包含了所有市场的股票，系统风险亦不会因分散投资而消除，在计算投资回报率的时候，系统风险是投资者最难以计算的。

3. 系数 β

按照资本资产定价模型的规定，系数 β 是用以度量一项资产的系统风险的指针，是用来衡量一种证券或一个投资组合相对总体市场的波动性的一种风险评估工具。

从市场组合的角度看，可以将单项资产的系统风险看作对市场组合变动的反映程度，用 β 度量。β 表示的是个别资产收益率相对于市场收益率变动的程度，是一个标准化的度量单项资产对市场组合方差贡献的指标。

（三）资本资产定价模型的建立

当资本市场达到均衡时，风险的边际价格是不变的，任何改变市场组合的投资所带来的边际效果是相同的，即增加一个单位的风险所得到的补偿是相同的。按照 β 的定义，代入均衡的资本市场条件下，得到资本资产定价模型：

$$E(r_i)=r_f+\beta i_m\left(E(r_m)-r_f\right)$$

其中，$E(r_i)$是资产 i 的预期回报率；r_f 是无风险利率；β 表示资产 i 的系统性风险；$E(r_m)$是市场 m 的预期市场回报率；$E(r_m)-r_f$ 是市场风险溢价，即预期市场回报率与无风险利率之差。

资本资产定价模型的说明：①单个证券的期望收益率由两个部分组成，无风险利率和对所承担风险的补偿——风险溢价。②风险溢价的大小取决于 β 值的大小。β 值越大，表明单个证券的风险越高，所得到的补偿也就越高。③ β 度量的是单个证券的系统风险，非系统性风险没有风险补偿。

以股票市场为例，研究以资本形式（如股票）存在的资产的价格确定模型。假定投资者通过基金投资整个股票市场，于是他的投资完全分散化，他将不承担任何可分散风险。但是，由于经济与股票市场变化的一致性，投资者将承担不可分散风险。于是投资者的预期回报高于无风险利率。

设股票市场的预期回报率为 $E(r_m)$，无风险利率为 r_f，那么，市场风险溢价就是 $E(r_m)-r_f$，这是投资者由于承担了与股票市场相关的不可分散风险而预期得到的回报。

考虑某资产（如某公司股票），设其预期回报率为 R_i，由于市场的无风险利率为 R_f，故该资产的风险溢价为 R_i-R_f。资本资产定价模型描述了该资产的风险溢价与市场的风险溢价之间的关系，在$E(r_i)=r_f+\beta i_m\left(E(r_m)-r_f\right)$中，$\beta$系数表示了资产的回报率对市场变动的敏感程度（sensitivity），可以衡量该资产的不可分散风险。如果给定β，我们就能确定某资产现值（present value）的正确贴现率（discount rate），这一贴现率是该资产或另一相同风险资产的预期收益率，即贴现率$=R_f+\beta\left(R_m-R_f\right)$。

（四）资本资产定价模型的作用

资本资产定价模型简单地揭示了证券的期望回报率与证券的风险之间的关系。在理论和实践两个方面得到广泛应用。资本资产定价模型揭示了以下思想。

（1）如果投资者承担额外的风险，则他们必然要求额外的回报，即高风险高回报。如果风险很大的股票投资的回报率与无风险的国库券的投资回报率相同，那么不会有投资者投资股票。这也是普通股的平均回报率要高于国库券的主要原因。

（2）投资者关心的主要是多样化投资不能消除的系统风险。例如，两家公司合并使投资多样化，但其股票价格并未上升，这是因为公司合并可以消除某些特殊风险，但不能消除系统风险；投资者所关心的主要是不能由公司合并消除的系统风险，因此股票的价格并不会上升。又如，投资公司投资其他公司的股票时，其公司的价值就等于其持有的股票价值之和；如果投资者认为可以通过多样化投资消除风险，那么在其他条件不变的情况下，投资组合的价值要大于持有股票价值的和。

正是因为资本资产定价模型简单明了地阐述了上述思想，所以许多财务经理将其作为处理捉摸不定的风险概念的最方便的工具。

二、MM 理论

（一）MM 理论的主要代表人物

Modigliani 是麻省理工学院的教授，他在家庭储蓄理论和公司财务理论方面做出了杰出贡献，1985 年获得诺贝尔经济学奖。他在 20 世纪 50 年代初与美国经济学家理查德·布伦伯格（Richard Brumberg）、安尔伯特·安多（Alblert Ando）共同提出了消费函数理论中的“生命周期假说”，为考察国民储蓄方式中的个人行为模式提供了一个微观经济基础。50 年代末和 60 年代初，他与 Miller 一起创立了著名的现代财务理论——MM 理论，并且首先将套利证明引入了金融经济学研究领域。

Miller 教授是世界知名的财务学家，在财务理论方面颇有建树，出版了八部著作。他早期一直致力于财务理论的研究，后期因工作关系，其研究范围还涉及证券和期权交易的监管问题，不过他最突出的贡献是在资本结构理论方面。

（二）MM 理论的主要内容

MM 理论是在一系列严格的假设条件下建立的。Modigliani 和 Miller 在 1958 年首次提出 MM 理论时的一个基本假设就是市场是完善的，即个人和企业在金融市场中无交易成本，并在可获得无差异信息的条件下进行自由交易；另外还假定企业无破产费用。具体假设包括以下几个方面。

（1）没有市场交易成本，资本市场是无摩擦的，没有政府的限制，可自由地进行交易，且资本可无限地分割。

（2）无个人所得税或对股利、利息和资本所得课税是平等的，对特定个人的股利、利息和资本所得其税率是无差异的。

（3）市场是完全竞争的，不管个人投资者和企业的行为如何，企业在任何时候都可以按不变的价格转换证券，企业没有什么行为能影响市场的税率结构。

（4）投资者可以像公司一样以相同利率借入和贷出资金和发行证券。

（5）企业未来的平均营业利润是个随机变量，每个投资者的期望值都相同。

（6）企业和个人的可利用信息是相同的，而且获得这些信息是没有费用的。

（7）企业永续经营，且预期各期的现金流量构成等额年金。

（8）无财务危机成本，企业或个人发生财务危机或破产时，不会产生财务危机或破产的成本，如法律费用、会计清算费用、经营中断费用、企业重组费用等。

（9）无代理人费用。

在以上一系列关于完全市场的严格假设下，Modigliani 和 Miller 提出了著名的 MM 定理 1 和 MM 定理 2。1969 年，Miller 又在 MM 理论中加入了所得税，提出了 Miller 模型。

1）MM 定理 1

MM 定理 1 即无企业所得税和个人所得税的 MM 模型（资本结构无关论）。MM 定理 1 假设在不考虑税收（包括企业所得税和个人所得税）的情况下，企业的总价值不受资本结构的影响。在稳定的资本结构中，企业负债的增加并不会增加企业的价值，因为负债带来的利益将被随之增加的权益资本成本所抵消，因此企业的价值和资本成本均不受资本结构的影响。该模型有两个基本命题。

（1）命题 1：总价值命题。

命题 1 的基本内容：只要息税前利润相等，那么，处于同一风险等级的企业，无论是有负债企业还是无负债企业，它们的总价值相同，这时，企业的加权平均资本成本等于同一风险等级中无负债企业的权益资本成本，且资本成本与资本结构无关。用公式表示如下：

$$V_L = V_U = \text{EBIT} / K_a = \text{EBIT} / K_{eu}$$

其中，V_L 和 V_U 分别代表有负债企业和无负债企业的价值；K_a 和 K_{eu} 分别代表有负债企业的加权平均资本成本和无负债企业的权益资本成本；EBIT 代表预期息税前利润。

命题 1 表明：①企业的价值不会受资本结构的影响，杠杆企业的价值和无杠杆企业的价值是相等的；②有负债企业的加权平均资本成本（K_a）等于与该企业属于相同风险等级的无负债企业的权益资本成本（K_{eu}）；③ K_a 和 K_{eu} 的高低视企业的风险等级而定。

（2）命题 2：风险补偿命题。

命题 2 的基本内容：负债越多，权益资本成本越高。负债企业的权益资本成本与同一风险等级中无负债企业的权益资本成本之间的差额，就是负债企业所要承担的风险，即补偿风险。因此，负债企业的权益资本成本等于同一风险等级中无负债企业的权益资本成本加上根据无负债企业的权益资本成本和负债成本之间的差额及负债权益比率所确定的风险补偿。具体公式为

$$K_{el} = K_{eu} + \left(K_{eu} - K_b\right)B / V$$

其中，K_{eu} 是无负债企业的资本成本；K_{el} 是有负债企业的资本成本；B/V 是财务杠杆。

命题 2 表明，有负债企业的权益资本成本会随着负债比率的上升而增加，因此，股东的风险随着财务杠杆的增加而增加。

综合以上命题，MM 定理 1 意味着债务资本的增加会增大权益资本的风险，低成本举债带来的利益正好被权益资本成本的上升所抵消。因此，在均衡时，有负债企业的加权平均资本成本等于无负债企业的权益资本成本，由此，MM 定理 1 的结论是，在没有企业所得税和个人所得税且市场处于均衡状态时，企业资本结构的改变不会影响企业的价值和资本成本。

2）MM 定理 2

MM 定理 2 即有企业所得税的 MM 模型（资本结构有关论/修正的 MM 理论）。MM 定理 1 从逻辑上是合理的，但在实践中却受到了挑战。根据 MM 定理 1，企业资本结构和企业市场价值无关，则企业的负债率在不同的地区、部门或行业会呈现随机分布。而实际上，企业的负债率在各部门或行业间的分布具有一定的规律性。例如，几乎所有航空公司、公用事业和房地产开发公司及大部分资本密集型工业企业的负债比例都很高，制药公司和广告公司几乎完全依赖自有资金。

为了解释这一现象，1963 年 Modigliani 和 Miller 在发表的《企业所得税和资本成本：一个修正》一文中，将企业所得税对资本结构的影响引入原来的分析之中，对无税模型进行了修正，从而得出了与无税收的 MM 模型相反的结论，即负债会因利息抵税作用而增加企业的价值，因此，企业的负债率越高越好。这就是有企业所得税的 MM 模型，该模型也有两个基本命题。

（1）命题 1：赋税节余命题。

该命题的基本内容为，负债企业的价值等于相同风险等级中无负债企业的价值加上赋税节余的价值。在此，负债的节税利益等于企业所得税税率 T 乘以负债总额。

$$V_L = V_U + T_C B$$

由于企业的 EBIT 不受资本结构的影响，无负债企业 U 的股票每年可得到的净现金流 CF_U 即股息。

$$CF_U = EBIT\left(1 - T_C\right)$$

负债企业 L 的投资者可得到的净现金流 CF_L 包括股息和利息，则有

$$CF_L = \left(EBIT - K_b B\left(1 - T_C\right)\right) + K_b B$$

上式右边第一项与无负债企业股东现金流量相同，第二项为税盾，即负债企业的利息费用可以抵减部分所得税。当引入所得税后，企业价值可按以下公式计算。

$$V_U = E_U = EBIT\left(1 - T_C\right) / K_{eu}$$

命题 1 意味着，在考虑了企业所得税后，使用负债的企业价值会比未使用负债时要高，并且负债越多，企业价值越高。当企业负债达到 100%时，即它的资本结构完全由负债构成时，企业的价值达到最大。

（2）命题 2：风险报酬命题。

该命题的基本内容为，负债企业的权益资本成本等于相同风险等级的无负债企业的权益资本成本加上风险报酬，风险报酬取决于企业融资结构和企业所得税税率。具体公式为

$$K_{el}=K_{eu}+\left(K_{eu}-K_{b}\right)\left(1-T_{C}\right)B/E$$

由于$1-T_{C}<1$，所以在考虑企业所得税后，尽管权益资本成本还会随着负债融资程度的提高而上升，但其上升幅度低于不考虑所得税时的上升幅度。又因为负债的税盾效应，产生了命题 1 的结果，即企业使用负债越多，其加权平均资本成本越低，价值越高。

当考虑企业所得税时，负债企业的股本成本为

$$K_{el}=\left(\mathrm{EBIT}-K_{b}B\right)\left(1-T_{C}\right)/E=\left[\mathrm{EBIT}\left(1-T_{C}\right)-K_{b}\left(1-T_{C}\right)B\right]/E$$

又有 $\mathrm{EBIT}\left(1-T_{C}\right)=\left(V_{L}-T_{C}B\right)K_{eu}$，$V_{L}=E+B$，将两式代入上式得

$$K_{el}=K_{eu}+\left(K_{eu}-K_{b}\right)\left(1-T_{C}\right)B/E$$

Modigliani 和 Miller 关于无企业所得税模型和有企业所得税模型的分析，是在一系列严格的假设前提下，经过谨慎的数学推导而得出的。无企业所得税的MM理论认为资本结构不影响企业价值和资本成本；有企业所得税的MM理论认为负债会因税赋节余而增加企业价值，负债越多，企业价值越大，权益资本的所有者获得的收益也越大。

3）Miller 模型

Miller 模型即有企业所得税和个人所得税的 MM 理论。1969 年，罗伯特·哈马达（Robert Hamada）和约瑟夫·斯提格利茨（Joseph E. Stiglitz）分别用资本资产定价模型和一般均衡理论从不同的角度对 MM 理论进行了证明，得出了与 MM 理论相一致的结论，然而这与现实中实际观察到的情况并不相同。针对这种现象，Miller 又对其理论进行了改进，加入了个人所得税因素，提出了 Miller 模型。

1977 年，Miller 在《财务月刊》上发表了《债务与税收》一文，该文探讨了负债对企业价值的影响，建立了一个同时考虑企业所得税与个人所得税的模型。经过理论上的推导，Miller 得出了如下结论：个人所得税的存在，会在某种程度上抵销债务利息的税盾效应，但是在正常税率的情况下，负债的税盾效应不会因此而完全消失。

Miller 模型的假设条件与 MM 模型完全相同，在考察了企业所得税与个人所得税的情况下，无负债企业的市场价值为

$$V_{U}=\mathrm{EBIT}\left(1-T_{C}\right)\left(1-T_{e}\right)/K_{eu}$$

其中，T_{C}和T_{e}分别表示企业所得税税率和个人所得税税率。在美国，股利和资本利得适用不同的税率，股利收入适用于个人所得税税率，资本利得适用于资本利得税税率，因此，T_{C}可能是这两种税率的加权平均税率。

$\text{EBIT}(1-T_{\text{C}})(1-T_{\text{e}})$ 是企业每年的税后收益。由于个人所得税降低了投资者的实际所得，在其他情况不变的条件下，个人所得税的存在降低了无负债企业的市场价值。

如果企业考虑债务融资，则每年产生的现金流量（CF_t）可以分为股东的现金流量和债权人的现金流量两部分。用公式表示为

$$\text{CF}_t=(\text{EBIT}-I)(1-T_{\text{C}})(1-T_{\text{e}})+I(1-T_{\text{d}})$$

其中，I 代表企业每年支付的利息费用；T_{d} 代表适用于利息收入的个人所得税税率。假定企业永续经营，式中的现金流量就相当于永续年金，将它们分别除以适当的折现率，就可以计算出有负债企业的价值。

$$\begin{aligned}V_{\text{L}}&=\text{EBIT}(I-T_{\text{C}})(1-T_{\text{e}})/K_{\text{eu}}-I(I-T_{\text{C}})(1-T_{\text{e}})/K_{\text{b}}+I(1-T_{\text{d}})/K_{\text{b}}\\&=V_{\text{U}}+\left\{1-\left[(1-T_{\text{C}})(1-T_{\text{e}})/(1-T_{\text{d}})\right]\right\}B\end{aligned}$$

上式为 Miller 模型的表达式，是各种有负债企业的市场价值表达式的一般化形式，可以据此做出如下分析。

（1）当企业处于无税环境时，即 $T_{\text{C}}=T_{\text{d}}=T_{\text{e}}=0$ 时，$V_{\text{L}}=V_{\text{U}}$，该模型等同于不含所得税时的 MM 模型。

（2）当只考虑企业所得税时，即 $T_{\text{e}}=T_{\text{d}}=0$ 时，$V_{\text{L}}=V_{\text{U}}+T_{\text{C}}B$，该模型等同于含企业所得税时的 MM 模型。

（3）当权益投资个人所得税与利息收入个人所得税税率相同时，即 $T_{\text{e}}=T_{\text{d}}$ 时，权益投资个人所得税与利息收入个人所得税对负债企业的市场价值的影响相互抵消，则 $V_{\text{L}}=V_{\text{U}}+T_{\text{C}}B$。

（4）假定 $(1-T_{\text{C}})(1-T_{\text{e}})=(1-T_{\text{d}})$，负债所带来的税盾效应恰好被个人所得税抵消，则 $V_{\text{L}}=V_{\text{U}}$，资本结构对企业价值和资本成本无影响。

（5）当利息收入的个人所得税税率大于股票收入的个人所得税税率时，即 $T_{\text{e}}<T_{\text{d}}$ 时，则 $V_{\text{L}}<V_{\text{U}}+T_{\text{C}}B$，表明负债的增加所引起的企业价值的增加要小于含企业所得税的 MM 模型中所增加的价值，财务杠杆带来的收益减少。

Miller 模型证明了个人所得税的存在某种程度上抵消了企业负债的税盾效应，从而降低了有负债企业的价值，但它仍然坚守了企业负债越高，其市场价值越大的观点。当负债比例为 100%时，企业将获得最大的市场价值。

三、期权定价模型

（一）期权的概念

期权是指其持有人具有在确定的时间内，按照买卖双方约定的价格（简称协议价格或者行权价格）购买或者销售一定数量的某种金融资产（又称标的资产）的权利，并且不必承担购买或者销售标的资产的义务。期权的持有者为了获得这个权利向期权出售者支付的一定的费用，称为期权费或者期权的价格。

一份完整的期权合约一般包括四部分内容：期权合约规定的标的资产价格（以下简

称设定价格）；期权的到期日（以下简称到期日）；期权规定的资产交易数量；期权持有者的权利（期权持有者购买或出售资产的权利）。

期权的买入者称为期权的多头，期权的卖出者称为期权的空头，因为期权的多头拥有期权赋予的权利并且没有义务，所以不需要缴纳保证金。期权的空头需要缴纳期权保证金以保证期权多头权利的顺利实施。

（二）期权的分类

根据期权持有者购入或出售标的资产的权利不同，期权可以分为看涨期权和看跌期权。看涨期权的持有者有按照合约规定的价格购入一定数量和质量的标的资产的权利，看跌期权持有者有按照合约规定的价格卖出一定数量和质量的标的资产的权利。

根据到期日不同期权可以分为欧式期权和美式期权。欧式期权的持有者只能按照期权合约规定的到期日实施，美式期权的持有者能够在合约规定的到期日以前（包括到期日）任何一个工作日执行。

根据标的物的不同，期权可以分为实物期权、股票期权、指数期权、外汇期权、期货期权。在这几类期权中，股票期权是目前在场内交易规模和种类最多的一类期权。

按照期权的内在价值不同，期权可以分为实值期权、虚值期权、平价期权。

（三）B-S 期权定价模型

1973 年，Black 与 Scholes 发表了一篇题为“期权定价与公司负债”（*The Pricing of Options and Corporation Liabilities*）的论文。在该论文中，两位学者提出了第一个期权定价模型，在学术界和实务界引起了强烈反响，成为近代理财学不可缺少的内容之一。实际期权价格与模型计算得到的价格非常接近，具有较强的实用性。虽然该公式是理财学中最复杂的公式之一，其证明和推导过程涉及复杂的数学问题，但这并不妨碍其应用。

1. B-S 模型的假设

B-S 模型的假设包括以下几个方面：①在期权寿命周期内，看涨期权的标的股票不发放股利，也不做其他分配；②股票或期权的买卖没有交易成本；③短期的无风险利率是已知的，并且在期权的寿命周期内保持不变；④任何证券购买者能以短期的无风险利率借得任何数量的资金；⑤允许卖空，卖空者将立即得到所卖空股票当天价格的资金；⑥看涨期权只能在到期日执行；⑦所有证券交易都是连续发生的，股票价格随机游走。

2. B-S 模型

B-S 模型包括以下三个公式：

$$\begin{aligned} c_0 &= s_0 N(d_1) - x\mathrm{e}^{-rt} N(d_2) \\ &= s_0 N(d_1) - pv(x) N(d_2) \end{aligned}$$

$$d_1 = \frac{\ln\left(\frac{s_0}{x}\right) + \left(r + \frac{\sigma^2}{2}\right)t}{\sigma\sqrt{t}}$$

$$= \frac{\ln\left(\frac{s_0}{pv(x)}\right)}{\sigma\sqrt{t}} + \frac{\sigma\sqrt{t}}{2}$$

$$d_2 = d_1 - \sigma\sqrt{t}$$

其中，c_0 是看涨期权的价格；s_0 是标的资产现行市场价格；$N(d)$ 是标准正态分布中随机变量小于或等于 d 的概率；x 是看涨期权的执行价格；$pv(x)$ 是看涨期权执行价格的现值；r 是连续复利无风险收益率；σ 是股票连续复利收益率的标准差（每年）；t 是期权到期日前的时间（年）。自然对数的值可以在具有函数功能的计算器上求得。标准正态分布中随机变量小于或等于 d 的概率即 $N(d)$ 的值，可在“正态分布下的累积概率表”中查得。如果 $N(d)$ 中 d 为负值，则按绝对值查表，查到的数值即 $N(d)$ 的值。

B-S 模型反映的是一种以连续复利率对未来的现金流量进行折现的现值观念。在模型中，看涨期权的价值等于标的资产价格期望现值减去执行价格现值。如果从投资组合的角度去分析，买进一个单位看涨期权等于买入 $s_0N(d_1)$ 单位的标的资产，并筹资 $xe^{-rt}N(d_2)$ 个单位的金额。

四、自由现金流量贴现模型

自由现金流量贴现模型是企业价值评估中使用最广泛、理论上最健全的模型。自由现金流量贴现模型把企业未来特定期间内的预期现金流量还原为当前现值。企业的价值是它未来的营利能力，只有当企业具备这种能力时，它的价值才会被市场认同，因此理论界通常把自由现金流量贴现模型作为企业价值评估的首选方法，在评估实践中也得到了大量的应用，并且已经日趋完善和成熟。

自由现金流量贴现模型首先要计算出企业的自由现金流量和加权平均资本成本率。

1. 计算企业自由现金流量

自由现金流量是企业可向所有投资者（包括债权人和股东）支付的现金流量。自由现金流量的计算公式如下：

$$\text{FCF}=\text{EBIT}\times(1-t)+D-\text{FCInv}-\text{WCInv}$$

其中，FCF 是自由现金流量；t 是企业所得税税率；D 是折旧；FCInv 是资本支出；WCInv 是净营运资本的增加。

企业的自由现金流量等于企业当前和未来投资产生的自由现金流量之和，也就是企业从继续其现有项目和启动新项目中将获得的总净现金流量。对企业自由现金流量的估计要预测未来的销售收入、营业费用、税费、资本需求及其他因素，使得在考虑许多关于企业未来前景的具体细节时更具灵活性。但是围绕每个假设都不可避免地会有一些不确定性，往往需要进行敏感性分析，将这种不确定性转化为一定范围内的潜在价值。

2. 使用加权平均资本成本率评估企业价值

与自由现金流量的概念相一致，用于自由现金流量折现的折现率应当反映所有资本提供者的机会成本并按照他们各自对企业总资本的相对贡献加权，得出加权平均资本成本率。使用加权平均资本成本率对未来自由现金流量折现，还依赖于以下假设。

（1）项目承担的平均风险，即假设被评估项目的系统风险相当于企业投资的平均系统风险。

（2）企业的债务与股权比率保持不变，即假设企业可以持续地调整其债务水平，以便按照市值计算的债务与股权比率保持不变，从而使股权和债务的风险及加权平均资本成本不会随着债务水平的变动而变动。

（3）企业所得税是唯一要考虑的市场摩擦，即假设债务对企业价值的影响主要是通过利息税盾效应起作用，其他如财务困境成本或代理成本等市场摩擦在所选择的债务水平上不显著。

实际中，上述假设对很多投资项目和企业来说也是合理的近似。

加权平均资本成本率的计算公式如下：

$$r_{\mathrm{WACC}}=\frac{E}{E+D}r_E+\frac{E}{E+D}r_D(1-t)$$

其中，E 是股权的市值；r_E 是股权资本成本；D 是净债务的市值；r_D 是债务资本成本；t 是企业所得税税率。

所以，自由现金流量贴现模型的最终计算公式如下：

$$V_0=\sum_{t=1}^{n}\frac{\text{预计未来现金流量}_t}{(1+\text{折现率})^t}=\frac{\mathrm{FCF}_1}{1+r_{\mathrm{WACC}}}+\frac{\mathrm{FCF}_2}{(1+r_{\mathrm{WACC}})^2}+\cdots+\frac{\mathrm{FCF}_n}{(1+r_{\mathrm{WACC}})^n}+\frac{V_n}{(1+r_{\mathrm{WACC}})^n}$$

其中，n 代表收益年限；FCF 代表第 t 年末的期望自由现金流量；r_{WACC} 代表加权平均资本成本率；V_n 是企业的预测期期末价值，或称持续价值。

通常，持续价值的预测是通过对超过 n 年的自由现金流量假定一个固定的长期增长率 g 实现的，而 g 的值通常以企业收入的期望长期增长率为基础来确定。公式如下：

$$V_n=\frac{\mathrm{FCF}_{n+1}}{r_{\mathrm{WACC}}-g_{\mathrm{FCF}}}=\frac{1+g_{\mathrm{FCF}}}{r_{\mathrm{WACC}}-g_{\mathrm{FCF}}}\times\mathrm{FCF}_n$$

折现现金流量法侧重于企业所有投资者的现金流量，不用估计企业的借款决策对收益的影响。该方法的优点是，在对企业估值时，不需要明确地预测股利、股票回购或债务。

由于折现现金流量法是以预期的现金流量和折现率为基础的，考虑到获取这些信息的难易程度，最适合用这个方法来评估的资产或企业一般目前现金流量为正，而将来一段时间内的现金流量和风险能够可靠地估计，并且可以根据风险得出现金流量的折现率。资产越不能达到上述理想状态，用折现现金流量法进行价值评估就越难。

第三节 企业价值管理

一、基于价值的管理

基于价值的管理（value based management，VBM）是20世纪90年代兴起的一种企业经营管理理念和管理方式。VBM的目标是为股东创造价值，VBM使公司管理决策的核心与股东的利益协调一致，公司的管理活动创造了股东价值。VBM的真正含义在于：它将组织内每个人的行动与价值创造和股东目标保持一致。因此，VBM是一个以价值创造和股东目标为中心，将所有人的行为联合起来的，综合的、完整的系统。在VBM中，影响股东价值的因素有许多，要为股东创造价值，就必须明确股东价值创造与各影响因素之间的关系。因此，VBM对影响或决定股东价值的关键因素进行管理。

二、基于价值的公司治理

VBM有三个重要方面：处理与投资界的关系、评估战略以创造最大的价值、借助全面绩效管理创造价值，涉及公司投资者、董事会和管理者三个主体的目标权利和责任的划分与协调。为了实现价值管理的目标，即创造股东价值，公司的投资者、董事会、管理层需要协调利益关系，共同努力，这是公司治理的关键所在。

（一）公司治理的内涵

界定公司治理的研究范围，必须要从公司治理与公司管理的区别谈起，公司管理与公司治理是一对有着内在联系的概念，公司治理解决的是公司向何处去的问题，而公司管理解决的是如何实现目标的问题。牛津大学教授、《公司治理》杂志的首任主编Tricker（1984）在其*Corporate Governance：Practices，Procedures and Powers in British Companies and Their Boards of Directors*一书中，最早明确提出公司治理与公司管理的关系，他认为，公司管理是运营公司，公司治理则是确保这种运营处于正确的轨道上。

公司治理是一个多角度、多层次的概念，可以从狭义和广义两方面去理解，狭义的公司治理是指所有者（主要是股东）对经营者的一种监督与制衡机制。公司治理的目标是保证股东利益的最大化，防止经营者对所有者利益的背离。广义的公司治理是通过一套包括正式及非正式的制度来协调公司与所有利益相关者之间的利益关系，以保证公司决策的科学化，从而最终维护公司各方面的利益。

基于价值的公司治理是以创造价值和实现价值增长为目标，使价值增值和实现价值最大化的理念贯穿公司治理的过程，从而保证基于价值的管理处于正确的运营轨道而进行的公司治理结构设计。从公司治理所包含的具体内容来看，我们可将公司治理分解为财务治理、业务治理、人事治理、市场治理等几个方面，其中，公司财务治理是公司治理的重要内容和主要方面。基于价值的公司治理的核心问题是财务治理问题。公司财务治理从财务的社会属性（产权契约关系）出发、以财权为主要逻辑线索，研究如何通过财权在企业内部的合理配置，形成联系各利益相关主体的正式和非正式的制度安排，以期达到维护投资者或利益相关者利益的根本目的。因此，从本质上说，财务治理是一个关于公司财权配置的合约安排。

（二）不同价值取向下的公司治理

基于价值的公司治理以创造价值和实现价值增长为目标，使价值增值和股东价值最大化的理念贯穿于公司治理的过程，从而保证基于价值的管理处于正确的运营轨道上。那么，基于价值的公司治理究竟是为了实现谁的价值呢？考虑到当前公司治理结构的主要模式为以英美为代表的股权至上模式和以德日为代表的利益相关者模式，所以，基于价值的公司治理也主要研究基于股东价值的公司治理和基于利益相关者价值的公司治理。本书试图对这两种公司治理模式进行梳理、评述，比较两种公司治理模式的理论基础、治理环境和治理特征，为完善我国公司治理模式提供理论支撑和方法保证。

1. 基于股东价值的公司治理

基于股东价值的公司治理就是以实现股东价值最大化为目标，使价值增值和实现价值最大化的理念贯穿于公司治理的过程，从而保证 VBM 处于正确运营轨道的一种公司治理结构。

基于股东价值的公司治理遵循的是“资本雇佣劳动”的逻辑，认为股东完全拥有企业所有权。企业所有权在委托代理关系中指的是企业的剩余索取权和剩余控制权，是由于契约的不完备而产生的。基于股东价值的公司治理模式在工业经济时代是比较适合的，在工业经济时代，股东提供的物质资本具有相对稀缺性和专用性，而人力资本对企业财富创造的作用不明显，专用性相对较弱，使得物质资本所有者在企业的权力博弈中处于有利地位，债权人由于让渡的仅仅是财务资源有限时期的使用权，股东便当仁不让地成为企业的所有者。

基于股东价值的公司治理模式的特点在于，公司的利益就是股东的利益，按照标准的新古典微观经济学的解释，即使存在经理人员掌握经营管理权的现象，由于股东拥有经理人员的选聘权力，故可以认为二者的决策取向是内在一致的，即企业追求利润最大化也就等同于追求股东的财产价值最大化。这种以股东利益为唯一标准的看法是基于物的财产权的认识。传统的财产权观念来自罗马法，即财产权就是对所拥有的实物资产具有占有、使用、处置及收益等一系列权利，如果财产所有者把他们的实物财产投入公司，那么自然公司的财产就等价于这些投资者的财产。所以，有关公司财产的一切权益均属于股东。

基于股东价值的公司治理模式适用的环境条件是，非常发达的金融市场、完善的法律机制、股份所有权广泛分散的开放型公司的大量存在、活跃的公司控制权市场和经理人市场。

2. 基于利益相关者价值的公司治理

基于利益相关者价值的公司治理就是以实现利益相关者团体价值最大化为目标，使价值增值和实现价值最大化的理念贯穿于公司治理的过程，从而保证 VBM 处于正确运营轨道的一种公司治理结构。

在各种理论纷争和实践发展的背景下，以弗里曼、多纳德逊、布莱尔、米切尔为代表的一批经济学家、管理学家提出了利益相关者理论。在他们看来，任何一个公司的发展都离不开各种利益相关者的投入或参与，这些利益相关者在对企业的生存和发展注入了一定的专用性投资以后，或是为企业的经营活动付出了代价，或是分担了一定的经营风险，企业的经营决策和公司治理架构中必须要考虑他们的利益，并给予他们相应的发言权，否则他们就会威胁撤出其投资，从而影响企业的生存和发展。因此，利益相关者治理模式就是结合了“共同治理”（co-governance）（不仅要重视股东的利益，强调经营者的权威，还要关注其他利益相关者的实际参与）和“相机治理”（contingent governance）（相对于不同的企业经营状态，对应着不同的企业剩余权安排）的公司治理模式。

从治理结构的设置上，基于利益相关者价值的公司治理模式与基于股东价值的公司治理模式类似，即最高权力机关选举决策者组成董事会，选择监督者组成监事会，再由董事会选聘经理人员负责日常的经营管理工作。两种模式的关键差别在于最高权力机关的构成，基于股东价值的公司治理模式认为只有股东才能行使最高权力，而基于利益相关者价值的公司治理模式认为凡是利益相关者都能够行使最高权力，而且不同利益相关者的发言权是相对的，不同企业涉及的利益相关者的影响程度不同，其权益分配也不同。

三、基于价值的经营

基于价值的经营是经济体制和企业制度变革的必然结果。我国的经济体制改革和企业改革使企业经营方式经历了由产品经营型向商品经营型的转变，由商品经营型向资产经营型的转变，再由资产经营型向资本经营型转变的过程。这种转变的结果使企业发展目标、发展战略更加清晰，这就是要在企业发展中重视价值创造和价值实现，将追求价值创造和价值实现作为企业发展的目标和企业战略的导向。

1. 产品经营阶段

产品经营是与单纯生产型的企业经营方式紧密相连的。从中华人民共和国成立至改革开放前，中国实行的是计划经济体制或行政命令经济体制。在这种体制下，生产什么、生产多少、怎样生产、从何处取得资源、产品销往何处等都由政府行政命令决定，即企业属于单纯生产型的经营方式。

单纯生产型企业管理的基本目标是完成生产任务，追求产量目标。企业管理中也主要重视实物管理，讲求实物生产率或技术效率，而不重视价值管理。企业只管生产，不管供应与销售，更不管筹资、投资、分配等财务活动。此时，企业财务管理在企业管理中处于非常低下的地位，甚至不存在现代意义的财务管理。企业理财的目标是降低成本，成本管理也成为企业理财的唯一内容。

2. 商品经营阶段

商品经营的基本特点是围绕产品生产进行经营管理，包括供应、生产和销售各环节的管理。商品经营方式下的企业管理目标是追求供产销的衔接及商品的营利性。因此，商品经营的基本内涵是企业以市场为导向，组织供产销活动，以一定的人力、物力生产与销售尽可能多的社会需要的商品。

商品经营方式下企业财务管理的目标是利润最大化，财务管理内容从产品经营方式下的成本管理扩展到收入管理、利润管理、采购管理及一定程度的分配管理。财务管理在企业管理中的地位有所提高。

3. 资产经营阶段

资产经营是与资产经营型的企业经营方式紧密相连的。20 世纪 80 年代后期，由于重视政企分开及所有权与经营权分离，企业经营者对企业资产的占用、使用、处置等权利增大，同时对资产的责任也加大。企业目标已不只是收入或利润，还包括将利润等指标与资产的占用相联系。因此，资产经营取代商品经营成为必然趋势。但是，由于宏观上没能解决计划与市场的关系，企业资产经营只处于初级阶段，企业无法完全按市场规律有效配置与使用资产；同时，由于微观企业产权不清，资产经营缺乏与之相连的资本运作，经营范围与经营方式受到很大限制。

资产经营方式下的企业财务管理目标不是单纯追求利润最大化，而是追求资产的增值和资产营利能力的最大化。企业财务管理的内容除收入管理、成本管理、利润管理、分配管理外，还包括投资管理、资产管理等。资产重组、投资组合、资产结构优化都成为企业理财的重点与关键。

4. 资本经营阶段

资本经营是与资本经营型的企业经营方式紧密相连的。1992 年以来，市场经济改革由政策调整转向制度创新，逐步进入建立社会主义市场经济体制的新阶段。企业改革方向是建立适应市场经济要求的产权清晰、权责明确、政企分开、管理科学的现代企业制度。企业经营方式在由商品经营型向资产经营型转变的基础上，进一步向资本经营型转变。

为什么在市场经济条件下或企业建立现代企业制度的情况下，企业经营方式要转变为资本经营呢？因为企业管理目标应与企业主体目标相一致。计划经济体制和有计划商品经济体制下，企业主体不明，因此目标混乱；市场经济体制下或现代企业制度下，产权清晰，企业主体明确，企业是企业所有者的企业，企业的基本目标应与企业所有者的目标一致。那么，在市场经济体制下或现代企业制度下，企业的所有者是谁？其目标又是什么呢？现代企业制度属于资本雇佣劳动制。因此，企业所有者是资本所有者，企业目标应与企业资本所有者目标相一致，即资本的保值与增值。这也正是资本经营产生与发展的理论基础。

四、基于价值的管理控制

（一）管理控制的内涵

管理控制是指控制者为保证经营活动的有效性目标所进行的控制过程的总和。如果将管理控制的控制者看作以管理者为主的组织中的各类成员，将经营活动的有效性目标看作组织的战略目标，则管理控制是指管理者影响组织中其他成员以实现组织战略的过程。管理控制的目的是使战略被执行，从而使组织的目标得以实现。

基于价值的管理控制，主要是指从公司目标确定、公司战略选择到战略执行，都以创造股东价值、实现公司价值增值为目标和导向，从而在管理控制全过程实施价值管理。

（二）经营方式与管理控制

我国的经济体制改革和企业改革使企业经营方式经历了由产品经营型向商品经营型的转变，由商品经营型向资产经营型的转变，再由资产经营型向资本经营型转变的过程。企业经营方式的转变也引起了企业内部管理控制系统的转变。

在企业产品经营阶段，企业管理控制的目标是保证完成生产任务，追求产量目标。管理控制的内容主要是生产控制，重视实物管理，讲求实物生产率或技术效率，忽视价值管理。企业管理控制方式主要是边界控制或制度控制，企业只能按照各种规章制度去经营，弱化了经营者及职工的权利。

在企业商品经营阶段，企业管理控制的目标不再只强调生产及产量，而是开始重视价值，重视供、产、销的衔接，追求收入与利润目标。管理控制的内容不再仅仅是生产过程控制，采购过程控制和销售过程控制也成为管理控制的重点。企业管理控制方式不再单一，企业经营者和员工有一定的控制权力。

在企业资本经营阶段，企业管理控制的目标从追求单纯的利润向追求一定资本投入的利润最大化方向转变，即追求资本增值这一根本目标。管理控制的内容进一步扩展到资本投入的控制、资本结构的控制，以及资本成本、资本收益和资本分配的控制。企业管理控制方式正从封闭系统向开放系统转变，授权时代的控制手段被广泛采用，不仅边界控制被采用，诊断控制、信任控制等方式也在一些企业中推广。

（三）管理控制程序

管理控制程序主要有五个步骤：战略目标分解、控制标准制定、管理控制报告、经营业绩评价、管理者报酬。在基于价值的管理控制过程中，它们都有着新的内涵。

（1）基于价值的战略目标分解。在基于价值管理的情况下，公司的目标一定是股东价值最大化，公司战略选择将以创造股东价值为导向。为保证战略目标的实现，战略目标分解实际上是根据价值创造环节或价值链进行的。通过战略目标分解，保证短期价值目标与长期价值目标相协调，局部价值目标与整体价值目标相协调。

（2）基于价值的控制标准制定。在基于价值管理的情况下，控制变量与控制标准的确定必须体现价值创造环节与价值目标，如将资本增值、经济利润、净资产收益率、总资产报酬率、总资产周转率等价值量及效率指标作为控制的最重要的、最关键的指标，将公司资本增值或股东价值创造作为控制的根本标准。在此基础上，以财务预算为中心和导向，制定全面预算体系。

（3）基于价值的管理控制报告。在基于价值管理的情况下，管理控制报告要体现价值管理特点，即以会计报告系统为中心，包括财务会计报告和管理会计报告；经营业务报告作为管理控制报告系统的组成部分，一方面反映各业务的预算执行情况，另一方面是对会计报告的补充与说明。

（4）基于价值的经营业绩评价。在基于价值管理的情况下，公司的经营业绩应主要体现在股东价值创造上，以是否为股东和企业创造价值为评价的根本标准。评价指标以价值量指标为主，包括以价值量反映效率指标和效果指标。

（5）基于价值的管理者报酬。在基于价值管理的情况下，对管理者的激励要与价值创造或资本增值相联系。使管理者的收益与资本增值或经济效率挂钩，使股东价值增加与经营者报酬成正比。

（四）管理控制模式

管理控制模式主要有四种，即制度控制模式、预算控制模式、评价控制模式和激励控制模式。四种模式虽有所区别，但只是适用于不同企业环境下的基于价值的管理控制，其本质都是基于价值的管理控制。

（1）基于价值的制度控制模式。制度控制模式适用于管理基础与环境较差的企业，在基于价值管理的情况下，强调通过规则规范员工行为，实现正确做事的控制目标，优势在于规则明确、易于操作，但也存在缺乏量化与能动性的弊端。

（2）基于价值的预算控制模式。预算控制模式适用于管理基础与环境较好的企业，在基于价值管理的情况下，重点在于过程控制，目标是完成任务，可以量化目标、及时调控，但缺乏变化与能动性。

（3）基于价值的评价控制模式。评价控制模式主要通用于管理基础与环境良好的企业，在基于价值管理的情况下，评价控制模式强调目标控制、挖掘潜能，虽然目标控制能够突出结果、鼓励进取，但缺少相关的过程调控。

（4）基于价值的激励控制模式。激励控制模式主要适用于管理基础与环境优秀的企业，在基于价值管理的情况下，激励控制模式通过利益引导员工的行为，以创造财富为目标，能够实现利益相关、随机应变，但缺少相应环境与条件。

（五）管理控制原则与要求

管理控制的内涵、目标与地位的确定为进行有效管理控制奠定了基础、明确了方向。然而，内部管理控制相对科学技术领域的控制而言，复杂程度高、涉及面广、不确定因素多。因此，进行管理控制必须遵循一定的原则，满足一定的要求。

1. 管理控制原则

管理控制原则：①计划性原则；②适宜性原则；③重要性（关键点）原则；④趋势控制原则；⑤例外控制原则；⑥直接控制原则。

2. 管理控制要求

管理控制要求：①管理控制要以人为本；②管理控制要有客观标准；③管理控制要讲成本效益；④管理控制要具有灵活性；⑤管理控制要强调可控性；⑥管理控制要提倡全局性。

第四节 企业价值创造

一、价值创造的评价标准

随着财务理论的发展，衡量公司业绩的指标必须要能够准确反映公司为股东创造的价值，20 世纪 80 年代后期，一些新的价值评价模型应运而生，如基于价值管理的 EVA、市场增加值（market value added，MVA）等。本节主要介绍 MVA，EVA 将在本书的第三章进行详解。

（一）EVA

EVA 的基本含义：EVA 在数量上等于税后净经营利润超过包括股权和债务的全部资本成本的价值。税后净经营利润等于税后净利润加上税后利息费用（如果税后净利润已扣除少数股东损益，则应加回），或者等于销售收入减去除利息费用以外的全部经营成本和费用（包括所得费用）后的净值。从本质上说，它实际上是在不涉及资本结构公司经营所得时的税后利润，反映了公司资产的营利能力，在此基础上，还需要对部分会计报表的有关项目进行调整，以纠正会计信息对真实业绩的扭曲。

（二）MVA

MVA 是评估股东价值的另外一种衡量工具，即将公司的市场价值与投入资本进行比较。MVA 就是市值与股东投入资本（净资产）的差值，换句话说，MVA 是企业变现价值与原投入资本之间的差值，因为股东投入资本的目的是获得超出其投入资本的回报。如果公司的价值大于投入资本总额，说明公司为股东创造了价值；如果公司的价值等于投入资本总额，说明公司只是刚好补偿了所有者的投入资本；如果公司的价值低于投入资本总额，则公司破坏了股东财富，MVA 以预示公司成长性的股价为基础，对股票收益有较强的解释能力。MVA 的计算公式：

$$\mathrm{MVA}_t = \mathrm{MV}_t - \mathrm{BV}_t \qquad (2\text{-}1)$$

其中，MV_t 表示 t 时点公司市场价值，即债务与股权市场价值之和；BV_t 表示 t 时点公司投入资本的账面价值，它是根据EVA的概念进行调整的。

从MVA的计算公式来看，如果MVA大于零，说明公司资本的市场价值大于投资者投资于公司的资本数量，从而为投资者创造了价值；反之，则说明公司损害了投资者的价值。从某一特定时点来说，MVA的大小反映了公司为投资者创造的价值（或损害投资者价值）的数量。

在理论上，公司的市场价值等于投入资本账面价值加上所有未来EVA的现值，也就是说，MVA是市场对公司获取未来EVA能力的预期反映。EVA越多，公司价值的增值就越多，为股东创造的财富就越多。公司市场价值可写为

$$\mathrm{MV}=\mathrm{IC}_0+\sum_{t=1}^{\infty}\frac{\mathrm{EVA}_t}{(1+\mathrm{WACC})^t} \tag{2-2}$$

式（2-2）中的公司市场价值等于投入资本账面价值加上所有未来EVA的现值。重新调整式（2-2），MVA可按式（2-3）计算：

$$\mathrm{MVA}_t=\mathrm{MV}_t-\mathrm{IC}_t=\sum_{t=1}^{\infty}\frac{\mathrm{EVA}_{t+1}}{(1+\mathrm{WACC})^t} \tag{2-3}$$

如果公司处于稳定增长阶段，增长率为g，则式（2-3）可简化为

$$\mathrm{MVA}=\mathrm{EVA}_t/(\mathrm{WACC}-g) \tag{2-4}$$

根据式（2-4），影响MVA的因素主要有三个：下期EVA水平、资本成本和未来增长率。其中，EVA水平反映了公司下一期EVA的高低；资本成本反映了公司风险的大小；未来增长率则代表了公司未来发展空间的预期。

二、企业价值创造的驱动因素

企业价值创造是基于对价值的追求，通过企业制度、结构和资源获得的企业整体价值增量。企业价值实现是指通过与股东和外部投资者价值创造与股票价格之间的相关性，避免管理期望价值与市场预期绩效产生较大差异，有效地反映于资本市场的股东投资收益。

持续不断地创造价值是企业的最终目标，企业的发展能否持久取决于如何才能在当今不断变革的过程中有效识别企业价值创造的关键驱动因素，即在企业价值形成中起关键作用的源头因素。科普兰等（2002）认为价值管理的一个重要部分是深刻理解哪些绩效变数将实际驱动企业价值。

确定企业价值的驱动因素需要坚持以下原则：①全局性。企业价值驱动因素应该与整个组织的价值创造活动紧密结合起来，这样可以使各经营单元的管理者及全体员工都能够认识到他们的行为对全局价值创造的贡献，根据企业的总目标主动协调他们的目标和措施。②全面性。企业价值驱动因素的确定和衡量应该使用财务与经营两方面的绩效指标。因为，财务绩效指标反映了企业的经营成果，但企业管理层无法直接影响财务比率，只有经营才能够做到，而且需要不断分析财务比率背后所反映出来的问题，不断改善经营管理。③长期性。企业价值驱动因素还应该考虑持续发展能力。企业不仅

要关注当前的经营状况，更应该注重企业未来盈利的增长及增长趋势，因为当前的经营状况只能表示公司过去和现在的经营成果和盈利水平，而并不能说明将来的盈利状况。

总的说来，价值创造的驱动因素有财务资本与智力资本。

（一）财务资本

财务资本是企业各种传统财产物资的资金来源，是企业不可缺少的生产要素，财务资本的投入不仅影响着企业当前的财务绩效。而且充裕的现金流量保证了战略投资规划的顺利实施，进而形成企业的核心竞争能力，提升企业未来的价值创造能力，充裕的财务资本也向外界传递出企业具有较强的抗风险能力和投资能力等正面信息，有利于提高投资者的信心。财务资本应该包括资本结构、营利能力及其可持续性、资金周转能力、偿债能力、现金流量等因素。通常评价企业营利能力的核心指标是主营业务利润率、净资产收益率、总资产收益率、每股收益等；评价盈利可持续性的重要指标关键是净利润增长率和每股收益增长率；每股营业现金流量及经营活动净现金流比率等指标反映主要经营活动创造最核心的现金流量，是影响企业价值创造的关键因素。资本结构将对企业价值创造产生显著影响，因此，如果能找到最佳资本结构，将有利于企业价值创造活动。

（二）智力资本

随着知识经济和全球经济一体化的到来，企业处于不断变化的外部环境，面临日益激烈的竞争，企业关注的重点也从传统的财务资本投资和规模扩张逐渐转向人力资本、组织资本、营销渠道获得、客户及相关利益者关系建立等方面，从根本性上改变了企业价值创造方式。国内外众多知名企业市场价值与账面价值的悬殊引起了人们对其产生原因的思考：企业价值创造并不完全来自财务资本的贡献，也来自企业的创新品牌声誉、员工素质和技能、管理系统、关系网络、流程、信息和技术等一些非财务的无形资本。

综上，在知识经济时代和全球化背景下，对企业价值创造起决定作用的因素是智力资本和财务资本，其中智力资本是关键的企业价值驱动因素。

三、价值创造体系

价值创造体系主要揭示公司价值创造的驱动因素，在上述各节的讨论中，主要是从财务资源的角度分析价值创造的驱动因素，事实上，除投资者提供的财务资源外，客户资源和人力资源及其他无形资产都是构成公司竞争优势所不可缺少的资源。

（一）客户价值与公司价值

在价值管理中，不仅要为财务资源的提供者（股东）创造价值，也要为人力资源的提供者或财务资源的使用者（包括经营者和其他员工）创造价值。此外，还要为公司产品/服务的购买者（客户）创造价值。价值创造体系的核心要素就是客户价值。

公司价值或股东价值的实现是通过为客户创造价值完成的，或者说，通过为客户提供超越竞争对手的价值，从而为公司或股东创造价值。为提高客户价值，公司不但要在产品属性、服务质量、价格、品牌等客户价值收益来源上做文章，而且要研究影响客户支出成本的因素，设法降低客户的购买成本、时间成本、精神成本、体力成本及所承担的风险（因信息不对称导致的客户所购与所需产生差异而带来的损失）。通过建立客户信息共享机制和内部沟通机制，实现公司与客户的双向沟通，建立基于共同利益的新型企业–客户关系，通过客户服务（争取客户、满足客户、保持客户）创造价值。

企业的价值实现主要由顾客忠诚来驱动这一观点得到许多学者的实证检验。他们认为企业的收益增长与营利能力主要是由顾客忠诚决定的，顾客忠诚是由顾客满意决定的，而顾客满意是由顾客的价值决定的。企业的价值创造或价值增值是由顾客的数量和质量来决定的，由于保有顾客忠诚的成本低于获得新顾客的成本，故企业首选的做法应该是尽量保有原来的顾客，在不考虑降价的情况下，增加顾客所感知的价值就会增加顾客的满意度，也就提高了顾客的忠诚度，企业价值因此获得实现。为此，为顾客创造价值应该成为企业最重要的目标。

从客户的角度看待产品/服务的价值，其目的就是通过为客户提供超越竞争对手的服务，从而为企业创造价值。客户关系管理包括客户分析、成本、便利和沟通四个方面的内容。利用数据仓库、报表等技术手段对客观数据进行分析，以便了解研究、分析客户的需求与期望，确定企业应该生产什么产品；研究影响客户支出成本的因素，设法降低客户购买和消费成本；研究如何把产品服务有效率地传递到客户那里，并使客户实现其效用；研究如何在企业研、产、销之间建立客户信息共享机制及内部沟通机制，通过企业与客户的双向沟通，建立基于共同利益的新型企业客户关系，通过为客户服务、争取客户、满足客户、保持客户以从中获利。客户关系管理的这四个方面呈顺时针的方向变化，体现了在客户价值创造体系中的逻辑关系。

（二）无形资产在价值创造中的作用

有形资产和金融资产是工业经济时代企业创造价值的主要来源。但是，在知识经济时代，无形资产正在成为企业价值创造的主要驱动因素。财务资源主要表现为有形资产和金融资产；组织资源、信息资源和人力资源主要表现为无形资产。在无形资产中，组织资源是指为执行创造公司价值战略所要求的组织能力，主要包括：①文化。执行战略所需要的使命、愿望和核心价值的意识和内在化。②领导力。管理者动员和领导员工实现公司目标的能力。③协调。个人、团队和部门目标与战略目标的实现相结合。④团队工作及知识管理。整个公司共享的具有战略潜力的知识。

从无形资产形成的过程看，它与企业的创新活动、组织设计和人力资源实践有密切的相关性，三者单独或者共同作用的结果表现为无形资产的形成和价值的创造。例如，默克制药公司所拥有的庞大无形资产主要来自其每年投入的研发费用，这是创新活动的结果。

在知识经济时代，由于经济的全球化、管制的解除和技术的发展等因素导致竞争的加剧，企业的基本面发生了重大的变化。有形资产和金融资产正在迅速商品化，其投资报酬率趋同于社会平均报酬率，从而不能为企业提供持续的竞争优势。面对这一变化，企业必须采取组织重构和战略聚焦两大基本策略。前者使纵向一体化的内部组织被供应商、客户和员工之间的紧密合作与联盟的网络所取代，导致大量的有形资产被无形资产（主要是组织资本）替代；后者强调创新是获得持续竞争优势的主要来源，导致更多的无形资产投资（研发、信息技术、员工培训、争取客户等），并且凸显了人力资本的重要性。因此，无形资产正在成为企业价值创造及增长的主要驱动因素。

【案例分析】

日前，索菱股份披露了公司重大资产重组方案，根据该方案，公司拟以 7.17 亿元的价格收购两家科技企业——三旗通信和英卡科技，两家公司的增值率分别为 593.24%和 1 370.33%。《新京报》记者注意到，收购标的目前经营业绩不佳，其中一家公司在 2016 年第一季度收入仅为 3.36 万元，且其经营高度依赖关联交易。但在收购方案中，这家公司的估值超过了 1 亿元。即便如此，资本市场仍然给予本次重组以热捧。不过，在公司 7 月 5 日复牌后，股价连续涨停的同时，部分索菱股份的原股东选择了套现离场。

重组方案显示，索菱股份拟以 26.42 元/股向交易对方发行 1 916.22 万股，并支付现金 2.11 亿元，合计作价 7.17 亿元收购三旗通信 10%的股权（5.9 亿元）和英卡科技 100%的股权（1.27 亿元）。公开信息显示，索菱股份是国内车载信息终端及车联网服务的领先企业，其特点在于硬件的研发和设计，三旗通信和英卡科技均主要从事通信技术研发和设备研发、生产和销售业务。值得注意的是，本次交易标的——三旗通信和英卡科技，被给予了较高增值率。两家公司的合计预评估增值达到 6.13 亿元，增值率为 66.07%。

三旗通信方面，截至 2016 年一季度末净资产为 8 342.58 万元，预评估增值 49 491.42 万元，预评估增值率为 593.24%；英卡科技的增值率更高，其截至 2016 年一季度末账面净资产 862.80 万元，预评估增值 11 823.20 万元，预评估增值率达到了 1 370.33%。事实上，被给予高增值率的英卡科技是成立仅仅两年的新公司，其 2014 年 6 月成立，注册资金 625 万元。

高增值率带来的是高价收购，根据重组方案，本次发行股份及支付现金购买三旗通信的交易价格确定为 5.9 亿元，英卡科技的交易价格确定为 1.27 亿元。高价收购情况下，公司的财务能力承压。索菱股份 2016 年一季度合并资产负债表显示，公司截至 2016 年一季度末的货币资金为 4.2 亿元，远低于收购三旗通信和英卡科技的价格。在货币资金有限的情况下，索菱股份决定在此次收购中只支付现金 2.11 亿元，其余则采取定增非公开发行股票方式进行募资。

重组预案显示，本次交易中上市公司拟向不超过 10 名特定投资者发行股份募集配套资金，其中 23 000 万元用于支付交易对价及交易费用。值得注意的是，本次股份募集配套资金的发行对象为肖行亦等，其中肖行亦为索菱股份控股股东、实际控制人，是索菱股份关联方。因此，本次发行股份募集配套资金构成关联交易。

在高增值率的背后，标的公司的经营表现并不佳。英卡科技的财务数据显示，这家公司 2015 年的营业收入仅相当于估值的零头。财务数据显示，2014 年，英卡科技的营业收入为 0，2015 年全年营业收入为 772.29 万元，2016 年一季度为 3.36 万元。同时，在 2015 年 772.29 万元的营业收入中，184.12 万元是产品销售收入，占营业收入的 23.8%，其余全部为技术服务及转让收入。2016 年一季度的 3.36 万元营业收入则全部为技术服务及转让收入，没有任何产品销售收入。在营利能力指标上，英卡科技的表现也不稳定：2014 年度、2015 年度、2016 年 1~3 月实现净利润仅分别为−6.32 万元、341.43 万元、−25.38 万元。

对此，公司表示，英卡科技成立于 2014 年，成立初期主要从事产品的研发及市场开拓工作，2014 年未产生收入是由于发生了少量的费用，导致净利润为负数。而 2016 年一季度无产品销售业务，技术服务及转让业务只实现了少量交付验收，因此营业收入较少。同时，由于发生了一定的人工、房租、水电等费用支出，导致净利润为负数。

在给出高溢价的同时，英卡科技也给出了高额的业绩承诺。收购方案显示，英卡科技 2016~2018 年承诺净利润分别不低于 1 000 万元、1 200 万元和 1 600 万元。这意味着在 2016 年一季度亏损 25 万元的基础上，英卡科技在后面三个季度内至少要获得 1 025 万元的净利润，这相当于 2015 年全年净利润的 3 倍之多。

工商信息显示，闻风多奇的总经理是邹鋆弢，他持有该公司 90%的股份。与此同时，邹鋆弢还是英卡科技持股 30.4%的股东，本次索菱股份重组的交易方之一。

2015 年，闻风多奇为英卡科技贡献了 37.74 万元营业收入，占营业收入总额的 4.89%。为英卡科技第五大客户。2015 年，英卡科技向闻风多奇进行了 23.41 万元的采购，采购内容为“人力资源”。《新京报》记者发现，英卡科技与闻风多奇办公场所位于同一栋楼。

三旗通信方面，索菱股份称其近两年“营业收入和净利润基本保持稳定”。2014 年和 2015 年的营业收入分别为 3.34 亿元和 3.30 亿元。三旗通信承诺 2016~2019 年净利润分别不低于 4 000 万元、5 000 万元、6 000 万元和 6 600 万元，与 2015 年的净利润 3 684.83 万元相比，这意味着其净利润增速要达到 8.5%以上。

索菱股份表示，通过收购三旗通信和英卡科技，公司将形成车联网“软件+硬件+运营平台”的全产业链的经营模式，成为车联网平台运营商。

（资料来源：赵毅波. 索菱巨资加码车联网标的公司首季营收 3 万元. 新京报（电子报），2016-07-11）

案例思考：

针对索菱股份披露的这个收购案例，你认为应该如何对三旗通信和英卡科技进行估值，以较好地应对与消除媒体的质疑？

【思考题】

1. 现金流量折现模型的影响因素有哪些?

2. B-S 期权定价模型的假设条件有哪些?

3. VBM 涉及哪三个重要方面?

4. 企业价值评估的前提假设有哪些?

5. 企业价值评估的方法有哪三大类?

6. 一公司股票当前价格为 25 元，以股票为标的物的看涨期权执行价格为 25 元，期权到期日前的时间为 0.5 年，无风险利率为 12%，股票收益率的标准差为 0.6，假设不发股利。

要求：利用布莱克斯科尔斯模型计算该看涨期权的价值。

第三章　企业业绩评价

学习目标

◇了解企业业绩评价的概念及功能

◇了解 EVA 的概念、实质和特点

◇掌握 EVA 在企业管理中的应用

◇了解 BSC 的概念、设计步骤及 BSC 在战略管理中的应用

◇了解绩效评价方法的公平性研究

【开篇案例】

EVA 在格力电器股份有限公司的应用

1991 年珠海格力电器股份有限公司成立，1996 年在深圳证券交易所挂牌上市。格力家用空调产销量自 1995 年起连续 24 年位居中国空调行业第一，自 2005 年起，空调销售业绩连续 14 年领跑全球。据业内专业媒体《暖通空调资讯》数据，格力电器连续 7 年蝉联国内中央空调市场第一，现在已成为全球最大的集研发、生产、销售、服务于一体的专业化空调企业。

1）EVA 在格力电器中的应用

根据 EVA 计算公式，我们可以知道，EVA 分别受税后净营业利润、资本成本、加权平均资本成本率三个指标的影响。通过研究格力电器 2014~2018 年年报数据计算格力电器 EVA，其具体计算结果见表 3-1。

表 3-1　格力电器 2014~2018 年税后净营业利润　　单位：万元

项目	2014 年	2015 年	2016 年	2017 年	2018 年
净利润	1 415 516.72	1 253 244.28	1 542 096.50	2 240 157.62	2 620 278.77
研究开发费用	394 262.30	439 754.10	462 500.00	576 692.98	726 836.95
利息支出	7 176.04	8 129.68	1 306.88	2 925.13	593.97
营业外收支净额	66 320.34	139 324.26	107 549.23	49 051.89	27 662.31
税后净营业利润	1 813 111.60	1 752 371.11	2 027 749.19	2 774 527.12	3 262 108.02

表 3-1 中的税后净营业利润是格力电器 2014~2018 年财务报表数据中的净利润加上研究开发费用、利息支出和营业外收支净额后，在此基础上扣除 15%的企业所得税之后得到的。

调整后资本总额则是由表 3-2 中格力电器 2014~2018 年项目加权平均计算所得，除了平均无息流动负债需要根据资产负债表中应付票据、应付账款、预收账款、应付职工薪酬、应交税费、其他应付款、其他流动负债加权平均计算所得，其他指标数据均可根据资产负债表年初和年末数计算得到。

表 3-2　格力电器 2014~2018 年调整后资本总额　单位：万元

项目	2014 年	2015 年	2016 年	2017 年	2018 年
平均所有者权益	2 212 346.13	2 156 572.50	2 253 976.84	3 185 095.96	4 793 198.00
平均负债	10 272 101.11	11 646 903.39	12 884 382.37	13 971 359.72	14 382 568.22
平均无息流动负债	1 810 230.03	1 907 425.94	2 244 212.67	2 150 585.16	2 125 786.17
平均在建工程	11 802.50	3 276.12	6 895.28	10 400.08	14 196.96
调整后资本总额	10 662 414.71	11 892 773.83	12 887 251.26	14 995 470.44	17 035 783.09

表 3-3 中债务资本成本率以中国人民银行 2014~2018 年基准贷款利率为标准，权益资本成本率根据资本资产定价模型计算所得。

表 3-3　格力电器 2014~2018 年加权平均资本成本率

项目	2014 年	2015 年	2016 年	2017 年	2018 年
债务资本比例	2.82%	3.64%	4.38%	6.76%	8.73%
债务资本成本率	6.15%	5.65%	4.9%	4.9%	4.9%
权益资本比例	97.18%	96.36%	95.62%	93.24%	91.27%
权益资本成本率	10.12%	8.57%	7.46%	9.85%	9.42%
企业所得税税率	15%	15%	15%	15%	15%
加权平均资本成本率	9.98%	8.43%	7.32%	9.47%	8.96%

2）格力电器 EVA 指标与传统会计指标对比分析

表 3-4 为格力电器 2014~2018 年的 EVA 值，由税后净营业利润减去资本总额与加权平均资本成本率的积计算得到。

表 3-4　格力电器 2014~2018 年的 EVA 值

项目	2014 年	2015 年	2016 年	2017 年	2018 年
税后净营业利润/万元	1 813 111.60	1 752 371.11	2 027 749.19	2 774 527.12	3 262 108.02
资本总额/万元	13 622 621.06	13 984 330.70	16 292 387.69	18 020 523.65	20 331 008.78
加权平均资本成本率	9.98%	8.43%	7.32%	9.47%	8.96%
EVA/万元	453 574.02	573 492.03	835 146.41	1 067 983.53	1 440 449.63

本案例主要使用格力电器EVA指标数据与传统的会计净利润指标数据作对比分析，两者的数据可见表3-5。

表3-5　格力电器EVA指标与传统会计指标对比　　单位：万元

项目	2014年	2015年	2016年	2017年	2018年
EVA	453 574.02	573 492.03	835 146.41	1 067 983.53	1 440 449.63
净利润	1 415 516.72	1 253 244.28	1 542 096.50	2 240 157.62	2 620 278.77

通过对比分析发现，首先，格力电器基于EVA的业绩评价方法与传统的会计净利润指标在2014~2018年整体都是呈上升趋势的，但净利润的指标数值远远超过了EVA的数值，这说明如果单纯地从净利润指标分析企业每年创造的价值是可观的，但是EVA指标在考虑了权益资本成本之后，企业虽然为股东创造了价值，但没有虚增价值的情况，能更加真实地反映出企业给股东创造的价值，也能在一定程度上克服传统业绩评价方法中企业管理者人为操作利润的可能性，使企业管理者能够从企业的长远目标出发，促使企业价值最大化，能够在一定程度上缓解所有者和管理者的委托代理问题。其次，格力电器2014~2015年的净利润指标是呈下降趋势的，但是EVA指标呈现上升趋势。这表明，虽然2015年的世界经济比较低迷，但是格力电器凭借自身独特的经营管理能力，仍然为股东创造了价值，只是增幅并不是很高。最后，从两种指标的对比分析中可以发现，EVA的经济评价指标更符合企业的实际情况，更能促进企业管理者利用企业资源进行有效管理。

案例思考：

（1）格力电器要想为企业创造更多的价值，EVA指标的数值提高是关键。在此基础上，给格力电器的经营业绩提出一些建议。

（2）思考EVA在企业管理中的应用。

（资料来源：夏云云. EVA在格力电器股份有限公司的应用研究. 经济研究导刊，2020，（14）：159-161；本书有删节）

第一节　企业业绩评价概述

一、企业业绩评价的概念及功能

企业业绩评价是指运用数理统计和运筹学原理，采用特定的指标体系，对照统一的评价标准，按照一定的程序，通过定量定性对比分析，对企业一定经营期间的经营效益和经营者业绩做出客观、公正和准确的综合评判。企业业绩评价是与建立和完善现代企业制度相适应的企业控制制度，有效的业绩评价体系是合理的企业激励机制的前提和基础。

企业业绩评价具有以下三个基本功能。

（一）激励与约束功能

企业业绩评价具有激励与约束功能，为评价下属单位经理人员的工作成绩，以及进行调配、提升、奖励等提供有力的决策支持，具有重要的参考价值。

（二）资源再配置功能

将竞争对手的有关指标作为企业业绩评价的标准，对企业的战略分析及资源的合理配置非常有用，成功的企业应在其所在行业或产品线方面具有竞争优势。一些大型企业集团和跨国公司，往往同时经营不同的行业或同一行业内几个不同的产品线。这时，将企业所涉及的行业或产品的业绩水平与同行业的主要竞争对手进行对比，可以使企业认清自己在哪些行业或产品线上具有竞争优势，从而对原有资源配置进行重新调整。

（三）战略管理功能

企业业绩评价在战略管理中发挥着重要作用。战略管理可以大致分为战略设计与战略实施两大阶段。在战略设计阶段，企业业绩评价可以发挥项目再评估功能和资源再配置功能，为形成最优战略提供信息；在战略实施阶段，企业业绩评价可以激励各级人员努力实现战略目标。因此，企业业绩评价是联系战略管理循环的纽带。

二、业绩评价理论与方法

业绩评价作为管理控制系统的一个子系统，其本质上属于一个由各个要素组成的具有整体目的性和内在联系性的综合体。一个典型的业绩评价系统应该由评价主体、评价客体、评价目标、评价指标、评价标准、评价方法、评价报告等基本要素组成，管理控制系统中业绩评价的评价主体和评价客体基本明确，评价主体主要是公司董事会和各级管理者，评价客体是各级管理者。

1. 评价目标

评价目标是与评价主体和评价客体相联系的一个内容，因为不同的评价主体对于同一评价客体存在不同的需求，不同的评价客体又存在不同的情形。评价目标与组织目标相关，但更多的是依赖于战略目标的分解，体现为影响战略实现的关键成功因素。对于现代企业而言，其评价目标也趋于多元化，既包括财务目标，又包括非财务目标；既要追求股东价值最大化，又要考虑关键利益相关者的要求。

2. 评价指标

评价指标是评价客体具体情况的载体。从业绩评价演变的进程观察，评价指标的变化趋势具有三种特征：①评价指标的表现形式已经从过去的单一指标逐渐过渡到多元的指标体系；②评价指标的计算基础已从当初仅仅只有会计基础财务指标逐渐发展成为各种基础皆有；③评价指标的反映内容已经从过去的关注财务结果逐步进化到目前的关注驱动财务结果的非财务活动。

3. 评价标准

评价标准是判断评价客体业绩优劣的基准。评价标准最初是以实际的业绩水平来评判的，也就是采取绝对基础。随着组织背景的逐渐变化，采用绝对基础作为评价标准的做法也逐渐被以相对基础（选择别的参照物为基础）作为评价标准的做法所替代，此后相对基础的评价标准，又由最开始的历史标准逐渐产生了预算标准和行业标准。因此就目前而言，业绩评价系统最为常用的三类标准是预算标准、历史标准和行业标准（包括竞争对手标准）。在选择何种类型的评价标准时，除了主要考虑战略计划和评价目标以外，还需要注意：①区分绝对基础评价标准和相对基础评价标准；②区分不同相对基础评价标准（主要是历史标准、行业标准和预算标准三种类型）；③区分个人基础评价标准和集体基础评价标准。

4. 评价方法

评价方法解决的是如何评价的问题，即采用一定的方法运用评价指标和评价标准，从而获得评价结果。没有科学合理的评价方法，评价指标和评价标准就成了孤立的评价要素，也就失去了本身存在的意义。目前在实践中应用比较广泛的评价方法主要有三类：单一评价方法、综合评价方法、多角度平衡评价方法。单一评价方法就是应用一个最综合的指标评价经营业绩，以控制评价客体评价目标的实现，以 EVA 方法为典型代表。综合评价方法就是运用一系列指标从不同角度或侧面评价经营业绩，具体又可以分为指标分解评价方法和指标综合评价方法，前者以杜邦财务分析体系和帕利普财务分析体系为代表，后者包括综合指数法、功效系数法等。多角度平衡评价方法本质上也属于指标综合评价方法，但是由于这一类型的方法与传统的评价方法相比，更多的是注重不同类型指标之间的平衡关系，强调不同类型指标之间的因果关系或互动关系，并且在评价指标设计、评价程序确立等方面具有一定的创新，因此单独列为一类方法，其中又以平衡计分卡（balanced scorecard，BSC）和业绩三棱柱（performance prism）为典型方法。

5. 评价报告

评价报告实际上属于业绩评价系统的输出信息，也是业绩评价系统的结论性文件。评价主体以评价客体为对象，通过管理控制信息系统，获取与评价客体有关的信息，通过加工和整理计算评价指标，将评价指标实际数值与预先设置的评价标准进行对比，分析差异产生的原因、责任及影响，从而得出评价结论，最终形成评价报告。评价报告的编制应按评价指标计算、差异计量与分析、评价结论形成、奖惩建议等步骤进行，但其关键步骤在于评价指标计算和差异分析。业绩评价系统各要素之间存在相互依存、相互支持的关系，具体表现在：评价目标是业绩评价系统的指南和目的，它决定了评价指标的选择、评价标准的设置、评价方法的确立和评价报告的编报。评价目标从定性和定量两个维度又分解为评价指标和评价标准，即评价指标反映评价目标的具体内容，评价标准反映评价目标的具体水平。评价指标和评价标准相互影响。评价指标和评价标准是形成评价方法的基础，其类型的选择会影响评价方法的确立。评价方法不仅是对评价指标和评价标准的具体运用，而且是对实际业绩是否达到评价目标的判断过程和处理过程。评价报告是整个业绩评价系统的输出信息，是对业绩评价系统其他要素的最终反映和综合体现。当然，评价报告的深度、广度与可信度要取决于评价指标、评价标准和评价方法的科学性。

三、业绩评价程序

业绩评价需要遵循一定的程序。业绩评价程序是指业绩评价系统的实施步骤，包括设计、应用、调整等方面。合理的程序是从组织方面为业绩评价系统的设计和应用提供保障。一般而言，业绩评价程序包括以下基本步骤。

（1）确定评价目标。评价目标包括财务目标与非财务目标，财务目标实际上就是公司预算总目标。

（2）分析评价客体。对评价客体进行分析，并对评价客体进行分类，最重要的目的在于明确责任。不同的评价客体在公司价值创造中承担着不同的责任，因此需要区别评价。

（3）建立评价指标体系。通过战略规划和战略计划，将评价目标进行逐层分解细化。财务目标通过预算进行层层分解，逐步落实到各级管理者岗位，成为部门预算控制目标。

（4）设置评价标准。根据战略目标，主要参考历史数据和行业数据，结合市场预测，最终确定各评价指标的具体水平，即设置评价标准。对于财务目标而言，就是形成各级管理者的预算控制标准，使之执行战略时具有行动的依据。

（5）选择评价方法。在评价指标和评价标准确定之后，需要采用一定的方法运用评价指标和评价标准，才能获得评价结果。公司可以根据自身实际情况采用合适的评价方法。对于多元财务目标的业绩评价，通常采用的是综合指数法、功效系数法等。

（6）收集并整理评价数据。没有基础数据，就难以与预先设定的评价标准进行对比，就无法进行正确的业绩评价。会计信息系统需要为财务目标的业绩评价提供基础财务数据。

（7）形成评价报告。应用所选择的评价方法，利用评价数据，将评价指标的实际结果与评价标准进行对比，计算出业绩评价的最终结果，并提交评价报告。财务业绩评价结果计算和评价报告编制需要由公司财务部门负责。

（8）调整业绩评价系统。如果公司的外部环境和内部环境发生了根本性的变化，或者业绩评价系统运行结果存在不合理之处，那么需要对现行的业绩评价系统进行调整。

四、传统财务业绩评价指标

企业业绩评价系统中最常用的评价指标是基于财务报表的财务评价指标。根据企业不同的评价重点，可选用具有不同功能的财务指标。

（一）营利能力指标

1. 利润

利润是企业业绩评价中最常见的评价指标。利润通常被定义为收入与成本之差，但由于企业实务中的“收入”和“成本费用”具有不同的含义，所以产生了多种不同的利润计算方法。

（1）毛利=销售收入−销售成本；

（2）部门边际贡献=销售收入−变动成本（含变动间接费用）；

（3）部门可控营业利润=部门边际贡献−部门可控固定成本；

（4）部门营业利润=部门可控营业利润−不可控固定成本（含总部分配的管理费用）；

（5）部门净利润=单位营业利润×（1−所得税税率）。

【例3-1】某公司的某一生产部门的季度数据如下：销售收入1 000万元，销售成本700万元，已销商品变动成本（含变动间接费用）550万元，部门可控固定成本80万元，不可控固定成本（含总部分配的管理费用）140万元，假设所得税税率为30%。可求得

毛利=1 000−700=300（万元）

部门边际贡献=1 000−550=450（万元）

部门可控营业利润=450−80=370（万元）

部门营业利润=370−140=230（万元）

部门净利润=230×（1−30%）=161（万元）

使用不同方法计算得到的利润指标具有不同的评价意义，相应反映管理者不同的战略取向。从部门经理的可控性角度考虑，方法（1）至方法（5）的扣减额逐渐增加，部门经理的可控性逐渐降低，对其积极性及激励作用的负面影响逐渐增强。若从对企业总部贡献的角度考虑，方法（1）至方法（5）的可控性则逐渐增大，分别可满足管理者对不同评价对象的评价要求，其中最能反映各部门在权限和可控范围内有效利用各种资源、不断提高经济效益的能力和业绩的利润指标是部门可控营业利润。相对而言，部门营业利润和部门净利润指标都隐含了部门无法控制的成本费用，过分强调这些指标在业绩评价中的作用是不合适的。

评价经营业绩采用利润指标的优点是简单易行，取数方便。与现行会计报表数据的一致性，使计算结果易于各方面理解和使用，所以在现阶段具有较强的适用性。但是随着企业财务目标从会计利润向企业价值的转化，这类评价指标的局限性日益明显：①在

权责发生制下，会计账面利润与财务实力（现金流量）并不是完全相关，通过调整会计政策虚增会计利润会导致业绩评价的结果出现错位，极易受到利润失真的制约；②会计利润是一个短期财务指标，只可能促使经营管理者谋求短期利润增长，无法引导他们关注企业未来的增长、重视技术创新和新产品开发；③会计利润的计算没有考虑企业投资规模、融资成本和机会成本，从财务角度分析，会计利润是不完整的。

2. 投资报酬率

投资报酬率（return on investment，ROI）也称投资利润率，是投资所获报酬与其对应的投资之间的比率。它是被投资者关注最多、对企业具有重大影响的指标，也是常用的业绩评价指标之一。投资报酬率的基本公式为

$$投资报酬率=利润额/投资额\times 100\%$$

在企业实务中对于"投资"与"报酬"的含义也有多种理解。如"投资"指的可能是总资产或净资产，也可能是账面价值或考虑通货膨胀因素后的调整值；而"报酬"则可能有息税前利润、税前净利润或税后净利润等多种形式。由此，不同含义的投资与报酬结合所计算出的投资报酬率种类更多，每种计算方法各有其特殊意义，可体现管理者不同的战略意图和评估目的。

投资报酬率使用广泛，它具有以下优点：①比较简单而客观，是在已有会计资料的基础上计算出来的，有利于不同规模部门之间及不同行业之间的比较；②可以对所有子公司均采用这一指标，不但便于比较，而且具有公平性；③外界分析家通常使用这一指标来评价整个企业的营利能力，所以将其作为内部评价指标可促使各部门与企业整体的经营目标保持一致；④投资报酬率的评价基准相对易于制定，可直接利用平均资本成本、机会成本等。总之，运用投资报酬率作为评价指标，尤其是用于评价那些拥有较大投资决策权的投资中心的经营业绩，有利于其责任人关注费用与利得的关系，促进企业整体投资效益的提高。

当然，投资报酬率指标也有明显的不足：部门经理面对该评价指标，可能放弃高于资金成本而低于目前部门投资报酬率的投资机会，或者减少现有的投资报酬率较低但高于资金成本的某些资产，通过增加上述公式中的分子或减少分母来提高这一比率，使部门业绩获得较好的评价，却损害了企业的整体利益。

3. 剩余收益

剩余收益指标是采用绝对数指标来分析利润与投资之间的联系，该指标能够克服使用比率指标评价部门业绩带来的次优化问题。剩余收益的计算公式为

$$\begin{aligned}剩余收益&=部门利润-部门资产应计报酬\\&=部门利润-部门资产\times 资金成本率\end{aligned}$$

剩余收益的主要优点：①可以使业绩评价与企业的目标协调一致，引导部门经理采纳高于企业资金成本的投资方案，克服了投资报酬率指标的不足。②剩余收益指标允许使用不同的风险调整资金成本。因为不同的投资对应不同的风险，要求按其风险程度调整其资金成本，所以不同行业部门的资金成本不同，甚至同一部门的资产有可能属于不

同的风险类型。在使用剩余收益指标时，可以对不同部门或者不同资产规定不同的资金成本率，增加剩余收益这一指标的灵活性。而投资报酬率评价指标并不区分不同资产，无法分别处理风险不同的资产。因而剩余收益指标的这一特点特别符合现代财务理论的要求。

但是，剩余收益指标是绝对数指标，不便于不同部门之间的比较。因为规模大的部门更容易获得较大的剩余收益，而它们的投资效率可能并不很高。因此，很多企业在使用这一评价指标时，会事先建立与每个部门资产结构相适应的剩余收益预算，然后通过对实际与预算进行比较来评价部门业绩。不少人认为剩余收益不是报告给股东的净利润，所以对经理人员来说，这个指标不如利润或分公司税前利润那样为人们熟悉和重视。

（二）现金流量指标

1. 应用现金流量指标进行业绩评价

现金流量指标作为业绩评价指标正日益为企业所广泛采用，原因有如下几点。

（1）在部门经理可以控制和影响投资基数时，使用现金流量指标可以避免因使用投资报酬率或剩余收益指标可能带来的机能失调行为。

（2）使用现金流量指标有利于统一事前预算与事后评价的口径，在一定程度上缓解投资决策的评估方法和投资决策结果的评价方法之间存在的矛盾。企业在评估投资项目时，往往以现金流量为最重要的衡量因素，众多指标（如净现值、内含报酬率、回收期等）都是以现金流量为基础计算的，而在评价投资结果时，重点却往往转移到了会计收益或以会计收益为基础的衡量指标上。基于不同基础的评价指标自然会产生不同的评价结果，这就导致事前评估与事后评价的矛盾，改为以现金流量来评价，结果更为合理。

（3）采用现金流量指标有利于促进部门经理提高其经营活动的经济价值和经济利润。经济价值通常是指未来现金流量的净现值，而经济利润则是指不侵蚀经济价值而在一定期间可消耗的数额。经济利润的计量是以机会成本为基础的，使用现金流量指标可以近似地反映机会成本，从而为企业业绩评价系统提供较真实的部门经济运行情况信息。

2. 以现金流量为基础的业绩评价指标

现金回收率的计算公式为

现金回收率=营业现金流量/总资产

其中，营业现金流量是年现金收入与现金支出的差额；总资产是指所有生产经营用资产的历史成本的平均值。尽管在计算现金回收率时未遵循权责发生制，但经验表明企业的现金回收率是稳定的，并且从长期来看净现值与现金净流入总量相等，因而可以作为业绩评价的标准。

如果各年的现金流量相同，则现金回收率为回收期的倒数。对于长期资产，如寿命在 15 年以上的资产，现金回收率近似于内含报酬率，即接近实际的投资报酬率。因此，该指标可以检验投资评估指标的实际执行结果，减少为争取投资而夸大项目获利水平的现象。

现金回收率作为一个比率指标，与投资报酬率相似，也会引起部门经理投资决策的次优化，即当现金回收率高于资金成本而低于部门现在的现金回收率时，部门经理会拒绝该项投资。

剩余现金流量的计算公式为

剩余现金流量=营业现金流量−部门资产×资金成本率

剩余现金流量可以弥补现金回收率的缺陷，使用剩余现金流量评价部门业绩，可以促使部门经理在决策时和企业的整体目标保持一致。

上述各种指标无论其具体计算公式和功能如何，其共同特点都是以会计核算资料及财务报表信息为主要依据。虽然这些数据较易获得且较为规范，有利于企业业绩评价的顺利进行，但这种传统的以财务报表信息为基础的业绩评价的缺点也是明显的。

（1）会计核算资料及财务报表信息失真会导致业绩评价的不真实。由于会计方法选择不同，财务报表信息的可比性是相对的，再加上各种报表粉饰手段的应用，使财务报表失真现象较为严重，从而影响到以此为基础的业绩评价的客观性。事实上，财务报表信息失真和以财务报表信息为基础的业绩评价之间存在一定程度的因果关系，尽管财务报表信息失真有各种原因，但如果业绩评价仅以此为依据，无疑会使这种现象更为普遍和严重。

（2）以财务报表信息为基础的业绩评价仅仅关注过去已实现的业绩，而忽略未来的发展能力，这样不仅使业绩评价不能真实反映投资者利益，而且在一定程度上鼓励了经营者的短期行为，影响企业战略意图的贯彻和实现。企业发展中，研究开发费用投入不足、机器设备更新投入不足等问题都反映了这种传统业绩评价方法的缺陷，而这些问题的存在对于企业集团的长远发展来说是极为不利的。

（3）仅仅关注财务信息会使业绩评价存在片面性。事实上，这是和第（2）点缺陷相联系的。企业的经营业绩、未来发展能力不仅体现在财务成果上，而且反映在技术领先、品牌效应、内部管理、企业形象等各个方面，这些发展对企业的长远发展和未来竞争能力是至关重要的。以财务信息为基础的业绩评价的片面性同样会误导经营者行为，损害投资者利益。

（4）忽略了对企业在市场中的竞争地位及其变化的评价。尽管财务成果是通过外部市场实现的，但在以财务报表信息为基础的业绩评价中，一般都是与已实现财务成果、被评价单位上期或预算要求的成果相比较，因而使业绩评价相对内部化，不能真正地反映经营者的业绩。例如，在整体市场飞速发展的时期，如果评价对象的增长幅度低于整体市场的增长幅度，则意味着其相对竞争地位的下降；反之，在市场萎缩阶段，情况则正好相反。内部化的业绩评价并不能反映这种相对竞争地位的变迁，容易造成对经营者评价的不公正。

正是由于财务评价指标存在上述缺陷，企业的业绩评价实务中出现了一些新的非财务评价指标。

五、非财务业绩评价指标

随着企业经营环境的日益复杂、多变，很多管理者都认识到了财务评价指标的局限性，在实务工作中越来越多地使用非财务评价指标。各个企业的战略规划、经营规模、市场环境、所属行业、采用的生产技术与管理技术差别很大，因此所采用的非财务评价指标也各不相同。目前，采用较多的非财务评价指标主要有以下几个。

（一）市场占有率

市场占有率即某公司或某生产线在其市场中所拥有的份额。它主要被许多生产型企业作为对其子公司或经理人员进行业绩评价的重要指标。

（二）产品质量与服务指标

产品质量与服务指标包括产品废品率、返修率、退货率和客户满意度等。

产品废品率是指废品量与产品总量的比率，比率越高证明产品质量越低，反之则越高；返修率是指保修期内实际返修产品数量与修理产品数量之比，比率越高说明产品质量越低，反之则越高；退货率是指单月单店顾客退货数量与单月单店销售数的比率，比率越高产品质量越低，反之则越高；客户满意度是指客户期望值与客户体验的匹配程度，即客户通过对产品或服务可感知的效果与其期望值相比较后得出的指数，满意度越高说明服务质量越高，反之则越低。

（三）生产率指标

生产率指标常用一定量的投入和产出比率来表示。生产率水平可以用同一劳动在单位时间内生产某种产品的数量来表示，单位时间内生产的产品数量越多，劳动生产率就越高，反之则越低；也可以用生产单位产品所耗费的劳动时间来表示，生产单位产品所需要的劳动时间越少，劳动生产率就越高，反之则越低。

（四）人力资源指标

在科学技术日新月异的今天，人力资源的重要性甚至已经超过有形资产。因此，很多企业将职工对其所在部门的满意程度、职工培训与发展计划、劳动力流动状况、职工晋升等有关人力资源的指标作为考核部门经理人员业绩的重要依据。

（五）可信赖程度和交货效率

可信赖程度是指企业对客户的订货是否按期及时发货，如果企业不能按时发货，一方面可能使企业失去这笔业务，另一方面可能使企业的声誉受到影响，企业应保证及时供货，使客户对其保持高度的信赖。该因素可以用及时发货次数百分比这一计量指标来反映。

对交货效率的评价可以从循环时间这一角度来考察，循环时间指的是从订单签订到将货物交给客户所需要的时间，这一时间越短越好。

（六）员工积极性

不能对雇员的生产技术水平、劳动积极性及培训情况等方面做出评价是传统的业绩评价方法受到批评的一个重要原因。如果公司员工生产积极性不高，在公司中没有荣誉感，则整个企业的业绩在一定程度上会受到影响。一般而言，对雇员情况进行评价的重要指标是员工流动率，即月中离职人数与平均雇佣人数的比率。这一比率高，表明企业员工的思想不稳定，对企业没有信心，企业应根据这一指标的变化，仔细分析原因，使企业员工保持旺盛的生产积极性。

（七）创新能力

企业的创新能力指的是企业在生产和改进现有产品时，开发和创造适应市场需要的新产品的能力。企业在开发新产品方面付出的代价及所取得的成果是评价企业创新能力的主要资料。利用这些资料，可以对企业过去、现在及未来的创新能力进行评价，并根据评价结果，采取适当地增加投入或加强市场调查等措施，来提高企业的创新能力。

财务指标和非财务指标在企业业绩评价中各有优劣，若只注重财务指标，则易于形成企业的短期行为，影响企业的长远发展。若过分注重非财务指标，企业很可能因为财务上缺乏弹性而导致财务失败。事实上，企业财务业绩和非财务业绩都是企业总体业绩不可缺少的组成部分，理想的业绩评价指标应是财务指标和非财务指标的有机结合。

企业可选用的非财务评价指标还有很多种，如增长性、安全性、履行社会责任等。企业在选择非财务评价指标的过程中，可参考以下原则。

1. 全面性原则

无论业绩评价的对象是何种类型，对其关键的成功因素及企业战略实施的关键因素均应加以全面考虑并进行评价。

2. 预警性原则

为克服财务指标反映的时滞性问题，应采用适当具有预警性的非财务指标，以增强对未来发展趋势的判断，为战略决策提供信息。例如，许多企业采用的用来评价单位竞争力的市场份额指标就是一个较早的预警指标。

3. 量化原则

非财务评价指标使用中最大的缺陷与难点在于它的量化比较困难，有些甚至不可能被量化。但评价指标的量化对其至关重要，可增强其客观性及可理解性。因此，非财务评价指标的设计应尽可能量化或选用可替代的量化指标。

六、传统综合业绩评价模式

从 20 世纪末开始，陆续出现了一些各具特色的以非财务指标为主的综合业绩评价系统，本书讨论其中有代表性的三种。

（一）德鲁克以重组为核心的观点

彼得·德鲁克（Peter Drucker）在1955年前后写了大量文章，说明企业组织收集其主要竞争对手信息的重要性。同时，他还强调，“每一个企业组织，都需要一个核心能力：重组”。因此，他把注意力主要集中在帮助企业记录和评价其重组方面。根据德鲁克的观点，评价一个企业改革的出发点不能仅从其自身业绩出发，而应仔细评估其所处行业在一定时期内的重组，以及企业在重组中的地位和作用，他强调业绩评价系统必须首先突出管理部门的思想意识，通过设计一系列特定性质的问题，提醒雇员注意真正需要重视的方面，再提供一个内在的组织机构，使雇员能够重视并发现这些方面可能存在的问题。德鲁克的观点虽然没有形成一个完整的理论模型，但他对竞争与改革的理解为非财务指标进入业绩评价系统提供了基础。

（二）霍尔的“四尺度”论

罗伯特·霍尔（Robert Hall）认为评价企业的业绩需以四个尺度为标准，即质量尺度、作业时间尺度、资源利用尺度和人力资源尺度。

1. 质量尺度

霍尔把质量分为外部质量、内部质量和质量改进程序三种。外部质量是指客户或企业组织外部的其他人对其产品和服务的评价，它是产品和服务的精髓，具体指标包括客户调查情况、服务效率、保修及可靠性等。内部质量代表企业组织的运营质量，包括总产量、生产能力、检验比率及残品和返工率等。质量改进程序是企业组织采用的确保高水平的内在和外在质量的程序或一系列的公式化步骤。需要注意的是，今天的质量改进就是明天的内在、外在质量。

2. 作业时间尺度

霍尔认为作业时间是把原材料变为完工产品的时间段，具体包括工具检修时间、设备维修时间、改变产品和工序设计的时间、项目变更时间、工具设计时间和工具建造时间等。

3. 资源利用尺度

资源利用尺度用以计量特定资源的消耗和与此相关的成本，如直接人工、原材料消耗、时间利用和机器利用情况。前两项指标是制造产品和提供劳务的直接成本，后两项既包括直接成本因素，又包括间接成本因素和机会成本因素。

4. 人力资源尺度

霍尔提出企业需要有一定的人力资源储备和能恰当评价与奖励雇员的管理系统。

霍尔把质量、时间和人力资源等非财务指标导入企业的业绩评价系统，并认为企业组织可以通过对上述四个尺度的改进来减少竞争风险。该理论在人力资源开发方面没有提出更具体的建议，这也是其缺陷所在。

（三）克罗斯和林奇的等级制度

凯尔文·克罗斯（Kelvin Cross）和理查德·林奇（Richard Lynch）提出了一个把企业总体战略与财务和非财务信息结合起来的业绩评价系统。为了强调总体战略与业绩指标的重要联系，他们列出了一个业绩金字塔。在业绩金字塔中，公司总体战略位于最高层——由此产生企业的具体战略目标，并向企业组织逐级传递，直到最基层的作业中心。通过业绩金字塔可以看出，战略目标传递的过程是多级瀑布式的，它首先传递给单位水平层面，由此产生了市场满意度和财务业绩指标。战略目标再继续向下传给企业的业务经营系统，产生的指标有客户的满意程度、灵活性和生产效率等。前两者共同构成企业组织的市场目标，生产效率则构成财务目标。最后，战略目标传递到作业中心层面。它们由质量、运输、周转时间和耗费构成。质量和运输共同构成客户的满意度，运输和周转时间共同构成灵活性，周转时间和耗费共同构成生产效率。

由此，业绩信息渗透到整个企业的各个层面。当这个信息向组织的上层运动时，目的是逐级汇总，其最终目的是使高层管理人员可以利用该信息为企业制定未来的战略目标。克罗斯和林奇的业绩金字塔着重强调了组织战略在确定业绩指标中所扮演的重要角色，反映了业绩目标和业绩指标的互赢性，揭示了战略目标自上而下和经营指标自下而上逐级重复运动的等级制度。这个逐级的循环过程揭示了企业持续发展的能力，为正确评价企业业绩做出了意义深远的重要贡献。业绩金字塔最主要的缺点是，在确认组织学习的重要性上是失败的，而在竞争日趋激烈的今天，对组织学习能力的正确评价尤为重要。因此，虽然这个模型在理论上是比较成型的，但实际工作中采用率较低。

第二节　EVA及其应用

一、EVA的概念

EVA是指从企业税后净营业利润中扣除股权和债务在内的所有资本成本之后的剩余收益（residual income）。它与利润表中的会计利润不同，会计利润是由企业在一定时期实现的收入与为实现这些收入所发生的实际耗费相比较而求得的。会计成本只反映使用的企业资源的实际货币支出，由于忽略了权益资本的隐含成本，没有反映企业为使用这些资源付出的总代价，而EVA的思想源于经济利润（economic profit）基础之上的剩余收益，其中经济利润是指公司从成本补偿角度获得的利润，它不仅要求企业将所有的运营费用计入成本，还要将全部资本成本计入成本。这种资本成本不但包括向债权人支付的利息这类显而易见的成本，还包括股东投入资本的机会成本。因此，其本质是经济利润，而不是会计利润。

由此可见，EVA指标的核心理念是资本成本，资本成本是资金投资项目所要求的收益率，从投资者角度看，资本成本就是机会成本，从企业角度看，资本成本就是使用资金的机会成本，是投资项目所要求的最低收益率。如果企业资本收益率低于投资者要求的收益率，则在资本市场上难以吸引到投资者。

EVA指标的核心理念反映了现代企业制度所追求的企业目标——股东价值最大化。任何性质的长期资金都有它自己的使用成本即资本成本，因此在计算某个投资项目时，必须将资本成本考虑在内。资本成本隐含的价值理念体现在企业投资、融资、经营等活动的评价标准上。资本成本是企业取舍投资机会的财务基准，只有当投资机会的预期收益率超过资本成本时，企业才会进行这项投资。将EVA用于评估企业内部正在经营业务单元的资本经营绩效，为业务、资产重组或者继续追加投资提供决策依据时，只有投资收益率高于资本成本时，业务单元才有继续经营的经济价值。当资本成本作为企业根据预期收益风险变化动态调整资本成本的依据时，预期收益稳定的企业可以通过增加低成本的长期债务，减少高成本的股权资本来降低加权资本成本。

所以，EVA指标可以作为资本市场评价企业是否为股东创造价值、资本是否保值增值的标准。投资收益率高低不是企业经营状况好坏和价值创造能力的评估标准，关键在于是否超过资本成本。

二、EVA的实质

EVA作为一种价值创造方法，它不仅只在业绩评价上有突出的作用，更重要的是它是一套评价、实施相结合的管理体系。这种管理体系的构建让EVA相比传统指标或其他业绩评价方式更具有灵魂，它不只是一个单独评价指标，它的思想贯穿了企业运营的始终。它使EVA从原本的一个短期业绩衡量指标变成长期的考核系统，使效率低下的企业更具有生产活力。这种管理体系才真正是EVA精髓的体现，是EVA的实质。如图3-1所示，EVA价值管理体系主要包括四个方面：业绩考核（measurement）、管理体系（management）、激励制度（motivation）和理念体系（mindset）。

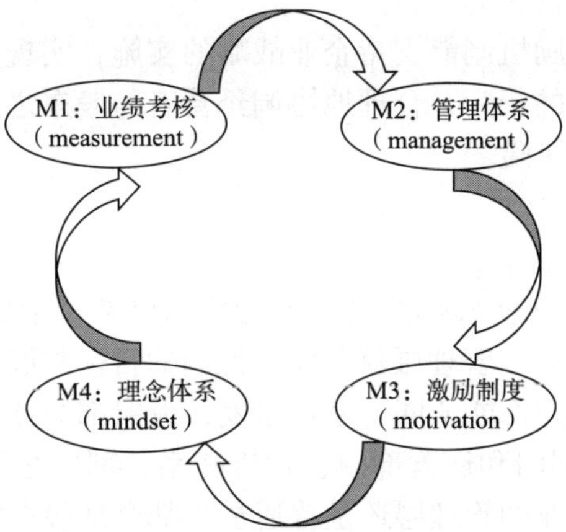

图3-1　EVA价值管理体系

（一）业绩考核

业绩考核是以EVA为核心的价值体系的关键环节。EVA相较于传统利润评价指标，有其独特性，如对会计利润的调整、对资金成本的考虑等。这些独有特征一方面增加了 EVA 计算的难度，使其实际操作比传统的利润评价指标复杂；另一方面在考核中更加充分考虑了企业的规模、行业特点、发展阶段和行业对标等因素，并从股东的角度出发侧重对经营结果的考核，这样也让企业的绩效考核更为合理。此外，考核结果与激励机制衔接，可以进一步引导经营过程和经营结果更好地实现，保证战略目标的实现和经营管理的良好运行。

（二）管理体系

EVA 不仅是一个业绩考核指标，在 EVA 价值管理体系下，管理决策包括战略规划、资源分配、并购或撤资的估价及制订年度预算计划等。采用 EVA 作为统一的经营业绩指标，让使用者了解到怎么去调整，会促进企业形成资本使用纪律，引导其谨慎使用资本，基于股东的利益做出正确的决策，如此才能使企业的价值最大化。在企业的经营管理中，EVA 的大小成为企业经营者进行决策的标准。他们会在事前根据投资或并购等财务决策的 EVA 值来判断是否进行该投资。只有在 EVA 为正时，经营者才会进行投资，否则就会放弃。

（三）激励制度

传统利润指标的业绩评价方法不能将业绩评价和激励制度有效地结合起来，业绩评价和激励制度是相分离的，两者间缺乏合理的关联性。然而 EVA 却不同，EVA 业绩评价能够为激励提供尺度。这样与 EVA 业绩考核体系相挂钩的激励制度可以有效地将管理者与员工获得的激励报酬与他们为股东创造的财富紧密相连，从而避免传统激励制度所出现的只关注短期目标的行为，修正了在业绩好时奖励有限、业绩差时惩罚不足的弊端，实现以激励长期价值创造为核心的激励制度，既体现了经营者价值，又保证了股东利益，最终实现股东与经营者的双赢。

因此，一个有效的激励机制能支持企业战略的实施，实现企业的发展目标；可以正确引导企业经营者和员工的行为，合理地协调经营者与股东之间的利益；还能够平衡成本付出和减少人才流失的风险。

（四）理念体系

EVA 也是一种理念——实施那些真正能为股东创造价值的项目才是有价值的。将 EVA 成功地引入企业管理后，管理层就会发现他们的目标与股东价值最大化这个目标趋于一致，企业所有营运部门都能从同一基点出发，大家都会拥有同一个目标，为提升公司的 EVA 而努力。决策部门和运营部门会积极联系，部门之间的不信任和不配合的现象会减少，如此不论是企业的管理层还是普通员工都会从股东的利益出发来制定和执行经营决策。要想取得丰厚的奖金，就需要先创造大量正的 EVA 值。因此，是否能创造 EVA，如何创造正确的 EVA，就成为每一个管理者必须思考的问题。同时，价值创造这种观念会改变企业的管理文化，使之融入公司每个员工的思维当中，这样有利于促进公司治理机制的完善，会为企业提供无穷的动力。

三、EVA 的特点

EVA 反映了信息时代对财务业绩衡量的新要求，是一种可以在企业内部和外部广泛使用的业绩评价指标。EVA 作为一个全新的业绩评价的指标有其自身的特点。

（一）体现“股东财富最大化”和企业创造价值的先进管理理念

EVA 指标最核心的理念是股东投资在会计利润基础上将资本机会成本剔除，从而使 EVA 从股东的角度重新定义企业利润——经济利润。EVA 先将费用资本化，并在其可预期的有效生命期内分期摊销，并在计算 EVA 时将营业利润和权益资本进行调整以纠正会计惯例造成的失真。这样 EVA 能更准确、全面地反映企业的获利能力。经济利润超过了全部股东的资本成本才能说明经营者为企业创造了价值，为股东创造了财富；反之，则企业没有创造价值，EVA 真实反映了企业的营利能力，最直接地与股东财富的创造联系了起来。

（二）将业绩评价与企业决策联系起来

由于 EVA 指标更加关注企业的长期发展，而不像会计利润那样是一种短视指标，故应用该指标能够鼓励经营者进行能为企业带来长期利益的投资决策，如新产品的研发、信息化建设、人力资源的开发等。这样也促使企业经营者不仅要注意所创造的实际收益的大小，还要考虑所运用资产的规模及使用该资产的成本大小，有助于企业控制财务风险、合理进行资源配置和提高资本的使用效率。同时，EVA 还可以作为一种财务管理模式，用以指导企业管理者做出决策，包括经营预算、资本预算、企业确立目标的分析、收购兼并或出售的决策等。

（三）建立有效的激励系统

由于 EVA 是站在股东的立场上重新定义企业的利润，故将管理者的报酬与 EVA 指标相挂钩，可以使经营者和股东的利益更好地结合起来，正确地引导经营者的努力方向，促使经营者充分关注企业的资本增值和长期经济效益，维护股东们的利益，这也正是 EVA 的精髓所在。

（四）引导企业更加关注主业，专注于做大做强主业

在 EVA 调整项中，有三项鼓励性政策的调整：一是将研发投入视为利润；二是符合国家战略资源要求的风险投入可根据情况视为利润；三是对符合主业方向的在建工程，可从资本成本中扣除。同时，配有一条限制性政策：非经常性收益要从利润中扣除，第一类是通过变卖优质资产取得的收益，全部扣除；第二类是不符合主业方向的非经常性收益，包括股权收益、产权收益（出售所属上市公司股权）、转让所属非上市公司主业股权、转让固定资产的收益、转让土地的收益，减半扣除。通过以上调整，引导企业关注主业成长，努力做大做强主业，而不去片面追求规模效益，避免企业盲目扩张，同时鼓励企业增加研发投入，通过科技创新增强企业的竞争力。

（五）EVA 适用于不同风险的企业的比较

由于资本市场及宏观经济环境的影响，市场上每个企业的债券成本相差不大，而单个企业的股权资本成本却受该企业特定的经营风险和财务风险影响。EVA 与传统业绩指标相比，剔除了股权资本成本，相当于剔除了不同企业之间的经营风险和财务风险差别，便于不同行业、不同资本结构的企业之间的比较。

此外，运用 EVA 还应注意以下几个问题。

1. 存在会计信息失真问题

会计信息失真问题在我国企业中普遍存在，尤其是如今国有企业面临业绩考核的压力，上市公司面临信息公开披露配股、增发新股的业绩要求的时候，企业往往采用调整会计政策、资产重组、债务重整、获得政府税收优惠、利润补贴等手段来粉饰会计报表。由于 EVA 对企业未来成长的估算建立在既有的产品、技术和市场的基础上，而资本成本的确定又依赖于历史数据分析，故会计失真问题是我国企业在运用 EVA 时要重点注意并竭力避免的。

2. 可操作性有待解决

例如，加权平均资本成本还难以精确估计，不同企业着重点不同，难以做出一个适合所有企业的 EVA 调整表，到目前为止，计算 EVA 可做的调整已达到 200 多种。而对公认财务会计准则的调整也不是一般的外部财务信息使用者可以完成的，这在一定程度上限制了企业的外部信息使用者。这些问题都大大增加了计算的复杂性和难度，妨碍了 EVA 的广泛应用。

3. 无法解释企业内在的成长性机会

一家企业的股票价格反映的是社会公众对企业的客观评价，反映的是市场对这些成长性机会价值的预期。但是由于在 EVA 计算过程中对会计信息进行了调整，这些调整可能删掉了经营者向市场传递有关企业未来发展机会的相关信息。因此，这些调整虽然使EVA更加接近企业真正创造的财富，但同时也降低了 EVA 指标与股票市场的相关性。

4. 忽略了非财务信息在企业价值创造中的作用

EVA 关注企业的有形资产，并以现金流的形式综合运用了与价值创造相关的风险和市场预期，但是在很大程度上忽略了企业产品、客户、员工、科技创新等无形资产、非财务信息在企业价值创造中的巨大作用。

四、EVA 在我国企业管理中的应用

国务院国有资产监督管理委员会（以下简称国务院国资委）发布对中央企业实施《中央企业负责人经营业绩考核暂行办法》之后，中国石油天然气股份有限公司（以下

简称中石油）制定了《中国石油天然气股份有限公司高级管理人员经济增加值考核办法（试行）》。该办法的实施，引起了各油田企业的极大重视，也深刻地影响了油田企业的财务行为。但是，EVA 的计算方法和口径的不统一，导致该考核办法在一定程度上影响了实施效果。本节在对油田企业财务状况进行充分调查的基础上，分析了这些影响因素及其对 EVA 计算产生的影响程度。

（一）国务院国资委计算办法与 EVA 理论的差异

1992 年思腾思特公司提出 EVA 计算方法时要求的调整项目多达 160 多项，集中体现了 EVA 理论鼓励创新和关注企业长远发展并把业绩评价与责任人可控性联系起来的思想。国务院国资委颁布的 EVA 计算方法仅仅要求中央企业调整九项内容，包括利息支出、研究开发费用、教育培训费用、勘探等战略性投资费用、信息化费用、维稳及履行社会责任支出、经常性收益、无息流动负债、在建工程，且不涉及对资本成本率的测算，所有企业实施 6%的资本成本率，中央企业在调整内容上的差异性项目还包括以下几项。

1. 不涉及对折旧差异的调整

对于固定资产，传统的会计处理方法是采用直线法或加速折旧法，每年的折旧额列入成本影响当期损益，同时随着折旧的提取，固定资产净值减少，然而折旧存在着主观性问题，企业为了避税，会采取一种对自己有益的折旧方法，但这些方法会扭曲经济现实。因此，EVA 理论要求按照偿债基金摊销法对固定资产折旧进行调整，以合理反映固定资产使用效能和折旧成本的一致性。偿债基金摊销法是财务上一种还本付息的方法，这种方法要求每年等额偿还借贷的资本，但每年归还的本金和利息是逐年不同的，开始年份利息多本金少，之后利息逐年减少，本金增加，直到全部偿还完毕，而国务院国资委颁布的 EVA 计算方法中不要求对折旧差异进行调整。

2. 营业外收支的选择性调整

为了合理反映经营者的业绩，EVA 理论要求对营业外收支进行全面调整，而国务院国资委只要求对非经常性收益项目按照 50%来调整，不调整营业外支出项目，这对于承担社会责任较多的中央企业来说是不公平的。

3. 研发支出和勘探费用的不对等调整

对于研发支出和勘探费用，大多数企业根据谨慎性原则进行会计处理，作为当期费用，冲减当年的利润。根据 EVA 的核心理念，在进行会计调整时应对二者采用资本化处理，这是因为研发支出和勘探费用是对未来的投资，费用化处理会造成收益与费用的不匹配，影响当期收益，而经营者往往会为了降低成本、增加利润而减少投入研发的资金。然而，这样的业绩是短期的，并不利于企业的可持续发展。因此，EVA 理论要求对研发支出和勘探费用进行全额调整，全部加回到税后净利润中去，然而国务院国资委规定对研发支出（包括新增无形资产）进行全额调整，对勘探费用仅仅按照 50%调整。这对资源型企业是不公平的。

4. 不涉及递延所得税的调整

有关递延税款的传统会计处理方法是在损益表中计入应付税款，将应付税款和实际缴纳税款之间的差额——递延税款，计入资产负债表中。从经济观点来看，企业从当前利润中扣除的唯一税款应是当期实际缴纳的税款，而不是将来可能（或不可能）缴纳的递延所得税费用。这就使损益表中所得税款项与公司实际支付的现金税额不相等，扭曲了企业的真实经营业绩。因此在计算 EVA 时，应将递延所得税费用加到本年的税后净营业利润中，如是递延所得税收益则从税后净营业利润中减去。然而国务院国资委颁布的 EVA 计算方法中不要求对递延所得税进行调整。

5. 不涉及资产减值准备的调整

企业因为担心现在的决策或事件会导致未来的费用支出，设置准备金提取科目，一般计入期间费用。准备金提取额由主观判断决定，公司可以借此掩盖实际经营业绩，并且提取准备金使会计利润和现金流量出现较大差额，提取准备金年度实际没有现金流出，当期税后净利润减少。因此，EVA 理论要求对资产减值准备项目进行调整，因为这些项目是由会计核算的权责发生制引起的，由于资产减值不影响投入资本的使用效能，应该加以调整，在税后净营业利润中加上准备金税后增加额。而国务院国资委计算方法中没有涉及对该项的调整。

6. 不涉及重组费用的调整

传统的财务处理是将重组当作对投资失败带来损失的确认，因此将重组损失一次性在资产负债表中注销，计入当期损益，使重组当期的利润大幅度下降。但重组应当是资本重新配置，目的在于纠正过去的错误，减少持续发生的损失，从而提高今后的获利能力，是损失最小化的一项决策，应当在税后净营业利润中加回。然而国务院国资委计算方法中没有涉及对该项目的调整。

（二）央企执行国务院国资委计算方法中的变化

以中石油为例。为了更好地实施国务院国资委 EVA 考核办法，该公司制定了《中国石油天然气股份有限公司高级管理人员经济增加值考核办法（试行）》，在国务院国资委有关 EVA 计算方法的基础上考虑油田企业的实际情况，追加了如下一些调整项目。

1. 信息化平台建设支出的调整

中石油为了推进信息化平台建设，建立数字化油田，在所属油气田企业投资建设 ERP（enterprise resource planning，企业资源计划）体系，这是一个关系企业长远发展和持续竞争力提高的投资，不会在当期产生效益，为了不打击经营者推进信息化建设的积极性，也为了公司的可持续发展，应该对该项目加以调整，EVA 计算时在税后净利润中加回。

2. 追加对培训费用的调整

学习与成长是企业长远发展的根源，也是企业创造价值的根源，美国当代管理会计学家卡普兰创立的平衡计分卡理论认为，企业只有长期坚持对员工的不断培养，使整个团队在学习中不断成长，企业的长远发展和持续增长才有可能实现。中石油为了建设一支竞争力强的团队，就必须鼓励经营者关注培训且不影响其经营业绩的计算，追加对培训费用的调整。

3. 追加对安全生产支出的调整

中石油为建设国际化跨国公司，在全部所属油田企业推进 HSE（health，safety，environment）建设，健康、安全和环保成为油田生产的重要标志。从表面上看，这部分投资会直接导致资本成本增加，从而使 EVA 减少。但是这部分投入是企业所必需的，是确保大局稳定、安全生产的有力保障。因此，应科学合理地控制这部分项目的投入规模，根据轻重缓急，逐步实施。同时从“投资成本一体化”的理念出发，尽可能将该投入纳入生产成本。为了使经营者不因为推进 HSE 而影响业绩，继而打击进行这一工作的积极性，追加对这一项目的调整是十分必要的。

4. 追加维稳及履行社会责任支出的调整

为了建立良好的生产经营环境，维持与地方政府及居民的健康关系，维稳及履行社会责任支出往往是必须发生的，虽然该项支出确实对当期 EVA 没有直接贡献，但是它是公司可持续发展的必备要素，应该予以调整，在税后净利润中加回。

（三）央企实施 EVA 考核中存在的问题

仍然以中石油为例。根据股份公司全面推进 EVA 考核的要求，油田企业积极转变思想，将 EVA 思想运用到财务管理实践中，在实践过程中需要从以下几个方面来进行合理优化，进而达到规避问题的目的。

1. 列入固定资产的研发支出

油田开发建设中，经常发生一定数额的科学研究费用，这类支出既没有形成专利权也没有形成专有技术，而是随同建设投资的完成转入固定资产，成为固定资产价值的一部分。根据青海油田 2012 年实际数据测算，建设投资中的科研费用支出占科研费用的 20.65%，此部分科研费用在 EVA 体系中不应该以成本的方式进行简单的计入，而应该并入企业无形资产及后续的经营增长价值中。

2. 列入生产成本的研发支出

油田企业在油气开采活动中，经常发生科研活动，如压裂液的研究实验等，这些科研支出也没有形成专有技术，而是计入当期生产成本。根据青海油田 2012 年的统计测算，计入生产成本的科研费用大约占生产成本的 2.41%。按照 EVA 理论，这些科研费用也应该予以调整。研发支出的去向较多，不仅有列入当期管理费的（60.32%），还有地质勘探支出（16.63%）和生产成本（2.41%）。但是按照国务院国资委和中石油 EVA 考核制度的规定，只有本期作为管理费用和无形资产的研发费用才能予以调整。

3. 列入其他开采支出的矿区建设费用

矿区建设投资时，由于油田生活区域不能依靠社会支持而不得已发生的某些社会责任支出，如幼儿园建设与运行支出、矿区道路建设与维护、矿区绿化与环境整治等，这些支出被计入当期生产成本，然而，这些支出对 EVA 没有直接贡献，如果维护稳定的支出可以加以调整，那么，这些矿区建设和社会责任支出也应该予以调整。根据青海油田的情况，这些矿区建设与社会责任支出占生产成本的一定比例。按照 EVA 理论，这些维稳支出、社会责任支出也应该予以调整。

4. 利息支出调整项目带来的问题

按照中石油的 EVA 计算方法，油田企业 EVA 计算中，应该将定期利息支出按照实际发生金额予以加回。但是，油田企业的实际利率可能低于资本成本率，这样就使得油田企业由于借入低利息的债务而吃亏，客观上激励经营者高利息负债。根据青海油田 2012 年实际数据测算，平均利息率达到 5.65%，说明这并不是对计算 EVA 有利的因素。平均实利率的计算方法为当期利息支出除以平均有息负债，而平均有息负债由年末和年初的总付息资金求平均数得到，总付息资金为短期付息资金与长期付息资金之和。表 3-6 为 2007~2012 年青海油田平均利率测算表。

表 3-6 2007~2012 年青海油田平均利率测算表

项目	2007 年	2008 年	2009 年	2010 年	2011 年	2012 年
利息支出/万元		39 534.98	21 737.10	12 793.55	22 770.34	37 610.06
短期付息资金/万元	79 609.54	79 609.54	79 609.54	79 609.54	79 609.54	79 609.54
长期付息资金/万元	457 936.00	494 395.50	487 304.00	497 262.50	553 588.50	618 698.50
平均付息资金/万元		555 775.29	570 459.29	571 892.79	605 035.04	665 753.04
平均利率		7.11%	3.81%	2.24%	3.76%	5.65%

第三节 平衡计分卡

一、平衡计分卡的概念

企业一定时期的业绩不仅表现为财务和经济指标，还是企业整个规划管理过程的结果，平衡计分卡是对传统的以财务指标为基础的评价体系的改进，是对企业业绩进行综合规划管理和考核评价的系统。

哈佛大学教授卡普兰和诺顿于 1992 年发表《平衡计分卡驱动绩效指标》一文，将平衡计分卡的研究结果在《哈佛商业评论》上进行了总结。后来，平衡计分卡被《哈佛商业评论》评为 75 年来最具影响力的管理工具之一，它打破了传统的单一使用财务指标衡量业绩的方法，在财务指标的基础上加入了未来驱动因素，即客户因素、内部经营管理过程和员工的学习成长，在集团战略规划与执行管理方面发挥了非常重要的作用。

平衡计分卡以企业战略为导向，通过财务、客户、内部业务流程和学习与成长四个层面管理和评价企业综合业绩。财务、客户、内部业务流程和学习与成长四个视角均由愿景与战略转化而来，每个视角下所列示的目的、指标、指标值和措施则是愿景与战略转化的四个阶段。平衡计分卡模型见图 3-2。

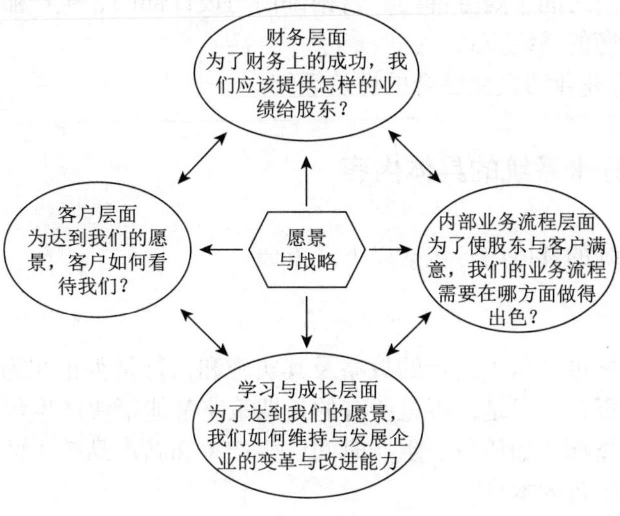

图 3-2 平衡计分卡模型

平衡计分卡的主要特点有以下几个方面。

（1）以企业发展战略为导向，将企业长期战略规划融入考核评价系统，实现短期目标与长期目标的衔接，增强企业长期发展能力。

通过战略转换，可以将企业的业绩指标与战略联系起来，即按照目的、指标、指标值和措施四个阶段依次将战略转换为整个组织的年度业绩指标体系或可操作性标准，按照组织层级将整个组织的业绩指标体系最终转换为每个组织成员的业绩指标或日常工作。图 3-3 为平衡计分卡的业绩指标与战略的关系。

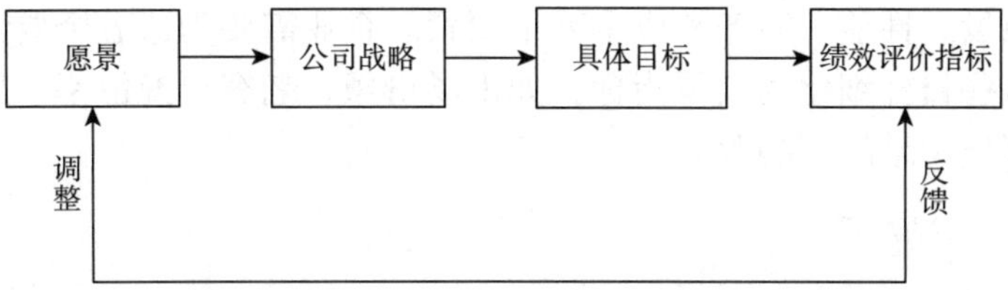

图 3-3 平衡计分卡的业绩指标与战略的关系

（2）为平衡管理评价，在财务因素之外引入客户、内部业务流程、学习与成长等因素，使财务指标与非财务指标相互补充，达到一定程度的平衡。

财务视角是整个平衡计分卡的出发点和归宿，企业仍以谋取股东利益最大化为出发点，但以满足客户需要（如价格、质量、功能、品牌、服务等）为前提条件，从客户需要出发来优化内部业务流程（如运营流程、客户管理流程、创新流程、行政管理流程等）。而内部业务流程的优化则取决于学习与成长方面，也就是人力资源、信息资源和组织资源的状况能否创造出优化的内部业务流程。反过来，企业拥有优良的人力资源、信息资源和组织资源是为了获得优化的内部业务流程，满足客户需要，进而谋取股东利益最大化。平衡计分卡的四个视角连接成一个“闭路循环”。

（3）实行绩效结果评价与运营过程考核相结合、企业内部评价与外部评价相结合、企业内部各部门之间（财务部门、营销部门与设计部门、生产服务管理部门、人力资源部门）寻求平衡的系统方式。

（4）构成对企业业绩全面综合的评价系统。

二、平衡计分卡系统的具体内容

平衡计分卡系统的具体内容包括以下几方面。

1. 财务层面

财务性绩效指标可显示出企业的战略及其实施和执行是否正在为最终经营结果（如利润）的改善做出贡献。但是，不是所有的长期策略都能很快产生短期的财务盈利。

非财务性绩效指标（如质量、生产时间、生产率和新产品等）的改善和提高是实现目的的手段，而不是目的本身。

在企业不同的发展阶段，财务考核指标因市场环境、公司战略等的不同，有不同的财务重点指标。例如，在企业的成长期，增加收入是企业的主要目的；在企业发展的保持期，经过一段时间的发展，企业进入平稳发展阶段，降低运营成本将作为首要目的；企业进入成熟期，发展得非常好，收入和成本都已不是问题，企业进入良性的发展轨道。

2. 客户层面

平衡计分卡将企业使命、战略及核心财务指标拓展为与客户相关的具体要素、目标和指标，企业应以目标客户和目标市场为导向，关注核心客户需求的满足。客户消费一般关注时间、质量、性能、服务和成本五个要素。企业需要为这五个要素确立明确的具体目标，再将这些目标细化为具体指标，如市场份额、老客户挽留率、新客户获得率、客户满意度、客户贡献的利润等。

3. 内部业务流程层面

内部业务流程关注的重点是与股东和客户目标密切相关的运营过程，如客户满意度和股东回报率。内部业务流程指标既包括短期的现有业务的改善，又包括长远的产品和服务，涉及创新、经营和服务等过程，体现全程管理与服务的理念。

4. 学习与成长层面

学习与成长目标为其他三个方面的目标提供了基础和动力，其具体指标包括员工的能力、信息系统的能力、授权与相互配合及激励的效果，体现了全员参与和团队管理的理念。

三、分析关键因素，设计绩效指标

设计平衡计分卡系统，在由上而下确立绩效目标的基础上，还要分析绩效驱动因素与绩效考核指标之间的因果关系，并综合考虑绩效驱动因素与绩效考核指标的长期性与短期性、过程结果与过程行为、团队与个人等，分层递进分解，设计相应的绩效考核评价具体指标。

绩效考核评价的具体指标可以从以下几个方面进行设计。

（1）财务角度：可以重点考虑股东回报、现金流量、主要顾客收益率、利润预期、销售增长率等指标。

（2）创新与学习角度：可以重点考虑新产品占销售的比例、员工满意度，以及主要员工保留率、员工能力评估和发展等指标。

（3）顾客角度：可以重点考虑交货时间、顾客满意度、市场份额、新客户开发率等指标。

（4）内部流程角度：可以重点考虑在新工作中与顾客相处的时间、每个雇员的收入收益率、交货时间、工程完成率等指标。

（5）构建完整的考核评价系统框架。

四、平衡计分卡在战略管理中的作用

平衡计分卡可以在战略管理中发挥以下作用。

（一）使目标和战略具体化

平衡计分卡将企业的目标和战略细化为财务、客户、内部业务流程、学习与成长四个方面，形成一系列被管理人员认可的测评指标和目标值，充分地描述实现企业长期战略目标的推动因素。

（二）促进沟通和联系

平衡计分卡使企业内部就战略进行上下沟通，并将各部门的目标联系起来。

（三）辅助业务规划

平衡计分卡使企业能够实现业务规划与财务规划的一体化，将依据平衡计分卡制定的战略目标作为分配资源和确定优先顺序的依据，管理人员将会采用那些能推动实现长远战略目标的新措施，并注意协调。

（四）增强战略反馈和学习

以平衡计分卡为核心进行管理时，企业能够从四个角度监督短期结果，并根据最近的业绩结果评价战略实施情况，使企业修正战略，随时反映学习所得。

第四节 绩效评价方法的公平性研究

有效激励的关键是公平，而公平激励的基础是准确的绩效评分。在国内外绩效评价理论向顾客、雇员、经营者和非财务化方向发展的同时，本节针对传统绩效评分方法指标打分方面存在的局限性，提出科学合理的绩效评分方法应该满足的三个必要条件：绩效分值应连续取值、绩效分值与绩效数量呈非线性关系、正指标和相关逆指标等价互换性等，进而建立满足上述三个条件的绩效评分模型，同时，本节对该评分模型的参数和应用进行实际分析和测算。

一、已有研究的回顾

早在20世纪30年代，美国的 Michael Kesner 首先研究了美国经理人的报酬和绩效评价的关系。1971年，Melones 分析认为，随着竞争激烈程度的加深，不仅投资者和债权人关注对企业的评价，企业内部管理者、政府、社会公众、雇员等都关心企业绩效。理论界和实务界越来越认识到以企业会计信息为基础的财务评价的局限性，开始将企业的竞争能力与顾客的关系等非财务评价纳入企业绩效的评价内容。美国学者对欧洲和北美3 000多家公司的实证研究表明，无形因素特别是知识资产、创新和质量等是竞争成就获得的驱动力，根据对企业非财务评价的拓展，一种新的绩效测评方法——平衡计分卡被美国学者卡普兰提出并得到广泛应用。该方法分别从财务、客户、内部业务流程、学习与成长四个方面对公司的业绩进行评价。2000年的一项研究表明，雇员的满意度与增长的公司利润之间有强烈的统计相关关系。因此，雇员的满意度也成为企业绩效评价的内容。企业绩效评价的内容由外部转向内部。企业绩效评价内容的拓展越来越使我们感觉到企业内部组织、创新和成长能力的重要性，而这些因素的形成都取决于对企业内部雇员、经营者和管理者的公平评价和有效激励。

我国学者在借鉴国外绩效评价理论的同时，也展开了对绩效评价基本方法的探究，如杨杰等（2001）通过对绩效评价标准的确定、评量指标体系的构建及多样性评量指标的整合意义与方法等三个绩效评价的最基本问题进行反思，提出如下观点：①绩效评价标准的确定应先于具体评量指标的选择，且应保持一定的稳定性，不可随意增删；②评量指标体系的构建应本着贵精不贵多、贵明确不贵模糊、贵敏感不贵迟钝、贵关键不贵空泛的原则进行；③多样性评量指标是否整合需根据具体的需要而定，整合时要考虑评量指标本身的权重差异及不同评价者由于对标准尺度掌握的松紧不一和评判角度不同所带来的对最终评价结果的影响。党兴华等（2004）按照网络环境下企业技术创新绩效评价的要求，建立了企业技术创新绩效的综合评价模型。张青等（2002）针对煤矿企业经营绩效受自然地质条件影响较大，会产生相应“级差”的特点，先采用人工神经网络模型对煤矿企业存在的“级差”进行识别，有效地去除了这些“级差”对煤矿企业经营绩效的影响，实现了评价的“公平性”，避免了专家评分法等主观赋权法定权的客观性不足问题。公平的绩效评价除了评价指标的合理设置外，还有一个评分的技术方法问题，我们的研究正是着眼于绩效形成的客观过程，考虑不同发展阶段企业绩效形成的努力程度差异，进而建立公平的量化评分方法，以利于对经营者的有效激励。

二、现行绩效评分方法存在的问题

无论绩效评价的范围和内容如何被拓展，企业绩效评价的技术方法一般采用多指标综合评价模型，即先对某一评价对象的多个评价指标确定标准值，再根据每一指标的实际值和标准值的对比关系确定评分值，最后再将每一指标的评分值按其权重加总，以求得综合评价的结果。单一指标的评分值根据指标实际值和标准值的对比获得，其综合评价结果如下式所示：

$$\mathrm{TP}=\sum_{i-1}^{m} w_i y_i$$

其中，w_i、y_i、TP分别表示某一评价对象第i个评价指标的权重和评分值，以及该评价对象的综合评分值；m是评价指标的个数。

由上述多指标综合评价模型可以看出，在指标权重分布和每一指标的标准值确定后，综合评价结果的科学性和合理性则取决于评分值的确定方法。

目前常用的指标分值确定方法有两个途径。一是无量纲化方法，即将指标实际值与标准值直接对比产生无量纲化比值，对于越大越好的正指标，直接以该指标的实际值x与其标准值b的正比例比值x/b作为指标的评分值；而对于越小越好的逆指标，则以该指标的实际值x与标准值b的反比例比值b/x作为该指标的评分值。二是模糊综合评分法，即将每一指标分等打分直接作为评分值。从确定评分值的客观性来说，简单的无量纲化的评分方法比将每一指标分等打分的模糊综合评判法更客观一些，并使具有不同计量单位和不同数量级的评价指标有可能加总，以求得综合评分的结果。

但是，传统的简单无量纲化方法在实际应用中至少存在两个问题：一是在企业发展的不同阶段，同等绩效付出的努力程度是大不相同的，在绩效评价中应给予不同评分，以激励边际绩效的不断生成；二是正指标和逆指标的分值互换问题，因为任何指标既可以用正指标来反映，也可以用逆指标来反映，如年销售额是一个正指标，它也可以用单位销售额所需时间这一逆指标来反映，只不过习惯上常使用正指标来反映销售额。因此，无论用正指标评分还是用逆指标评分，其评分结果应该相同，达到可以互换的要求，而上述简单无量纲化评分方法不具备这一特征，上述两大缺陷使传统无量纲化评分方法的评分结果失去公平性，经营绩效评价结果有失公允，最终导致经营者的短期行为，从而影响激励制度发挥有效的作用。

三、理想的指标分值转换模型应具备的条件

科学合理的绩效指标分值转换模型应该具备下列三个条件。

（一）理想分值转换是连续打分而非离散打分

因为实际指标的属性值是连续取值的，它们对综合评价结果的贡献也应是连续变动的，所以理想的分值转换方法应是连续打分的。离散打分法是考虑可操作性之后对真实的一种近似。目前，大多数绩效评价指标体系都采用了离散打分的方法。其中，打分区间或级次的划分有很强的主观性，并未考虑绩效指标与评分值之间应有的函数关系。1999 年，由财政部、国家经济贸易委员会（以下简称国家经贸委）、人事部、国家发展计划委员会联合颁布试行的《国有资本金绩效评价规则》和《国有资本金绩效评价操作细则》中所采用的指标评分方法均属离散性主观打分。

（二）理想分值转换方法应反映指标实际值与其对综合评价结果贡献值之间的非线性关系

一般情形下，指标实际值与其对综合评价结果的贡献值之间的关系总是非线性的，而且应符合类似于边际收益递减的函数形式，具体来讲，应具有如下所示的非线性关系。不失一般性，我们假定：x 和 b 分别表示指标的实际值和标准值，且 $x\geqslant 0$，$b>0$，y 表示该指标的评分值，这种非线性关系可表示如下。

（1）对越大越好的正指标，其分值转换函数首先应满足 $\frac{\mathrm{d}y}{\mathrm{d}x}\geqslant 0$，同时考虑到绩效创造过程具有难度不断递增的特点，在不同的绩效水平，等量的绩效增量应给予不断递增的分值，进而，指标分值转换函数应进一步满足：

$$\begin{cases}\mathrm{d}^2 y\geqslant 0, & x\geqslant b\\ \mathrm{d}^2 x\leqslant 0, & x<b\end{cases}$$

（2）对越小越好的逆指标，其分值转换函数应满足下述两个条件：

$$\frac{\mathrm{d}y}{\mathrm{d}x}\leqslant 0$$

$$\begin{cases}\mathrm{d}^2 y\leqslant 0, & x>b\\ \mathrm{d}^2 x\geqslant 0, & x<b\end{cases}$$

不难验证，现行的各种连续分值转换函数如无量纲化方法，不能同时满足上述一阶和二阶微分要求，因而都是非理想的，或者说是不够科学合理的。

（三）理想分值转换方法应满足正指标与相关逆指标的等价互换的要求

因为任何指标都有正指标形式和逆指标形式两种表现，两者应为倒数关系或余数关系。例如，我们假设产品年产量是正指标，而其反映同一指标项目的逆指标形式就是单位产量耗用时间，另外，工时定额与产量定额等都是这种情况，它们分别形成一对互为

倒数关系的正指标和逆指标；而销售利税率和销售成本率则形成一对互为余数关系的正指标和逆指标，只是我们有时习惯用正指标形式，有时却习惯用逆指标形式，也就是说，可用正指标或逆指标反映同一指标内容，所以我们认为，一种科学合理的分值转换方法的结果应与采用哪种指标形式无关，也就是说，正逆指标应能等价互换。

以上这三个基本特征可以作为评价分值转换办法科学性的基本标准，我们把符合上述三个基本要求的分值转换函数叫理想的分值转换函数，我们应构思出一个能同时具备以上三个特点的理想的指标分值转换模型。

四、理想的指标分值转换模型的设计和论证

理想的指标分值转换方法是指同时满足上述三个条件的分值转换方法，我们对现有的各种指标分值转换方法进行系统分析研究后，以指标分值转换方法为基础提出了一个分值转换函数，且只适用于互为倒数的正指标和逆指标。

对正指标的转换函数为

$$y_1 = 1 + a^{n-1}\left[\lambda\left(\frac{x}{b} - \frac{b}{x}\right)\right]^n \tag{3-1}$$

对逆指标的转换函数为

$$y_2 = 1 - a^{n-1}\left[\lambda\left(\frac{x}{b} - \frac{b}{x}\right)\right]^n \tag{3-2}$$

其中，$a = \begin{cases} 1, & x \geqslant b \\ -1, & x < b \end{cases}$，$x \geqslant 0,\ b > 0,\ \lambda > 0$。其中，$n = 2,3,4,5,6,7,\cdots$

显然，上述正指标评分函数和逆指标评分函数都满足连续性条件，且正指标与逆指标可以互换。因为，如果我们将 $x' = 1/x$，$b' = 1/b$ 代入式（3-1）可导出式（3-2），若代入式（3-2）可导出式（3-1），即正指标函数 $x>b$ 时的取值与逆指标函数 $x<b$ 时的取值结果相同，这说明同一评价内容无论用正指标反映还是用逆指标反映，其评分结果是一致的。下面来验证上述分值转换模型是否反映了绩效取得过程的努力程度差异，这里仅以正指标函数为例来说明。

$$\frac{\mathrm{d}y_1}{\mathrm{d}x} = n\lambda^n a^{n-1}\left[\frac{x}{b} - \frac{b}{x}\right]^{x-1}\left[\frac{1}{b} + \frac{b}{x^2}\right]$$

可以看出，无论 $x>b$ 还是 $x<b$，都可以保证 $\frac{\mathrm{d}y_1}{\mathrm{d}x}>0$。

$$\frac{\mathrm{d}^2 y_1}{\mathrm{d}^2 x} = n\lambda^n a^{n-1}\left[(n-1)\left(\frac{x}{b} - \frac{b}{x}\right)^{n-2}\left(\frac{1}{b} + \frac{b}{x}\right)^2\left(\frac{1}{b} - \frac{b}{x^2}\right)^{n-1}\frac{2b}{x^3}\right]$$

$$= n\lambda^n a^{n-1}\left(\frac{x}{b} - \frac{b}{x}\right)^{n-2}\left[\frac{n-1}{b^2} + \frac{2n-4}{x^2} + \frac{(n+1)b^2}{x^4}\right]$$

由上式很容易看出：

$$\frac{d^2 y_1}{dx}\begin{cases} >0, & x>b \\ =0, & x=b \\ <0, & x<b \end{cases}$$

对于逆指标函数，同样可做出上述验证结果，从而证明我们选择的绩效评价分值转换模型具备了科学性和合理性。

五、理想分值转换函数的参数分析

（一）λ 决定指标分值的“门槛”

从式（3-1）和式（3-2）中我们不难发现，有两个具有实际意义的参数 n 和 λ，令式（3-1）和式（3-2）等于零，不难求出正指标转换函数 y_1 和逆指标转换函数 y_2 分别与横坐标的交点坐标 R_1、R_2 为

$$\begin{cases} R_1=\dfrac{\sqrt{4\lambda^2+1}-1}{2\lambda}b \\ R_2=\dfrac{\sqrt{4\lambda^2+1}+1}{2\lambda}b \end{cases}$$

这也就是说，在 b 值既定的条件下，值的大小决定了指标实际值为多少时转换分值取零分（即 x 为多少时，y 等于 0）。显然，可导出

$$R_2-R_1=\frac{b}{\lambda}$$

$$R_1R_2=b^2$$

$$\lambda=\frac{R_2}{R_2^2-1}=\frac{R_1}{1-R_2^2}$$

且当 λ =1 时，$R_1=\dfrac{\sqrt{5}-1}{2}b\approx 0.618b$，正好是 b 的黄金分割点。也就是说，对于任何绩效评分指标，若实际值达不到标准值的 61.8%，该指标的分值将都取零分。反过来，如果我们先确定了指标取零值的“门槛”（实际值与标准值的比），也可倒推出相应的 A 值。零值分界点的确定取决于 λ 值的大小，λ 取值越小，零值分界点越低，从而正指标曲线和逆指标曲线形成的“剪刀口”的宽度越大。例如，当 b=1 时，对不同的值，我们测算出的评分零值点横坐标见表 3-7。

表 3-7　不同值下的零值分界点（b=1）

参数 λ 取值	y_1 与横轴交点 R_1	y_2 与横轴交点 R_2
1/3	0.305	3.305
1/2	0.414	2.414
2/3	0.5	2
4/5	0.556	1.8
0.937 5	0.6	1.667

续表

参数 λ 取值	y_1 与横轴交点 R_1	y_2 与横轴交点 R_2
1	0.618	1.61
1.5	0.7	1.4
2	0.78	1.28

（二）n 值反映了取得绩效的难度差异

上面我们分析了 λ 值的实际含义，那么 n 值含义如何呢？实际上，n 和 λ 共同决定了曲线的曲率变动，当 λ 确定之后，n 值就完全决定了曲线的曲率，曲线的曲率决定的是分值变化的剧烈程度，即 n 值越大，曲线曲率越大，曲线越陡峭。也就是说，可以根据实际情况选择 n，获得符合实际的理想分值转换函数，即在市场发育过程中，随着市场的不断扩大和企业步入成熟，绩效评价中的难度系数 n 应不断增大。例如，在某采油单位的经济效益综合评价模型中，我们经过模拟计算最终选择的指标分值转换函数为 n=2、λ=1 时的理想函数形式。

企业绩效综合评价的个体目标及反映目标的指标体系确定之后，评价方法及评价模型的设计与构造就成为决定评价质量的关键。本节主要的结论有如下两点：一是理想的指标分值转换方法能同时满足三个重要条件，以这三个条件为基础设计的指标分值转换函数是目前在指标分值转换方法研究方面的最理想成果；二是指标分值转换的本质是要获得各个指标的实际值对综合评价结果的贡献值。由于指标的实际值与其对综合评价结果的贡献值并不总是完全线性相关的，所以必须进行相应的数值变换。也就是说，即使各个指标的实际值具有相同的量纲，也是需要进行这种数值变换的。

【案例分析】

新奥集团平衡计分卡设计与运行

平衡计分卡是一个战略执行的工具。对于已经有了清晰战略的组织，平衡计分卡可以按照其原则帮助它们更快、更有效地执行战略。对于那些没有清晰战略的组织，则可以通过平衡计分卡的开发过程制定战略，促使管理者进行热烈的对话以定义战略。此案例以新奥集团股份有限公司（以下简称新奥集团）平衡计分卡的设计和运行为例，对平衡计分卡如何突破原有落后的考核方法和管理模式，促使企业快速长远发展进行详细的分析与总结。

新奥集团是一家以清洁能源开发利用为主要事业领域的综合性企业集团。新奥集团从事的业务板块包括新奥能源、太阳能源、新奥科技、能源化工、智能能源、文化健康、海洋旅游等。2012 年，新奥集团位居中国绿色公司民营企业 10 强第 5 位，中国民营企业 500 强第 41 位；2013 年，新奥集团居中国企业 500 强第 240 位。

（一）新奥集团引入平衡计分卡的背景

新奥集团在高速发展的过程中，规模变得比较庞大，分支机构（包括下面的层级）

也变得非常多。在这种情况下，新的战略执行就出现了问题，经过详细的分析和研究，发现问题主要存在于以下几个方面：一是对战略的理解和认同的问题，认识不充分，造成执行力不足；二是企业在发展中过于看重短期的盈利情况，对长期的战略举措不够重视；三是原有员工在运管新业务的时候能力不足，同时缺乏动力和激情，员工经历过企业前期的高速发展过程，拼搏努力，有了盈利，面对新业务的时候，会缺乏前进的动力，原有的激励机制也不能很好地发挥作用。

为了公司的战略得以更好执行，2006 年 10 月，新奥集团开始建立平衡计分卡项目体系，2007 年在个人平衡计分卡领域进行了创新，推广到每一个人，2008 年又将这个过程实施了信息化管理。通过平衡计分卡的推广和运行，新奥集团建立了能够满足新战略要求的战略绩效管理体系。

（二）新奥集团平衡计分卡的内容

1. 新奥集团的平衡计分卡

（1）新奥集团平衡计分卡已经发展成为一套系统的方法论，而且它有自己的管理思想，它将公司财务、人力资源、市场营销、技术等部门与公司战略管理办公室建立起良好的沟通，并且将各个业务汇总到战略管理办公室，通过建立战略执行的体系，提升企业的核心竞争力。

平衡计分卡从四个维度表明了价值创造的过程：

学习和成长维度（人员、IT、文化、管理实践）：为达到我们的目标，我们的组织应该如何学习和创新？主要实现的战略目标有市场创新、持续学习、知识财产增长等。

内部流程维度：为使我们的客户和股东满意，我们应该在哪些内部流程上优异运作？主要实现的战略目标有缩短周转时间、提高质量和提高生产率等。

客户维度：为达到我们的财务目标，我们应该给客户提供什么样的服务？主要实现的战略目标有塑造企业形象、提升服务、价格成本的匹配等。

财务维度：为使股东满意，我们应该达到什么样的财务目标？主要实现的战略目标有提高收益和提高股东价值等。

（2）平衡的理念是新奥集团兼顾战略执行的核心要素。财务指标与非财务指标的平衡，结果与驱动的平衡，企业内部与外部的平衡，企业长期目标与短期目标的平衡。

（3）新奥集团通过平衡计分卡创新管理。新奥集团对客户进行差异性定位，创新业务流程，对行动方案和责任人进行落实，用指标来衡量企业战略的执行情况，避免了因领导人缺乏共识而导致执行措施失败。

2. 个人平衡计分卡

1）个人平衡计分卡的设计思路

新奥集团通过平衡计分卡将战略转化为每个人的行动，这种设计将战略主要划分到两个主要体系中，分别是人资体系和组织体系。人资体系主要包括人力资源规划、薪酬激励和能力模型等模块，组织体系主要包括组织构架、管理体系和岗位职责等模块。企业的薪酬激励是企业价值共享的一部分，人力资源体系中的能力模型模块对个人职业发展十分重要。个人将职业诉求和能力现状进行对比，找到能力的差距，进一步学习和成长，这能对个人的职业发展产生良好的作用。同时，通过个人行动能够进行价值创造，进一步满足客户的需要，产生价值贡献，这就形成了企业发展的良性循环。

2）个人平衡计分卡的具体内容

通过个人平衡计分卡实现战略绩效从组织到个人的传递。集团将战略目标记入人力资源规划和员工职业发展规划，建立起战略图、员工计分卡和绩效考核表。员工计分卡可以进一步制订员工季度计划和员工月度计划，这些计划以集团季度规划和月度规划为依据制订，并且定期进行检讨和沟通。

个人平衡计分卡的衡量指标。个人依据集团组织战略图，结合自己的岗位职责，制作出个人战略图。个人战略图包括的指标：①直接承接组织衡量指标，它是个人完全负责组织层面的衡量指标；②经过转化再承接，个人只是部分负责组织衡量指标；③自己独有的指标，依据个人战略目标的衡量指标。

个人平衡计分卡中的平衡。主要有过程和结果的平衡、长期目标和短期目标的平衡、绩效和分配的平衡及个人成长和企业发展的平衡。

个人平衡计分卡建立起领导与员工之间的沟通平台。领导要定期根据平衡计分卡的内容对员工进行回顾与辅导，具体内容如下：第一，对上一阶段的工作进行总结，找出问题及原因，引导改进；第二，确定员工下阶段战略目标执行计划。回顾与辅导能够达到对价值创造过程的监控和纠偏，使员工的能力得到提高，提高员工绩效。

自 2006 年引入平衡计分卡之后，新奥集团的战略执行力得到了重大的提升，2007 年又在个人平衡计分卡领域进行了创新，推动了整个集团快速、良好发展。在平衡计分卡的帮助下，集团的业绩水平得到了前所未有的提升，让集团在激烈的市场竞争中仍保持着令人欣喜的成绩。

（三）新奥集团采用的平衡计分卡信息化动因分析

长期以来，新奥集团一直采用传统的手工 Excel 方式报送报表，从而实现对各下属企业的数据统计，这已经越来越不适应新形势下现代化的信息管理要求。随着计算机网络技术的快速发展，基于 B/S 结构的网络报表统计成为可能，一种现代企业的网络信息化管理平台的建立势在必行。

2004~2005 年，新奥集团搭建了集团 PBS（计划、统计、预算）系统，将新奥集团从 Excel 统计数据收集的手工劳动中解放出来，整合了新奥集团经营计划、滚动预测，打造了全新的全面计划预算模块，完善了整套新奥集团指标体系，同时利用系统强大的查询分析及门户信息发布功能，实现了数据的及时分析与发布，为领导决策提供了强有力的支持。

2008 年，新奥集团搭建了合并报表系统，将新奥集团基于披露和内部管理两套组织架构的对账合并进行管理，解决了新奥集团长期以来手工“数字大搬家”的难题，使新奥集团合并报表数据及时准确地满足内外部数据要求。

新奥集团在现有信息管理产品平台之上的PBS系统中，以网络报表形式展现的统计报表和绩效考核表已经不能满足新奥集团当前的企业发展的需求，包括战略传导和执行力不高、财务评估的局限性等。

在这种情况下，新奥集团提出引入平衡计分卡解决企业发展的瓶颈，突破原有传统的管理方式和考核方式，满足企业快速长远发展的需求。

（四）以平衡计分卡为基础，集团建立起战略绩效管理系统

新奥集团战略绩效管理系统以平衡计分卡为基础，整合了国务院国资委企业绩效评价体系、功效系数法、对标管理的核心思想，系统在数据和功能上集成了综合信息管理平台，以全面计划预算为基础，将财务快报、生产计划统计等报表数据和战略计划融为一体，将企业长期战略规划通过战略地图和计分卡形式展现并强调战略管理流程系统化，打通了战略到绩效的完整循环，将战略落地，并通过平衡计分卡直接导入绩效目标中。实现企业集团多层组织架构的战略沟通、战略检讨及战略反馈，为企业战略成功执行提供有力的保障。

战略管理系统建立了完善的组织绩效考核模块，满足多层级组织绩效管理和双向高效组织绩效沟通。从使命、愿景到战略及全面计划预算，实现了可视化战略制定与战略分析，优化资源配置、合理内部控制、完善组织绩效考核评价体系，打通了从战略到绩效的完整循环，打造出一种一体化战略绩效管理方案，帮助企业走向卓越。

（五）新奥集团平衡计分卡的创新——个人平衡计分卡

新奥集团的个人平衡计分卡是其实施平衡计分卡的创新之处。它将岗位说明书、职业规划书、能力要求和标准、绩效考核表都融入平衡计分卡中，让业绩评价更客观、更有效。

对员工而言：个人平衡计分卡整合了员工的职责、绩效标准、能力要求，职业发展规划工具更加简化，利于员工更系统、全面地理解自己要做什么，如何做，达成什么，以及相应的能力提升与发展机会，从而激发员工的工作动力。

对管理者而言：个人平衡计分卡规范了管理者绩效评估维度与沟通重点，引导管理者不仅关注绩效结果，还能跟进过程、员工学习与成长，是优化绩效管理、改进绩效沟通的有效工具。

对企业或部门而言：个人平衡计分卡承接了企业战略与部门绩效，突出企业战略要求和部门重点，确保个人努力对战略发展及部门的贡献，从而有效地提升劳动生产率，更好地落实战略。

综上所述，平衡计分卡已经发展成为集团战略管理的工具，在集团战略规划与执行管理方面发挥非常重要的作用。它能有效地解决制定战略和实施战略脱节的问题，堵住了“执行漏洞”，保留了传统上衡量过去绩效的财务指标，并且兼顾了促成财务目标的绩效因素的衡量；在支持组织追求业绩之余，也监督组织的行为应兼顾学习与成长方面，

并且通过一连串的互动因果关系，把产出和绩效驱动因素串联起来，以衡量指标与其量度作为桥梁，把组织的使命和策略转变为一套前后连贯的系统绩效评核量度，把复杂而笼统的概念转化为精确的目标，最终使财务与非财务的衡量之间、短期与长期的目标之间、落后与领先的指标之间，以及外部与内部绩效之间得以平衡。

【思考题】

1. 企业业绩评价的功能有哪些？
2. EVA 的实质和特点分别是什么？
3. 简述 EVA 在企业管理中的应用。
4. BSC 的设计步骤是怎样的？

第四章　财务治理理论

学习目标

◇明确财务治理的内涵、财务治理与公司治理之间的关系
◇掌握财务治理的主体、客体与目标
◇了解经营者与股东、大股东与中小股东、股东与债权人之间的代理问题
◇掌握股权结构治理、债权治理和债权结构治理
◇了解财务治理结构与高管激励的相关内容

【开篇案例】

K公司高额舞弊案事件

K公司是我国第一家在研发预涂技术和生产预涂膜方面具备独立知识产权的公司。该公司的崛起使我国在光学涂布领域拥有自己的品牌，不再受限于国外的垄断，被誉为A股上市公司行业冠军。然而，昔日的白马股却在2019年爆出债务危机、财务舞弊的丑闻，被迫强制退市。

事件可追溯至2018年10月，K公司因瞒报股东间一致行动，受到中国证券监督管理委员会（以下简称中国证监会）调查（同时，中国证监会正在着手调查大股东挪用上市公司资金事宜）。2019年1月，K公司发布公告称其第一期债券实质性违约，第二期兑付无法完全保证。K公司财务报表显示，截至2018年底，公司期末货币资金约153.16亿元（其中122.1亿元存放于北京银行），相比之下，面对金额仅占公司流动资金10%的两份债券，K公司完全可以轻松偿付，其宣称的违约属实令人惊诧。

至2019年一季报，深圳证券交易所针对上述122.1亿元存款发关注函，要求K公司证明资金的真实性，K公司以网银记录回函，然而北京银行对此回复“可用余额为0”。随后5月，K公司董事长钟某被警方采取强制措施，证实K公司财务舞弊，缘由在于其擅自挪用公司资金达百亿元。

结合公司治理和财务治理对K公司财务舞弊行为进行分析，发现舞弊行为的动因主要有以下三方面。

1）股权高度集中

K 公司最大的股东为 K 投资集团，占股 24.05%，接近第二大股东 ZT 公司（占股 7.75%）的 4 倍，股权集中度较高。绝对大股东的存在可能致使公司面临代理问题，即大股东与小股东之间存在利益矛盾。Shleifer 和 Vishny 观察到大股东为实现个人利益的最大化，可能以其他小股东的利益为代价换取，进而增加大股东利用自身控制权进行财务舞弊，牟取私利、掏空公司的风险。K 投资集团正是因此使 K 公司签订《现金管理合作协议》，将 K 公司资金转移至集团内部，使公司偿债能力骤降，无法如约支付债券本息而被告实质性违约。

2）控股股东、公司董事长、总经理三职重叠

就代理理论而言，董事长兼任总经理虽然使公司的代理成本得以降低，但是治理层与管理层的交叠不利于公司董事会对管理层的监督，如殷枫的实证结果显示，上市公司中董事长兼任总经理与年报中的信息披露水平呈显著相关关系，这意味着该类公司结构易降低公司的透明度。

K 公司的情况则更为特殊，董事长钟某既担任总经理，同时又是公司最大控股集团的董事长。钟某利用对公司的控制权签订《现金管理合作协议》，无条件划拨 K 公司的资金为 K 投资集团项目投资使用。由于其兼任公司董事长具有的信息优势，轻易地向董事会隐瞒该不利行为，无形中攫取了中小股东的利益。在编制财务报表时，钟某依靠其总经理职位之便伪造财务数据，对划拨公司资金、签订《现金管理合作协议》之事再度隐瞒。待报送财务报表时再利用董事长职权，限制董事会的监督作用，顺利通过对虚假报表的最终认定，发布于众。三职合一形成的“掏空—瞒报—造假—虚审”闭环较大程度地削弱了 K 公司的治理力度，致使公司陷入“空壳”风险。

3）监事会、独立董事不作为

为规范资本运作，保障公司健康发展，法律规定设置监事会与独立董事双重监督机构。K 公司虽设两者之职，却无两者之实。2015~2018 年公司连续 4 年虚增利润，伪造的财务报表却顺利通过层层审批，显然表明公司的监督机构未尽忠实勤勉的义务。

据悉，2019 年前 K 公司监事会成员分别为张某（K 投资集团人力资源总监兼总裁办主任）、吴某（T 集团投资管理有限公司股权管理部副总经理）、邵某（K 公司办公室秘书）。从所属岗位判断监事会成员不具财务会计知识背景，对财务报表中可能存在的漏洞难以判断与识别。此外，2/3 的监事会成员与 K 公司实际控制人钟某存在关联关系，缺乏独立性可能致使其履行监督之职存在偏颇。K 公司与三位独立董事日常办公不在一地。地理位置的限制在一定程度上会导致独立董事的信息劣势，无法充分有效地了解公司运转，履行监督义务。另外，造成内部监管机制失效的原因还可能在于：独立董事与监事会双重监督机构的设置易使监事会与独立董事之间出现责任推脱，以及公司关于监督职权行使的章程对财务检查的形式、手段和内容缺乏具体规定。

案例思考：

（1）从财务治理的角度，思考K公司出现舞弊的主要原因。

（2）在K公司案例中，如何进行股权结构治理？

第一节　公司治理与财务治理

一、公司治理

近年来，公司治理问题日益成为理论界和企业界关注的热点。由于分析和强调问题的角度不同，人们对公司治理有着许多不同的定义和解释。具有代表性的观点主要有以下几种。

奥利弗·哈特（Oliver Hart）在《公司治理理论与启示》一文中指出，只要以下两个条件存在，公司治理问题就必然在一个组织中产生。第一个条件是代理问题，确切地说是组织成员之间存在利益冲突；第二个条件是交易费用之大使代理问题不可能通过合约解决。他将这一点解释为如果出现代理问题并且合约不完全，则公司治理结构就至关重要。哈特将代理问题和合约的不完全性作为公司治理存在的条件和理论基础。

科克伦（Phlip Cochran）和沃特克（Steven Wartick）在《公司治理——文献回顾》一文中认为，公司治理问题包括高级管理阶层、股东、董事会和公司其他利益相关者的相互作用中产生的具体问题。构成公司治理问题的核心是谁从公司决策——高级管理阶层的行动中受益，以及谁应该从公司决策——高级管理阶层的行动中受益。当二者存在不一致时，公司治理问题就会出现。

牛津大学管理学院院长柯林·梅耶在他的《市场经济和过渡经济的企业治理机制》一文中把公司治理定义为："公司赖以代表和服务于他的投资者的一种组织安排。它包括从公司董事会到执行经理人员激励计划的一切东西。公司治理的需求随市场经济中现代股份有限公司所有权和控制权相分离而产生。"

国内著名经济学家吴敬琏教授认为，"公司治理结构，是指由所有者、董事会和高级执行人员即高级经理三者组成的一种组织结构。在这种结构中，上述三者之间形成一定的制衡关系，通过这一结构，所有者将自己的资产交由公司董事会托管；公司董事会是公司的决策机构，拥有对高级经理人员的聘用、奖惩和解雇权；高级经理人员受雇于董事会，组成在董事会领导下的执行机构，在董事会的授权范围内经营企业"。这种观点为国内大部分学者所认同，且为政府部门所采纳。

于是，可以看出，学者们对公司治理概念的理解至少包括以下两层含义。

第一，公司治理是一种合同关系。公司被看作一组合同的联合体，这些合同治理着公司发生的交易，使得交易成本低于有市场组织这些交易时发生的交易成本。由于经济行为人的行为具有有限理性和机会主义的特征，所以这些合同不可能是完全合同。为了节约合同成本，不完全合同常常采用关系合同的形式。公司治理的安排以公司法和公司章程为依据，在本质上就是这种关系合同，它以简洁的方式规范公司各利害相关者的关系，约束他们之间的交易，以实现公司交易成本的比较优势。

第二，公司治理的功能是配置权、责、利。关系合同要能有效，关键在于出现合同未能预料到的情况时谁有权决策。一般来说，谁拥有资产或谁有资产所有权，谁就有剩余控制权，即对法律或合同未做规定的资产使用方式做出决策的权利。公司治理的首要功能就是配置这种控制权。这包含两层含义：①公司治理整顿是在既定资产所有权前提下安排的。所有权形式不同，公司治理的形式也会不同。②所有权中的各种权利都是通过公司治理整顿结构进行配置的。这两层含义体现了控制权配置和公司治理结构的密切关系。控制权是公司治理的基础，公司治理整顿是控制权的实现。

二、财务治理

1. 财务治理的概念

财务治理是以财务关系为逻辑线索，通过财权的合理配置，形成有效的财务激励和约束机制，协调股东、债权人和经营者之间的财务冲突和矛盾，建立合理的利益制衡机制，提高治理效率的一系列财务制度安排。

具体含义可以从两个方面来理解。

（1）财务治理是进行公司财务权利配置的一系列制度安排。首先，公司财务治理是一种契约安排。由于经济人的有限理性和对自身利益最大化的追求可能导致的机会主义倾向，契约的事先安排和事后监督执行都有成本，因而需要进行一系列制度安排以节约成本，确保在制度规定范围内准许各自利益最大化。其次，财务治理问题的产生源于所有权和经营权的分离，涉及委托代理关系和代理成本等问题。在所有权和经营权相分离的条件下，股东作为出资人，为了保证其利益目标的实现，必然会参与公司管理与监督，在财务上形成了第一层次的以出资者管理为主体的所有者财务行为。同样，经营者行使上市公司法人权利和直接经营权，必然全面且直接地参与公司重大财务事项的决策和管理，从而在实质上形成了以经营者为财务治理主体的经营者财务治理层次。这两个层次的公司财务治理说明所有者财务和经营者财务是不同的利益主体，其财务目标不同，权利与责任也不同。最后，财务治理是权、责、利的配置。财务治理的这层含义说明了财务治理中的控制权配置：控制权是财务治理的基础，财务治理是控制权的实现。

（2）财务治理是规范各权利主体之间财务关系的行为规范。财务治理致力于解决股东、债权人、经营者之间的财务冲突和矛盾，而这三者之间的冲突和矛盾在公司治理中又具体表现为公司财务目标的确立、公司控制权与索取权的配置，以及对控股股东、小股东、债权人等公司财务关系的相机治理和解决经营者的财务激励与约束问题等。只有正确处理三者之间的关系，才能恰当协调财务委托人和财务代理人的利益矛盾，充分调动上市公司内部各权利主体的积极性，从制度上保证公司财务活动的正常进行，促进公司财务目标的实现。

2. 财务治理与公司治理的区别与联系

要科学地界定和把握财务治理的内涵，首先要正确理解财务治理与公司治理之间的关系。

二者的联系主要如下。

（1）两权分离是二者产生的共同原因。没有财产终极所有权与法人财产所有权的分离、法人所有权与经营权的分离，就不会产生代理问题，也就不会产生公司治理与财务治理的问题。

（2）财务治理是公司治理的核心。公司治理实质上是一种解决代理问题的企业所有权安排机制，而代理问题的出现在很大程度上源于企业利益相关者之间的利益冲突。从公司治理包含的内容来看，包括财务治理、生产治理、人事治理、市场治理等几个方面。财务治理作为公司治理的一个重要组成部分，其目的就是解决利益相关者之间的利益冲突。而且，公司治理其他方面的治理效果最终要通过财务利益体现出来。因此，财务治理是公司治理的核心。

（3）公司治理是财务治理的基础，财务治理是公司治理的发展和深化。财务治理作为一种控制的制度安排体系，在很多方面要根据公司治理的规则和程序来制定自己的制度安排体系，要根据公司治理的目标来确定财务治理的目标，要根据公司治理的权责划分来确定权责，它从财务的角度对公司的发展做出了自己的规划。

二者的区别主要如下。

（1）治理的重点不同。公司治理是以产权为核心和纽带的，治理的重点在于产权配置，侧重于公司内部组织制度及由此产生的经济利益、剩余索取权和监督权力的分配，经营管理运行机制的设计、构建和调整，以及由此产生的激励约束问题；财务治理是以企业财权为核心和纽带的，治理重点自然是财权配置问题，即股东、经营者和债权人之间的财务分配问题和由此产生的融资问题。

（2）运行方式不同。公司治理的运行方式主要是通过确定董事会、监事会和经理的人选，规定各自的权责，形成制衡关系；财务治理的运行方式主要是通过财权在各利益相关者之间的合理配置，形成财务活动管理权限上的责权关系。

（3）激励的侧重点不同。公司治理的激励形式主要侧重对经营管理者的职位提升、预期收入增加、薪酬或期权、期股的确定，以及非薪酬方面的奖励；财务治理侧重用货币实行的薪酬、期权或期股的激励。

（4）约束的侧重点不同。公司治理的约束制度偏重行政、人事、经济和法律等方面；财务治理的约束制度偏重以财务方法和手段来进行约束。

3. 财务治理主体

财务治理主体，即谁参与财务治理，是指在企业中投入要素资本的具有独立财务权利、责任和利益的团体或个人。作为资本组织形式，企业是由股东、经营者和债权人分别投入资本要素形成的。因此，财务治理主体便由股东、经营者和债权人构成。

股东是向企业投入永久性资本或权益资本的团体或个人，正是因为股东的投资才使得公司与股东之间产生了相应的关系，股东拥有公司的决策权和监督权。因此，股东当然是财务治理主体。经营者是伴随着公司的发展，企业的所有权和经营权分离及现代企业制度产生而产生的财务治理参与者。经营者在企业中居于重要地位，有权参与企业的经营与财务决策，且凭其在信息占有上的绝对优势，成为企业经营与财务决策的主要控制者。债权人是向企业提供债务资本的团体或个人，作为企业资金的供给者，债权人承担了企业风险，由此介入企业的财务治理，成为财务治理主体。

财务治理主体的需求各不相同：股东一般关注红利和资本利得，而且股东之间也存在着差别。大股东更关心控制权收益等长期收益，而中小股东则更偏向短期利益；债权人主要关心公司的偿债能力，债券安全性良好的企业更容易获得债权人更多的支持；经营者则是财务激励的重点，激励效果事关经营者的积极性与创造性的发掘，对公司价值具有决定作用。由此，在财务主体之间产生了三类最基本的财务冲突：股东与经营者之间的财务冲突、大股东与小股东之间的财务冲突及股东与债权人之间的财务冲突。

4. 财务治理客体

财务治理客体用于协调财务治理主体为追求自身利益最大化而产生的财务冲突，即在企业委托代理关系中更好地处理各财务主体所表现出的利益矛盾。原因在于以下三点：首先，财务冲突协调是公司财务治理的核心。依据财务二重性理论，财务治理主要是对财务关系的处理，即委托人与代理人、所有者与经营者、债权人与债务人、控股股东与非控股股东之间的互动和博弈，亦即他们之间的财务冲突和解决利益冲突途径的演进过程。因此，财务治理主体之间的财务冲突及协调是公司财务治理的核心问题。其次，财务冲突影响企业资金的流动，而资金的流动影响企业的发展。最后，财务冲突是现代企业必须解决的难题。在现代企业理论中，企业是一个讲究效率的组织，是各要素主体投入者联合起来达成的一种具有法人资格和地位的契约关系网络。企业的发展依赖于有效率的利益相关者支持网络，这个网络内部的财务冲突直接影响着企业的发展。

5. 财务治理的目标

基于上述对财务治理客体的分析，可以把财务治理的目标概括为协调财务主体之间的财务冲突和矛盾，合理分配剩余索取权和控制权，提高财务治理效率，促使利益相关者利益最大化，为顺利实现企业目标提供基础。

从利益相关者角度来说，企业是一系列契约的集合体，各利益相关者——股东、经营者、债权人都是企业契约网络的参与者，各方都在企业中投入了自己的资源，目的是实现各自的利益最大化。因此，就需要企业有一套制衡机制来规范利益相关者的行为，保障利益相关者在企业中应享有的权利，促使利益相关者利益最大化。如果片面追求某一方利益最大化必然会损害其他方的利益，如果该利益相关方因此减少或停止对企业的支持，最终可能导致各方的利益均受到损害。因此，只有各方利益相关者利益均衡，达成共赢局面，才能实现各利益方的长期合作，从而使利益相关者能够获得比各自独立经营更大的利益。

第二节 财务治理结构

一、财务治理结构的内容与基本框架

财务治理结构是按照企业所有权安排逻辑，在界定企业内部权力、组织财权关系的基础上，合理安排企业内外部财务治理主体各自的权利范围，包括股东大会、董事会、监事会及经理层之间的初步财务组织分工与财权配置的具体组织安排。

财务治理结构实质上体现的是以股东大会为起点，通过层层授权而形成的企业财权的多层次配置格局。股东大会是公司的基本权力机构，代表着企业全体股东的利益，享有企业财权最主要的部分——财务决策权、财务收益分配权和财务监督权。但由于其自身组织、运作方式等方面的局限，行使上述财务权利时有一定客观限制。为了提高企业的应变能力和组织运营效率，将其重大财务决策权等权利授予董事会和监事会是十分必要的。董事会由股东大会选举产生，主要代表股东利益，通过股东大会授权享有企业重大财务决策权，对企业经营负责，同时选拔经营者进一步授权其执行董事会意志。监事会也是由股东大会选举产生的，行使股东大会赋予的财务监督权，对董事会、经理层的经营行为进行监督。经理层则由董事会直接选任，执行董事会决策，直接组织企业生产经营活动，并拥有一定的日常财务决策权。

在财务治理中，需要配置的企业财权主要包括财务决策权、财务收益分配权和财务监督权，其中财务决策权配置是关键所在。企业生产与经营、治理与管理等活动，都可以认为是一个不断决策的过程，企业财权配置效率主要取决于财务决策权是否得以合理授权和分配。以财务决策权配置为主线，形成了股东大会—董事会—经理层三个层次授权分权的配置格局；财务监督权配置主要分为两个部分，内部财务监督权配置形成了股东大会—监事会（或董事会）基本格局，外部财务监督权则由企业债权人等利益相关者享有，通过董事会行使或依据有关契约履行；财务收益分配权是股东关注重点，最终决定权留在股东大会，只将具体提议制定权交予董事会、经理层。由以上三大财权在企业内部的具体配置，形成了以股东大会、董事会、监事会和经理层为主体的企业基本财务治理结构安排。

总的来看，股东大会、董事会、监事会和经理层等企业权利组织之间通过财务授权、分权、制衡、监控等方式结合在一起，对企业财权进行具体配置，构成了企业基本的财务治理结构安排。财务治理结构建立的核心是财权配置，财权配置的重心在于财务决策权的配置，财务治理结构框架的中心在于董事会。

二、财务治理结构的类型

1. 股东大会的财权结构

股东大会代表全体股东的利益，是股东参与企业财务治理的重要途径。股东大会所拥有的财权主要如下。

（1）最终财务决策权：主要包括重大投资权、重大融资权、财务预决算审批权、利润分配与亏损弥补批准权、注册资本变更处理权、重大资产处置权等，这些权利只能由股东大会行使，不能授权董事会。

（2）财务收益分配权：这是股东大会特有的一项财权，是不能拿出来分配和共享的，只将具体提议制定权交予董事会、经理层。

（3）最终财务监督权：主要是对董事会、监事会的财务监督权。

2. 董事会的财权结构

董事会拥有的财权主要包括：①重大财务决策权，包括投资决策权、中型融资权、财务信息披露权等；②财务监督权，主要是对经理人员的评价与监督；③财务执行权，包括执行股东大会有关决议、制订投资方案、制订财务预决算方案、制订利润分配或亏损弥补方案、制订融资方案等。

于是，可以发现，董事会在企业财务关系中位于中层，起到一个承上启下的作用。

3. 监事会的财权结构

监事会是在公司财务治理结构中对董事会和经理层行使监督职能的专门机构。监事会、股东大会和董事会在性质上是完全不同的机构。股东大会代表全体出资者行使出资者所有权，是出资者所有权主体；董事会是法人机构，代表法人行使法人财产权，是法人财产权主体；监事会代表全体出资者对董事和经理进行监督，从性质上来说，它是出资者监督权主体。监事会的权力来源于股东大会，监事会的出资者监督权是由出资者所有权决定的，是出资者所有权的延伸。

监事会职能的单一性决定了在财务治理结构中，监事会财权配置比较单一。监事会拥有的财权主要是财务监督权，主要包括对董事会和经理层的监督与对公司财务会计的监督。保持监事会的独立性是监事会有效运行的关键和根本保障。

4. 经理层的财权结构

经理层是公司业务的执行机关，是公司日常经营管理活动的组织者。董事会与经理层之间是典型的委托代理关系，经理层对董事会负责。经理层受聘于董事会，在董事会授权范围内拥有对公司事务的管理权和代理权，负责处理公司的日常经营管理事务。总的来看，经理层拥有的财权主要体现在财务执行权上。具体包括：①财务决策权，这部分财务决策权是经由董事会授权进行的日常财务决策权，包括小额的日常性投资权、小额的流动资金融资权、日常资产交易处理权等；②财务执行权，包括组织实施董事会有关决议，组织实施投资方案、融资方案、利润分配方案等；③财务监督权，包括经理层对下属部门的经营监督权。

第三节 股权治理

一、基于股权的代理问题

股权治理致力于解决公司中基于股权产生的代理问题。上市公司的两大主要代理问题为股东和经营者之间的代理问题、大股东和小股东之间的代理问题。

（一）股东和经营者之间的代理问题

根据委托代理理论，在经营权和所有权分离且经营者是有限理性经济人的前提下，由于所有者和经营者的目标不一致及所有者和经营者之间信息不对称，经营者会利用自己的信息优势损害股东的利益，使股东与经营者之间产生委托代理问题，主要包括道德风险和逆向选择。

1. 道德风险

道德风险是指经营者为了自己的目标，不尽最大努力去实现企业的目标。道德风险主要包括经营者的努力不足行为、经营者的在职消费行为及经营者的短视行为三个方面。

2. 逆向选择

逆向选择是指经营者为了自己的目标而背离了股东的目标，主要是经营者的过度投资行为。一般来说，与股东相比，经营者更多关心企业的经营问题，特别是企业的规模扩大和业绩增长问题。规模越大，业绩增长越快，经营管理者晋升的机会就越大，经营管理者的收益也就越大。在这种利益驱使下，经营管理者就会有较大的动机去扩大企业规模。

（二）大股东和小股东之间的代理问题

大股东和小股东之间的代理问题主要表现为掏空现象。“掏空”是指大股东侵占中小股东的利益，将财产和利润转移出去的行为。“掏空”大大侵害了中小股东的利益，打击了中小股东的积极性，同时也不利于金融市场的发展和降低会计盈余质量。“掏空”反映了大股东和中小股东的冲突，不仅对中小投资者和公司不利，还会影响整个资本市场的正常运行。

二、股权结构的治理效应

股权治理体现在股权结构之中，股权结构是在股权融资过程中形成的各类股东持有的公司股份的比例，是财务治理机制的基础。股权融资契约界定了股东与经营者之间的委托代理关系，股权结构直接影响着股东行使权利的方式和效果。在不同的股权结构下，委托人因代理人行为而承担的风险和获得的收益是不同的，因此委托人对代理人的监督能力和积极性也不同。

从财务治理角度来看，股权结构主要是指两方面内容：股权分布状况与股权属性。股权分布状况从量的规定性考察股东因持股比例不同表现出的股权集中程度，从而解决了各个股东权利分配状况和权利实现难易程度问题；股权属性从质的规定性方面考察股权所有者的经济属性，决定了股东权利的行使动机和实现程度。

股权结构安排要达到的财务治理目标比较明确，就是要通过股权结构调整保证股东权利的正常发挥，使股东可以充分利用用手、用脚投票机制确保自身权益。一方面，防止大股东操纵公司，侵害小股东利益；另一方面，防止董事会、经营层形成内部控制，侵害公司股东权益。在加强财务权力制衡的同时，提高公司财务决策效率，最终提高公司总体价值。

（一）股权分布状况和治理效应

股权分布状况实质上体现了股东之间的权利分布状态，首先股权集中度能够很好地体现股权实际分布状况，特别是第一大股东持股比例对分析股权状况分布很有意义。此外，经营者持股治理又从另外的角度对股权分布状况进行了表述，对最终的治理效应影响很大。

1. 股权集中度及治理效果

股权集中度是指全部股东因持股比例不同所表现出来的股权集中还是分散的数量化指标，也是衡量公司股权分布状况的主要指标。股权结构分为集中型、分散型和中间型三种。集中型股权结构是指公司大部分股权集中掌握在极少数股东手中，并存在强力控制能力的控股股东的股权结构；分散型股权结构是指公司股东十分分散，各个股东对公司影响力有限，并不存在控股股东的股权结构；中间型股权结构则介于两者之间，是一种较为均衡的股权结构，一般存在几个相对控股股东。

不同的股权集中度会产生不同的治理效应。股权过于集中时，大股东和小股东之间的代理成本较高，后者容易形成“内部人控制”而侵害前者利益。因此，股权集中度不同，两类代理成本也各不相同，此消彼长形成均衡状态，最终会带来不同的治理效应。具体而言，集中型股权结构的优势在于权责对应性强、决议效率高，劣势在于股东内部没有形成很好的制衡机制，大股东容易侵害小股东利益，即大股东与小股东之间代理成本高；分散型股权结构的优势在于集体决策优点的发挥使公司决策更加科学合理，并加强了对大股东的制衡作用，劣势在于股东之间利益难以协调，容易形成“内部人控制”。

理论上，寡头竞争式股权结构（中间型股权结构）一般被认为是较为理想的股权结构，其主要特点如下：有几个相对控股的股东存在，相对控股股东之间存在合作竞争关系，股权集中度介于集中型和分散型之间。寡头竞争式股权结构治理优势主要体现在三个方面：一是在董事会中少数大股东之间的竞争容易形成股东间的相互制约，并从自身利益角度出发从竞争性制约走向竞争性合作；二是由合作型竞争产生的对经营者强有力的监督有利于减少代理成本，使得对经营者的监督效应提高，从而校正经营者不良行为；三是由于合作型竞争，少数大股东在行使重点事项决策权时会采用合理的决策机制，谨慎决策，从而降低决策失败的概率。同时，寡头竞争式股权结构存在一定的劣势。相对控股股东之间存在协调成本，容易引起控股权争夺，可能使公司陷入混乱进而造成一定的损失。并且，相对控股股东之间合谋也会侵害中小股东利益，对公司治理效率的提高造成不利影响。

2. 第一大股东持股比例及治理效应

第一大股东持股比例不同，对公司控制权实际占有状况也不同，并会带来不同的治理效应。当第一大股东持股比例较低、处于相对控股地位时，其通常对公司没有绝对控制能力，在重大财务决策等方面，股东间的制衡作用体现得较为明显，理论上可以发挥其他股东的集体力量，但也可能因为股东间协调成本高而造成决策效率低下。同时，由于第一大股东处于相对控股地位，并没有把握应付其他股东的联合抵制。因此，其对中小股东的侵害可能性相对较小。当然，第一大股东持股比例较低的股权结构也有其明显的治理弊端，如果第一大股东控制能力较弱，也容易造成经理层的“内部人控制”现象，这对公司发展十分不利。

当第一大股东持股比例很高，处于绝对控股地位时，其通常对公司具有绝对控制能力，一般能够有效激励和监督经营者，减少股东与经营者之间的代理成本。同时，由于第一大股东持股比例很高，与公司利益高度相关，更关注公司经营状况，这对提高治理效率和经营绩效具有重要意义。此外，第一大股东利用其控制能力，可以减少决策时股东之间的协调成本，提高决策效率。同时，“一家独大”的股权结构也存在治理弊端，即大股东非常容易利用其控制地位侵害中小股东利益，中小股东会因监督成本过高而缺乏对大股东监督的积极性。此外，股权高度集中可能使并购机制难以发挥其应有的治理作用，这对有效相机转移企业控制权、提高公司治理效率非常不利。

3. 经营者持股比例及治理效应

经营者持股是使经营者对其行为承担风险的一种重要制度安排。在股东与经营者的委托代理关系中，由于经营者不完全拥有公司的剩余索取权，信息的不对称性和契约的不完备性会导致经营者的逆向选择和道德风险。要抑制这两种行为，就必须建立一套有效的制度安排，使经营者对其行为后果承担风险。关于经营者持股在治理中的作用，主要有两个方面：利益收敛和经营者固守职位。

利益收敛是指当经营者股权比例足够大时，经营者的利益和外部股东的利益可能收敛于一点，从而使经营者与股东之间的冲突得以缓解。

经营者固守职位是指经营者持股虽然在一定程度上可以对经营者产生正向激励，但当其达到一定的比例时，可能对经营者产生反向激励作用。换言之，经营者持股比例不能过大，否则经营者可能通过操纵企业控制权来阻碍公司代理权和股东控制权的竞争，从而导致企业价值下降。

由此可见，经营者持股比例也存在最优化问题。一方面，随着经营者持股比例的增加，企业价值和经营者股权价值也会增加；另一方面，如果经营者持股比例过高，企业价值和经营者股权价值会减少，经营者的最优持股比例是对以上两方面进行权衡的结果。

（二）股权性质及治理效应

1. 国有股股东的治理作用

关于国有股股东的治理作用，主要有两种观点：攫取之手和帮助之手。

攫取之手理论认为，相对于私有企业，政府所有企业存在复杂的委托代理关系，容易导致企业"内部人控制"，降低企业绩效。作为国有企业实际产权主体的各级政府、主管部门及代理各级政府及主管部门行使股东权利的国有资产管理部门（或公司）等机构，由于控制权与剩余索取权的不匹配，不能从公司治理改善而使业绩提升中获取与努力水平相匹配的经济效益，因而缺乏足够的动机来控制和监督公司经营者，从而使经营者利用政府在产权上的超弱控制，形成事实上的"内部人控制"。"内部人控制"将带来严重的代理问题，主要表现有过度在职消费，行为短期化，过度投资，工资、奖金等收入增长过快，侵蚀利润，等等。除经济目标之外，作为国有股东的政府还有政治目标，因而国有股权会带来严重的政府行政干预，歪曲资源利用的最优配置。私人所有者追求其经济收益最大化，然而政府的效用目标是社会利益最大化，既包括经济诉求，也包括政治诉求。

帮助之手理论则认为，国有股权可以帮助企业发展，即国有股权有积极作用。第一，混合所有制公司的政府作为税收征集者，发挥着大股东的作用，可以监督经营者，防止内部人控制现象。因此，国有股权带来的政府监督是公司治理不完善、对经营者缺乏有效外部监管机制的次优选择。第二，国有股权的引入可以保护公司免遭政府的恶意侵害。转型经济中的法律法规不健全，公司的政府股东，特别是地方政府股东，会防止一些不合理的法律纠纷，甚至可以预防政府对公司的恶意掠夺。

2. 法人股股东的治理作用

相对而言，法人股股东对公司的治理作用较强，对促进公司持续发展有着一定的稳定作用。法人进行股权投资的动机在于获得投资收益、跨行业经营和实现规模经济等，倾向长期投资而非投机。因此，与流通股股东在监督经营方面存在"搭便车"行为不同，法人股股东不但有动机，而且有能力监督和控制企业经营者，他们更倾向通过股东大会投票、在董事会中占有一席之地等方式，直接参与公司决策。在国有股股东缺位严重，流通股股东又难以参与企业管理的情况下，法人股股东可能成为实际上的经营者和内部人。他们既有任命、选择公司经营者和控制股息分配股票的权利，又拥有公司的内部信息。因此，法人股股东持股比例越高，其利益与公司利益越趋于一致，因而越有动力监督经营者，而且愿意为此付出较高监督成本和激励成本。但是，法人股股东持股比例过大也存在着“失灵”问题：法人股股东持股比例过大，可能造成股东大会“一言堂”局面；法人股股东持股所形成的合作关系可能取代股东大会上各股东之间的正常争论；法人股股东可能凭借其优越地位牟取私利，进而牺牲小股东的利益。

3. 流通股股东的治理效应

流通股股东对财务治理的影响主要表现在对上市公司经营者的监督和对外部接管市场的影响上。从监督股东的角度来看，流通股股东可以通过参加股东大会投票选举和更换董事会成员，对公司经营者实施监督。从外部接管市场来看，流通股股东“用脚投票”的威胁可以增强接管市场的有效性。流通股相对于非流通股而言，具有更好的流通性，在我国，两者具有相同的权利。

三、我国企业股权结构症结及治理建议

1. 我国企业股权结构症结

长期以来，我国企业的股权结构都比较复杂，主要有以下几个方面。

（1）股权集中度过大。我国上市公司股权结构集中度较高，大股东侵害小股东利益现象时有发生，股权高度集中，使得第一大股东利用控股地位几乎完全支配了公司董事会和监事会，从而导致公司治理结构的不平衡。在这种情况下，控股股东很容易为了自己的特殊利益去损害中小股东的利益。此外，由于中小股东比重过小，证券市场对经营管理者的压力传导机制作用有限，因而丧失了督促上市公司经营者勤勉尽责的一个外在压力。

（2）国有股比重大。我国上市公司股权结构呈现出国家股占绝对优势的状况。一开始，我国大部分上市公司都是由国有企业改制而来的，为突出公有制的主导地位，国有股在上市公司股权结构中占主导地位。国有股比重过大的股权结构对上市公司造成了非常不良的治理效应，国有股权的有效持有主体严重缺位，致使国有产权主体虚置，这种制度的缺陷很容易衍生出经营者道德风险，产生内部人控制。在国有企业治理结构中，董事会成员、总经理都是由国有股权或原主管部门指定的，多数情况下董事长兼任总经理，这样身兼二职，不可能自我监督；而且总经理不由董事会任命，扭曲了董事会与总经理之间的雇佣关系，总经理不再对董事会负责而直接对政府大股东负责。总经理并未受到股东大会和董事会的有效监督，权力日渐膨胀，“内部人控制”现象日益突出。在相关法律法规还未健全的情形下，削弱上市公司股权集中度、优化股权结构、保护中小股东合法权益显得尤为重要。

（3）管理层持股比例低。我国高管人员持股比例低，使得经营者持股没有起到激励经营者努力工作的作用。经营者持股的低水平不但弱化了债务的激励效应，而且由于

投资者无法通过经营者持股水平判断公司质量，也削弱了股权结构的信息效应。

2. 优化股权结构的建议

1）积极推进国有股减持

我国上市公司国有股比重过高、股权过度集中，由此形成了一股独大的股权结构，不但与现代股份公司产权主体多元化的基本原则相背离，而且使产权多元化的股权制衡机制和完善的资本市场体系难以形成。因此，降低国有股比重，引入其他股权制衡，有利于提高上市公司的股权治理效率。

国有股减持是打破国有股东、社会法人股东和流通股股东的对比关系以优化上市公司股权结构的核心和突破口。近年来，我国通过实施股权分置改革及混合所有制改革以达到国有股减持的目的，从而提升了国有企业财务治理的效率。

2）积极发展和激励机构投资者

机构投资者一般是指集中一定社会资本进行专业投资的法人机构，主要包括证券投资基金、证券公司、保险公司等。西方发达国家治理实践中越来越显示出机构投资者的重要性。国外的经验表明，机构投资者能够借助投票机制参与甚至主导公司的决策，以保证其利益不受侵害。一方面，机构投资者比中小股东更有能力、更有动力关注所投资公司的治理结构等问题，对大股东操纵行为可以起到一定的威慑和约束作用；另一方面，机构投资者一般具有一定投资理念，重视对所投资公司经营管理和公司治理的积极参与，其规模优势和专业优势减少了参与上市公司财务治理的成本，有较强的能力对大股东进行有效制衡。

但应当看到，机构投资者对公司治理、财务治理的作用也存在一定局限性：一方面，机构投资者毕竟不是大股东，在我国国有股一股独大的现状下，其对公司的影响力毕竟有限，而且在公司具体经营方面不一定很有经验；另一方面，机构投资者并不是天然的公司治理积极参与者，“搭便车”现象使单一外部股东缺乏公司治理的积极性，他们自身也会进行参与治理的成本和效益分析，在流动变现——“用脚投票”和积极参与治理——“用手投票”之间存在机会主义选择。

目前，机构投资者在我国的力量还比较薄弱，结构过于单一，而且大多采用消极被动的投资策略，在对所投资的公司不满时通过抛售股票行使“用脚投票”的权利。因此，当前应当大力发展开放式基金，积极培育中国的养老、保险基金，尽快提高机构投资者在我国证券市场中的比重，形成一种能与国有大股东相互制衡、相互竞争的多元股权结构，发挥机构投资者在财务治理中的积极作用。另外，要进一步规范机构投资者的行为，抑制其普遍存在的投机行为。

3）完善经营者股权激励机制

提高上市公司经营者持股水平，可以将经营者的利益与股东的利益密切联系起来，防范经营者的道德风险，激励经营者努力工作。完善经营者激励约束机制，只有从加强监督经营者的越轨行为和建立有效的业绩激励机制入手，才能从根本上提高上市公司的财务治理效率。经营者私人利益和股东利益偏离是道德风险产生的重要原因，要扭转这种局面，可行的途径之一是建立以股权激励为主体的长期激励机制，鼓励经营者从公司长远利益出发，提高公司财务治理效率。经营者股权激励制度是指上市公司通过各种优惠措施向经营者出让部分股权的制度安排，以使经营者能够充分分享受到企业价值增长的好处与利润分红，从而加强经营者个人目标与企业价值最大化目标的一致性。

第四节 债权治理

一、股东与债权人之间的代理问题

股东与债权人之间的代理问题主要是在债务契约签订之后，股东可能从事各种损害债权人利益的行为，主要表现在以下几个方面。

（一）债权人收益的转移

股东转移债权人财富的手段主要有三种：鼓励政策的分配、现有债券价值的稀释和资产替代。

1. 鼓励政策的分配

企业利用负债融资后，股东可以在不改变投资项目计划的前提下，将负债筹到的资金用作股利分配的来源，直接分配给自己。在投资项目可以改变的前提下，股东和经营管理者有可能通过投资支出减少等方式来增加股东股利的分配，使股东利益增加。在财务状况恶化时，股东有可能将负债资产以股利的方式分配给自己。

2. 现有债券价值的稀释

在现有市场价值不变的情况下，企业可能通过发行与现有债权同等重要的优先权益的证券，使现有的债权人债权价值稀释，达到转移现有债权人权益的目的。

3. 资产替代

资产替代是指企业在负债融资后，股东在投资决策时，放弃低风险收益的项目，而将负债资金转移向高风险高收益的项目。如果成功，债权人只是获得负债契约中固定的收益，超过低风险投资项目的超额部分全部归股东所有；如果失败，股东应该承担投资决策失误的全部损失，但是超过股东出资额的部分将由债权人承担。这种机制下，债权人更容易受到损失。

（二）投资不足

企业利用负债融资还有可能使企业股东放弃对债权人而言有利的投资项目，这将导致投资不足。这种投资不足大体上可以分为两类：被动放弃投资项目和主动放弃投资项目。

1. 被动放弃投资项目

当企业拥有较多的负债余额而又缺乏偿债基金时，企业的融资能力可能会降低，从而被动地放弃预期收益较高的投资项目，从而出现投资不足的问题。

2. 主动放弃投资项目

当企业拥有净现值为正的投资项目时，尽管对于债权人来说这是一个有利的投资项目，但是这时股东可能放弃该项目，因为股东认为此时这个项目的收益将归债权人所有，股东自身得不到什么好处。

二、债务融资的治理效应

债务具有约束作用和激励作用，债务的约束作用主要表现在两方面：一是债务要求定期支付一定的现金流量，从而减少了公司经营者可以随意支配的现金流量，在一定程度上阻止了经营者的在职消费和过度投资行为；二是债务的破产威胁给经营者带来了压力，在公司经营不善时，债权人可以强制公司破产。因此，债务作为一种担保机制，可以促使经营者做出更好的投资决策，缓和经营者和股东之间的利益冲突。债务的激励作用还表现在债务放大了经营者的持股比例，对经营者具有激励作用方面。

1. 债务融资的约束效应

在一套有效的债务约束机制下，债务具有积极的治理效应，其对经营者的约束功能表现在硬预算约束、担保机制、信号机制等方面。

首先，债务是一种硬预算约束。从理论上讲，企业所有权是一种“状态依存所有权”，即当企业有偿债能力时，股东拥有企业的剩余索取权和控制权，而债权人则是利益合同的要求者；当企业没有偿债能力时，由于破产机制的作用，债权人拥有企业的剩余索取权和控制权，债务能更好地约束经营者。债务对经营者的约束功能主要表现在到期债务的清偿对经营者支出自由现金流量具有硬约束方面。企业通过负债方式取得的现金是需要偿还的，企业经营者必须在债务到期时，以一定的现金偿还债务本息，否则将面临诉讼与破产。

其次，负债作为一种担保机制，可以促使经营者努力工作，并做出更好的投资决策。经营者的效用依赖于其职位，从而依赖于企业的生存。一旦企业破产，经营者将失去任职的一切好处，对经营者而言，存在较高的私人受益和较高的因破产而丧失其所有任职好处的风险之间的权衡。如果公司没有负债，就不会有破产风险，经营者所受约束减少，因而提高绩效的积极性就降低，其结果是市场对公司的评价降低，公司融资成本提高。于是，负债可以作为一种缓和股东与经营者冲突的激励机制。

最后，债务作为一种向市场传递企业经营业绩的信号机制，有助于外部投资者对企业未来经营状况做出正确的判断，从而做出正确的投资决策。信息不对称条件下的资本结构理论假设公司内部人和外部投资者之间存在信息不对称，即经营者或内部人拥有公司收益流和投资机会的私人信息，而外部投资者不知情。公司债务水平的选择成为向外部投资者传递公司有关公司价值的信号。在公司有负债的情况下，如果经营者不积极提高公司绩效，其自身也要以失去职位并丧失所有任职好处为代价，在此情况下，市场意识到公司绩效会上升，公司价值将提高。投资者将高杠杆比率作为公司高质量的信号。

2. 债务融资的激励效应

经营者拥有公司股权或股票期权是激励经营者的重要方法。债权对经营者的持股比例有放大作用，因而相应增加了股权对经营者的激励效应。如果企业的融资总额不变而企业的资产收益大于债务利息率，则随着债务融资量的增加，经营者得到持股份额所占比例增加，其股权收益也趋于增加。如果公司能够获得足够多的债务融资以支持公司运作或项目开发经营，经营者则可以直接减少其他股东的股权投资金额，或者以举债融资回购股份的方式减少其他股东的股权投资份额，则债务比例的增加与其他股东所持份额减少的双重作用可以较大地增加经营者的股东权益。由此可见，随着公司负债水平的提高，经营者拥有的股权比例相应增加，其剩余索取权的比例将提高，经营者偷懒、从事在职消费和过度投资的可能性则减小，因而有助于降低股权资本的代理成本。

三、债权结构治理效应

（一）债权结构的含义与分类

债权结构是指企业各种债权比例关系和具体构成。也有部分学者认为，债权结构是指企业长期债务资金的构成及相互之间的比例关系。

债权按照不同标准有多种分类方式，同时也构成了复杂的债权结构。按照债权形成的不同，企业债权可分为银行贷款债权、企业债券债权和其他债权；按照期限结构的不同，企业债权可分为长期债权和短期债权等。不同的债权种类组合构成了不同的债权结构，同时也带来了不同的治理效应。作为企业最为主要的融资方式，债权融资与股权融资相比在权利要求、利益分配等方面具有明显差异，其取得的治理效应也大不相同。同时债权组成内部结构不同，也会对公司治理产生重要影响，带来不同的治理效应。

（二）债权结构及其治理效应

债权融资内部不同的结构安排也会产生不同的治理效应。债权期限、限制条款等组成结构不同，取得的治理效应也不尽相同。

1. 限制条款方面

西方财务学家认为，引入财务契约（限制条款）会改变企业总价值。通过财务契约来控制债权人和股东之间的冲突能够提高企业的总价值。事实上，债权契约中的限制条款改变了股东与债权人之间的权力配置，能够缓和两者之间的矛盾，减少部分代理成本，即有积极的治理效应，能够相应提高企业总价值。财务契约是有成本的，企业在资本结构中引进风险债务必有利益可言，存在一个最优资本结构，风险债务可以通过财务契约进行控制，存在一个最优财务契约问题。限制条款有四类：限制生产或投资条款、限制股利支付条款、限制融资条款和约束条款。债权人可以通过限制条款控制债务风险，并通过引入该风险债务取得企业最优资本结构。由此，债权结构中限制条款的引入和合理设计将会优化企业融资结构，取得良好的财务治理效应。

2. 债务的期限结构方面

债权按期限不同可分为长期债权和短期债权。长期债权不同比例搭配所组成的债权期限结构会产生不同的治理效应。长期负债能够影响企业未来的融资能力，如果长期负债比例过低，企业经营者很容易为净现值为负的项目融资，产生“过度融资”现象；如果长期负债过高，企业经营者很容易发现很难为净现值为正的项目融资，会产生“投资不足”现象。知道项目可以盈利的企业家，将用短期负债来为项目融资，而知道项目不能盈利的企业家将会利用长期负债。原因是“高素质”的企业家准备承担这样的风险：关于项目盈利情况的新消息是不利的，因而将不会对项目进行再融资；而低素质企业家不准备承担这种风险。可见，债权期限结构的决定受到资产期限结构的影响，企业长期债权比例不当会产生“投资过度”和“投资不足”的治理效应。同时，基于对投资项目营利性预期，企业一般采用不同期限的债务进行融资，会产生不同的治理效应。

短期负债占有绝大多数比例不一定是好事。毕竟公司短期内要面对偿债压力，如果处理不当还会面临破产还债的风险，很容易促使企业采取短期行为，不利于企业长期稳定发展。长期债务作为企业长期资金来源，并没有短期债务那样的紧迫还款压力，这便使得公司财务安排更具灵活性，将对公司发展非常有利。同时，长期债务也是企业信用的一种标志，对企业再融资及业务发展非常重要。特别是长期债务所有者通常与企业有比较长期稳定的关系，并面临着长期借贷风险，因此更有动机与时间参与公司治理。而短期借款由于期限短、参与成本高等因素影响，并不具备参与公司治理的动机与能力。因此，从治理角度看，长期债权更有利于优化财务治理结构，提高公司治理效率。

（三）债权工具形式及治理效应

债权工具形式主要有银行借款、企业债券和商业信用等形式。债权工具形式不同，其持有主体参与公司治理的权利要求也不同，会给企业带来不同的治理效应。

1. 银行借款

理论上，银行是企业最重要的债权人，其不仅仅有监督控制企业的动力，也具备监督控制的条件，与其他债权工具形式相比较，银行借款形式治理效应是最为重要、最为显著的。为保证借贷资金安全，银行一般有积极参与公司治理，对企业行为进行监控的责任。由于银行经常与贷款企业进行业务往来，能够较为全面地掌握企业经营状况、现金流量状况，并可利用其网络优势对企业资金运用状况进行跟踪监督，因而其更有信息优势监控企业行为，有效参与财务治理。

2. 企业债券

企业债券通常向社会公开发行，购买者主要为机构投资者或社会个人。企业债券具有明确的利率和还款日期，企业在到期日必须偿还，否则将面临巨大信用风险甚至法律后果。由于债券持有人为机构投资者和数目众多的社会个人，为维护市场秩序，到期偿还具有相当程度的强制性。同时，由于公开发行企业债券一般要通过有关部门的资信情况审核，能够控制部分风险，故企业债券持有人通常不会关注企业经营状况并过多地参与公司治理，但在企业债券硬性的偿债约束条件下，企业要面临巨大的破产偿债风险，控制权转移的相机治理机制约束效应则更为显著。此外，可转换债券等特殊类型企业债券设计较为复杂，各种权利实现和转换具有相当的不确定性，从而对企业治理效应的最终影响也具有相当的不确定性。

3. 商业信用

应付账款等商业信用一般被认为是一种较为灵活的负债方式，企业通过策略性推迟、延期偿付贷款等应付账款，可以得到事实上的短期债券融资效果。应付账款等债权受偿付方式等因素影响，对企业强制偿还的约束相对较小，债权人参与公司治理的可能性也较小。但长期采用此种方式，特别是蓄意拖延付款，会对企业信用、形象产生非常不良的影响，这对企业长远发展非常不利。

四、提高债权治理效率的建议

为强化债务治理的治理效应，提高企业债务效率，应着重做好以下几方面的工作。

1. 健全破产机制，强化债务约束功能

债务融资的破产效应是债务治理各项功能效应发挥的基本前提，而破产法能否有效保护债权人的利益又取决于是否存在有效的破产机制或程序。完善的破产制度必须在以下两个方面有效：一是破产能给经营者一定的惩罚，实现债务的约束作用；二是能有效保护债权人的利益。通过破产机制实现控制权的转移，能有效强化自动履约机制，又能在出现偿债危机时保护债权人的利益。

2. 加快国有银行的商业化改革，发挥银行在债务治理中的作用

目前，我国上市公司债务比例中银行借款的比重很大，加强银行对企业的监督显得尤为重要。在当前企业内源融资和债券市场发展规模有限的情况下，银行贷款仍是企业债务融资方式的首选。银行作为企业最大的债权人，理应有监督贷款企业的动力和激励，银行可以凭借自己在信息收集、传递与人才、资金、监督手段等方面的优势，承担对贷款企业的事前、事中和事后监督，以节约使用稀缺的监督资源，降低监督成本，并通过对企业进行监督以约束其经营和决策行为，真正发挥银行债务对企业的治理功能。强化银行对公司的约束功能，需要把银行的约束作用引入公司治理机制，深化国有银行的商业化改革，提高银行债权人的质量和参与公司治理的能力。在所有者不能有效监督

企业经营者的情况下，银行以其严厉的债务条款、充分的信息优势和专业化的监督，可以比国家派出的委托人更有效地监督控制经营者。为了加强银行对企业的监督，必须尽快将国有银行彻底改变为股份制银行，允许国有银行通过吸收社会资本来充实资本，实现出资主体多元化。只有国有银行的产权关系清晰，银行和企业之间的债权债务关系才能正常化，债权才能真正起到约束经营者的作用。

3. 大力发展债券市场，优化上市公司的债务结构

在我国资本市场上，上市公司偏好股权融资，导致债券市场发展滞后，而债券市场发展滞后又使得上市公司在债务融资中只能采取银行贷款的方式。因此，发展公司债券市场，逐渐加大公司债务的融资比例是强化上市公司融资约束、提高财务治理效率的一种理性选择。

（1）推进债务监管体制的市场化改革。一是债权发行的市场化，即尽快改革现行的额度分配制，扩大企业债券市场准入规则，降低企业债券发行和上市标准，简化上市手续；二是债券利率的市场化，即企业债券发行利率的制定不再比照银行储蓄存款利率，而是以金融市场的平均收益为基准，按信用级别的差异，扩大发行利率的浮动范围，发行人根据自己的信用级别和偿债能力制定发行利率，充分体现债券定价的市场化和风险差别收益的补偿性。

（2）加快债券市场基础建设。我国债券市场的基础建设主要是建立统一的债券市场。目前，我国的债券交易主要存在于银行间债券市场、银行柜台市场和证券交易所市场，但是这三个市场之间相互割裂，造成企业债券的流动性差、变现能力弱、持有风险增加等现象。因此，要在建立统一、互联的托管、支付清算系统的基础上，将三大市场体系连接起来，以提高债券的流动性，吸引更多的投资者参与，使债券市场步入良性循环。

第五节 高管激励

根据博弈理论阐述的具体内容，高管在掌管公司经营决策权的过程中，考虑公司给予的激励收益和非激励制度下通过“背叛”行为所获取利益的大小关系，以此为基础开展经营管理活动，实现自我价值的提升。股东也会在此过程中考虑公司价值实现与否，是否对高管的行为给予适当监督激励，于是就会对公司的财务治理成本产生影响。基于激励理论的分析，对委托者的物质和晋升激励等会减少违背股东意愿和牟取私利的行为，从而可以降低代理成本。考虑到激励制度下，股东会“贿赂”高管从而增加公司成本流出。综合激励“腐败品”的流出和高管降低风险下成本减少，最终将会降低上市公司的财务治理成本。

一、不同激励政策对财务治理成本的影响

（一）薪酬激励对财务治理成本的影响

我国在 20 世纪末开始逐渐建立健全公司信息披露的法律法规和规章制度，我国会计准则在 1998 年开始要求上市公司披露高管薪酬数据，其中大多数公司高管的薪酬以年薪来衡量。其后相关学者对高管薪酬激励的研究有了更充分的数据支持，研究高管激励对公司业绩影响实证结果也更为可信，使得高管薪酬激励的方式也越来越受到公司所有者的重视。但是基于委托代理和博弈理论，公司所有者作为委托人与公司经营代理人之间存在经营决策选择上的冲突，经营管理者以自身利益最大化为目标，可能损害所有者利益，因此公司所有者应该采取措施使得两者利益一致化。学者的理论和实证研究表明，高管的薪酬激励措施在其中起着显著作用，合理的薪酬激励方案可以有效减少公司经营管理者道德风险下的利己行为，对代理成本有显著的降低作用。

当前我国企业高管薪酬的主要组成部分是以货币形式存在的年薪，在公司的会计账务处理上主要将其计入管理费用之中，而管理费用构成公司成本中的一部分。同时考虑委托代理理论，公司的财务治理成本由第一类代理成本和服从成本等一系列成本构成，此时管理费用作为第一类代理成本，是公司财务治理成本的主要组成部分。因此，对高级管理人员经营管理行为采取薪酬激励的措施，一方面，增加了高管人员的年薪，从而增加了公司显性的财务治理成本；但是另一方面，如果高管的年薪较少，其会认为付出与收益不匹配，产生道德风险，获取隐性薪酬，即在职消费行为，甚至产生短视行为，不顾及股东甚至是公司长远的发展机会，投资净现值为负的项目等，降低公司的资金周转，消极怠工，实施消极的管理决策行为，此时增加了公司隐性的财务治理成本。通过两种形式代理成本的量化比较，可能隐性的财务治理成本要大于显性的财务代理成本，因为隐性成本中还要加入所有者付出的更大的监督约束成本。

于是可以发现，上市公司制定合适的高管薪酬激励制度，一定程度提升高管货币薪酬，虽然部分增加了公司显性代理成本，但在很大程度上也会减少管理层隐瞒股东，出现个人消费而付出的更多的隐性治理成本。因此，高管的薪酬激励可以减少公司治理成本。

（二）股权激励对财务治理成本的影响

2005 年，高管的股权激励方式开始逐渐出现在公司制度和大众的视野中，之后，为了完善和规范此种制度，中国证监会颁布了《上市公司股权激励管理办法（试行）》。基于公司所有权和经营权的分离，公司所有者以实现公司价值最大化为根本目标，同时享有公司的剩余财务索取权，而公司高管通过配置公司中各项资源展开生产经营活动，从而创造公司价值，最后按照契约规定获取相应报酬。可见，公司所有者掌握着公司剩余财务所有权，而不具有公司资源财产的控制权，相反，高管只拥有公司经营控制权却不享有对财务剩余的分配权，此种情况会使两者的利益目标产生分歧。此时，

高管的股权激励政策应运而生，该政策主要强调将公司部分股权作为报酬中的一部分分配给高管，使得高管不再仅仅是公司的经营者和代理人，其也成为公司股东中的一员，享有公司价值的一部分，实现了高管与原所有者利益目标的一致性，高管为实现公司价值最大化而努力工作。

公司将股权作为报酬回馈给高管，促使高管站在所有者角度进行生产经营决策，完成股东总体的利益目标，但同时也将公司价值的增加额中的一部分分配给了高管，减少了原有股东享有的公司价值增值收益，也就增加了公司的代理成本，使得公司财务治理成本增加。但是，股权激励方式避免了高管不顾公司的经营风险，为使个人利益最大化，使公司脱离正常经营轨道，谋取隐性利益的情况，从而使得公司财务治理成本有效降低。所以高管股权激励方式一方面减少了所有股东剩余收益分配下的部分权力，但是另一方面也减少了公司生产经营中不被所有者可见的隐性的在职消费中利益的获取，减少了公司隐性的财务治理成本、股东从代理人处获取充分经营信息的成本和对高管的监督成本。

总体来说，公司高管人员为了获得股票增值的收益，将减少不利于公司经营发展的在职消费成本和监督成本，二者的总和要大于股东付出的部分公司股票的获利权，所以股权激励可以有效减少公司的代理成本。

（三）晋升激励对财务治理成本的影响

在公司中，对高管给予晋升激励意味着从相对低级别的职位提升到更高的职位上，从而可以获得更大的公司经营控制权和更多的薪酬。因此公司需要付出高管晋升所要求的更高的薪酬，公司显性代理成本增加，造成公司的财务治理成本增加。同时，高管处于更高职位上，手中的决策权就更大，利用职位便利进行在职消费的可能性就越大，可能不顾公司的利益目标只注重自身利益的增加，造成公司价值的损失，导致财务治理成本增加。由于公司所有者和经营者之间存在信息不对称的情况，股东为了获取更多生产经营决策信息就要对公司高管实施有效的监督及要求其对公司信息进行充分披露，使得监督和信息披露下的隐性代理成本增加，公司财务治理成本同比例增加。可以发现，晋升激励可以有效避免管理层的在职消费，减少所有者的信息获取成本和监督成本，引起公司财务治理成本的减少程度，要大于晋升激励下高管薪酬增加下的代理成本的增加额度。综合上述对财务治理成本的影响，高管的晋升激励能降低公司财务治理成本。

二、通过完善高管激励政策提高财务治理水平的建议

效率是现代开放市场经济环境下各种经营管理活动所追求的终极目标，也必然成为公司财务治理活动的最高目标。影响财务治理效率的因素有很多，基于委托代理理论的高管激励就成为公司的内部影响因素之一。因此如何通过合理设置内部薪酬及晋升等激励制度，从而实现上市公司资源的合理配置和有效利用，进而实现财务治理成本的有效降低和财务治理收益的大幅提高，保证治理效率目标的最终实现成为公司财务治理的一个重点。基于激励制度对财务治理效率的影响，本节提出以下建议。

1. 完善上市公司的激励制度

高管的薪酬激励和晋升激励措施都能对上市公司财务治理成本的减少和财务治理收益的增加起到很好的促进作用，因此上市公司通过不断完善薪酬和晋升激励政策，实现薪酬和晋升激励制度的公平合理、及时有效和公开透明，促使高管更加努力地工作，不再仅仅考虑个人利益的最大化，而尽量将股东和公司的价值最大化作为最终目标，从而保证财务治理效率目标的有效实现。

同时，对股权激励与财务治理成本和财务治理收益的联系进行研究发现，股权激励对财务治理效率的贡献微弱，其中部分原因是上市公司整体中的股权激励水平不平均，出现极端情况，部分公司股东还不愿意将股权下放，从而使激励作用的效果不佳。因此，上市公司应该完善股权激励制度，为实现公司效率目标，给予高管更多的股权比例，实现激励作用的长期效用，从而保证收益的长期稳定增长、成本的进一步降低，使得财务治理效率持续提升。

2. 完善上市公司的信息披露制度

委托代理问题下财务治理效率低下的其中一项主要原因就是两权分离造成的高管和股东之间的信息不对称，股东的生产经营管理经验和能力不足，雇佣高管掌管公司的经营管理决策权，但是由于股东大部分情况下不参与公司的日常活动，无法了解全部的公司经营信息并对高管的行为展开全面、合理和有效的监督，使得高管有投机取巧、徇私舞弊的机会，对股东利益造成损害，从而使财务治理效率不高。因此，为了有效避免财务治理效率低下，应该减少股东和高管之间的信息不对称，完善上市公司的信息披露制度，加强信息披露相关法律法规及规章制度的建设，满足股东和利益相关者对公司生产经营信息的需求，实现股东和有关部门对管理者采取的经营决策的有效监督，在大幅度减少高管在职消费现象的同时使其努力工作，保证经营、投资和筹资活动的有效性，保证财务治理效率的不断提高。

【思考题】

1. 分析财务治理与公司治理之间的区别与联系。
2. 财务治理的主体、客体及目标分别是什么？
3. 为何股权结构集中度不同会产生不同的治理效应？
4. 负债融资的约束效应和激励效应分别体现在哪些方面？
5. 为什么说国有股的减持有助于优化股权结构，提高企业股权治理效率？

第五章 财务战略

学习目标

◇掌握财务战略的概念，并明确财务战略在管理控制中的地位

◇了解制定与实施财务战略的作用

◇掌握财务战略规划的程序

◇掌握财务战略控制的程序和方法

◇掌握快速扩张型、稳健发展型和防御收缩型三种类型的财务战略及其运用

【开篇案例】

永辉超市商业模式驱动财务战略

永辉超市股份有限公司（以下简称永辉超市），成立于2001年，2010年12月15日，永辉超市在上海证券交易所A股上市，法定代表人为张轩松。截至2018年第三季度，永辉超市总资产在百货中排名第二，为380.1亿元。永辉超市隶属商品零售业，截至2018年3月21日，在全国拥有601家零售超市门店，遍布全国239个市县。

由于电子商务的发展，近年来，传统实体零售业经历了长时间的寒冰期。再加上经济发展速度的变缓，社会消费总额也在不断萎缩。故而，零售企业在夹缝中艰难生存。

自2015年开始，永辉超市对业务板块进行改革升级，正式改名，形成四大板块，即永辉云金、永辉云创、永辉云商和永辉云超等。四大板块共同组成以永辉超市为中心的零售生态圈，并且组建打造生态圈的闭合形式。永辉超市业务布局如下。

（1）线下实体店布局。永辉超市以大卖场超市的实体店发家，后来逐渐发展成为物种业态的新型连锁超市企业。物种业态主要包括：①红标店。该业态主要针对大众消费，不仅商品种类居多，而且低廉的价格和高质量的商品成为吸引顾客消费的亮点。②Bravo精标店。Bravo精标店是超市的升级版，该业态定位于中高端人群。Bravo精标店内主要为进口的商品及品牌化的商品。③会员店。会员店主要定位于高端客户，为社区超市。顾客不仅可以在实体店进行消费，而且可以打开APP在网上购物。④超级物种。超级物种和阿里巴巴孵化的盒马生鲜类似，但超级物种更注重客户线下的消费体验。

（2）线上平台布局。永辉超市线上业务的布局主要依靠云创业务板块来执行。由于永辉超市线上销售模式不太成熟，所以不仅自建电商平台，而且积极和京东合作，吸引京东的战略投资，赢得第三方电商所带来的流量。

（3）创新布局。永辉超市的创新布局主要通过永辉云金和永辉云创两大业务板块来执行，主要是探索新的商品供应人群及开拓新的金融领域。其中，永辉云金主要打造零售产业的银行。永辉在近几年一直致力于获得商业保理、小额贷款等资格。以2017年为起点，永辉金融初见雏形，即永辉在当时成立小额贷款有限公司，紧接着又成立了青禾商业保理公司。在2018年，永辉不断进行探索，相继与阳光控股和福建永荣等公司合作，三方联合共同成立了华通银行。从此时开始，永辉已经基本完成了金融业务的初步框架。永辉云创业务的顾客主要包括与永辉超市相关的经销商、夫妻店和个人，在这些人群中，永辉主要为他们提供供应链金融、小微贷款及个人的消费金融。

最后，永辉超市与腾讯进行深度合作，致力于打造科技型公司。第一，腾讯云智选、腾讯云优客、腾讯云优品、腾讯云优 Mall、腾讯云优码、腾讯云优评等六款数字化系列产品已经落实在永辉超市门店。第二，在供应链端，永辉超市实现了进销存全程数据化。

案例思考：

（1）思考永辉超市的财务战略属于哪种类型，并说出理由。

（2）企业财务战略驱动成长性，企业成长性决定企业价值，永辉超市如何通过这种路径影响企业价值？

第一节 财务战略概述

一、财务战略的内涵

公司战略是指一个公司为谋求竞争优势并以实现股东价值最大化为目标确立的资源配置与未来发展必须遵循的总体思路。公司战略是企业在对现实状况和未来趋势进行综合分析和科学预测的基础上制定并实施的长远发展目标与战略规划。公司战略具有多元结构特征。从战略的层次性来分析，一个公司的战略体系可以分为公司总体战略、经营战略和职能战略三个层次。公司总体战略是指公司战略总的行动纲领，是公司最高层次的战略，它所关注的主要问题是公司的整个经营范围，从业务和财务的角度来考虑应该如何经营，如何优化配置公司的资源。经营战略是在公司总体战略的制约下，为指导与管理具体业务单元的计划、行动而制定和实施的战略，主要解决如何在一个具体的、可识别的市场上建立可持续竞争优势的问题，其主要是关心应开发哪些产品或服务，将其提供给哪些市场，如何合理配置业务单元资源。职能战略是职能部门具体的战略计划，是为了贯彻、实施和支持公司总体战略与经营战略而在公司或业务单元特定职能领域制定的战略，涉及研究开发、生产作业、供应采购、市场营销、财务会计和人力资源等各个职能部门，包括公司职能战略和业务单元职能战略两个层面。

财务战略属于公司战略体系的一个分支，属于职能战略。财务战略的定位是，为了适应公司总体的竞争战略而筹集必要的资本并在组织内有效地管理与运用这些资本的方略。财务战略与公司的其他战略相互依存并支撑着公司总体战略。不过，财务上的独特思维理念与分析工具使财务战略在不少方面都表现出不同于公司其他战略的特性，而成为一个独立的战略范畴和领域。相比公司的其他战略，财务战略更体现数据至上，无论是财务战略的研制、表述还是实施结果都必须建立在各类数据分析基础之上，如果没有数据的支撑，一切的财务战略都会显得站不住脚。财务战略与经营战略具有互补性。例如，企业总风险主要由经营风险和财务风险构成，如果锁定企业的总风险，那么以固定成本为主导的经营风险与以债务利息为主导的财务风险之间就必须形成此消彼长的互补关系，即激进的经营战略就应该配合稳健的财务战略。在制定战略，探求企业商业模式、盈利模式和产品结构的过程中，财务上必须预估企业风险的长期性，需要相对保守地预测收入，充分地估足各项支出，保持必要的财务弹性，以便随时应对这些风险。

二、财务战略的意义

财务战略属于公司战略体系中的一个组成部分，因此财务战略的规划和控制要服从公司目标和战略目标，要服从公司总体战略与经营战略，公司总体战略与经营战略对财务战略的制定起指导性作用。再者，财务管理是企业管理的中心，财务战略关注的是公司战略实施所依赖的最基本资源之一的资金。资金是决定公司生存与发展的最重要的驱动因素之一，因此，财务战略就构成了公司战略的中坚，是公司总体战略与经营战略的重要组成部分，对公司总体战略和经营战略的实施起着支持和服务作用。公司总体战略目标和经营战略目标的实现需要财务战略予以支持。制定与实施财务战略的重要作用在于：①可以明确投资方向，优化资金配置。公司要发展，就必须进行投资，而要投资，就需要资金的投入。然而，对任何公司而言资金都不是无限的，资金的需求和供给永远是一对需要谨慎平衡的矛盾。通过财务战略的制定，可以使公司把有限的资金合理配置，优先保障符合公司总体战略和经营战略方向的投资项目，从而提高资金的利用效率。②谋划资金筹措，支持公司战略实施。筹措必要的资金是公司总体战略和经营战略实施的前提，而且筹资渠道和方式的不同会给公司带来不同的财务影响。因此，通过财务战略的制定与实施，不仅可以为公司总体战略的实施提供可靠的资金支持，而且可以通过对筹资渠道和方式的系统谋划提高公司的筹资效益。③改善财务现状，适应环境变化。现代企业的市场竞争更激烈、客户需求更多样化、社会环境更多变、经济全球化更加剧，企业所面临的风险也更大，由财务风险给企业带来的危害更是触目惊心。为此，公司要在剧烈变动的市场中生存和发展，就必须控制财务风险，从长远的观点制定财务战略，规划公司的各种财务活动，有效改善财务现状，努力适应环境未来变化，从而实现公司股东价值最大化。④发挥财务功能，确立财务优势。现代企业要获得竞争优势，就必须比竞争对手更有效、更快速地培育、积蓄和更新资源。因此，建立合理的公司战略是公司形成核心竞争力、提高价值管理能力的前提条件。而对财务总监来说，战略与公司财务相融合，已成为战略实施和公司价值创造的内在需要。财务战略规划与实施，有利于控制财务活动，发挥财务功能，从而建立起相对于竞争对手的财务优势，为公司股东价值最大化目标的实现提供有力支持。

三、财务战略的特征

1. 动态性

由于财务战略以理财环境和企业战略为逻辑起点，理财环境和企业战略的动态性特征也决定了财务战略的动态性。财务战略的动态性主要体现在四个方面：①财务战略过程具有连续性；②财务战略具有循环性；③财务战略具有适时性；④财务战略的对象具有权变性。正确把握企业财务战略的动态性特征非常关键，美国邓恩·布拉德斯特里特公司经过对美国企业长期观察后总结出六条导致企业破产的原因，其中之一就是企业思想僵化，缺乏战略管理的灵活性。

2. 支持性

公司财务战略的基本作用表现为对经营战略的全面支持，它与生产战略、营销战略等一起共同形成支撑公司经营战略的支持系统，财务战略支持性表现在它是经营战略的执行战略。经营战略是全局性的决策战略，侧重通过分析竞争对手来确定自己的经营定位，为其职能战略的制定提供依据。财务战略则是局部性的、执行性的，它从财务角度对涉及经营的所有财务事项提出自己的目标。因此，财务战略必须目标明确，行动上具备可操作性。

3. 全局性

财务战略面向复杂多变的理财环境，从企业战略管理的高度出发，其涉及的范围更加广泛。财务战略重视有形资产的管理，更重视无形资产的管理；既重视非人力资产的管理，也重视人力资产的管理。传统财务管理所提供的信息多是财务信息，而财务战略由于视野开阔，大量提供市场需求量、市场占有率等极为重要的非财务信息。

4. 外向性

现代企业经营的实质就是在复杂多变的内外环境条件下实现企业外部环境、内部条件和经营目标三者之间的动态平衡。财务战略把企业与外部环境融为一体，观察分析外部环境的变化为企业财务管理活动可能带来的机会与威胁，增强了对外部环境的应变性，从而大大提高了企业的市场竞争能力。

5. 长期性

财务战略对公司战略具有长期的重要作用，所以要求财务决策者树立战略意识，以利益相关者财富最大化为理财目标，从战略角度来考虑企业的理财活动，制定财务管理发展的长远目标，充分发挥财务管理的资源配置和预警功能，以增强企业在复杂环境中的应变能力，不断提高企业的持续竞争力。

四、财务战略的目标

财务战略目标是公司战略目标中的核心目标。财务战略目标的本质是通过资本的配置与使用为企业创造价值并实现价值。创造价值是指企业的内在价值，即企业将要为其权益所有者创造的一系列期望的未来现金流量的净现值，是预测股权现金流量的当前价值。价值实现是通过与股东和外部投资者进行有效沟通，提高价值创造与股票价格之间的相关性，避免管理期望价值与市场预期价值的差异，使经营绩效有效地反映资本市场的股东投资效益。价值创造与价值实现的计量可通过资本增值来体现。由于价值计量标准不同，产生的价值计量也不同，资本增值可表现为EVA和MVA。

作为财务战略的两个方面，价值创造过程通常是企业内部管理的范畴，价值实现过程则是通过对外沟通来完成的。当公司内在的真实经济价值与外在的市场价值有落差时，在市价被高估时，对内要进行价值重建，以确保公司价值创造能力的提升，在市价被低估时，对外要与股东和投资者做有效的价值沟通，以避免信息的不透明及信息的不对称造成的预期落差导致投资价值减损，阻碍价值实现的最终目标。这里所说的“价值重建”，是指基于企业价值创造目标对影响价值创造的业务进行重新组建，以提升企业价值创造能力。进行价值重建的方式有多种，如企业重组、资产重组、业务重组等都会影响企业的价值创造能力，因此都属于价值重建。

五、财务战略的分类

根据企业环境变化、企业所处的生命周期差异及企业对风险的偏好不同，企业通过合理规划投融资战略形成企业财务战略。根据财务战略的具体内容，企业可形成不同的财务总体战略。

（1）根据财务风险承受态度的不同，财务战略可分为快速扩张型财务战略、稳健发展型财务战略、防御收缩型财务战略。

快速扩张型财务战略是指以实现企业资产规模的快速扩张为目的的一种财务战略。为了实施这种财务战略，企业往往需要在将绝大部分乃至全部利润留存的同时，大量地进行外部筹资，更多地利用负债。企业资产规模的快速扩张往往会使企业的资产收益率在一个较长时期内表现为相对低的水平，因为收益的增长相对于资产的增长总是具有一定的滞后性。快速扩张型财务战略一般会表现出高负债、低收益、少分配特征。

稳健发展型财务战略是指以实现企业财务绩效的稳定增长和资产规模的平稳扩张为目的的一种财务战略。实施稳健发展型财务战略的企业，一般会尽可能优化现有资源的配置并提高现有资源的使用效率及效益，将利润积累作为实现企业资产规模扩张的基本资金来源。实施稳健发展型财务战略的企业的一般财务特征是低负债、高收益、中分配。

防御收缩型财务战略是指以预防出现财务危机和求得生存及新的发展为目的的一种财务战略。实施防御收缩型财务战略的企业，一般将尽可能减少现金流出和尽可能增加现金流入作为首要任务，通过采取削减分部和精简机构等措施，盘活存量资产，节约成本支出，集中一切可以集中的资源用于企业的主导业务，以增强企业主导业务的市场竞争力。高负债、低收益、少分配是实施这种财务战略的企业的基本财务特征。

随着企业经营环境的日益复杂，组织形式的变化、金融工具的创新、企业自身发展所处阶段的不同，从不同的角度分析，企业呈现的总体财务战略可以是以上三种中的任意一种，也可以是某一种的局部修正或者创新。

（2）根据财务战略的具体内容，财务战略可分为投资战略、筹资战略。

在这里将利润分配战略和外部融资战略结合起来考虑，作为总体筹资战略。一般而言，投资战略是整体战略核心内容，筹资战略是为了配合投资战略而制定的，两者相辅相成。在制定投资战略之前，对企业的外部宏观环境进行分析，列出影响企业经营行为、财务状况、融资成本、所在行业发展前景变化的因素，列出简表作为本年度分析、制定和调整财务战略的依据。

对企业现有的投资关系进行梳理，按照有关行业竞争分析法进行产业筛选和再评价，从而进行相关的产业整合。对于不具备核心竞争力、没有发展前途的业务和资产，通过出售、剥离等方式退出，将资源整合到核心业务和增长业务中去。通过向“标杆”企业学习或企业战略部署，考虑并购或进入新的增长行业。在业务整合过程中，应处理好核心产业、增长产业、种子产业和收缩产业四类产业之间的关系。

根据初步确定的投资战略需要的资金规模进行筹资规划，尽可能支撑公司战略发展，尤其是战略扩张的资金需要，并测算不同筹资方式下的加权资金成本，作为筹资战略决策的依据。筹资战略的一个核心问题是资金成本，另一个核心问题就是通过股利政策的确定处理好控股股东和中小股东的利益关系，保障企业的持续发展。如果在中长期滚动分析中，筹资成本大于投资战略的新增效益，应考虑调整投资战略。

第二节　财务战略内容

财务战略的内容确定是与其本身特征相适应的。现代战略思想体现在财务管理上，形成了公司的财务战略。因此，财务战略涉及公司战略和财务管理两大领域。一方面，财务战略在公司战略体系中属于职能战略之一，描述的是财务活动在未来一定时期的发展目标、发展方向和实施途径，因此财务战略内容以公司财务活动为重点。另一方面，财务战略与其他战略一样，其关注的是那些具有全局性和长期性特征的方面，而不是局部的或者无关紧要的具体事务，因此财务战略应该对那些会对公司未来价值创造产生影响的重要财务活动做出规划。

公司目标和公司财务目标是一致的，追求股东价值最大化是公司财务的根本目标。公司追求财务目标的过程也正是公司进行财务活动的过程，这个过程包括筹资活动、投资活动和分配活动。因此，一个公司的财务战略的内容一般包括融资战略、投资战略和分配战略等三个方面。

一、融资战略

融资战略，即反映公司资金筹集的战略，主要解决长期内与公司战略有关的公司资金筹集的目标、原则、方向、规模、结构、渠道和方式等重大问题。融资战略是根据公司内外理财环境的状况和趋势，对公司资金筹措的目标、结构、渠道和方式等进行长期和系统的谋划，旨在为公司经营的实施和提高公司的长期竞争力提供可靠的资金保证，并不断提高公司的筹资效益。它是为了适应未来环境和公司战略的要求，对公司资金筹措的一种长期的、系统的构想，融资战略的直接目的就是既要使公司资本成本最小化，又要确保公司财务风险最小化。

一般来说，企业的融资方式有内部融资、股权融资、债权融资和销售资产融资。因此，基于融资方式的融资战略有四种，即内部融资战略、股权融资战略、债权融资战略和销售资产融资战略。

（1）内部融资战略。企业可以选择以内部留存利润进行再投资。留存利润是指企业分配给股东红利后剩余的利润。这种融资方式是企业最普遍采用的方式。但在企业的快速扩张等阶段，仅依靠内部融资是远远不够的，还需要其他的资金来源。内部融资的优点在于管理层在做融资决策时，不需要向外部披露公司的信息，如不需要像债务融资那样向银行披露自身的战略计划或者向股权融资那样向资本市场披露相关信息，从而可以节省融资成本。内部融资的缺点在于如果股东根据企业的留存利润预期下一期或将来的红利，这就要求企业有足够的营利能力，而对于那些陷入财务危机的企业来说压力是很大的，因而这些企业就没有太大的内部融资空间。

（2）股权融资战略。股权融资是指企业为了新的项目而向现在的股东和新股东发行股票来筹集资金。这种融资经常面对的是企业现在的股东，按照现有股东的投票权比例进行新股发行，新股发行是否成功取决于现有股东对企业前景是否具有较好预期。股权融资的优点：企业需要的资金量比较大时（如并购），股权融资就占很大优势，因为它不像债权融资那样需要定期支付利息和本金，而仅仅需要在企业盈利时向股东支付股利。不足之处：股份容易被恶意收购，引起控制权的变更，而且股权融资的成本也比较高。

（3）债权融资战略。债权融资主要分为贷款和租赁两类。贷款又可分为短期贷款和长期贷款。债权融资方式与股权融资方式相比，融资成本较低，融资速度较快，而且方式也较为隐蔽。不足之处是当企业陷入财务危机或者企业战略不具竞争优势时，还款的压力会增加企业的经营风险。租赁是指企业租用资产一定时期的债务形式，可能拥有在期末的购买期权。例如，运输行业比较倾向租赁运输工具而不是购买。租赁的优点是企业可以不需要为购买运输工具进行融资，缓解资金压力，并可在一定程度上避免长期资产的无形损失，此外，租赁很有可能使企业享有更多的税收优惠。租赁的缺点是企业使用租赁资产的权利是有限的，因为租赁资产的所有权不属于企业。

（4）销售资产融资战略。企业还可以选择销售其部分有价值的资产进行融资，这也被证明是企业进行融资的主要战略。从资源观的角度来讲，这种融资方式显然会给企业带来许多切实的利益。销售资产的优点是简单易行，并且不用稀释股东权益；缺点是这种融资方式比较激进，一旦操作了就无回旋余地，而且如果销售的时机选择不准，销售的价值就会低于资产本身的价值。

二、投资战略

投资战略，即反映公司资金投放的战略，主要解决长期内与公司战略有关的公司资金投放的目标、原则、方向、规模、方式和时机等重大问题。投资战略是公司财务战略管理的核心内容，决定着公司能否对有限的资金和资源加以合理配置和有效利用。投资战略目标是企业战略目标的直接体现。企业战略目标中的收益性目标、发展性目标和工艺性目标都是投资战略所追求的目标。从财务战略目标出发，收益性目标是投资战略最直接与重要的目标，即投资效率和资本增值。

投资战略选择应考虑企业对投资规模和投资方式等做出恰当安排，确保投资规模与企业发展相适应，投资方式与企业风险管理能力相协调。根据投资方式、投资时机、投资目标等不同可产生不同的投资战略。

1. 直接投资战略

直接投资是企业为直接进行生产或者其他经营活动而在土地、固定资产等方面进行的投资，它通常与实物投资相联系。直接投资战略规划需要以企业的生产经营规划和资产需要量预测为基础，继而确定企业需要直接投资的时间、规模、类别及相关资产的产出量、营利能力等，以满足企业财务战略管理的需要。例如，企业意图进入汽车行业，从而通过并购或利用资金直接购买相应的生产资料（如土地、厂房、机器设备等）进行实体经济经营活动。

2. 间接投资战略

间接投资是指企业通过购买证券、融出资金或者发放贷款等方式将资本投入其他企业，其他企业进而再将资本投入生产经营中。间接投资通常为证券投资，其主要目的是获取股利或者利息，实现资本增值和股东价值最大化。间接投资战略的核心是如何在风险可控的情况下确定投资的时机、金额和期限等。按照现代投资理论，组合投资是企业降低风险、科学投资的最佳选择，即企业并不只是投资一种证券（或者一种金融资产），而是寻求多种证券（或者金融资产）组合的最优投资策略，以寻求在风险既定情况下投资收益最高，或者在投资收益一定情况下风险最小的投资策略。

三、分配战略

分配战略，即反映公司利润分配的战略，主要解决长期内与公司战略有关的公司收益，特别是股利的分配与发放等重大问题。股利分配是现代公司理财活动的三大核心内容之一。一方面，它是公司筹资、投资活动的逻辑延续，是其理财行为的必然结果；另一方面，恰当的股利分配政策不但可以树立良好的公司形象，而且能激发广大投资者对公司持续投资的热情，从而能使公司获得长期、稳定的发展条件和机会。分配战略的内容主要涉及资本收益的管理、股利分配政策的制定等。

股利分配战略选择包括以下几种类型。

1）剩余股利战略

剩余股利战略在发放股利时，优先考虑投资的需要，如果投资过后还有剩余则发放股利，如果没有剩余则不发放。这种战略的核心思想是以公司的投资为先、发展为重。

2）稳定或持续增加的股利战略

稳定的股利战略是指公司的股利分配在一段时间里维持不变；而持续增加的股利战略则是指公司的股利分配每年按一个固定成长率持续增加。

3）固定股利支付率战略

公司将每年盈利的某一固定百分比作为股利分配给股东。它与剩余股利战略正好相反，优先考虑的是股利，后考虑保留盈余。

4）低正常股利加额外股利战略

公司事先设定一个较低的经常性股利额，一般情况下，公司都按此金额发放股利，只有当累积的盈余和资金相对较多时，才向股东支付正常股利以外的额外股利。

5）零股利战略

这种股利战略是将企业所有剩余盈余都投资回本企业中。在企业成长阶段通常会使用这种股利政策，并将其反映在股价的增长中。但是，当成长阶段已经结束，并且项目不再有正的现金流量时，就需要积累现金和制定新的股利分配战略。

第三节 财务战略规划与实施

一、财务战略规划程序

公司在进行财务战略规划时首先需要明确公司组织目标（包括财务目标），进行公司的外部环境和内部环境分析，结合公司总体战略，在此基础上分析公司战略性财务活动，对公司未来时期的筹资、投资和分配等财务活动做出战略性和系统性的规划，明确财务战略目标，设计战略保障措施，从而形成与公司内外部环境相协调的财务战略方案。

财务战略规划在财务战略管理过程中居于核心地位，如果没有形成财务战略，那么财务战略实施就无从谈起。财务战略规划的结果是形成了财务战略，为财务战略实施提供了依据。财务战略规划的意义还在于它在相当长的时期内将与特定的财务资源相联系，指导对公司总体的长期的发展产生重大影响的财务活动，从而决定了公司能否营造财务竞争长期优势，为公司目标和战略目标的实现提供支持。

环境分析是财务战略管理的起点，也是财务战略规划的起点。在战略管理实践中，并不存在一成不变的、普遍适用的财务战略，也就是说，公司需要根据内部环境和外部环境制定与控制财务战略。

对财务战略管理而言，环境分析有其特殊性。首先，这种特殊性表现在财务战略的相对稳定性，即在规划财务战略时，其环境分析应该是面向未来，并且往往需要尽可能延伸至较为长远的未来。其次，财务战略需要保持相对稳定的实施环境，而环境的多变性往往又迫使企业动态地调整财务战略。如何恰当地处理环境的多变性与财务战略的相对稳定性之间的关系，是财务战略管理环境分析的难题之一。再次，这种环境分析不应该只是单项环境分析，还必须是综合环境分析；不仅要分析诸如政治、法律、经济、产业等宏观环境，而且必须分析供应商、客户竞争者及企业内部因素等微观环境。最后，这种环境要特别强调动态分析，它虽然也关心某一时点的环境特征，但更关心环境因素的动态变化趋势。如果缺乏动态分析，财务战略的调整就会变得非常被动。

财务战略环境是指财务战略规划和实施时企业所处的环境，包括外部环境和内部环境。外部环境是指存在于企业外部的影响企业资金流动的客观条件和因素的总和，即影响企业财务活动的宏观环境，范围较广，主要包括政治法律环境、经济环境、社会文化环境、产业环境、金融环境等；内部环境是指存在于企业内部的影响资金流动的条件和因素的总和，即与公司财务活动密切相关的微观环境，范围较窄，主要包括组织架构、发展战略、人力资源、社会责任、企业文化等。

公司财务战略环境的内外部环境之间有密切的联系。一方面，公司外部环境对公司内部条件起着制约作用；另一方面，改善公司内部理财条件，可以增强公司实力，又将反作用于外部环境。全面了解公司外部环境和内部环境是确立财务战略目标并保证财务战略顺利实施的前提。分析、预测这些因素对公司资金运动的长期影响是进行财务战略规划的出发点和重要依据。

二、财务战略规划方法

企业的生产经营受各方面因素的影响，主要包括法律环境、经济环境、社会文化环境、技术环境等多个方面的影响，企业只有从不同角度运用多种决策分析方法，深入分析和认识外部环境，结合企业自身特点，才能在财务战略问题上做出最佳的选择。

1. 宏观政策导向分析法

经济体制是一定经济制度所采取的具体组织形式和管理制度，属于生产的具体实现形式。我国社会主义市场经济体制的基本结构主要由三个部分构成，即现代企业制度、培育和发展中的市场经济、完善的宏观调控系统。社会经济结构是指一个国家经济中各产业的比例构成情况，其中行业结构对企业财务战略制定最具影响力。一般而言，国家通过税收、财政补贴、优惠政策等方面的政策引导产业的调整，企业应当保持对政策的敏感性，及时收集、整理相关信息，形成报告分析程序，评价国家新出台的相关经济政策对企业自身的影响，尤其是对企业所在行业空间的变化、未来营利能力等做出评估，指导具体财务战略的决策。

2. SWOT 矩阵分析法

SWOT（strengths-weaknesses-opportunities-threats，优势—弱点—机会—威胁）矩阵是帮助管理者制定如下四类战略的重要匹配工具：优势—机会（SO）战略、弱点—机会（WO）战略、优势—威胁（ST）战略、弱点—威胁（WT）战略，其中优势—机会战略是一种发挥企业内部优势而利用企业外部机会的战略。企业通常首先采用弱点—机会战略、优势—威胁战略或弱点—威胁战略，而达到能够采用优势—机会战略的状况；弱点—机会战略的目标是通过利用外部机会来弥补内部弱点。适用于这一战略的基本情况：存在一些外部机会，但企业有一些内部的弱点妨碍它利用这些外部机会；优势—威胁战略是利用本企业的优势回避或减轻外部威胁的影响；弱点—威胁战略是一种旨在减少内部弱点的同时回避外部环境威胁的防御性战略。

建立 SWOT 矩阵的过程如下：①列出公司的关键外部机会；②列出公司的关键外部威胁；③列出公司的关键内部优势；④列出公司的关键内部弱点；⑤将内部优势与外部机会相匹配，记录作为结果的优势—机会战略；⑥将内部弱点与外部机会相匹配，记录作为结果的弱点—机会战略；⑦将内部优势与外部威胁相匹配，记录作为结果的优势—威胁战略；⑧将内部弱点与外部威胁相匹配，记录作为结果的弱点—威胁战略。

3. 生命周期矩阵分析法

从企业生命周期角度划分，一个公司的财务战略可以分为初创期财务战略、成长期财务战略、成熟期财务战略和衰退期财务战略。处于不同生命周期阶段的企业面临的风险类型和风险水平不同，同时具有不同的财务特征和价值驱动因素，因此需要有所侧重，不同类型的财务战略与公司不同阶段不同环境特征相适应，从而尽可能地给予公司价值创造活动以最适合的支持。

4. 波士顿增长—占有率矩阵法

波士顿增长—占有率矩阵法是描述企业各个部分在市场份额和产业增长速度方面差别的投资战略决策分析方法。该矩阵使多部门企业通过考察各分部对其他分部的相对市场份额地位和产业增长速度而管理其业务组合，相对市场份额地位可以定义为分布在本产业的市场份额与该行业领导企业的市场份额之比，业务组合则定义为一个企业的各自主经营的分公司或分部（利润中心）结构。

波士顿增长—占有率矩阵的 *X* 轴代表相对市场份额地位，*X* 轴的中位值一般设定为 0.5，表示公司的市场份额为本产业领先公司的一半。*Y* 轴是以销售额增长百分比为代表的产业增长率。*Y* 轴的产业增长百分比范围为−20%~20%，中位值为 0。以上数值范围

为常用的 X 轴和 Y 轴数值范围，但必要时也可自行调整。由 X 轴与 Y 轴数值范围组成的平面区域常被分为如下四个区域：第一区域为“明星”，此区域中战略经营单位（strategic business unit，SBU）不但位于高增长行业中，而且拥有较高的相对市场占有率，可为企业提供长期利润和增长的可能性。第二区域称为“问号”，此区域内 SBU 具有较低的相对市场份额和较弱的竞争能力，但它们所依托的行业是高速增长的行业，因此为企业提供了长期获利和发展的机会，如果得到适当的帮助，注入大量的资金，“问号”就可以转变为“明星”。第三区域称为“现金牛”，处于低增长率行业，但占有的相对市场份额较高的 SBU 被称为“现金牛”，它们是行业中的成本领先者，位于学习曲线的右下方。这种状况可以使 SBU 保持高利润，能够产生大量的正现金流量。不过行业低增长率预示着缺少未来的发展机会，因此不能向其进行大量的投资。第四区域称为“瘦狗”，处于低增长行业，同时市场份额也低的 SBU 被称为“瘦狗”。它们所在的行业没有吸引力，本身又缺乏竞争力，因此对企业的贡献不大。

第四节 财务战略控制

一、财务战略控制的内涵

有明确的战略规划，并不一定能够取得良好的组织业绩，因为财务战略目标的实现还取决于战略的实施。同样，财务战略也是如此。通常会出现公司财务战略实施的效果与预先设定的财务战略目标不相一致的情形。产生这种偏差的原因，既有可能是公司财务战略制定本身存在不合理，也有可能是财务战略实施过程存在问题。后一个原因应该更值得引起公司经营者和管理者的重视，因为无论财务战略本身的意图多么切实可行，只要不能变为现实，那么这种财务战略就是毫无意义的。因此，要使企业财务战略目标能够实现，就必须对财务战略实施的过程进行控制。这就是财务战略控制的重要性所在。

财务战略控制本质上就是一种管理控制。在完成财务战略规划之后，战略管理过程并未结束，强有力的财务战略执行能力是战略管理成功的重要保障。如果说战略规划主要是一种思考过程，需要有良好的分析和判断能力，那么战略实施则主要是一种行动过程，需要落实、检查、协调、评价和激励。由于现代企业具有经营多元化和组织层级制的特点，故公司要实现其战略目标，首先需要将战略目标进行逐步细化和层层分解，将其落实到内部各个组织单元。这样，通过战略目标的分解和落实，企业的整体目标被转换为每一级单位的具体目标，即从公司整体目标到部门目标，再到个人目标。之后，在公司战略实施过程中，需要检查内部各部门和员工为达到目标所进行的各项生产经营活动的进展情况，评价实施战略后所取得的效果效率，并把它与预定的战略目标进行比较，分析产生偏差的原因并采取措施纠正偏差，使企业战略的实施能够更好地与企业当前所处的内外环境协调一致，从而最终实现战略目标。以上所有程序就形成了管理控制的一个完整的循环。可见，财务战略控制的功能就在于引导和控制公司财务战略的实施，最终目的是使财务战略被执行，从而使财务战略目标得以实现，为公司股东价值创造提供支持。

二、财务战略控制程序

财务战略的形成并不意味着财务战略管理流程的终结，财务战略的最终完成还有赖于财务战略的实施、控制与调整。财务战略控制程序本质上就是管理控制的循环流程。一般而言，财务战略控制程序包括战略管理、预算管理、成本管理、营运管理、投资管理、绩效管理等几个环节的内容，这些环节相互支持、相互配合，共同控制财务战略的实施，共同促进财务战略的实现。

1. 战略管理

战略管理是指对企业全局的、长远的发展方向、目标、任务和政策，以及资源配置做出决策和管理的过程。企业应用战略管理一般按照战略分析、战略制定、战略实施、战略评价和控制、战略调整等程序进行。

（1）战略分析一般包括外部环境分析和内部环境分析。

（2）战略制定是指企业根据确定的愿景、使命和环境分析情况，选择和设定战略目标的过程。企业设定战略目标后，各部门需要结合企业战略目标设定本部门战略目标，并将其具体化为一套关键财务及非财务指标的预测值。

（3）战略实施是指将企业的战略目标变成现实的管理过程。

（4）战略评价和控制是指企业在战略实施过程中，通过检测战略实施进展情况，评价战略执行效果，审视战略的科学性和有效性，不断调整战略举措，以达到预期目标。

（5）战略调整是指根据企业情况的发展变化和战略评价结果，对所制定的战略及时进行调整，以保证战略有效指导企业经营管理活动。

2. 预算管理

预算管理是指企业以战略目标为导向，通过对未来一定期间内的经营活动和相应的财务结果进行全面预测和筹划，科学、合理配置企业各项财务和非财务资源，并对执行过程进行监督和分析，对执行结果进行评价和反馈，指导经营活动的改善和调整，进而推动实现企业战略目标的管理活动。企业应用预算管理一般按照预算编制、预算控制、预算调整、预算考核等程序进行。

（1）预算编制一般应按照分级编制、逐级汇总的方式，采用自上而下、自下而上、上下结合的多维度相协调的流程编制。

（2）预算控制是指企业以预算为标准，通过预算分解、过程监督、差异分析等促使日常经营不偏离预算标准的管理活动。

（3）预算调整是指企业应通过信息系统展示、会议、报告、调研等多种途径及形式，及时监督、分析预算执行情况和差异的原因，提出对策建议，进行调整，但年度预算经批准后，原则上不做调整，除非导致预算编制的基本假设发生重大变化。

（4）预算考核以预算完成情况为考核核心，通过预算执行情况与预算目标的比较，确定差异并查明产生差异的原因，进而据以评价各责任中心的工作业绩，并通过与相应的激励制度挂钩，促进其与预算目标相一致。

3. 成本管理

成本管理是指企业在营运过程中实施成本预测、成本决策、成本计划、成本控制、成本核算、成本分析和成本考核等一系列管理活动的总称。企业应用成本管理一般按照事前成本管理、事中成本管理、事后成本管理等程序进行。

（1）事前成本管理阶段，主要是对未来的成本水平及其发展趋势所进行的预测与规划，一般包括成本预测、成本决策和成本计划等步骤。

（2）事中成本管理阶段，主要是对营运过程中发生的成本进行监督和控制，并根据实际情况对成本预算进行必要的修正，即成本控制步骤。

（3）事后成本管理阶段，主要是在成本发生之后进行的核算、分析和考核，一般包括成本核算、成本分析和成本考核等步骤。

4. 营运管理

营运管理是指为了实现企业战略和营运目标，各级管理者通过计划、组织、指挥、协调、控制、激励等活动，实现对企业生产经营过程中的物料供应、产品生产和销售等环节的价值增值管理。企业应用营运管理一般按照营运计划的制订、营运计划的执行、营运计划的调整、营运监控分析与报告、营运绩效管理等程序进行。

（1）营运计划制订是指企业根据战略决策和营运目标的要求，在时间和空间上对营运过程中各种资源所做的统筹安排，主要作用是分解营运目标，分配企业资源，安排营运过程中的各项活动。

（2）企业应逐级分解营运计划，按照横向到边、纵向到底的要求分解落实到各所属企业、部门、岗位或员工，确保营运计划得到充分落实。

（3）营运计划一旦批准下达，一般不予调整。宏观经济形势、市场竞争形势等发生重大变化，导致企业营运状况与预期出现较大偏差的，企业可以适时对营运计划做出调整，使营运目标更加切合实际。

（4）为了强化营运监控，确保企业营运目标的顺利完成，企业应结合自身实际情况，按照日、周、月、季、年等频率建立营运监控体系，并按照PDCA（plan-do-check-act，计划—执行—检查—处理）管理原则，不断优化营运监控体系的各项机制，做好营运监控分析工作，同时，企业应将营运监控分析的对象、目的、程序、评价及改进建议形成书面分析报告。分析报告按照分析的范围及内容可以分为综合分析报告、专题分析报告和简要分析报告；按照分析的时间分为定期分析报告和不定期分析报告。

（5）企业可以营运计划为基础，制定绩效管理指标体系，明确绩效指标的定义、计算口径、统计范围、绩效目标、评价标准、评价周期、评价流程等内容，确保绩效指标具体、可衡量、可实现、相关并具有明确期限。

5. 投资管理

投资管理是指企业根据自身战略发展规划，以企业价值最大化为目标，对将资金投入营运进行的管理活动。融资管理是指企业为实现既定的战略目标，在风险匹配的原则下，对通过一定的融资方式和渠道筹集资金进行的管理活动。企业应用投资管理一般按照制订投资计划、进行可行性分析、实施过程控制和投资后评价等程序进行。

（1）企业投资管理机构应根据战略需要，定期编制中长期投资规划，并据此编制年度投资计划。

（2）投资可行性分析的内容一般包括该投资在技术和经济上的可行性、可能产生的经济效益和社会效益、可以预测的投资风险、投资落实的各项保障条件等。

（3）企业进行投资管理应将投资控制贯穿于投资全过程。投资控制的主要内容一般包括进度控制、财务控制、变更控制等。

（4）投资项目实施完成后，企业应对项目可行性分析和投资计划组织开展投资后评价。投资后评价的主要内容一般包括投资过程回顾、投资绩效和影响评价、投资目标实现程度和持续能力评价、经验教训和对策建议等。

6. 绩效管理

绩效管理是指企业与所属单位（部门）、员工之间就绩效目标及如何实现绩效目标达成共识，并帮助和激励员工取得优异绩效，从而实现企业目标的管理过程。绩效管理的核心是绩效评价和激励管理。企业应用绩效管理一般按照制订绩效计划与激励计划、执行绩效计划与激励计划、实施绩效评价与激励、编制绩效评价与激励管理报告等程序进行。

（1）企业应根据战略目标，综合考虑绩效评价期间宏观经济政策、外部市场环境、内部管理需要等因素，结合业务计划与预算，按照上下结合、分级编制、逐级分解的程序，在沟通反馈的基础上，编制各层级的绩效计划与激励计划。

（2）绩效计划与激励计划下达后，各计划执行单位（部门）应认真组织实施，从横向和纵向两方面落实到各所属单位（部门）、各岗位员工，形成全方位的绩效计划与激励计划执行责任体系。

（3）绩效管理工作机构应根据计划的执行情况定期实施绩效评价与激励，按照绩效计划与激励计划的约定，对被评价对象的绩效表现进行系统、全面、公正、客观的评价，并根据评价结果实施相应的激励。

（4）绩效管理工作机构应定期或根据需要编制绩效评价与激励管理报告，对绩效评价和激励管理的结果进行反映。

三、财务战略控制方法

财务战略控制的方法是与财务战略控制的程序相适应的，即战略管理、预算管理、成本管理、营运管理、投融资管理、绩效管理等各个环节都有其对应的控制方法。

（1）预算管理的方法主要是指预算编制的方法和预算控制的方法，一般包括滚动预算、零基预算、弹性预算、作业预算等。

（2）成本管理的方法一般包括目标成本法、标准成本法、变动成本法、作业成本法等。

（3）营运管理的方法一般包括本量利分析、敏感性分析、边际分析和标杆管理等。

（4）投融资管理的方法一般包括贴现现金流法、项目管理、情景分析、约束资源优化等。

（5）绩效管理的方法一般包括关键绩效指标法、EVA 法、平衡计分卡、股权激励等。

【案例分析】

A上市公司的分配战略

A股份有限公司属工业企业，已在深圳证券交易所挂牌交易17年，公开发行社会公众股（A股）1 930万股。公司以生产制造各种电光源产品为核心，40%的产品出口到20多个国家和地区，在国内大多数省份及地县级城市已设立销售网点2 000多家。自上市以来，公司的主营业务突出且每年都有稳定的增长，年增长率在11%~29%。主营业务营利能力强，近2年主业对利润的贡献超过100%，且净利润增长率保持在5%以上。

该公司上市17年来，每年均发放现金股利，创造了一个长期持续分红的新的历史纪录，公司的年平均红利支付率高达60%~80%，使一些稳健的投资者获利颇多，投资者通过现金分红可以稳定地获取长期远高于银行定期储蓄的收益率。该公司因17年连续分配高额的现金股利，被称为“现金奶牛”，为深市中稳健并坚持长期价值投资的股东所青睐。

探究A公司优厚分红背后的原因，影响其分配战略的因素有以下几点。

首先，与其董事长发放股利的承诺有直接关系。在第一次股东大会上，董事长就承诺要给投资者一个好的回报。其次，从公司现有的股东构成来看，控股公司及第二大股东都是外资公司，都赞成并倾向长期现金分红。该股票持有期收益率短期波动率大，但是长期持有（8年及8年以上）投资者所获得的股利收益（股票投资效益）均远高于同期银行存款利率，公司的股利政策是使长期持有股东获得较大收益。最后，通过派发高额现金股利“自然选择”出符合公司战略的股东，其实也是一个向投资者传递信号的过程。选择出与公司的发展目标一致的股东，自然避免了不必要的分歧，减少了可能发生的代理成本，也起到了提高公司价值的作用。

案例要点：本例中，A公司的股利分配战略目标是促进公司长远发展，保障股东权益，稳定股价，保证公司股价在较长时期内基本稳定，A公司的股利分配战略类型属于

“稳定或持续增加的股利战略”。主要理由：A 公司自上市 17 年来，每年均发放现金股利且平均红利支付率高达 60%~80%。稳定的股利向市场传递公司正常发展的信息，树立公司的良好形象；持续增加的股利代表公司未来有良好的发展前景，有利于保障股权权益，增强投资者对公司的信心，稳定股票的价格。

【思考题】

1. 如何认识企业财务战略对企业财务管理的意义？
2. 试说明 SWOT 分析法的原理及应用。
3. 如何根据宏观经济周期阶段选择企业的财务战略？

第六章　行为财务理论

学习目标

◇了解有效市场假说的发展历史和要点

◇熟悉有效市场的三种形式及其特征

◇了解行为财务学的产生背景和发展历程

◇熟悉行为财务学的心理学基础和经济学基础

◇了解行为财务学的核心理论——预期理论

【开篇案例】

瑞幸咖啡严重财务造假

瑞幸咖啡（LK.NASDAQ）成立于 2017 年 10 月，并于 2019 年 5 月在美国纳斯达克上市。"快"是瑞幸诞生以来发展的主要基调——急速融资、疯狂补贴、强势营销，再到如今快速申请上市。背负着巨额亏损，这只迅速壮大的独角兽一路奔向美国资本市场。2020 年初，做空机构浑水公开了一份匿名做空报告，指控瑞幸咖啡财务造假。2020 年 4 月 2 日，瑞幸咖啡公开承认伪造了 22 亿元交易额，虚增了收入及相应的成本、费用。公告当日，瑞幸咖啡股价跌幅达到 75%。在事件之后的一段时间里，美国上市的中概股遭遇信任危机，股价一度下挫。

造假 22 亿元大约可以买 1 亿杯瑞幸咖啡。瑞幸披露的初步调查信息称，从 2019 年第二季度开始，相关人员从事了不当行为，包括捏造交易。从 2019 年第二季度到第四季度，与虚假交易相关的总销售金额约为 22 亿元，而截至 2019 年 9 月 30 日前 9 个月，瑞幸的总收入只有 29 亿元。

反观瑞幸财务造假的背景，则是其商业模式的缺陷。在咖啡行业里，快速扩张店铺不被看好，因为会导致店铺固定成本的高企。设备、人员、房租是咖啡店最大的投入，盲目扩张过程中，需要大量资金不断投入，而单店的盈利需要一个培育时间，迅速实现盈利的可能性也是很小的。从瑞幸的发展路径可以看出，立意新颖、飞速发展、快速上市其实是一条从成立就已经计划好的资本路线，而财务指标的增长只能通过拔苗助长的造假方式来满足上市的要求。

由行为财务学角度来看，投资人常以噪声替代信息，其原因在于当信息无法充分揭露时，投资人常寻求其他方式得到他们所认为的信息（也就是噪声），以致市场存在异常现象。要避免市场失灵现象，就要揭露信息。就证券市场而言，投资人能充分掌握已公开证券之信息，并做出正确的决策，必能迅速反映在证券价格上，这便是效率市场的结果；若信息透明度不足，则造成内部人利用内线消息从事交易获取暴利，进而影响市场之公平与稳定。信息公开原则的目的在于促进建立有效率的证券市场。

案例思考：

（1）根据有效市场假说，分析瑞幸咖啡事件发生的原因与动机。

（2）依据行为财务学的心理学基础和经济学基础，站在投资者的角度解析瑞幸咖啡造假带来的影响。

第一节　有效市场假说

有效市场假说（efficient markets hypothesis，EMH）是由法玛于 1970 年深化并提出的。有效市场假说的研究起源于路易斯·巴舍利耶（Bachelier，1900），他从随机过程角度研究了布朗运动及股价变化的随机性，并且他认识到市场在信息方面的有效性：过去、现在的事件，甚至将来事件的贴现值反映在市场价格中。他提出的基本原则是股价遵循公平游戏（fair game）模型。

在之后的几十年内，除了 1930~1940 年的 Working、Cowles 和 Jones 的研究外，没有关于股价行为的研究出现。随着计算机的发展，Kendall（1953）研究了英国和美国的商品价格和证券价格，发现了股价变化的随机性。后来，Roberts（1959）提出，一个从随机数列产生的序列和美国的股价是无法区分的。Osborne（1959）发现股价行为和流体中的粒子的行为差不多，并用物理方法来研究股价行为。Cootner（1964）的论文集收录了大量对随机游走模型的检验；而在这个论文集中，一些论文在解释随机游走时却通常是在暗示股价服从公平游戏过程。早期学者是从实证结论出发，缺乏一个理论框架。

Samuelson（1965a）、Mandelbrot（1966）通过数学证明澄清了公平游戏模型和随机游走的关系，从理论上论述了有效市场和公平游戏模型之间的对应关系，还为有效市场假说做了理论上的铺垫。

在总结了前人理论和实证的基础上，Fama（1970）借助 Samuelson（1965b）的分析方法和 Roberts（1967）提出的三种有效形式，提出了有效市场假说。

有效市场假说包含以下几个要点。

第一，在市场上的每个人都是理性的经济人，金融市场上每只股票所代表的各家公司都处于这些理性人的严格监视之下，他们每天都在进行基本分析，以公司未来的获利性来评价公司的股票价格，把未来价值折算成今天的现值，并谨慎地在风险与收益之间进行权衡取舍。

第二，股票的价格反映了这些理性人的供求的平衡，想买的人正好等于想卖的人，即认为股价被高估的人与认为股价被低估的人正好相等，假如有人发现这两者不等，即存在套利的可能性时，他们会立即用买进或卖出股票的办法使股价迅速变动到能够使二者相等为止。

第三，股票的价格也能充分反映该资产的所有可获得的信息，即“信息有效”，当信息变动时，股票的价格就一定会随之变动。一个利好消息或利空消息刚刚传出时，股票的价格就开始异动，当它已经路人皆知时，股票的价格也已经涨或跌到适当的价位了。

有效市场假说实际上意味着“天下没有免费的午餐”，世上没有唾手可得之物。在一个正常的有效率的市场上，每个人都别指望发意外之财，所以我们花时间去看路上是否有钱好拣是不明智的，我们费心去分析股票的价值也是无益的。

当然，有效市场假说只是一种理论假说，实际上，并非每个人都总是理性的，也并非在每一时点上都是信息有效的。“这种理论也许并不完全正确”，曼昆说，“但是，有效市场假说作为一种对世界的描述，比你认为的要好得多”。

一、关于有效的资本市场的两种定义

内部有效市场（internally efficient markets）又称交易有效市场（operationally efficient markets），它主要衡量投资者买卖证券时所支付交易费用的多少，如证券商索取的手续费、佣金与证券买卖的价差；外部有效市场（externally efficient markets）又称价格有效市场（pricing efficient markets），它探讨证券的价格是否迅速地反映出所有与价格有关的信息，这些信息包括有关公司、行业、国内及世界经济的所有公开可用的信息，也包括个人、群体所能得到的所有的私人的、内部非公开的信息。

成为有效市场的条件：

（1）投资者都利用可获得的信息力图获得更高的报酬。

（2）证券市场对新的市场信息的反应迅速而准确，证券价格能完全反映全部信息。

（3）市场竞争使证券价格从旧的均衡过渡到新的均衡，而与新信息相应的价格变动是相互独立的或随机的。

二、市场效率程度

市场的有效性是有不同程度与层次的。按照市场效率假说把证券价格反映信息程度的不同分为三种类型（或三种效率）。

（一）弱式效率市场

弱式效率（weak-form efficiency）市场表明当前股票的市场价格充分反映了历史证

券价格应当包含的所有信息，即所有包含在过去股价变动中的资料和信息都已完全反映在股票的现行市价中，因此，这意味着没有投资者可以通过有关股票的历史价格或收益的信息来赚取超额收益。弱式效率还意味着证券价格不值得记忆，过去股票价格的走势在预测未来价格走势方面没有任何用处。现行价格的下降并不意味着可用来预测价格下降或上升。

如果市场效率假说成立，即股票价格的变动反映了新信息，则由于新信息对股票价格的影响要么是正影响，要么就是负影响，因此在市场效率假说的条件下，我们预期股票的每天价格变化是随机的。因此，通过度量证券收益的相关性，许多研究已得出：一般来讲，短期证券收益间有较小的正相关，通过第 t+1 天获得的收益与在第 t 天获得的收益有较小的正相关。然而，在考虑了交易成本之后，太小的相关性使得交易者不可能获利。

第二种经验涉及历史市场数据应用技术性交易规则，即确定是否遵循所给的交易规则可以获得超额利润。验证结果表明：在经过交易成本和税收调整后，遵循技术性交易规则不能产生超额利润。

综上所述，主要的证券市场具有高度的弱式效率。尽管有人通过证券分析家对单只股票的上升和下降的分析获得了可观的收益，但是也有人因此而获得与可观收益相同的可观损失。因此，强有力的经验证据支持了效率市场假说的弱式效率。

（二）半强式效率市场

效率市场假说的半强式效率（semistrong-form efficiency）市场包含了弱式效率市场，并且继续假设当前市场价格反映了过去价格运动和所有公开可得信息。因此，假如在股票市场上半强式效率成立，则表明证券价格充分反映了所有公开可得信息，没有任何投资者可使用公司年度报告、证券交易所公布的股票行情信息和出版的投资建议报告等这些公开可得信息赚取超额利润。因为包含在这些资料中的好消息和坏消息出现后，股票价格就已立即做出了调整。但是公司的内幕人士，如董事长或总经理等，却能利用他们的地位取得其他投资者无法得到的资料去买卖自己公司的股票，从而赚取超额利润。

检验半强式效率的方法主要有两种：①检查价格对新信息的调整；②评估业务经理对市场的业绩。在完全效率市场上，价格对新信息能做出迅速的调整。例如，某计算机公司宣布它获得了一项新计算机技术专利，该专利可使现在个人电脑性能有很大的提高但增加的成本并不高，这一信息一旦披露，该公司的股票就会立刻上升到新的均衡价值。如果价格调整过度然后回落，或几天才调整到新的水平，则投资者通过股票交易可以获得超额收益。通过价格信息的反映经验验证表明，宣布股票分割、股利增加、收益增加、兼并、资本支出、新股发行等对股票价格有影响。大多数学术实证研究支持半强式效率。第二种半强式效率验证评估职业分析家和投资组合经理是否能获得超过市场的业绩：若市场是半强式效率的，没有任何人能通过公开的信息获得超过市场的收益。大多数证据支持半强式效率观点。一般来说，职业分析家和投资组合经理只能获得公开的信息。在某些时候，他们可以获得高于市场的收益，在某些时候，他们也可能获得低于市场的收益。但是平均来讲，这些专家不可能获得超过市场的收益。

（三）强式效率市场

效率市场假说的强式效率表明，证券价格充分反映了公开获得的或不能公开获得的全部信息。任何人都无法在股市中获得超额收益。但是大多数人并不相信强式效率成立。通过对公司内部人士买卖股票的研究表明，由于公司内部人士比公司外部人士能较早地获取收购、销售额下降等信息，因此，他们可以获得超常规的利润。

大批财务学家对市场效率进行了验证，如对大宗交易进行调查表明，在大宗交易成为公开可得信息以后的15分钟内，价格已经调整到一个新的水平，或者价格不能立即做出反应，但它能很快进行调整。因此调查结果显示：在所有发展完善的资本市场或股票市场上，都具有高度的弱式效率及相当程度的半强式效率，特别是那些大公司的股票，其半强式效率更为明显，因此，一些拥有内部消息的人士还是可以赚取超额利润的。

以上三种类型的效率市场之间的关系可以通过图 6-1 来表示。

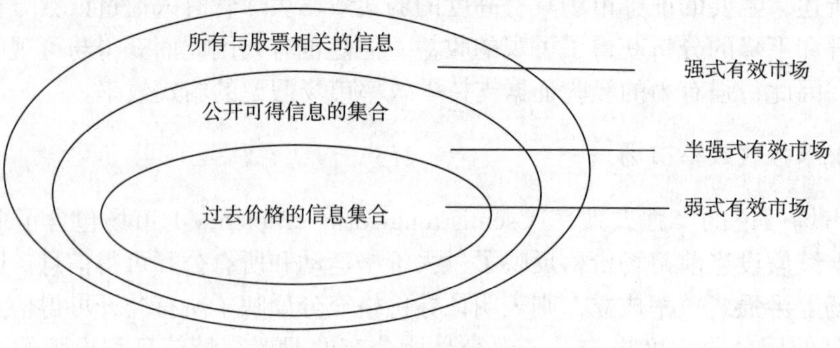

图 6-1　三种不同信息集合之间的关系

第二节　行为财务理论概述

现代财务理论的开端一般被认为是马科维茨于 1952 年发表的《资产组合选择》一文。随后，历经 20 世纪 50 年代末、60 年代初资本结构理论和股利无关论，60 年代至 70 年代的资产定价理论、期权定价理论、代理理论，以及 80 年代的市场微观结构理论和现代公司控制理论，至今财务理论和财务实践都取得了丰硕的成果。因此可以说，现代财务理论是建立在资本资产定价模型和有效市场假说两大基石上的。这些经典理论承袭了经济学的分析方法与技术，其模型与范式局限在“理性”的分析框架中，忽视了对理财者实际决策行为过程的分析。随着财务市场上各种异常现象的累积，模型与实际的背离使得现代财务理论的理性分析范式陷入了尴尬境地。在此基础上，20 世纪 80 年代行为财务理论悄然兴起，并开始动摇了资本资产定价模型和有效市场假说的权威地位。

一、行为财务学的产生背景和发展历史

（一）产生背景

行为财务理论是在对有效市场假说的质疑和挑战中提出来的。有效市场假说是标准财务理论的基础性假设，即股价能充分反映所有的相关信息，股价偏离合理价值是短暂的现象，且投资者无法利用分析任何信息或利用此短期股价偏离的现象来获利。有效市场假说于19世纪70年代在学术界奠定了不可动摇的地位。然而，在标准财务理论发展到极致之时，许多学者在实证研究时却陆续发现了一些标准财务理论无法解释的市场异常现象，如“小公司效应”“星期一效应”等。这些现象表明市场可能并非有效，而且，大量心理学和行为学的证据显示，投资者在不确定条件下的决策并非都是理性的，投资者的实际决策往往会偏离标准财务理论下的最优决策模式，而且这种偏离对股票价格的影响不能因统计平均而消除。所有这些现象和非理性行为是有效市场假说所不能解释的，研究学者们开始尝试寻找其他理论来解释这些现象。现代财务理论要解决两个问题：①通过最优决策模型解释什么是最优决策；②通过描述性决策模型探讨投资者的实际决策过程。标准财务理论很好地解决了第一个问题，但在第二个问题上，标准财务理论与实际情况有很大的差别。为更好地解释和预测财务主体的实际决策过程（而不是最优决策模型）及金融市场的实际运行状况，财务学研究者们发展了一个新的研究范式，即行为财务（behavioral finance）。

（二）发展历史

1. 初期阶段

19世纪古斯塔夫·勒庞（Gustave Le Bon）的《乌合之众：大众心理研究》和查尔斯·麦基（Charles Mackay）的《非凡的公众错觉和群体疯狂》（*Extraordinary Popular Delusions and the Madness of Crowds*）是两部研究投资市场群体行为的经典之作。

凯恩斯是最早强调心理预期在投资决策中作用的经济学家。1936年，他基于心理预期提出股市“选美竞赛”理论和“空中楼阁”理论，强调心理预期在人们投资决策中的重要性，认为决定投资者行为的主要因素是心理因素。

20世纪初期，随着心理学、社会学及数理经济学等一系列学科的发展，人们开始把这些学科的研究成果应用于对财务学的研究，开始了行为财务学的理论研究。随着资本市场中越来越多异常现象的出现，传统财务理论的理性经济人和有效市场假设开始受到人们的质疑，使得行为财务学开始从决策者的个体角度对财务理论进行研究，心理学与财务学开始出现结合，行为财务学研究逐步兴起。

2. 中期的心理行为阶段

20世纪50年代，具有现代意义的行为财务理论与现代财务学理论相继起源，研究行为财务学的学者认为，美国俄勒冈大学布雷尔和鲍曼两位教授是其倡导人，布雷尔教

授于 1951 年发表的《投资研究实验方法的可能性》一文，率先从行为学的视角研究投资决策的过程，并为行为财务学的发展奠定了理论基础。

20 世纪 50 年代以来，以马科维茨的现代投资组合理论为代表的经典现代财务理论处于迅速发展阶段，又有当时风靡一时的有效市场假说，行为财务学的研究一时陷入困境，就是在这样的背景下，斯坦福大学的特韦尔斯基（Tversky）教授和普林斯顿大学的卡尼曼（Kahneman）教授合作研究了人类行为与投资决策模型基本假设相冲突的三个方面：风险态度、心理定式和过度自信，并于 1979 年发表了对行为财务学的产生和发展具有重大影响的《直觉驱动偏差》和《框架依赖》两篇文章；同年，卡尼曼和特韦尔斯基共同发表了文章《期望理论：风险下的决策分析》，奠定了行为财务学发展的理论基础，在探讨资本市场中一些异常现象的基础上，解释了人们在不确定条件下的决策行为模型。

这一时期的行为财务学的研究成果显著，里程碑式的期望理论为我们研究行为财务学提供了科学的专用模型，为后来的行为资本资产定价模型、投资组合理论的推出起了抛砖引玉的作用。

3. 近期的行为财务阶段

20 世纪 80 年代起，行为财务理论研究开始繁荣起来，并不断取得突破性的进展。1980 年，赫斯基（Hershey）和休梅克（Schoemaker）通过心理学验证方法，证明个体在面对传统财务理论下完全相同的收益和损失时，持有截然相反的风险态度，表现为偏好损失风险。

1985 年，谢夫瑞（Shefrin）和斯德特曼（Statman）通过研究也发现，在股票市场上投资者往往对亏损的股票存在较强的惜售心理，也就是说，在面对可能的亏损时，投资者往往会倾向追求风险（有“赌一把”的心理），因为这种冒险有可能使他们的亏损减少；然而，在面对潜在的获利时，投资者却趋向回避风险，他们愿意较早地卖出股票以获取现实的利润。这种异常现象也被称为处置效应。

1985 年，沙勒（Thaler）发表了《股票市场过度反应了吗？》一文，学者们逐渐开始广泛关注行为财务这一新理论，并通过研究取得一系列新的理论进展，实证检验开始成为行为财务理论研究的有效工具。这个时期的研究表明，行为财务理论已经开始解释市场异象，并正式进入理论指导实践的阶段。这一段时期行为财务理论的研究相比 20 世纪 70 年代的研究，在投资决策理论上更趋于完善，也更注重将投资决策和心理学研究结合起来。

进入 20 世纪 90 年代之后，日渐频繁的市场异象使人们对经典财务理论体系的质疑逐步升级，人们通过研究发现，越来越多的实证数据证明资本市场并非完全有效。这一时期，行为财务理论的研究成果开始不断出现，行为财务理论在默默无闻了很长时间以后步入了它的繁荣阶段。其中，卡尼曼和特韦尔斯基于 1992 年发表的《期望理论的进展：不确定性累计表述》详细介绍了行为财务理论的研究进展，并对期望理论做了进一步总结和完善；班勒（Banerjee，1992）提出了影响深远的序列型羊群效应模型，成为行为财务理论中的经典模型；Kesteloot 和 de Bondt（1993）通过研究发现，股市总体与个体投资者的心理有显著的正相关关系；1994 年，谢夫瑞和斯德特曼基于行为财务理论，提出了行为资本资产定价模型，2000 年他们又进一步提出了行为资产组合理论，进一步充实和扩展了行为财务理论；2002 年，巴布瑞和沙勒通过对公司管理层的决策行为分析研究，从行为财务的角度提出了“行为公司财务”这个新的概念。在行为公司财务理论中，行为理论与公司财务结合起来，把非完全理性的人放到现代公司财务理论的研究范式中去研究，并研究在外部市场无效的背景下，公司内部管理层的非理性对公司财务决策及行为的影响。

艾斯本·艾克博的《公司财务手册：实证公司财务》收录了行为财务理论发展过程中的一系列成果，标志着对行为财务理论的研究达到了高峰。我国资本市场发展时间不长，因此对行为财务理论的研究起步较晚，目前仍处于起步阶段。但是，随着对国外行为财务理论模型的引进和国内学者的不断研究创新，近年来行为财务理论也开始逐渐频繁地出现于我国学术界，尤其是在针对我国股市的现实问题展开研究时。

虽然行为财务理论发展时间不长，其理论结构也尚不完善，但是，行为财务学作为一种新兴的财务理论，为财务学的研究开辟了新的领域。2002 年诺贝尔经济学奖颁给了行为经济学家，更加充分反映了主流经济学对行为经济学和行为财务的认可，这种认可也为行为财务理论的发展提供了新的动力。

二、行为财务学的定义

行为财务学从其产生和发展至今，虽然有一定程度的发展，但到目前为止，行为财务学理论界对于“行为财务学”的概念并没有形成一个统一的界定。相对认可的是，“行为财务学是以心理学上的发现为基础辅以社会学等其他科学的观点，尝试解释不符合传统财务经济理论各种异常现象的一门学科”。由此可见，行为财务学无论是在含义的界定、基础理论的完善方面，还是在学科体系的建设、实务中的应用等方面，均有相当规模的科学研究工作需要完成。

三、行为财务学的研究体系

行为财务学体系研究应建立在对投资者个体行为研究的基础之上，研究个体行为与财务活动的相关性。对投资个体行为的研究内容主要有以下两个部分。

第一，投资个体的认知偏差。对于投资者个体的认知偏差研究，应从易获得性偏误、代表性偏误、过度自信、过度反应和无关效果几个方面进行。

第二，投资者个体的决策过程。对投资者个体决策过程的研究应包括投资者个体的决策特征效应和模型两个部分，前者包括确定性效应、反射效应和分离效应，后者包括价值函数和损失部分低斜率。

对行为财务学的研究除对投资者个体行为进行全面探讨外，同时还需要对投资者群体行为进行相关研究。行为财务学利用卡尼曼和特韦尔斯基创建的经济模型，解释人们在不确定条件下的决策行为。

就目前来看，虽然当前对行为财务学的研究已经深入经济生活的方方面面，但其研究体系尚不完善，行为财务学还没能形成独立完整的学科体系。

第三节 行为财务理论内容

2002 年，美国普林斯顿大学心理学和公共关系学教授卡内曼被授予诺贝尔经济学奖。他遵循 1978 年诺贝尔经济学奖获得者赫伯特·西蒙（Herbert Simon）的“有限理性”理论和启发式的思想，把心理学的特别是关于不确定条件下人的判断和决策的研究思想结合到了经济学中，提出三种常见的启发式：代表性、可得性及锚定和调整。卡内曼发现人类的决策行为常常是非理性和有偏差的，这与传统经济学理论（期望效用理论）的预期不符，而且这种偏差是有规律的。鉴于此，他提出预期理论以解释人类在不确定条件下的判断和决策行为。

一、行为财务学的两大基石

传统财务学的哲学基础是理性人假说，以模型形式表述就是偏好、效用和效用函数等概念，在这些概念及公理性假设基础上设立的公理体系成为现代西方经济学的理论基础。但是这些基本假定近年来在实验经济学和心理学的实践检验中并没有得到一致性的确认，反而在实验中发现许多与这些公理假设极其不相应的结果。

行为财务学对市场有效中的理性人假定存在异议。有效市场理论提出套期对非理性交易者的活动具有抵消作用，即理性的投资者可以通过套期机制在短期内纠正非理性投资者造成的价格偏差，进而避免非理性投资者对证券价格的长期影响。而行为财务学却通过一系列的实证研究证明了相反的结论，即投资者无法通过套利行为纠正这种价格的偏差，即套利行为受限，它成为行为财务学的一大理论基石，即行为财物理论的经济学基础。

为了研究投资者做出选择的正确性，行为模型需要指出投资者非理性模型的类型在多大程度上偏离人的假设。为此，经济行为学家转向利用心理学家的研究成果分析投资者如何形成信念、偏好，怎样做出决定，因此，有限理性行为模式成为行为财务学的第二大基石，即行为财务学的心理学基础。

二、有限理性

（一）行为心理偏差

赫伯特·西蒙提出的有限理性（less-perfect rationality）观点是相对于标准财务/金

融的完全理性概念。有限理性是指由于人的精力、能力和信息等方面的有限性，在面临选择问题时，通常不可能对各种方案进行全面、详尽的计算和评估，因而无法达到传统经济学在完备性、传递性等公理假设上的完全理性。

Kuhn 和 Lewin（1951）将投资者的偏差分为认知偏差（cognitive bias）和动机偏差（motivational bias）两大类。认知是脑力处理或认知能力，包括知觉、感知、推理和判断等方面。动机是行为的诱因或刺激。他描述了两者的区别：认知提供了感知者对世界解释，因而决定该感知者将会怎么做；而动机则预测这种行为是否真的发生，动机是认知行为的"发动机"。

（二）认知偏差

认知偏差是指由于收集或解释信息的能力或机会不足而产生的对标准的系统性偏离。在此基础上建立的行为财务理论主要有两种。

1. 锚定理论

心理学家研究发现，当人们被要求做相关数值的评估时，容易受事先给出的参考值影响，这种现象被称为锚定效应。Kahneman 和 Tversky（1979）研究发现，当人们在进行评估时，通常从某一个初始值出发（这个值可能是任意的），然后再进行调整；实验证据表明这种调整通常是不充足的，人们太过于"固错"在初始值上；这又会导致保守性偏差，一旦个体形成了一种判断，在新的证据面前他们只是缓慢地更新这种判断。

Kahneman 和 Tversky（1979）在期望理论里将其发展成为一种著名论断，即数字本身是无意义的，数字只有和参照点联系起来才有意义。因此价格并不一定代表人们要支持的数量，而是代表基于某一参照点的收益和损失。

与锚定效应相联系的还有心理账户（mental accounting）（也叫心理会计）问题。不同于传统经济理论假设的资本是可以替代的，现实中人们根据资本来源和资本用途等因素对资本进行归类，这种现象被称为"心理账户"。个人在决策时并不统观所有可能发生的结果，而是将决策分成几个部分来看，即分成几个心理账户，对于不同的心理账户会有不同的参考点（reference point）和风险态度。用在投资上是指人们在心理上将不同资本放在不同账户上。例如，在自己的投资组合资本中有一部分是用于保值的，有一部分是用来升值获利的。又如，赌场赢得的资本、股票市场获得的横财、意想不到的遗产等都会被认为比常规收入的价值低，人们倾向更轻率地或愚蠢地使用这些价值被低估的资产。

心理账户的一个重要特征是"狭窄框架"（narrow framing）。狭窄框架是指人们倾向于个人的博弈与财富的其他部分分离。狭窄框架用在投资上是指人们经常表现出只注意狭义的收益或损失，如果投资者组合中许多股票中的一只表现不佳，投资者会对买进那只股票的决策感到后悔。

2. 启发式偏差

当人们面临复杂的决策任务时，会倾向使用启发式判断准则，它们使估计概率和预期值的复杂性大大简化，因而对决策者在一个信息超载的社会降低决策的复杂性来说是一个适合的工具。但启发式偏见导致投资者形成系统性心理错误（systematic mental mistakes）而不能正确地处理信息。

心理研究表明，人类大脑经常用粗略的估计方法去解决复杂的问题，也就是使用某种工具得出一个估计值，而不是仔细分析所有信息。这些估计值并不总是正确的。最常见的启发式偏差是代表性（representativeness）偏差。

Kahneman和Tversky指出，当人们在判断数据A是否由B产生或A是否属于B时，人们会经常使用代表式启发法则。也就是说，当人们要判断某一事物是否出现时，只需要看事物的“代表性”特征是否出现。一般来说，代表性是有用的启发式法则，但它可能产生一些严重的偏差。例如，如果你在生活中看到坏人有30%的概率脸上长横肉，那么以后你看到脸上长横肉的人一定会认为他是坏人。

（三）动机偏差

一些基本的动机，如保持正面自我形象、达成目标及良好感觉等，驱使人类的行为，与此相关的行为财务理论主要有以下几个。

1. 过度自信理论

许多证据表明人们对自己的预测比基于客观现实的预测更自信。过度自信对个体如何处理信息有直接和间接的影响。过度自信导致个体会对自己收集的信息给予过多的权重，因为他们倾向高估该信息的精确度。过度自信产生的间接效应是个体以保留或维持自信的方式过滤信息并影响其行为。与之相联系的是心理学家所称的认知失调（cognitive dissonance）、事后认知偏差（hindsight bias）和确定性偏差（confirmatory bias）。认知失调是指当个人面临的情况与他们心中的想法和假设不同时所产生的一种心理冲突，人们可能会采取行动降低认知失调，如可能避免新信息或极力为自己错误的想法辩护。事后认识偏差是指人们在事情发生后夸大自己事前的预言，有时甚至错误回忆自己的预言以便夸大其事前的远见，事后解释以使其对自己决策技巧感到满意。确定性偏差是指人们倾向把含糊或相反的证据以符合他们自己先前信念的方式来解释，以维持自尊。

总的来说，过度自信使人们倾向忽视或低估降低他们自尊的信息。

2. 损失厌恶

损失厌恶是指人们对财富的减少比对财富的增加要敏感。损失厌恶是Kahneman和Tversky（1979）对面临风险的人们的决策过程进行描述的模型，即期望理论的主要特征。期望理论也称前景理论，其用“价值函数”（value function）代替传统的预期效用模型（expected utility）。在标准的新古典财务理论中，消费者的偏好必须满足冯·诺依曼—摩根斯坦形式化公理体系的一些基本要求，如必须满足完备性、传递性、连续性和独立性等。行为财务理论对它们提出了一些质疑，其中最重要的挑战来自期望理论。

3. 后悔规避

人类有种倾向，即在发现自己做出了错误判断之后，往往会感到伤心、痛苦，有挫折感，人们为了避免悔恨可能带来的痛苦，常会非理性地改变自己的行为。例如，在日常生活中，人们对于失败的事总是讳莫如深，对于成功的事却津津乐道。又如，投资者不愿卖出下跌的股票是为了避免感受因自己进行错误的投资而感受到的痛苦和后悔。

4. 非贝叶斯预测

新古典财务理论中的最优决策模型要求投资者按照贝叶斯规律修正自己的判断并对未来进行预测。但是行为财务的研究发现，人们在决策过程中并不是按照贝叶斯规律不断修正自己的预测概率，而是对最近发生的事件和最新的经验给予更多的权重，从而导致人们在决策和做出判断时过分看重近期事件的影响。

5. 情绪理论

心理学文献研究了情绪是如何影响人类行为的。情绪好的人通常会比情绪不好的人做出更乐观的选择和判断。人们情绪好时更容易接受不管是强还是弱的理由。情绪强烈地影响人们在缺乏具体信息时的抽象判断。

三、行为财务学的经济学基础——有限套利理论

弗里德曼认为，理性投资者（也称为套利者）的行为可以很快纠正非理性投资者（也称为噪声交易者）导致的不当定价。假设某股票的价格由于非理性投资者的相关购买行为而高于基本价值，理性投资者就会出售甚至卖空该股票而同时买入一个近似的替代资产来规避风险，那么这种抛售的压力又会将价格推回到基本值水平。

弗里德曼的论点是建立在两个论断之上的：第一，某股票的价格一旦出现对公司基本值的偏离，即意味着出现一个极具吸引力的投资机会；第二，理论交易者会立即抓住这个机会进行套利从而纠正错误定价。行为财务理论对第二点没有异议，但对第一点，行为财务理论认为纠正错误定价的投资策略是有风险的，这使套利可能不再具有吸引力，错误定价可能并未得到纠正。

在弗里德曼的理论中，理性交易者就是套利者，因为错误定价的资产立刻带来了无风险的利润。但行为财务理论认为，弗里德曼的理性交易者采用的策略不一定就是套利行为，因为这种策略是有风险的。相对于理论上的套利，现实世界的套利包含了一系列的风险，在某些条件下会限制套利行为的发生并使得偏离基本价值的现象仍然存在。

（一）基本风险

一个套利者购买一只股票面临的最明显风险是关于该股的基本价值的坏消息出现而导致股价下降从而使其遭受损失。当然，套利者可以在购买该股的同时卖空该股票的近似替代证券（如同一行业的另一只股票），从而避免风险。问题是这种替代证券通常是不完全替代的，这时套利者面临基本风险。这种情况下套利行为被限制的充分条件如

下：①套利者是风险厌恶型的；②风险是系统风险，无法分散。条件①确保了错误定价不会被单个套利者的巨额头寸纠正，条件②确保了错误定价不会被大量投资者的累计头寸纠正。

（二）噪声交易者风险

噪声交易者风险是指套利者利用的错误定价在短期进一步恶化的风险。资本市场上的噪声是指在信息不对称情况下，导致股票均衡价格与其内在价值偏离的非理性信息。

德龙等（de Long et al., 1990）给出了风险资产定价模型，认为风险资产的价格取决于模型的外生变量和噪声交易者对现在和将来的错误认识的公开信息；由于噪声交易者信念是不可预测的，这种风险极大地减少了套利的吸引性，只要套利者（理性交易者）是短期的，他们就必须担心投资于错误定价资产的清偿，因此即使没有基本风险，他们套利的积极性也因此而受到限制。噪声交易者使市场价格明显偏离基本价值。

（三）执行成本

证券交易中的佣金、交易税等成本的存在使利用错误定价获利没有那么有吸引力。由于卖空通常对套利过程来说很重要，我们也将卖空限制包含进执行成本。最简单的限制是借时收取的费用，通常情况下这些费用很小，但有时借不到股票。除了借股费用，还有法律限制；在美国，对于大部分资本管理者来说，特别是养老基金和共同基金管理者，卖空是不允许的。诸如贷款费用的每期交易成本会使套利者面临另一种风险——时间风险，即错误定价很长时间才被消除以致任何利润都沉没在累积的交易成本中，除此之外，要发现和了解一个错误定价及利用这种定价的成本可能是很高的。

四、预期理论

预期理论是行为财务学的重要理论基础。Kahneman 和 Tversky（1979）通过实验对比发现，大多数投资者并不是标准金融投资者而是行为投资者，他们的行为不总是理性的，也并不总是风险回避的。预期理论认为投资者对收益的效用函数是凹函数，而对损失的效用函数是凸函数，表现为投资者在投资账面值损失时更加厌恶风险，而在投资账面值盈利时，随着收益的增加，其满足程度速度减缓。

（一）期望效用

期望效用（expected utility，EU）模型是现代经济学在风险决策（不确定性决策）问题上一个著名的理论模型，1947 年由冯·诺依曼和摩根斯坦经过严格的公理化阐述后提出。期望效用理论认为，决策者一般选择期望效用值最大的选择方案。期望效用值可以用选择方案的结果发生的概率与该选择方案的效用值的函数来表示，其基本内涵是，决策者谋求的是加权估价后形成的预期效用的最大化。期望效用理论描述了理性人在风险条件下的决策行为。

20 世纪 80 年代以前，研究普遍认为：人是理性的动物，其行为是由理性驱使的。只有在特殊情况下，如疲劳、醉酒和愤怒时，人们的决策和思维才会是非理性的。但实际上人不可能是纯粹的理性人，决策还会受到其复杂心理因素的影响。Kahneman 和 Tversky 在大量的心理学实验中观察到人们的实际行为系统地偏离于期望效用理论的预测，以及偏离基于该理论的一些公理。1979 年，他们联合在 *Econometrica* 上发表论文《预期理论：风险下的决策分析》，提出预期理论。据统计，这是该刊历史上被最广泛引用的文章，在过去的20年中平均每年被引用超过100次。该论文给出了理论模型来解释个人在面对不确定性时是如何决策的，提出了预期理论（也称前景理论或展望理论），构建了“价值函数”来替代期望效用模型。通过实验调查，Kahneman 和 Tversky 把违反传统预期效用理论的部分归纳为三种效果：确定效果（certainty effect）、反射效果（reflection effect）、分离效果（isolation effect）。

（二）预期理论的主要假设及其在经济学中的应用

1. 回避损失

损失的效用要比等量收益的效用有更大的权重。例如，受市场变化的威胁，某公司总裁面对一个两难问题。他的财政顾问告诉他得采取行动，否则公司的 3 个制造厂就会倒闭，所有的 6 000 名雇员将失业，财政顾问提交了 2 个计划：

计划 A：执行该计划必定可以保存 1 个工厂，保留 2 000 名雇员。

计划 B：执行该计划有 1/3 的概率可以保留全部 3 个工厂和 6 000 名雇员，但是另外 2/3 概率则为全部工厂倒闭且全部雇员失业。

上述 2 个计划可以从损失的角度改写：

计划 C：执行该计划必定损失 2 个工厂，损失 4 000 名雇员。

计划 D：执行该计划则有 2/3 的概率损失全部 3 个工厂和 6 000 名雇员，但是另外 1/3 概率则没有任何工厂倒闭，也没有任何雇员失业。

从期望效用理论的观点来看，这 4 个计划可以产生相似的结果：

计划 A：1.0 的概率保留 1 个工厂和 2 000 名雇员=损失 2 个工厂和 4 000 名雇员；

计划 B：1/3 的概率保留 3 个工厂和 6 000 名雇员=1/3×3=保留 1 个工厂和 2 000 名雇员=损失 2 个工厂和 4 000 名雇员；

计划 C：1.0 的概率损失 2 个工厂和 4 000 名雇员=损失 2 个工厂和 4 000 名雇员；

计划 D：2/3 的概率损失 3 个工厂和 6 000 名雇员=2/3×3=损失 2 个工厂和 4 000 名雇员。

但实验结果表明，在计划 A 和计划 B 中，大多数人倾向选计划 A，表现为获益而回避风险（risk aversion with gains）；而对于计划 C 和计划 D，大多数人倾向选计划 D，表现为回避损失而冒风险（risk seeking with losses）。可见，从收益和损失两种不同的角度提出问题，会得出完全不同的结论。人们对损失更关注，以至于宁愿冒险去回避损失。理解了回避损失这个概念，就可以很好地理解政治和经济生活中的一些现象。

2. 参照依赖

人们对资产的变化比对净资产更敏感，因此人们根据参照点来定义价值，而不是根据净资产本身。例如，Kahneman 和 Tversky 让两组不同的被试者分别回答下列两组问题。

第一组：假设你现在已经有 1 000 美元，除了你所有的之外，现在你可以在下面两项中选择一项。

A：必定获得 500 美元；

B：50%的可能获得 1 000 美元，50%一无所得。

第二组：假设你现在已经有 2 000 美元，除了你所拥有的之外，现在你可以在下面两项中选择一项。

A：必定获得 500 美元；

B：50%的可能获得 1 000 美元，50%一无所得。

在第一组中 84%的被试者选 A。第二组中 69%的被试者选 B。对于被试者可以获得的净收益被试者的选择也有不同。第一组被试者以已拥有的 1 000 美元为参照，选择比较保守；而第二组被试者以 2 000 美元为参照，倾向选择冒险。可见，可以通过改变人们的参照点来改变其行为。政治竞选者可以通过降低公众对自己的期望及提高公众对其对手的期望来影响投票者的参照点，从而提高自己在投票者中的地位。

3. 捐赠效应

对于获得的自己财产之外的东西就会立即赋予这个物品比在拥有前更多的价值。例如，顾客可以先免费试用该产品倾向给予更高的评价。例如，许多商家都提供产品的试用期，顾客可以先免费试用该产品 90 天，试用期满后如果顾客愿意则可以选择退回该产品。然而，到那时候产品已经像是家中财产的一部分了，捐赠效应使得人们不愿意归还该产品。

（三）预期理论的基本内容

预期理论认为投资者对问题的认知与判断是从主观角度出发的，人们的决策结果将取决于价值函数和权值函数。具体表现为加权价值函数的最大化。其中“权值”不是一般意义上的概率，而是真实概率的函数，价值函数则是期望理论用来表示效用的概念，价值函数的表达形式如下：

$$V=\sum_{i=1}^{n}W(P_i)V(X_i)$$

其中，$W(P_i)$是决策权重（decision weight），它是一种概率评价性的单调增函数，体现“编辑”（editing）效应。在编辑阶段，决策主体把预期编辑成一定简化形式，以便在评价阶段更易进行选择。$W(P_i)$在真实概率P_i极低时，值为 0；真实概率极高时，值为 1。同时，对不太可能发生的事件（概率大于“非常小概率”）赋予大于真实概率的权值，对很可能发生的事件（概率小于“非常大概率”）赋予小于真实概率的权值。即人们夸大（或缩小）了相应事件的发生概率。“非常大概率”或“非常小概率”的具体范围是由个人的主观判断决定的，预期理论对此没有定论。

函数$V(X_i)$是决策者主观感受所形成的价值，它体现构架效应（framing effect），即偏好情况体现在围绕参照点的价值变化方面而不是价值的绝对值方面。$V(X_i)$是对应变量X_i（如财富）的增函数，函数曲线上各点的斜率都是正的，但$V(X_i)$在某参照点（其具体位置取决于个人的主观因素）的斜率是不连续的，这种非连续性意味着在该点左右人对风险的态度有巨大的转变，尽管影响决策的参数本身只有细微的变化。函数$V(X_i)$具有三个特征：①向参照点正负（即收益与损失）两个方向偏离的反射性状，称为“反射效应”。②正向（收益状态）呈凹性（体现风险回避，即在确定性收益与非确定性收益中偏好前者），反向（损失状态）呈凸性（体现风险爱好，即在确定性损失与非确定性收益中偏好后者）。③正向变化的斜率小于反向变化的斜率（个体对同等收益与损失的风险偏好程度是前者小于后者）。

预期理论以加权“价值函数”的形式，能较好地将人的一些行为决策特性结合进来，因此吸引了较多财务学家的关注。预期理论表明，当涉及亏损时，人们倾向追求风险。

S 形的价值函数（value function）替代了期望效用模型，如图 6-2 所示。

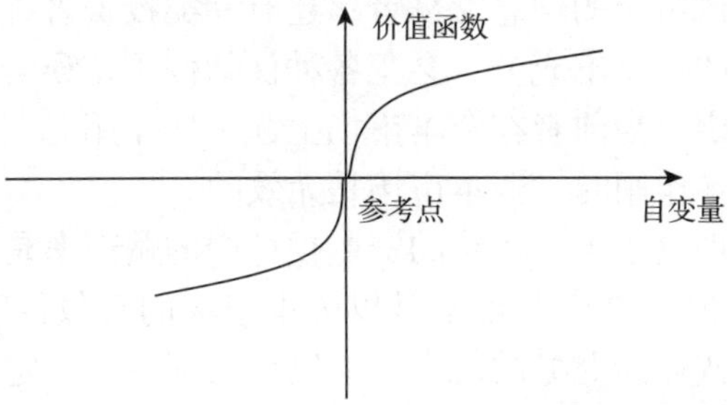

图 6-2　预期理论的价值函数

预期理论将决策过程分成编辑和评价两个阶段。编辑阶段是对所给定的各种可能性进行事前分析，从而得出简化的重新表述，人们通常是以获利或损失来感受结果，而不是财富的最终状态，获利或损失总是与一定的参照物相比较，称为参考点。参考点可以理解为进行比较的个人视点，据以构建各种情形的现状（通常是现有财富）。评价阶段是决策者评价各种经过编辑的可能性，选择价值最高的情形，它取决于价值函数 V（value function）和概率评价函数 W（weighting function）。

价值函数是预期理论用来表示效用的概念，它与标准效用函数的区别在于它不再是财富的函数，而是获利或损失的函数。Kahneman 和 Tversky（1979）认为，在参考点以上的部分（获利区间），价值函数上凸，表明决策者是风险爱好型；在参考点以下的部分（损失区间），价值函数下凹，表明决策者是风险厌恶型；在参考点附近，价值函数的斜率有明显变动，表明风险态度的变化对损失的感受大于获利，由风险厌恶转为风险爱好。

预期理论的另一个重要概念是概率评价函数。Kahneman 和 Tversky（1979）认为，人们对不同的效用值所对应的事件发生的概率的主观概率也是不一样的，按照实际概率值可以划分为极可能、很可能、很不可能、极不可能几种情况，不同情况下人们的概率评价值有着明显差异。应该指出的是，价值函数和概率评价函数都没有给出函数的具体形式，其本身通过举例来说明，带有一种实验性质，这是预期理论的主要缺陷。

五、行为财务学的基本内容

（一）行为资本资产定价理论

现代公司财务学的基础是马科维茨的投资组合理论和夏普等的资本资产定价模型，两者都以投资者理性为前提。

行为财务学认为，部分投资者因非理性或非标准偏好的驱使会做出非理性的行为，而且具有标准偏好的理性投资者无法全部抵消非理性投资者的资产需求。基于此，Shefrin 和 Statman（1994）提出了行为资本资产定价理论（behavioral capital asset pricing theory，BCAPT），对传统的资本资产定价模型进行了调整。

行为资本资产定价理论认为，资本市场上有两类交易者：一类是严格按照传统的资本资产定价模型进行资产组合的信息交易者；还有一类投资者并不按传统的资本资产定价模型进行交易，他们的信息不充分，会犯各种认知偏差错误。资本市场上资产的价格由这两类投资者共同决定：当前者在资本市场上起主导作用时，资本市场是有效的；当后者在资本市场上起主导作用时，资本市场是无效的。

行为资本资产定价理论指出，传统的资本预算中的贴现率是按以传统的资本资产定价模型为基础计算出来的，这个贴现率是以资本市场的有效性和管理者的理性为前提的。但事实并非如此。按行为财务的观点，应以行为资本资产定价理论为基础来重新估计贴现率。

（二）行为投资组合理论

Shefrin 和 Statman（2000）以 Vroom（1965）的期望理论为基础，发展出行为投资组合理论（behavioral portfolio theory，BPT）。Shefrin 和 Statman（2000）利用单一心理账户（single mental account）和多个心理账户（multiple mental account）来推导行为投资组合理论。

单一心理账户投资者关注各资产间的相关系数，他们会将投资组合整合在同一个心理账户里。多个心理账户投资者将投资组合分散到多个心理账户，忽视资产间的相关系数。

行为投资组合理论认为，投资者的投资组合是一种基于对不同资产风险程度的识别和投资目的的金字塔状投资组合，位于金字塔各层的投资与投资者特定的期望相联系，而且，Shefrin 和 Statman 发展了一个两层的投资组合模型，每一层代表不同的风险偏好：底层代表避免贫穷和破产，规避风险；高层代表为了暴富，追逐风险。

（三）行为财务理论模型

1. DSSW 模型

DSSW 模型[①]解释了噪声交易者对金融资产定价的影响及噪声交易者能赚取更高的预期收益的原因。DSSW 模型认为，市场中存在理性套利者和噪声交易者两类交易者，后者的行为具有随机性和不可预测性，由此产生的风险降低了理性套利者进行套利的积极性。这样金融资产的价格明显偏离基本价值。而且噪声会扭曲资产价格，但他们也会因承担自己创造的风险而赚取比理性投资高的回报。

2. BSV 模型

BSV 模型[②]解释了金融资产的价格如何偏离有效市场假说。BSV 模型认为，投资者在决策时存在两种心理偏差：选择性偏差和保守性偏差。由于收益变化是随机的，上述两种偏差使投资者会做出两种错误的判断：判断 1 和判断 2。根据判断 1，投资者认为收益变化是一种暂时现象，未能及时调整自身对未来收益的预期，即反应不足；根据判断 2，投资者认为近期股票价格的同方向变化反映公司收益的变化是趋势性的，并对这一趋势外推，导致过度反应。

3. DHS 模型

DHS 模型[③]解释了股票回报的短期连续性和长期的反转。该模型认为，市场中的投资者分无信息和有信息两类，前者不存在判断偏差，后者表现出过度自信和自我偏爱两种判断偏差。过度自信导致投资者夸大对股票价值判断的私人信息的准确性；自我偏爱导致对私人信息的反应过度和公共信息的反应不足。因此，股票价格短期内会保持连续性。但从长期来看，当投资者的私人信息与公共信息不一致时，股票价格会因前期的过度反应而回调。

4. HS 模型

HS 模型[④]解释了反应不足和过度反应。与 BSV 模型和 DHS 模型不同的是，HS 模型把市场中的投资者分为消息观察者和动量交易者两类。在对股票价格进行预测时，消息观察者完全不依赖当前或过去的价格，而是根据其获得的关于股票未来价值的信息；动量交易者则把他们的预测建立在一个对过去历史价格的简单函数上。同时，模型假设私人信息在消息观察者中是逐步扩散的。HS 模型认为最初消息观察者对私人信息反应不足，动量交易者试图利用这一点进行套利，但结果恰恰导致股价的过度反应。

---

① DSSW 模型是由 de Long、Shleifer、Summers 和 Waldmann 提出的，它是一个噪声交易模型。

② BSV 模型是由 Barberis、Shleffer 和 Vishny 提出的。

③ DHS 模型是由 Daniel、Hirshleifer 和 Subrahmanyam 提出的。

④ HS 模型是由 Hong 和 Stein 提出的。

5. 羊群效应模型

羊群效应模型解释了投资者在市场中的群体行为及其后果。该模型把投资者的群体行为归因为效用最大化的驱使及“群体压力”等情绪的影响，有序列型和非序列型两种模型，投资者通过典型的贝叶斯过程从市场噪声和其他个体的决策中依次获取信息，投资者一次只做一个决策，即决策的序列性。在非序列模型中，假设两个投资者之间的仿效倾向是固定相同的，倾向较弱时，市场总体表现为收益服从高斯分布；倾向较强时，则表现为市场崩溃，这与传统的零点对称、单一形态的厚尾分布不一致。

【思考题】

1. 怎么区分有效市场三种形式?
2. 什么是行为财务学?
3. 简要说明预期理论的主要观点。

第七章　公 司 治 理

学习目标

◇掌握公司治理的概念，理解公司治理的内容

◇了解公司治理的两大流派，知悉公司治理的四大理论

◇熟悉公司治理的基本模式的主要内容与特点及公司治理的未来发展趋向

◇理解公司治理在中国的特色，了解公司治理的实践应用

【开篇案例】

长生生物公司治理案例

2018 年 7 月 15 日，国家药品监督管理局发布长生生物的全资子公司长春长生狂犬病疫苗记录造假的通告；18 日，长春长生因生产的疫苗检验结果“效价测定”项不符合规定，被罚没 344 余万元；24 日，长生生物董事长高俊芳等 15 名涉案人员因涉嫌刑事犯罪被刑拘。长生生物作为背负重要企业社会责任、涉及社会公众生命安全的生物企业，借壳上市不过三年，缘何惊爆“黑天鹅”？在国企改革和后续经营中漠视公司治理风险，进而形成治理失控，是长生生物爆发丑闻的重要原因。

2007 年，韩刚君将所持有的长春长生 30%的股份转让给深圳豪言，后由高俊芳、张帅实际控制。2008 年，21 位自然人分持了原本持股数排名第三至第五名合计 42.93%的股份，2010 年进行了眼花缭乱、几无收益的倒手，深圳豪言将 30%的股份无偿转让给高俊芳、张洺豪母子后随即注销。至此，长春长生成为家族控股，2015 年借壳上市。长生生物的实际经营存在极大的内控风险。内部董事比例较高。董事会缺乏必要独立性，难以对管理层形成有效监督。高俊芳兼任董事长、总经理和财务总监三职，权力极大。作为董事长，高俊芳兼任财务总监在法律中虽无明文规定禁止，但对上市公司而言，兼任显然难以保证公司治理结构、信息披露和财务内控机制的有效运作；作为总经理，高俊芳在近年来大幅降低研发费用、公司研发支出远低于行业龙头企业平均水平的同时，通过激增至人均 2 300 余万元的销售费用变相鼓励商业贿赂行为，致使法律诉讼成为长生生物诉讼信息中的突出部分，运营风险大幅提升；作为财务总监，高俊芳将长生生物大量资金投资于银行理财产品，

流动资金没有有效利用。以上决策实例，令人质疑高俊芳兼任数职的勤勉程度和合理性。

长生生物种种异于常理的现象，体现的是内部人控制。高俊芳自 1994 年担任长生实业总经理，至 2018 年的 24 年一直位居“一把手”，并接连将丈夫、儿子及其他亲属引入公司担任董事、高管等职务，最为明显的是高俊芳之夫张友奎、之子张洺豪。张友奎从长春生物制品研究所人事处离职进入公司任副总经理，主要负责销售工作，2016 年后不再担任董事；张洺豪在长生生物任副董事长、副总经理，负责工程项目。资料显示，高、张二人的亲眷也在长生生物中担任职位，如张友奎之妹张敏担任董事，张友奎与高俊芳的外甥女杨曼丽担任长春长生市场销售部经理。

另外，高俊芳在长春生物制品研究所工作时期的许多同事，长期在长生生物任重要职位。疫苗事件爆发后，张洺豪接受采访时称自己对长生生物的经营并不了解，并直指长生生物董事、副总经理、质量总监张晶对疫苗事件负有责任，而后者在 1996 年前一直担任长春生物制品研究所职员。如张晶一般活跃在长生生物的“长春生物制品研究所同事”还有数人，分布在长春长生的董事、监事、高管之中。例如，2008~2014 年任职长春长生董事的张嘉铭，在 2000 年退休前任长春生物制品研究所所长；现任长春长生监事的李凤芝，曾任长春生物制品研究所建筑服务公司党支部书记；现任长春长生副总经理、研究所所长的鞠长军曾任长春生物制品研究所职员。可见，自 1992 年国企改制开始，参与改制并分享利益的长春生物制品研究所员工是“高氏家族”背后的另一重要内部人力量。

此外，年报显示，高俊芳在 2000 年、2001 年的年薪分别为 5.98 万元、8.4 万元，其 2004 年何来 3 375 万元巨资收购长春长生 25%的股权迄今为止并无透明、准确的信息披露。高俊芳在回应媒体时称收购资金是找“亲戚朋友”借的，“自己出 200 万”，“到期如果还不上的话，就自动转让股权”。未被信息披露的内部人复杂社会关系也最终成为长生生物公司治理失控、风险激增的原因之一。

综上所述，长生生物的公司治理风险随着内部管理人员权力的累积而不断增加，最终嬗变为一场引发全社会关注的舆论风暴。239 亿元市值的长生生物在短短十数年“眼见他起高楼、眼见他宴宾客、眼见他楼塌”。

案例思考：

（1）长生生物爆发丑闻的深层次原因是什么？

（2）基于公司治理视角，深入阐述长生生物的公司内部治理缺陷。

第一节　公司治理概述

一、公司治理的概念

公司治理的英文是 corporate governance，在我国也译成公司法人治理、公司法人治理结构、公司监管等，本书认为公司治理不只是法人治理和治理结构的内容，“公司治理”可以更有效地涵盖目前所出现的问题，因此本书采用“公司治理”这一译法。尽管学术界、企业界对公司治理问题进行了大量的研究，但是对公司治理的定义各有不同，经济学家、管理学家等都从不同的角度对公司治理进行了定义。

1. 经济学：主要是制度学说

柯林·梅耶认为公司治理是“公司赖以代表和服务于它的投资者利益的一种组织安排。它包括从公司董事会到执行人员激励计划的一切东西……公司治理的需求随市场经济中现代股份公司所有权与控制权相分离而产生”。

青木昌彦和钱颖一（1995）认为，在经济学家看来公司治理结构是一套制度安排，用以支配若干在企业中有重大利害关系的团体——投资者、经理人、职工之间的关系，并从这种联盟中实现经济利益。公司治理结构包括：如何配置和行使控制权，如何监督和评价董事会、经理人和职工，如何设计和实施激励机制。一般而言，良好的公司治理结构能够利用这些制度安排的互补性质，选择一种结构来降低代理人的成本。

张维迎（1996）把公司治理结构与企业所有权相联系，他认为，狭义地讲，公司治理结构是指有关公司董事会的功能、结构、股东的权力等方面的制度安排；广义地讲，是指有关公司控制权和剩余索取权分配的一整套法律、文化和制度性安排，这些安排决定公司的目标，谁在什么状态下实施控制，如何控制，风险和收益如何在不同企业成员之间分配这样一些问题。因此广义的公司治理结构与企业所有权安排几乎是同一个意思，或者更准确地讲，公司治理结构只是企业所有权安排的具体化，企业所有权是公司治理结构的一个抽象概括。

2. 管理学：主要是决策学说和组织结构说

奥利弗·哈特提出了公司治理决策机制说。他认为治理结构被看作一个决策机制，而这些决策在初始合约中没有明确设定，更准确地说，治理结构分配公司非人力资本的剩余控制权，即资产使用权如果在初始合约中没有详尽设定的话，治理结构将决定其如何使用。

李维安（2005）指出，公司治理是通过一套包括正式或非正式的、内部或外部的制度或机制来协调公司与所有利益相关者之间的利益关系，以保证公司决策的科学化，从而最终维护各方面利益的一种制度安排。公司治理的目标不仅是股东利益的最大化，还要保证公司决策的科学化，从而保证公司各方面的利益相关者的利益最大化，因此公司治理的核心和目的是保证公司决策科学化，而利益相关者的相互制衡只是保证公司科学决策的方式和途径。

吴敬琏（1994）认为，公司治理结构是指由所有者、董事会和高级执行人员即高级经理人员三者组成的一种组织结构。在这种结构中，上述三者之间形成一定的制衡关系。通过这一结构，所有者将自己的资产交由公司董事会托管；公司董事会是公司的最高决策机构，拥有对高级经理人员的聘用、奖惩和解雇权；高级经理人员受雇于董事会，组成在董事会领导下的执行机构，在董事会的授权范围内经营企业。

3. OECD 对公司治理的定义

OECD 公司治理原则指出：公司治理是一种据以对工商业公司进行管理和控制的体系，应明确规定公司的各个参与者，如董事会、经理层、股东和其他利益相关者的责任和权力分布，并清楚地说明决策公司事务时应遵循的规则和程序，使之用以设置公司目标及提供实现公司目标和监控经营的手段。

综上所述，可以看出公司治理是一个多角度、多层次的概念。从公司治理这一问题所涉及的内容及公司治理问题目前的发展趋势角度出发，本书认为，从广义的角度来把握公司治理的定义，更能反映目前对公司治理的要求。公司治理应是通过各种制度或机制协调公司各方利益关系，从而在保证公司相关各方利益最大化的基础上实现公司价值最大化。对公司内部，公司治理是协调股东、董事、监事、经理层的权力制衡关系；对公司外部，则是协调公司与供应商、雇员、债权人、政府和企业所在社区等之间的利益平衡关系的机制或制度的总称。

二、公司治理的内容

公司治理的内容因其内涵的不同而不同，甚至有学者指出公司治理问题就是对付经理人的“招”。本书从公司治理的定义出发，从广义的角度去研究公司治理的体系，即从利益相关者出发，公司治理可分为内部治理和外部治理。

一是内部治理，主要是公司权力的分配和制衡，即在股东会、董事会、监事会、管理者之间如何分配权力并进行制衡的组织结构安排及机制安排，保证公司内部利益的最大化。

从公司治理的具体内部治理对象来看，公司治理不仅包括权力的制衡，还包括组织治理、人事治理、财务治理、企业战略管理系统、激励制度、企业文化等一切与企业发展有关的其他制度。其中财务治理是公司治理内容最根本的体现形式。经济行为都以经济利益为中心，公司治理问题更多的是由财务问题引发的，在公司治理活动的操作中更多的是通过财务治理体现。

二是外部治理，即如何从外部对公司的决策和经营施加影响，迫使公司选择良好的治理结构安排，主要是从外部相关利益者的角度出发，如资本市场、产品市场、劳动力市场、法律制度、声誉和社会舆论等方面。

三、公司治理的特征

1. 公司治理的动态性

公司治理的动态性有两个方面的含义：其一是指一个具体的公司在不同的发展阶段有与它相适应的公司治理机制；其二是指不同时代的公司治理有那个时代独有的特点与内容。到目前为止，公司治理理念经历了四个阶段：20 世纪 70 年代管理层中心主义阶段、80年代股东会中心主义阶段、90年代董事会中心主义阶段和21世纪利益平衡/风险控制阶段。

2. 公司治理的合约性

公司治理的合约性是指公司各利益关系人通过签订合约来规定各自的权、责、利。公司治理是一种合约关系，但是由于各利益关系人的行为具有有限理性和机会主义的特征，所以这些合约不可能是完全合约，只能是一种关系合约。关系合约是指合约各方并不要求对行为的详细内容达成协议，而是对总目标、总原则、遇到问题时的决策规则、分享决策权及解决可能出现的争议的机制等达成协议，从而节约了不断谈判不断缔约的成本。公司治理以公司法和公司章程为依据，在本质上就是这种关系合约，它以简约的方式，规范公司各利益相关人的关系，约束他们之间的交易，来实现公司交易成本的比较优势。

3. 公司治理的法治性

国家为保护公司各利益关系人的利益，往往通过制定有关法律法规来规范公司治理。我国也通过《中华人民共和国公司法》、《中华人民共和国证券法》、《上市公司治理准则》和其他有关法律法规来规范我国的公司治理。公司各利益关系人的权、责、利需要在有关法律基础上加以明确。公司治理机制完善与否，取决于国家有关法律法规完善与否。在现阶段，我国尤其应重视对大股东、董事、监事、高级管理人员法律责任的研究，这是我国公司治理的关键内容之一。

4. 公司治理的制约性

公司治理强调公司股东、董事会、监事会、经理人员之间的责、权、利配置及相互制衡。在公司治理中，所有者将自己的资产交由公司董事会托管。公司董事会是公司的决策机构。高级经理人员受雇于董事会，组成在董事会领导下的执行机构，在董事会的授权范围内经营企业。监事会同时也对董事会、经理人员进行监督。不仅在公司内部要相互制约，在公司外部也还有社会审计、政府有关机构等社会力量对公司内部人员进行监督。

5. 公司治理的价值导向性

公司的本质是进行价值创造，公司治理的好坏不能仅以是否实现有效制衡为衡量标准，而更应看它促进公司价值创造活动的有效性。公司治理的价值导向性主要是指合理的公司治理要能保证公司对市场的适应性，公司应根据产品市场、资本市场、人才市场、技术市场等市场的变化，较快地调整公司管理策略和投资策略，使公司在市场竞争中居于有利位置，实现公司价值最大化。

6. 公司治理的地域性

公司治理的地域性是指由于不同国家或地区具有不同的政治、经济、法律、文化等背景，公司治理也会存在着不同的模式。目前国外就存在着英美模式、德国模式、日本模式、东亚模式等不同的公司治理模式。随着社会的进步，各国经济文化交流的加强，公司治理有趋同的特点，但是各国经济文化发展的不均衡性及各国原有文化基因的不同特点仍然会使各国的公司治理保留一定的特色。

四、公司治理产生的根源

（一）公司权力的分解

公司是由众多具有独立人格的投资者出资建立的，并拥有自己独立的财产权。权力分立和制衡已经成为现代公司权力分配和使用的基本原则。

公司权力按照决策、执行和监督三权相互分立、相互制衡的原则分配，并以此设置公司组织机构。其中，由全体股东组成的股东会或股东大会是公司的权力机构，行使公司的最高决策权；由股东会选举和授权产生的董事会为公司的业务执行机构，代表股东行使经营管理权；由股东会选举和授权产生的监事会为公司的监督机构，代表股东对董事及经理的业务活动行使监督权。为了避免公司组织机构的越权、滥权、侵权行为，公司法和公司章程还具体规范了各个组织机构的权力、利益和责任及它们的行为方式和程序，使它们之间形成一个相互依存、相互作用和相互制约的组织体系。公司三权构成如图 7-1 所示。

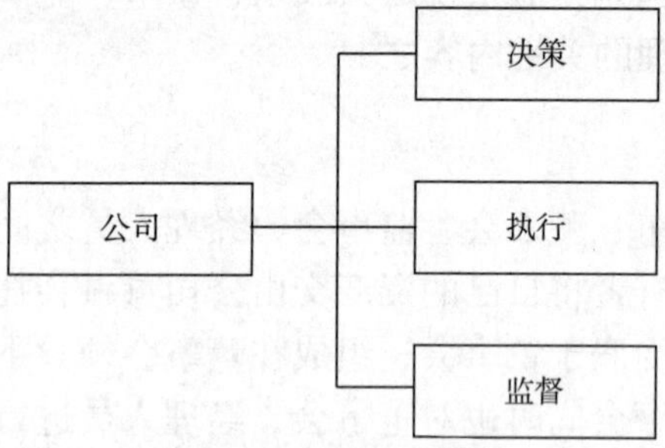

图 7-1　公司三权构成

公司权力包括对权力占用、使用、收益和处分的决策权、执行权和监督权，这三权可以集于一身，也可以分权制衡。分解与制衡程度取决于公司所有权与经营权的分离状况。

（二）公司所有权与经营权的分离

1. 公司权力的相关概念

1）公司所有权

所有权是所有人依法对自己财产所享有的占有、使用、收益和处分的权利。它是对生产劳动的目的、对象、手段、方法和结果的支配力量，是一种财产权，又称财产所有权。所有权具有绝对性、排他性、永续性等特征，具体包括占有、使用、收益、处置四项权利。产权和所有权的区别：产权是一个较大的概念，产权包括所有权。例如，房地产所有权只是房地产产权中主要的一种。

所有权具有以下特征。

第一，所有权是绝对权。所有权不需要他人的积极行为，只要他人不加干预，所有人自己便能实现其权利。所有权关系的义务主体是所有权人以外的一切人，其所负的义务是不得非法干预所有权人行使其权利，是一种特定的不作为义务。

第二，所有权具有排他性。所有权人有权排除他人对其行使权利的干涉，并且同一物上只能存在一个所有权而不能并存两个及以上的所有权。当然，所有权的排他性并不是绝对的，现代各国法律的所有权有不同程度的限制。

第三，所有权是最完全的物权。所有权是所有人对其所有物进行一般的、全面的支配，内容最全面、最充分的物权，它不仅包括对物的占有、使用、收益，还包括对物的最终处分权。所有权作为最完全的物权，是他物权的源泉。与之相比较，建设用地使用权、地役权、抵押权、质权、留置权等他物权，仅仅是占有、使用、收益某一方面的对物的直接支配的权利，只享有所有权的部分权能。

第四，所有权具有弹力性。所有人在其所有物上为他人设定地役权、抵押权等权利，虽然占有、使用、收益甚至处分权都能与所有人发生全部或者部分的分离，但只要没有发生使所有权消灭的法律事实（如转让、所有物灭失），所有人仍然保持着对其财产的支配权，所有权并不消灭。当所有物上设定的其他权利消灭，所有权的负担除去时，所有权仍然恢复其圆满的状态，即分离出去的权能仍然复归于所有权人，这称为所有权的弹力性。

第五，所有权具有永续性。这是指所有权的存在不能预定其存续期间。例如，当事人不能约定所有权只有 5 年期限，过此期限则所有权消灭。当事人对所有权存续期间的约定是无效的。

第六，所有权具有观念性。观念性即所有人不以对所有物的现实支配为必要，发生了重要的从所有到占有“所有人支配观念”的转化——把所有权行使带来的高利益看得比所有物的控制更为重要的观念，比过去任何时候都要强烈，属于“所有人实现利益观念”的范畴。

综上所述，公司所有权是资产所有者对自己所有的资产依法进行全面支配的物权，是原始的、自主的物权，是所有者独享的权利，是一切产权的基础和核心，所有者以外的其他人都必须尽不侵犯其所有权的义务，是最充分、最完全、最典型的产权，因而所有权也被认为是一种绝对权利。

2）公司经营权

公司经营权是指企业在经营过程中，依据相关法律法规，对企业财产经营、投资和其他事项的支配、管理权。企业经营者基本上是公司的具体经营管理机构，即公司经理和公司董事会及其成员。

2. 公司所有权与经营权分离的原因

在理论上，所有权与经营权分离是指对所有权的占有、使用、收益、处分等诸项权能可以基于一定的法律事实分离出去，由他人享有，大多形成他物权，有时形成租赁权、借用权等债权。经营权与所有权的分离并不是权利人刻意为之，而是与一定的经济基础密不可分的，是现实的需要使然。

1）所有权与经营权分离的产权基础是分散的产权结构

随着生产力的发展，产业日渐升级，规模日益扩大，股份公司取代合伙制成为现代企业的主要形式，其具有大规模协作群的生产效率优势、大型企业的竞争优势和垄断优势、新技术开发和使用需要的规模优势等。这些优势赖以存在和保持的条件是必须有巨大的社会资本，单靠个别资本的积聚和集中几乎不可能实现。股份公司的产权结构已经不再具有单一持有者的私人性，而是建立在分散的产权结构的基础上。高度分散的产权结构很难做到投资人都进入公司从事生产经营活动，有限责任制度的产生必定要求所有权与经营权的分离，公司产权和所有者产权之间的界限才更明晰。

2）所有权与经营权分离的必要条件是提高效益的要求

社会经济的发展，一方面要求生产组织规模扩大以适应扩大的资本规模，资本的物质不可分性要求生产组织必须具备一定的规模才能达到规模经济的要求；另一方面经济与市场的发展使得企业经营的规模效益问题突出。因此，所有权与经营权的分离首先要解决生产力发展带来的规模效益问题。在所有者自感经营能力不足时，委托经营能力高的人才代理经营，可以使企业资源与经营管理人员达到最优的组合，产生最大的效益，为所有者带来最大的利润。只有达到一定的经营规模和所有者经营才能力所未及时，才有必要雇用专门的经营人员以提高组织的经营效率，也只有一定的经营规模才能负担得起专门的经营人员的费用。基于这一点，现代企业大多都实行两权分离，委托经营能力高的人才经营，这无疑是一种企业管理能力的大幅度突破。

3）所有权与经营权分离的直接效果是管理更加科学合理

在现实的现代企业发展过程中，初始财富的积累者由于受自身能力的限制无法使这些财富变得更加庞大，也无法使家族与金钱之间的结构关系更加清晰，因此，现代企业的突破还得靠真正意义上独立的、专业的经营权阶层。财务是专业的财务，营销是专业的营销，研发是专业的研发，制造是专业的制造，甚至人力资源也是专业的人员，他们往往都是受过高等教育的专业人才，更能站在科学管理的角度思考问题，遇到企业发展的瓶颈会更加冷静地处理，经营决策也更加科学。

综上所述，公司所有权与经营权相分离是现代公司的重要标志。只有两权分离，企业的有限责任才能更清晰，企业的法人地位才能更加独立，才能最终实现企业做大做强做长的目标。

（三）公司所有权与经营权分离带来的问题

公司所有权与经营权的分离在促进企业快速成长的同时，也会带来如下问题。

1. 委托代理问题

企业的委托代理理论由伯利和米恩斯在 1932 年开创。伯利和米恩斯通过对 1929 年美国 200 家最大的非金融公司的考察，在 1932 年出版的《现代公司与私有财产》（*The*

Modern Corporation and Private Property）一书中提出，在公司股权极其分散的条件下，经理实际上已经掌握了公司的控制权，即“所有权与控制权分离”的命题。后来，勒纳（Larner）调查了 1963 年美国最大的 200 家非金融公司，并与伯利和米恩斯 1929 年的情况进行了对比，发现管理控制型公司大量存在，而且比重从58%上升到85%，美国企业成为“经理式企业”。

由于所有权与经营权的分离，在理论上出现以研究委托代理关系为核心的委托代理理论。现代意义上的委托代理关系是指当事人双方的其中一方委托另一方代理自己行使某些决策权，形成了公司内部委托代理关系。作为委托人的资本所有者，其目标是追求资本收益即利润最大化；作为代理人的经营者，其目标是追求个人报酬（包括货币收入和非货币收入的在职消费等效用）的最大化。然而，二者的目标往往并不完全一致。代理人为了实现自己的目标有可能损害委托人的目标，为此委托人必须对代理人进行有效的激励和约束，包括公司的内部规范、监督体制和管理者报酬等，也包括外部的经理人市场、股票市场、产品市场的竞争压力及法律、道德的约束。

2. 信息不对称问题

现代公司所有权与经营权分离导致的委托代理关系，产生了难以解决的投资者与经营者之间及投资者之间的代理问题，出现这种问题的关键在于信息不对称。

信息不对称主要有两类：逆向选择和道德风险。逆向选择是指公司经营者比外部投资者掌握更多的有关公司当前状况及未来前景的信息。他们可以通过各种途径，以牺牲外部投资者的利益来谋取自己的信息优势利益。例如，通过扭曲或操纵提供给投资者的信息的方式来谋取利益，这就会影响投资者决策。如果投资者担心信息的可靠性，他们在购买公司证券时就会格外谨慎甚至拒绝购买，从而导致资本市场和经理人市场无法正常运作。道德风险是指与经营者签订聘用合同后，投资者不可能有效地直接观察到经营者的努力程度和工作效率，于是经营者就有可能偷懒，或将公司状况的恶化归结为他们不可控制的因素（如外部政治、经济环境等），这将对投资者和整个经济的有效运作产生严重的影响。也正是由于信息的不对称给公司内部人提供了侵害外部投资者利益的行为空间，公司治理便应运而生。

3. 利益冲突问题

从全球来看，由于所有权分离程度不同，会带来如下利益冲突。

（1）如何保证投资者的投资回报，即协调股东与企业的利益关系。在所有权与经营权高度分离的情况下，由于股权分散，股东有可能失去控制权，企业被内部人（即管理者）控制。这时控制了企业的内部人有可能会做出违背股东利益的决策，侵犯股东的利益。这种情况引起投资者不愿意投资或股东“用脚投票”的后果，将有损企业的长期发展。公司治理正是要从制度上保证所有者的控制与利益，即控制管理层按照公司股东利益最大化行事。

（2）如何防止控股股东或大股东侵占中小股东的利益。在所有权与经营权分离程度低的情况下，由于股权相对集中或高度集中，具有控制权优势和信息优势的控股股东或大股东存在利用各种方式侵占中小股东利益的机会。公司治理的作用就是防止控股股东或大股东侵占中小股东的利益。

（3）如何协调企业内各利益相关者的关系。由于公司是一个以营利为目的的商业组织，同时又是存在于社会中的一个正式组织，故公司在追逐利润最大化的同时，也会产生与公司内部其他利益相关者（包括员工）和外部其他利益相关者（包括债权人、顾客、政府）之间的利益协调。公司治理防止公司在追求利润最大化的同时，损害公司其他利益相关者的利益，即承担必要的社会责任。

第二节　公司治理理论流派

一、公司治理的两大理论流派

公司的所有者是谁，公司治理的利益出发点应该是谁，这是公司治理研究首先需要解决的问题。自 1932 年伯利和米恩斯发表公司治理理论的开山之作以来，股东是公司的所有者的观点成为公司治理理论的主流，因而公司治理的最终目标便是股东利益最大化。然而在 20 世纪 80 年代美国兴起的公司之间“恶意收购”的浪潮对传统的“股东利益最大化”的逻辑形成了严峻的挑战，人们开始关注公司的雇员等利益相关者的利益，由此，利益相关者导向的观点逐渐兴起。时至今日，两种观点孰优孰劣的争论依旧不曾停止。

1）以股东利益为中心

依据现代企业理论的剩余控制权和剩余索取权理论，谁拥有剩余索取权、剩余控制权，谁就是企业的所有者，企业的目标就应该为其制定。在传统公司理论中，公司的雇员、债权人等非股东利益相关者领取的是固定的合同收入，而股东获取扣除其他利益相关者合同收入之后的剩余收入，亦即股东是剩余索取者，同时还承担着因合同不完备所导致的剩余风险。公司的控制权按照“剩余风险与控制权相对应”的原则自然而然地就属于了股东。因此公司的董事会和经理层作为股东的代理人，应该对股东负责，将股东利益最大化作为公司经营的最终目标。

2）以利益相关者为中心

与传统的股东利益最大化观点不同的是，利益相关者导向的观点认为企业在把股东利益最大化作为目标的同时还应该考虑到企业的社会价值方面，因为公司作为一个责任主体，在一定程度上还应该承担相应的社会责任。任何一个公司的发展都离不开包括企业的股东、债权人、管理层、一般雇员、消费者、供应商、政府部门、社区、媒体、环境保护主义者等个人和团体的投入与参与，企业的生存和发展离不开这些利益相关者投入的一些专用性投资。企业在做出决策和安排公司架构时，必须要考虑利益相关者的利益，并给予他们相应的发言权，因为他们要么承担了一定的企业经营风险，要么为企业的经营活动付出了代价。总之，利益相关者导向强调企业应该追求利益相关者整体利益的最大化。

二、公司治理的四大理论

公司治理的理论流派根据学者所站的角度不同可以分为两大类，一类以股东利益最大化作为出发点，这类理论流派经历了从古典管家理论到委托代理理论再到现代管家理论的转变，而另一类则是以利益相关者利益最大化为出发点，这类便是利益相关者理论。

（一）古典管家理论

古典管家理论是新古典经济学下的公司治理理论，新古典经济学将企业看作一个完全理性的经济人。现代意义上的企业理论在新古典经济学中是不存在的，因为新古典经济学的市场是完全竞争的，企业处于完全竞争的环境中。在这样的情况下信息和资本都能够自由地流动，再加上市场机制的运行不需要任何成本，那么也就没必要用企业内部的行政决策来对市场配置资源的功能进行替换。因而，企业的所有者和经营者之间的关系在新古典经济学家眼中是一种无私的信托关系。企业的所有者对企业拥有完全的控制力，企业的经营者则作为一名管家，对企业的所有者唯命是从，完全没有可能违背委托人的意愿，这样的情况下任何代理问题都没有了。在完全信息的假设下，公司治理模式也就不再重要了。

由于现代公司所面临的是一个不完全竞争和信息不充分的市场，企业的经营需要企业的所有者和经营者根据内部条件和外部环境的变化做出综合决策，而不再是像新古典经济学下假设的那样被动地对市场环境做出反应。古典管家理论自然不能解释现代市场经济条件下公司的治理行为。但是，古典管家理论却可以看作现代公司治理理论的一个萌芽。这样，我们可以认为古典管家理论下的公司治理表现为以股东利益最大化为目标，以信托为基础，股东与董事会、经理人之间的关系则是建立在信托关系之上。

（二）委托代理理论

委托代理理论是信息经济学下的公司治理理论。信息经济学对新古典经济学的信息完全和无私性这两个假设提出了质疑。第一，人是有限理性的，因而不可能拥有完全的信息，再者，信息在个体之间呈对称分布也是不可能的，这两点表明信息完全的假设是不成立的。第二，经营者作为一个理性人，自然会有自己的利益需求，他们不可能是无私的，也不可能与股东没有利益冲突。委托代理理论就是建立在对这些问题进行修正的基础上。

现代意义的委托代理的概念是1973年由罗斯最先提出的："如果当事人双方，其中代理人一方代表委托人一方的利益行使某些决策权，则代理关系就随之产生。"詹森和麦克林将委托代理关系定义为一种契约关系。在这种契约下，一个人或更多人（委托人）聘用另一个人（代理人）代表他们来履行某些服务，包括把若干决策权托付给代理人。委托代理理论认为，当企业的所有权和控制权相分离时，企业的股东（委托人）和经理人（代理人）之间就会存在利益冲突。经理人对企业的信息非常了解，拥有信息优势，会追求自身利益的最大化而不是股东利益的最大化，从而侵害股东的利益。这样就需要引入公司治理机制来对经理人（代理人）的行为进行激励和约束，进而实现公司股东（委托人）的利益最大化。委托代理理论揭示了股东与经营者之间的相互制衡引起了公司治理。

以股东利益最大化为目标的委托代理理论忽视了对人力资源的开发和企业潜力的挖掘。委托代理理论下的公司治理理论以资本雇佣劳动的理念为主导，把股东的利益放在第一位，而把人当作与企业的原料、机器一样供企业开发和利用的一种资源，进而忽视了劳动者的地位和人力资本的重要性。这也是制约以委托代理理论指导的公司治理效率的主要因素，经济学家们以此为突破口，提出要重视人力资本的作用，进而产生了利益相关者理论。

（三）现代管家理论

现代管家理论是组织行为和组织理论下的公司治理理论。现代组织理论和组织行为方面的研究发现有许多实证检验的结果与委托代理理论是有矛盾的。委托代理理论认为公司的管理者是一个会利用一切机会，甚至不惜牺牲股东利益来实现自己个人利益最大化的机会主义者。委托代理理论的这一隐含假设是不符合现实的。现代管家理论便是在此基础上由唐纳森（Donaldson）提出的。唐纳森认为对成功的渴求、自身尊严、内在的工作满足、他人的认可等精神层面的追求是公司的管理者努力工作的动力所在。在现代管家理论下，公司的管理者是作为一个公司的好管家存在的，他们不再是只在乎个人利益的机会主义者，而是在自我约束下努力工作的好管家。

在现代管家理论看来，监督控制功能不应当是董事会的最重要作用，董事会应当把服务和战略的功能放在第一位。因为公司的管理者在自律的约束下和其他相关主体之间不存在利益冲突。因而，在这种情况下，要实现股东利益最大化的重要条件便是首席执行官（chief executive officer，CEO）与董事长两职合一。实证研究表明，在两职合一的情况下，公司业绩更佳。现代管家理论也因此得到了有力的支撑。

（四）利益相关者理论

企业不仅是一个独立的经济主体，也是社会中的一部分，不可能脱离其他个人和团体存在，其发展也对周围的环境产生作用，如企业对其所在的社区环境和就业等产生影响。周围的环境也对企业产生影响，如政策的导向、经济环境的变化都对企业的经营产生重要的影响。因此企业是一个开放的主体，它同所在的环境相互作用、相互影响。企业所涉及的当事人包括股东、债权人、经营者、雇员、供应商、客户、社区、政府。企业不仅要对股东负责，还要对与企业有利益关系的相关者负责。

利益相关者思想起源于 1932 年，哈佛大学法学院的学者 Dodd 在驳斥伯利发表的一篇论文中指出：公司董事会必须成为真正的受托人，他们不仅要代表股东的利益，还要代表其他利益主体的利益。Siegfried 和 Blair（1997）指出，公司应该兼顾所有相关利益主体的利益。弗里曼（Freeman，1984）认为，利益相关者是“那些能够影响企业目标实现，或者能够被企业实现目标的过程影响的任何人和群体”，这种影响可能是单向的，也可能是双向的。卡罗尔和巴克霍尔茨（2004）认为，利益相关者是与一个组织相互作用或相互依存的，在组织里有着某种“权益”或既得利益的一些群体或个人，每一个利益相关者群体还可进一步分为更具体的子群。狭义定义则试图指出对企业经营产生直接影响的主要利益相关者。20 世纪 80 年代至 90 年代中后期，美国相继有 29 个州修改了公司法，要求经理人员对企业各利益相关者负责。在《OECD 公司治理结构原则》的第 3 条也指出：“公司治理结构和框架应承认利益相关者的各项经法律或共同协议而确立的权力，并鼓励公司和利益相关者在创造财富和工作岗位以及促进企业财务的持续稳健性等方面展开积极合作。”利益相关者在公司治理中的作用引起了广泛的关注。它适应了知识经济的要求，同时有助于整个社会经济效益的提高。基于利益相关者理论，所有的利益相关者都应该参与到公司治理中去，由此共同治理就成为利益相关者理论的自然推论。在实践中，日德模式是利益相关者理论的代表。

【示例】

德意志银行公司治理原则

德意志银行公司治理原则的目标立足于提升和强化现有的及潜在的德意志银行的股东、消费者、雇员和在国内及国际市场上的一般社会公众的信任度。德意志银行特别指出，考虑到社会经济生活的全球化，德意志银行尊重联合国条约中的有关全球稳定增长模式下公司治理的一般准则，并履行作为一家全球性企业在公司治理方面肩负的责任。作为共同治理理念的体现，德意志银行强调在股东权益得到保证的同时，股东的权益只有在长期消费者得到满足、雇员获得激励及银行履行了其社会义务的前提下才能实现。德意志商业银行公司治理首先突出了共同治理的理念，强调银行的经营目标首先是履行其社会义务，之后才是服务于股东。

（资料来源：窦洪权. 国外银行公司治理模式比较及案例分析. 国际金融研究，2006,（12）: 4-12.）

但是目前利益相关者理论也受到质疑。由于众多不同利益相关者的存在，而各不同利益相关者有着不同的利益要求，并可能存在利益冲突，企业由原来的单一目标——股东利益最大化变成了多目标——不同利益主体的利益最大化，从而产生以下问题。

（1）经营者很难兼顾多方面利益，并使其都达到最大化，导致经营者无所适从。

（2）利益相关者之间可能形成相互制衡的关系，从而导致对经营者的监管弱化，经营者权力过大，有可能背离利益相关者的利益。

（3）不同利益相关者对经营者进行过度监管，导致经营者不能很好地进行经营管理。

而在事件中更是难以实施，一是利益相关者的范围不易界定；二是众多的利益相关者参与治理不容易做到在重大行动方面协调一致，阻碍了企业的发展；三是无法量化经营者的绩效，因此难以对经营者进行业绩评价。股东利益最大化的好处在于它以股东资产最大化为准，能够清楚地量化，并不会产生这种无所适从的状况。

第三节 公司治理的模式

公司治理模式是指对具有相同或类似的公司治理外在表现形式的概括或框架。由于各个国家的政治环境、经济制度、文化传统、法律环境等背景的不同，公司治理模式也不相同。目前对公司治理模式的分类主要包括：①依据传统法律体系的不同进行分类。有学者将全球的公司治理模式分为盎格鲁—撒克逊模式（包括美国、英国及英属殖民地国家或地区）、法国模式（包括法国、西班牙、葡萄牙殖民地影响范围）、德国模式（包括中欧和日本）和斯堪的纳维亚模式（主要包括北欧国家）。②以融资体制为基础进行的分类，即市场基础型模式（市场取向型）和银行主导型模式（欧洲大陆模式或信贷基础型模式）。③以一国的经济制度为基础进行的分类，即规制型与发展型治理模式。④按照法律体系和在实践中的具体表现形式的分类，即外部控制主导型的英美公司治理模式、日德公司治理模式、韩国和东南亚的家族治理模式和转轨经济国家的公司治理模式。本书将介绍这四种治理模式及我国公司治理模式。

一、外部控制主导型的英美公司治理模式——证券市场主导

1. 英美公司治理模式的背景

英美公司治理模式是以英美法系为基础，为英美两国上市公司所普遍采用的公司治理模式，也称市场主导型公司治理模式。英美两国企业在所有权和经营权分离的基础上，依托法律法规和第三方机构监管，形成一整套包括独立董事监督制度、高管激励制度、股东大会累计投票制度、董事会群体决策制度等成熟规范的监督和约束机制。

英美等国在社会发展、法律制度、文化习俗等方面有相似的历史基础，其公司治理结构尽管存在一定的差异，但仍然具有相似的基本特征，其产生背景如下：

一是公司历史悠久，股份有限公司得到普遍发展，公司股份相当分散，相当一部分股东只拥有少量股份，股东实施治理的成本相当高昂，股东大会事实上只能将其决策权委托给大股东或董事会。

二是限制商业银行直接投资产业，也限制商业银行发放中长期贷款。这样，公司长期资本的需求主要依赖于证券市场的直接融资。

三是英美法律具有反对垄断、公平竞争的传统。例如，美国法律将商业银行限制在州内经营，要求商业银行和投资银行分立，限制持股份额。1992 年和 1996 年虽然放松了对商业银行的监管，但仍然限制直接持有工商企业的股票，这使得美国企业直接融资的证券市场相对发达。虽然英国对金融机构持股不像美国那样限制，但实际上也规定了许多谨慎性规则。

四是英美国家的市场经济比较发达，经理、证券等市场发展较早也较成熟，长期实行公司制度后，逐渐形成了一支专业化、高质量的经营管理人员队伍，而且管理人员的教育培训体系比较发达。这些因素都为公司的董事会中心主义、内部治理和外部治理相结合提供了条件，职业化的管理者成为公司治理的中坚力量。

此外，2008 年美国金融危机后，政府加强了对证券市场的监管，要求投资银行和商业银行划清界限，要求上市公司彻底公布财务状况并给外部人员更大的审计监督权，投资者可以在证券市场上“用脚投票”，或者通过对公司进行并购和接管等方式实现对管理者的监督。

2. 英美公司治理模式的特点

1）内部治理结构

公司治理结构主要由股东大会、董事会和经理层组成。股东大会是公司的最高权力机构，董事会是由股东大会授权的机构，负责公司最高的决策权，但是要对股东大会负责。经理层则负责执行董事会的决策和具体的日常管理。CEO 是公司政策执行机构的最高负责人，通常董事长兼任 CEO。董事会下设各职能委员会，主要包括审计委员会、报酬委员会和提名委员会，监督功能由董事会下属的内部审计委员会承担。

2）“用脚投票”与接管重组形成了外部治理

由于股权的高度分散，股东人数过多，大多数股东无法直接参与公司治理，“以手投票”的成本太高，同时由于证券市场发达，股份能够自由转让，故股东参与公司治理更多的是“用脚投票”，即当公司业绩差的时候，股东在证券市场上卖出股票，当大量的股票被抛售时，引起了公司股票价格的大幅下跌，从而影响企业的经营管理，同时在资本市场上存在大量的机会主义者，他们到处寻找股价低而公司估值高的企业，当股价跌到一定程度时，就会对其进行接管重组，等股价上升后再卖出去，以此获利，股东的买卖和接管重组的威胁对公司构成了巨大的外部压力。

3）机构投资者的作用越来越大

一直以来，美国机构投资者对所投资公司的经营管理持消极的态度，当公司业绩不好时，他们会通过证券市场卖掉股票。但是由于机构投资者所持有的股份数额巨大，股票的大量抛出必然会引起市场的动荡，从而导致股票价格下跌，机构投资者损失惨重，因此美国机构投资者开始关注公司的经营，从而在公司治理中发挥着越来越积极的作用。

二、日德公司治理模式——银行的外部主导和双层内部主导

1. 日德公司治理模式的背景

日德公司治理模式起源于第二次世界大战以后，日德两国是战败国，国内资源短缺，同时面临战后经济的迅速发展。证券市场极不发达，企业融资只能依赖于银行，因此银行在公司治理中起着决定性的作用。德国在历史上曾是空想社会主义和工人运动极

为活跃的国家，深受共产主义思想的影响，工人在企业中有着重要的地位；而日本深受儒家文化的影响，强调家族观念、以人为本，因此日德公司治理模式都特别强调员工参与治理。

2. 日德公司治理模式的特点

银行对公司治理的实质性参与：德国的全能银行与日本的主银行。

德国银行不但是主要的债权人，而且可以自己持有公司股份，同时银行还保管个人股东所持股票，拥有大量的委托投票权，因此德国银行凭借债权人、股东和代理股东成为全能银行，对公司的经营决策有着决定性的权力，但是通常在公司运营正常时银行并不干预，当公司出现严重问题时，银行才介入。德国公司依赖于大股东的直接控制，由于大公司的股权十分集中，大股东有足够的动力去监控经理阶层。另外，由于德国公司更多地依赖于内部资金融通，所以德国银行不像日本银行那样能够通过控制外部资金来源对企业施加有效的影响。

日本是主银行制。主银行是指在主办银行制度中，企业与之保持长期关系，按企业融资顺序被列为第一位的银行。主银行是公司最大的债权人，但并不必然是企业的最大股东，因为日本法律禁止银行持有任何公司 5%以上的股权，但是由于交叉持股及债权人的角色，主银行能够及时准确地获得公司的经营信息，从而实现对公司积极、有效、严密的监督。特别是在企业遇到财务危机时，主银行是其主要的救助者，同时当公司经营日益恶化时，它还可以通过召开股东大会或董事会来更换公司的最高领导层。日本的主银行制是一个多面体，主要包括三个基本层面：一是银企关系层面，即企业与主银行之间在融资、持股、信息交流和管理等方面结成的关系；二是银银关系层面，即银行之间基于企业的联系而形成的关系；三是政银关系，即政府管制当局与银行之间的关系。这三层关系相互交错、相互制约，共同构成一个有机的整体，可以称为以银行为中心的、通过企业的相互持股而结成的网络。

德国法律规定，股份公司必须设立双层董事会，包括监事会和董事会，分别行使监督权和业务决策权。监事会对董事会具有工作监督的权力，并提出具体意见。董事会负责管理公司的日常经营业务，并代表公司同外界打交道。董事会对监事会负责，定期报告公司经营状况。监事会拥有最终的决策权，由股东代表和职工代表组成。股东代表由股东大会选举产生，通常由大股东或掌握委托投票权的全能银行和关系企业代表担任，职工代表由职工选举产生。德国公司监事会的成员具有比较突出的专业特长和丰富的管理经验，监事会主席由监事会成员选举，须经 2/3 以上成员投赞成票确定，监事会主席在表决时有两票决定权。监事会决定公司的基本政策，任免董事会成员，决定董事会成员的报酬，监督董事会的工作，审核公司账簿，并在必要时召集股东大会。由于监事会的决定权，银行和大股东都非常重视在监事会中的席位。

日本公司治理结构类似英美的单层制结构，拥有股东会、董事会、经理层，但是却有着实质的不同。在日本，董事会成员通常是从公司雇员经过长期的努力提升上来的，是典型的内部人，他们对公司的经营现状非常了解，因此公司的董事会重点是做出战略性和经营性决定。日本企业的股权结构集中，法人相互持股现象比较普遍，高层管理人员一般从法人大股东中选出，其变动受大股东影响，在董事会中大多数成员都是由公司各事业部部长或分厂的领导兼任的，也即董事会更多的是由内部人组成的，这就使得日本的董事会具有双重职能，既是公司的决策机构，又是公司的执行机构，决策权和执行权相统一。对董事会的监督主要通过法定监事进行外部监督，法定监事不能同时是公司的董事或雇员。另外，资本额达到50亿日元以上的公司及债务额达到20亿日元以上的公司，除了一个财务监事外，还必须至少有3个法定监事。这些监事组成一个监事会，并且他们之中至少有一个人是"独立"的个人，即他在过去的5年中既不是公司的董事，也不是公司的雇员。在现实中，独立监事大约占法定监事的一半，他们通常来自重要的商业伙伴。

第二次世界大战后，为了防止来自日本之外的经济力量的侵入，也为了稳定经营活动，日本的主要工业公司和银行发起了一场交叉持股运动。通过交叉持股运动，形成了"你中有我、我中有你"的控制结构。在日本，法律上对法人相互持股没有限制，交叉持股通常是根据企业的战略发展意图安排的，它们大多数是国内的银行和保险公司及重要的商业伙伴，交叉持股有利于企业法人之间的长期合作，使企业的股权结构更加稳定，有效地防止恶意并购的威胁，同时保证日本经济的持续增长。据统计，1949~1984年，日本个人股东的持股率从69.1%下降为26.3%，而法人股东的持股率则从15.5%上升为67%，到1989年日本个人股东的持股率下降为22.6%，法人股东持股率则进一步上升为72%。因此在股东数量急剧增加、股权日益分散多元化的日本企业股权结构中，股权并没有向个人集中而是向法人集中，由此形成了日本企业股权法人化现象。法人相互持股有两种：一种是垂直持股，如丰田、住友公司，它们通过建立母子公司的关系，达到密切生产、技术、流通和服务等方面相互协作的目的。另一种是环状持股，如三菱公司、第一劝银集团等，其目的是相互之间建立起稳定的资产和经营关系。

三、韩国和东南亚的家族治理模式

1. 家族公司治理模式的背景

第二次世界大战结束后，随着西方殖民体系的崩溃，东亚和东南亚国家相继摆脱了殖民统治，从20世纪50年代起纷纷走上了利用本国企业发展工业化的道路。由于缺乏成熟的资本市场，东亚和东南亚各国没有经历资本原始积累过程，用于创建和发展企业的资金多是家庭成员内部积累而来的。且部分企业发展历史也是由家族企业向公众企业发展的历史，而东亚和东南亚地区公司主要是在第二次世界大战以后创立的，其发展只有几十年历史，因此以家族控制模式为主是企业发展程度的必然选择。这些国家也深受儒学思想影响，儒学在体制上强调中央集权和等级有序；在教化上强调以德治为主；在人际关系上强调"忠孝"，强调家族血亲的力量，以宗为本。这些思想在企业治理中也得到了体现：在企业中注重家庭的凝聚力、家长制和集权统一，重视企业权力在血缘关系中的传播，注重员工的家庭化、亲善化管理，重视员工对企业的忠诚及对长辈的孝顺，强调秩序重于自由。在东南亚地区华人占了国家居民总数的较大部分，面对西方殖民主义者及土著人的不公正对待，为了保守企业秘密维持企业发展，家族模式是最好的选择。因此东亚和东南亚地区的家族治理模式的产生有其经济、历史、文化的必然性。

第二次世界大战后，在美国的援助下，韩国实施了以轻工业替代战略为核心的经济重建工作，私营家族企业进入了创业期。原日本统治时期的公营企业和日本人的私人企业，几乎全部以较低的价格出售给了企业家、军政人员和其他人员，许多家族企业因此而起家。随着西方殖民体系的崩溃，外国资本逐步从东亚和东南亚国家退出，家族企业有了相对宽松的生存空间，通过购并、控股、参股形式，控制了过去被西方资本控制和垄断的行业，企业有了迅猛发展。20 世纪 80 年代以来，东亚和东南亚家族企业经营的产业层次不断提高，在越来越多的高新技术产业领域崭露头角，多元化经营范围进一步扩大。许多大型家族企业开始采用跨国公司战略，经营业务的国际化程度不断提高。这时期，随着国内外合资、合作范围的扩大，上市公司数量的不断增多，华人家族企业公开化和社会化程度的不断提高，在家族成员仍然控制企业所有权的情况下，家族企业所有权出现了多元化格局：许多企业的领导权开始向第二代或第三代传递，来自家族外的高级经营管理专门人才开始大量进入企业，并掌握了部分高层管理职位。

2. 家族公司治理模式的特点

（1）银行参与公司治理力度微弱。东南亚国家的证券市场极不发达，家族企业融资除了依靠家族企业内部，主要依赖银行，但银行只有在企业破产时才能参与治理。由于政府对企业涉足银行没有太多限制，因此为了能够获取银行的贷款，大多数家族企业都涉足银行业，而属于家族企业的银行对家族企业的监管力度很显然是非常弱的。而在韩国，银行由政府控制，是政府进行宏观经济调控的工具，只要企业的经营活动符合政府的政策就可以获得贷款，因此银行并不关注企业的公司治理。

（2）家族企业拥有对企业的经营决策权。大多数家族企业是典型的家长制，家族成员拥有对企业的绝对控制权，因此尽管许多家族企业进行了股权的不断稀释，但是企业的控制权还是掌握在家族成员手中。

（3）韩国和东南亚国家深受儒家文化的熏陶，因此在家族企业中非常重视血缘亲缘关系。在内部治理上更是以家族成员为主体，同时还把儒家的“和谐”和“泛爱众”的思想用于家族成员的团结上，并且推广应用于对员工的管理，在企业中创造和培育一种家庭式的氛围，使员工产生一种归属感和成就感。

四、转轨经济国家的公司治理模式

1. 背景

这种模式主要存在于苏联、东欧等转轨经济国家。20 世纪 90 年代，这些国家进行了从计划经济向市场经济的转变，在这一过程中，由于转轨国家的经济体制、市场发展、政策、法律制度等极其复杂，企业的治理极具特殊性。

2. 特点

（1）内部人控制。转轨经济中的内部人控制不同于英美公司治理模式中的内部人控制。青木昌彦认为，内部人控制是指在私有化的场合，多数或相当大量的股权为内部人持有，在企业仍为国有的场合，在企业的重大战略决策中，内部人的利益得到有力的强调。这里的内部人包括经营者和员工。同时由于在转轨经济的国家中，国有企业数量众多，且在国民经济中所占的比例高，因此在转轨经济中，内部人还包括国有大股东，即"一股独大"的国有股东。

（2）控制权市场弱。转轨经济国家的证券市场、经理人市场发展缓慢且不完善，股票流动性差，市场不能对内部人实施有效的制约，导致公司治理的外部控制权市场不能像英美国家那样发挥应有的作用，内部人控制现象严重。

（3）法律制度还不完善，特别是对投资者缺乏保护，导致大股东利用控股地位剥夺小股东利益的情况频频发生。

（4）预算软约束。出于社会的压力，政府对大量的国有企业提供再融资，银行以政策为导向发放贷款，同时银行自身治理问题重重，因此银行对企业的约束是软约束，从而减少了企业治理结构变革的压力。

五、我国公司治理模式

我国公司治理结构也是在计划经济向市场经济转轨过程中引入的一种制度安排，是伴随着社会主义市场经济体制的建立和资本市场的发展逐步深入的，同时，又对我国国有企业改革和资本市场的发展起到了巨大的促进作用。在计划经济体制下，企业仅仅是社会经济体制中执行生产任务的单位，政企管理不分。随着经济体制改革的深入，我国逐步建立了社会主义市场经济体制的改革目标，建立现代企业制度是国有企业改革的目标和方向，按照产权清晰、权责明确、政企分开、管理科学的原则对国有大中型企业进行规范的公司制改造，使国有企业成为真正的法人实体和市场竞争主体。在否定、改造计划经济企业制度，借鉴发达国家模式的过程中，我国形成了具有中国特色的治理模式。

我国公司治理结构的形成，基本上采用了混合的发展模式。在建设中国特色社会主义市场经济的目标前提下，一方面，吸收了英美模式的先进经验，促进股票市场的繁荣，为企业的发展拓宽融资渠道，企业逐渐摆脱了间接融资的融资方式，把公司管理者真正置于股东的监控之下。我国公司法为我们呈现的也是一种英美模式的治理结构。在公司架构方面，我国公司形成了以股东会为最高权力机关，董事会为业务执行机关及监事会为监督机关的公司治理架构。董事会作为股东利益的代表，可以决定经理人员的聘任和罢免；监事会负责履行监督职能，可以监督经理和董事的行为。另一方面，我国在公司治理的改革方面也吸纳了一些日本公司治理的经验，开始了主银行制度的实验。但是，我国转轨时期制度安排的特点与日本主银行制度产生的背景不同，这就决定了同样的模式很难产生同样的效果。另外，我国实验主银行制度的目的是解决企业对政府的资金压力以解决国企的资金来源问题。在我国，银行对企业并没有自主选择权，不能真正地实现对企业的监管，所以，主银行制度并没有取得明显的改进效果。同时，我国的公司也在尝试民主管理和员工持股制的德国模式，但是由于每种措施都要受到方方面面的限制，其效果都很难评价。从目前企业的改制现状来看，并没有形成公司内部出资者与经营管理者，以及经营管理者之间的有效制衡机制。总的来说，依然存在公司治理模式的问题。

第四节　中国公司治理实践

一、中国公司治理发展历程

几十年来，全球公司治理研究的关注主体已由英、美、日、德等主要发达国家扩展到转轨和新兴市场国家。在中国企业改革的足迹里，现代企业制度、公司化、法人治理结构、公司治理机制等词语已经成为人们耳熟能详的改革标识。中国企业改革走过了以公司治理为主线的四十多年，可以说公司治理是企业变革的核心。企业改革的大前提往往是经济体制首先发生变化，1978 年之前中国实行的是计划经济体制，之后陆续进行了一系列改革，最后市场经济体制建立。伴随中国经济体制转型，公司治理也正在从行政型治理向经济型治理转型，这是中国公司治理改革的主线；在治理转型过程中，中国公司治理也在经历着从“形似”到“神似”的升华过程。回顾这几十年的中国经济和企业的发展，我们可以将这一时期的公司治理实践分为观念导入、结构构建、机制建立和日臻完善四个阶段。

第一阶段：公司治理的观念导入阶段（1978~1992 年）。十一届三中全会以后，中国经济体制开始由计划经济向有计划的商品经济转变，国家逐步下放和扩大国有企业的自主权，在国有企业的经营管理上，由单一的政府直接管理转变为政府直接管理和企业适度自主经营相结合的“双轨制管理”。企业的称谓开始由“国营”逐步转变为“国有”（赵国英，2009）。企业在完成指令性计划的同时，可以自主开发市场，经批准可以投资开办企业。1984 年开始，国有企业内部管理体制由党委领导下的厂长（经理）负责制逐步转变为厂长（经理）负责制，并于 1987 年进入全面实施阶段。1988 年正式颁布《中华人民共和国全民所有制工业企业法》，确定了全民所有制企业的法人地位，结束了全民所有制企业法律地位不明确的状况。始于 1978 年的中国国有企业改革，在经过扩大企业经营自主权、利改税、承包经营责任制和转换企业经营机制改革后，到 20 世纪 90 年代中期，企业经营管理人员尤其是经理人员获取了过大的不受约束与控制的权力。在消除行政型治理，但尚未建立经济型治理的过程中出现了内部人控制问题，许多学者认为这是中国当时的法人治理结构不完善，企业内部缺乏对经营管理人员有效的制衡机制造成的。基于这样的背景，从解决内部人控制入手展开法人治理结构的搭建与完善，属于探索性的治理实践，从观念上开始导入公司治理，但这一阶段对公司治理的认识还局限于法人治理结构层面，建立法人治理结构更多是实现制衡的目的，即制衡“一把手”。

第二阶段：公司治理的结构构建阶段（1993~1998 年）。1993 年，党的十四届三中全会通过的《中共中央关于建立社会主义市场经济体制若干问题的决定》指出，建立现代企业制度，是发展社会化大生产和市场经济的必然要求，是我国国有企业改革的方向。但文件中还没有直接讲公司治理问题。随着两个交易所的先后设立，1993 年 4 月，国务院发布了《股票发行与交易管理暂行条例》；同年 6 月，中国证监会制定了《公开发行股票公司信息披露实施细则（试行）》，信息披露是公司治理的重要内容之一。1994 年 7 月，《中华人民共和国公司法》正式实施，从法律上对规范股份有限公司的设立和运作，以及股票的发行和上市做出了明确规定，特别是明确了三会治理结构；《中华人民共和国公司法》出台前，股份公司的设立及其股票的发行和上市，主要是依据原国家经济体制改革委员会 1992 年 5 月制定和实施的《股份有限公司规范意见》及国务院 1993 年 4 月发布和执行的《股票发行与交易管理暂行条例》。1998 年 4 月，两个交易所推出特别处理（special treatment，ST）制度，2007 年，东北高速（600003）成为首家因公司治理问题被特别处理的公司。1998 年通过的《中华人民共和国证券法》中关于投资者权益、持续信息披露和对经营者约束等规定均为公司治理的内容。通过上述内容分析，我们不难看出，这一阶段的公司治理已经实现了由观念导入到结构构建的转变，特别是《中华人民共和国公司法》的正式推出，使公司治理实践有了现实的主体和法律基础，因为按照《中华人民共和国全民所有制工业企业法》注册的企业，不存在董事会、监事会等治理问题。尽管这一阶段有了《中华人民共和国公司法》这一根本制度，但在治理实践上，各公司多数只是满足《中华人民共和国公司法》的基本要求而已，搭建了公司治理基本架构，治理机制没有很好地发挥作用，最明显的证据就是各公司章程与工商部门提供的范例相似性极高，董事会和监事会也多数局限于开开会，从“形”上符合治理的要求，更多强调的是治理的合规性。这一阶段过程中，对于如何处理好新三会与老三会的关系还没有找到合适的解决办法。

第三阶段：公司治理的机制建立阶段（1999~2012 年）。以 1999 年十五届四中全会《中共中央关于国有企业改革和发展若干重大问题的决定》为标志，中国公司治理实践进入一个新的阶段，即相对深入阶段，开始注重治理机制的建立。该决定指出公司制是现代企业制度的一种有效组织形式，而法人治理结构是公司制的核心，这是中国第一次在文件中正式提到法人治理结构概念。为了保证董事会的独立性和更好地保护中小股东权益，2001 年 8 月中国证监会推出《关于在上市公司建立独立董事制度的指导意见》，正式导入英美公司治理模式中的独立董事制度，实现了监事会和独立董事的双重监督。2002 年 1 月中国证监会和国家经贸委联合发布了《上市公司治理准则》，使上市公司的治理有章可循。股权结构是公司治理的基础，2002 年出台的《合格境外机构投资者境内证券投资管理暂行办法》，以及随后出台的《外国投资者对上市公司战略投资管理办法》《关于外国投资者并购境内企业的规定》《关于上市公司股权分置改革试点有关问题的通知》等规定，都从完善公司股权层面来进行探索。2003 年十六届三中全会通过的《中共中央关于完善社会主义市场经济体制若干问题的决定》，明确提出不但要建设公司治理，而且要完善公司治理。同年，国务院国资委成立，之后各地方国资委相继成立，结束了中国国有企业“多龙治水”的局面，使国有企业出资人这一主体得到明确。为全面深入贯彻落实《国务院关于推进资本市场改革开放和稳定发展的若干意见》，中国证监会于 2005 年推出《关于提高上市公司质量的意见》的“二十六条”，其中第三条对上市公司治理进行了明确规定。随着公司治理实践的深入，实践当中出现的一些治理问题需要以法律的形式对其进行总结，2005 年进行了《中华人民共和国公司法》的修改，2006 年实施的修订后的《中华人民共和国公司法》在完善公司治理基本制度方面有颇多建树。2007 年 3 月，中国证监会发布《关于开展加强上市公司治理专项活动有关事项的通知》，拉开了公司治理专项活动的序幕，使中国上市公司治理状况得到进一步改善。纵观中国企业发展的历史，可以看出中国企业改革的“宝”押在了股份制上，始于2004年的我国央企董事会试点改革已初具规模，截至2012年，117家大型国有独资公司中已有40家引入董事会制度，使国有企业治理水平得到显著提高。与上一阶段公司治理实践相比，这一阶段的重要性不言而喻，该治理阶段主要是围绕如何建立治理机制，除了完善《中华人民共和国公司法》《中华人民共和国证券法》等法律，还有《上市公司治理准则》《国务院关于推进资本市场改革开放和稳定发展的若干意见》《关于提高上市公司质量的意见》等具体的规章制度。

第四阶段：公司治理的日臻完善阶段（2013 年至今）。2013 年十八届三中全会《中共中央关于全面深化改革若干重大问题的决定》指出要推动国有企业完善现代企业制度。具体内容有健全协调运转、有效制衡的公司法人治理结构。建立职业经理人制度，更好地发挥企业家作用。深化企业内部管理人员能上能下、员工能进能出、收入能增能减的制度改革。建立长效激励约束机制，强化国有企业经营投资责任追究。探索推进国有企业财务预算等重大信息公开。国有企业要合理增加市场化选聘比例，合理确定并严格规范国有企业管理人员薪酬水平、职务待遇、职务消费、业务消费。这一阶段在实现公司治理形似的基础上，探索如何发挥公司治理机制的有效作用，改革的目标是不但要实现治理的“形”似，还要“神”似。公司治理是国家治理体系的重要组成部分，是治理能力现代化的基础，提高公司治理有效性是未来一段时间内我国公司治理改革的风向标。

二、中国公司治理的问题

1. 股权结构单一，股权过于集中

走过了 40 多年的国有企业改革，其公司治理结构发生了很大的变化，如大多数公司都进行了公司制改造，形成了董事会、监事会和经理层相互制衡的局面，但这实际上是换汤不换药，国有企业公司治理的情况并没有发生实质性的变化。产生这个问题最重要的原因是国有股权过度集中。从我国上市公司的资料可看出，上市公司的第一大股东为国有持股的公司的占全部公司总数的 65%。上市公司处在国有股东的超强控制中，股权集中度过高，决定了大股东对公司的重大决策、经营方向上拥有绝对的控制权；这

种股权过度集中的畸形结构，使股权多元化的股东制衡机制被极大地削弱。

由于国有股权比例过高，董事会结构出现严重的缺陷。董事会的董事是从股东会中选举产生的，由于国有股权过于集中，国有股东能对董事的选举产生过程施加强有力的影响，造成董事会成员中多数是国有股东的“代言人”，所以董事会实际上是被大股东操纵着。

2. “内部人控制”现象普遍存在

目前我国大部分国有企业都已完成了现代公司化改造，形成了比较完善的公司治理结构。股东作为公司资产的所有者，通过行使投票权来选举产生他们所要委托的经营者。在公司治理结构中，股东是最后的剩余索取者，他们决定着公司董事会、监事会的任免和公司的重大决策；也就是说，公司的剩余索取权和控制权都属于股东。然而，在现代公司中，公司股东并没能真正行使其对公司的控制权，相反，公司的控制权更多是由经营者控制着。随着现代公司规模的不断扩大，公司股东向多元化、分散化和经营专业化发展，公司的经营决策逐渐由经营者决定，公司的控制权由股东会到董事会，再转移到经营者，形成了内部人控制。

针对股东作为资产所有者，在法律上拥有对公司的控制权，但事实上却由经营者控制着的情况，由于信息不对称和经营者出于自身利益的考虑，内部人即公司实际控制人在经营管理公司的过程中会做出损害公司利益的决策；在内部治理机制不完善的国有企业中，这种内部人控制现象普遍存在。

3. 代理成本过高，代理效率低下

在委托人无法监督代理人的情况下，会产生代理人的机会主义。国企公司制改造过程中，代理人可利用手中职权在职消费，此外，由于责任机制不健全，代理人的决策失误和其他损害委托人利益的行为造成的资产损失也难以度量。

代理效率低下也是一大问题，西方典型的委托代理关系中，主要体现为股东大会—董事会—管理层—员工，而国有公司制中存在人代会—中央政府—国有资产管理局—股东大东—董事会—经理层—监事会—一般职工等代理级次，扩大了信息不对称程度，降低了代理效率。

4. 监事会等作用有限、董事会运作失衡

根据《中华人民共和国公司法》，股份有限公司和有限责任公司设监事会，其成员不得少于三人。监事会应当包括股东代表和适当比例的职工代表，其中职工代表的比例不得低于三分之一。董事、高级管理人员不得兼任。

从上述的规定来看，虽然监事会与董事会在法律上属于平行地位，监事会应该具有相对的独立性，因为其既有股东代表又有职工代表，然而实际却并非如此，因为大多数的国有企业都有相互持股的现象，股东代表都是由国企派出；与此同时，虽然职工代表是由职工代表大会或其他形式民主选举产生，但选举出来的监事一般是公司的中层干部，该职工代表每年从公司获取工资，行政关系又隶属于经理层，身份的非独立性导致其监管职能或多或少受制于董事会和经理层，监事会的监督职能作用有限。

独立董事会往往难以具有真正的独立性，直接导致其监督弱化。这主要体现在以下几方面：一是人选上，独立董事往往是国有企业的领导或管理层请来的“人情董事”，使其在一定程度上受制于大股东，很难对公司经营活动发表客观公正的独立意见。二是在监督权责上，独立董事拿着与企业业绩不挂钩的薪酬，对企业运营了解有限。三是在监督的专业性上，独立董事或来自高等院校，缺乏公司运营的实际经验。

三、海航混合所有制改革案例

1. 海航混合所有制改革的基本情况

海航集团的雏形海南航空起步于 1993 年，当时中国的民航业市场集中度低，几乎每个省都有自己的航空公司，平均规模小。24 年后，海航集团通过大新华航空、海航控股拥有十几家国内客货运航空公司，同时还收购了欧洲的航空公司。截至 2016 年底，海航集团共拥有飞机 1 250 架，运营国内外航线近 1 200 条，通航全球 270 余个城市，年运输旅客近 1 亿人次。2017 年，中华全国工商业联合会发布 2017 年度民企 500 强排行榜，海航集团以 2016 年收入 3 523 亿元排名第四，海航集团大股东为海南省慈航公益基金会（由海航集团的股东捐赠产生），拥有 50%以上股份，12 个自然人股东持股 47.5%，海航控股持有 0.25%股份。海航集团首席投资官兼海航国际 CEO 王爽称，集团现阶段 40%的资产、60%的收入及 75%的员工皆来自海外。

在国内投资者和行业的眼中，海航系企业之前一直集中在民航业发展，集团其他产业和民航有相辅相成的促进作用，但并不相互干预。但近年来，海航集团在全球范围内的投资扩张早就跨越了民航、金融、地产、物流、租赁等行业，民航业反而成为集团内规模相对较小的板块。海航集团在 2005 年之后，其扩张策略就是航空换资源的路子。当时，民航领域允许民营资本进入，海航集团以海航股份这一航空公司为基础，迎合当时中国各地政府大力发展民航业的需求，成立了十多家小型 121 部、135 部航空公司。但到 2008~2009 年，金融危机效应席卷全球，我国民航业也受到严重影响，海航所受影响尤为严重，2008 年，海航股份全年亏损 14.24 亿元，这让整个海航集团承担了巨大的资金压力和融资压力。2009 年，四处寻求资金救助的海航无意中迈出了混合所有制改革的步子。

2009 年 5 月，经过海航集团多次与海南省交涉，海南省人民政府最终同意，以海南省国资委下属的海南省发展控股有限公司（以下简称海发控股）为投资主体，以定增方式向海南航空注资 15 亿元（海航集团也同时定增 15 亿元）。一来缓解资金压力，二来切实降低海航股份的资产负债率，以提高其融资能力。此前，海发控股就已经持有海航股份 21%股份，此次定增后，持股比例将增加到 29%，成为第一大股东。外界一度猜测海航将可能丧失一部分公司的控制权。但海发控股与背后的海南省国资委并未深度介入大新华航空、海航股份的具体经营及战略决策，海航集团也借此补充了资本金，大幅改善了负债率，度过发展过程中的严重危机之一。

海航是我国民航业混改过程中暴露公司治理问题较多的代表之一，其中的核心就是伪公司治理结构问题。海航是典型的民营企业表现形式。

2. 海航的公司治理问题

当前学界有一种观点，认为海航控股作为海航集团的提款机，被迫在账面上不断保留高额的货币及现金等价物，海航集团则不断抵押实物资产和质押旗下控股上市公司的股权，以及通过海航集团控股上市公司复杂的关联交易获取溢价收入。

在我国民航业，海航控股的公司治理情况非常独特，从当年海南航空的情况看，以陈峰为首的管理团队就牢牢控制着公司，无论是当初索罗斯的投资，还是金融危机时代海南省国资委的投资，都没有干涉海南航空或海航股份的日常经营或者重大决策，甚至连一个董事都没有派出，更不要说派驻管理人员。海航股份 2016 年年报披露，海航股份最大股东大新华航空拥有 24.3%股权，大新华航空最大股东为海发控股，海发控股拥有大新华航空 24.97%股份（2015 年曾有减持），海发控股为海南省国资委全资投资企业。海航控股认为，海发控股是本公司实际控制人。这与实际结果相差甚远。

截至 2016 年底，海航控股董事局共 7 个席位，其中，独立董事 3 名，其他 4 个董事席位（包括董事长、副董事长）均为海航股份或其他海航系企业人员，其中，董事长兼总裁。3 个独立董事，2 个为海南省财政、税务系统的退休干部，另一个为财政部“会计名家培养工程”入选者，企业会计准则咨询委员会委员，中国证监会第三届上市公司并购重组专家咨询委员会委员。2017 年上半年，海航控股变更董事长人选，海航系王斐任新任董事长，总裁改由董事孙剑锋担任。

海航系企业的实际控制人是海航集团，海航集团董事局成员是当年海南航空的创始人团队。这个团队 20 多年来，超稳定地驾驭着海航控股的前身海南航空（后称海航股份）以及旗下其他众多航空公司和周边产业的公司，海南省国资委作为大新华最大股东，并不具体干预海航控股及其他大新华旗下（名义管理）的十余家中小航空公司。一些学者研究发现，海航控股及其他航空公司经常与海航集团之间存在关联交易，基本是股份将资产或项目出让给海航集团，集团加工后，再将相应的资产包或成品卖给股份公司，以实现集团盈利，集团再以此获取更大的杠杆能力，开展多元化投资。在整个海航系布局中，海航集团巧妙地利用大新华航空这个平台，获得了海南省国资委的资金支持用以支持海航股份，更加幸运的是，这个大股东对海航集团对海航控股的所谓“隧道行为”不闻不问，甚至连一个董事都不派，这已经超出了简单的“不履职”或者不关心自身利益的动机。

海航控股是三级治理，其控股股东为大新华，海航集团和海发控股是大新华的股东；但海发控股这个“实际控制人”并未执行自己的控制权。观之海航控股和大新华控制的十余家航空公司，以及海航集团旗下的众多板块（地产、物流、航运、酒店等），无论是董事会成员（不含独立董事）还是公司的主要领导，全部是清一色的海航系人员，没有其他势力。对资本市场和投资者来说，几乎看不到、听不到海航系势力以外的事务和声音。这种极端的做法带来了一个结果，即海航集团对直接、间接控制的企业有超强的行政指挥能力，母子企业之间强大的控制关系让各级企业行动步调出奇的一致，在内部也形成奇怪的，或者说超出预料的“信任”，即被海航集团控制的公司拥有较大的行为自主权，海航集团只要结果，不论过程。这种文化特征在海航系企业中非常显著。2017 年底，海航集团又陷入比较严重的流动性危机，至 2018 年春节前，此危机也只是暂缓，根本矛盾并未解决。

（1）混改的目的。从海航的混改经历看，混改的目的是进一步获取公司的控制权。海航控股混改的发起者是海航集团，是为了实现自己获得或巩固对公司的控制权的目的。

（2）股东之间利益协调问题。巩固或获取公司控制权后，海航在处理股东关系方面呈现出大股东中心主义。大股东在获取控制权后，充分利用了公司治理的工作机制中可以利用的空间，尽可能地实现自己的利益，并排斥其他股东的利益实现路径。在公司治理行为中，董事会虽并不直接干预公司经营，但公司需在董事会授权体系内工作。从这个角度讲，董事会只要在授权领域上做文章，就可以完全实质性地插手公司具体经营活动。例如，具体金额过低的付款授权，可能使得公司大小事都要履行董事会程序，但从表面上看，公司是按照法人治理结构管理。

（3）公司治理结构不健全。海航董事会之上并没有设置股东会，所以，董事会成为公司治理结构中的最高权力机构。大股东在董事会中一旦占据主导地位，就没有制衡的机制。股东之间的利益协调平衡就被打破。

（4）公司内部人的产生和作用问题。在海航案例中，公司内部人毫不例外地与大股东利益保持一致，成为名副其实的“一致行动人”。在案例中，公司内部人由大股东直接委派，出于行业制度法规的限制，内部人“必须”由大股东委派（总经理必须有承担安全管理责任的能力），这导致大股东以外的投资方无法提出合格的人选。一旦形成大股东与内部人利益高度一致的格局，对其他股东的利益诉求有较大的屏蔽作用。

3. 结语

第一，在海航的混改过程中，较充分地暴露出传统的股东会中心模式最容易导致的结果：大股东控制内部人，达成二者的利益一致，从而控制董事会和公司，将公司变为实现大股东利益的工具。海发控股虽然是海航控股相对控股的股东之一，但在公司中依然缺少发言权。所以，在我国公司治理实践中，股东会中心模式确实可以最大程度确保大股东的权益，但扭曲了企业整体的公司治理效率。

第二，国有资本参与的混改中，有时伴随政治色彩，扭曲正常的商业行为。海发控股在海航控股开始混改时，作为相对控股的股东，也因为当时海航集团与海南省国资委达成的协议，放弃了向海航控股派遣董事或高管的权力。但在其他公司，国有资本的态度则与之相差较大。

第三，利益相关者中心模式在今后混改中践行的问题。通过对海航的案例分析发现，大股东的行为制约和限制了利益相关者中心治理方式的可能性。整个混改从一开始就以对大股东较为有利的原则设计，其他股东和原企业内部人员只能较为被动地接受这个结果。而且大股东的首要目标是通过与内部人达成利益一致来获取公司的控制权，不给其他利益相关者共同参与的机会。

综上，利益相关者中心模式取代过去的股东会中心模式还需要一些条件，主要是混改发起方的动机问题。如果发起的目的偏离优化不同资本之间的效率，而是转变成带有控制意图的行为，这样从动机上就会脱离不同利益相关者之间的共融，变成单纯的利益剥夺。我们相信，在近两年的混改中，这种状况将会有所减弱，特别是不同国资之间的混改，出于不同级别出资人之间的博弈，可能会更容易产生利益相关者中心模式的格局。因为不同国资之间主要是两种形式，第一种是央企与地方国企之间的混合，第二种是不同地方国企之间的混合。上述两种形式更需要实现共同利益，因为不同政府的支持，也不容易出现谁控制谁的意图。国企与民企之间的混改，主要是基于项目的合作，更多是工作层面，所以更多的会集中在项目公司上。

不同级别的政府作为国有出资人，在行业和地方市场制度的优化完善方面，国有出资人有很大的优势。双方也可以就合作的金融机构方面快速达成优势，这些都是促成利益相关者中心模式的最佳条件。而且，在确保不同国有出资人谋求共赢的格局下，在他们之间存在的博弈、制衡关系中，任意一方股东也难以用简单的手段与内部人达成利益一致。

【思考题】

1. 什么是公司治理？公司为什么需要治理？
2. 股东利益至上理论和利益相关者理论有何不同？
3. 如何看待公司治理的趋同？
4. 为什么说公司治理是企业所有权配置的安排？

第八章　财务预警与风险管理

学习目标

◇了解财务风险、风险预警及风险管理的内涵

◇熟悉财务风险的成因和财务预警的功能

◇掌握财务预警的分析方法

◇掌握风险管理的程序

【开篇案例】

天神娱乐并购失败引发财务危机

天神娱乐的前身是成立于2010年3月的北京天神互动科技有限公司。2014年6月，天神互动借壳科冕木业上市，估值达24.5亿元。天神互动的主营业务为网页游戏的研发和发行，2013年下半年加入移动网游的研发。由于网游概念股正当红，并且天神互动业绩一直很不错，故天神娱乐选择高溢价借壳上市。借壳上市后，朱晔便带领天神娱乐开启了“买买买”模式。3年时间里，天神娱乐先后投资并购了8家公司，2015年，天神娱乐以现金及股份方式，花费20.7亿元收购Avazu、5.89亿元收购妙趣横生、8.8亿元收购雷尚科技，以现金方式支付6亿元收购爱普信息。2016年，天神娱乐支付9.86亿元收购一花科技、5.69亿元收购嘉兴乐玩。2017年以支付现金及股份方式，花费34.17亿元收购幻想悦游、7.42亿元收购和润传媒。天神娱乐花费近98亿元完成了一系列的并购，并形成商誉资产65亿元。而就在朱晔与巴菲特吃饭的2015年，与巴菲特午餐事件后的不到半年时间里，天神娱乐的股价接近翻倍，市值最高达到400亿元。2016年天神娱乐实现营业收入16.76亿元，2017年公司实现31亿元的营业总收入，比2016年翻了近一倍，净利润也由4.96亿元上升到7.42亿元。

在经历了4个年度的高光后，2018年天神娱乐却突然迎来了凛冽的寒冬。妙趣横生的《我的女友是妲己》《封神英雄榜》于2018年关服；因无版号储备，2018年计划上线的两款新研发游戏《天盛长歌》和《杯莫停》未如期上线运营，收入未达预期；《傲剑》《飞升》《苍穹变》等游戏产品也开始走下坡路。腾讯、网易等多家知名游戏公司加快海

外游戏业务布局，使得海外游戏运营竞争加剧。幻想悦游2018年新上线游戏收入低于预期，同时因为无自研体系，获取游戏的成本大幅上升。口袋科技受制于棋牌类游戏监管加强及版号审批暂停，旗下的德州扑克类游戏成为监管整顿重点，用户活跃度及付费率下降，并最终于2018年9月19日停运。一花科技主营产品《一花德州扑克》也因为相似的原因遭受整顿停止运营，计划中的游戏全部无法上线。影视行业"阴阳合同"曝光之后，国家税务总局介入，出台补税政策等一系列相关政策或举措，市场对于影视行业预期产生明显下调，业内影视制作业务延期现象严重。网络视听内容审查趋严，导致公司部分项目延期上线。公司部分合作业务受从业人员税务风波影响，项目进度不达预期，回款及现金流受严重影响。

2018年报告期内，天神娱乐实现营业收入25.99亿元，同比下降16.20%；利润总额为−68.51亿元，同比下降615.46%；归属母公司所有者的净利润为−71.51亿元，同比下降803.52%。该报告期，天神娱乐计提商誉减值准备40.60亿元。期内游戏业务分部和影视广告分部分别计提资产减值45.09亿元和0.2亿元。其中，受棋牌游戏整顿影响，一花科技于2018年9月底宣布停止运营，计提减值9亿元；幻想悦游2018年业绩大幅下滑，计提减值逾17亿元。仅这两家游戏子公司便共计提了26亿元的资产减值。经公司及下属子公司对2018年末可能存在减值迹象的资产进行全面清查和减值测试后，2018年度拟计提各项资产减值准备合计63.98亿元，因公司或子公司以劣后级合伙人身份参与设立并购基金，对并购基金优先级和中间级合伙人出资份额和收益承担回购或差额补足义务而确认预计负债15.47亿元。

高杠杆激进并购带来的巨额债务后遗症未消，天神娱乐2019年依旧亏损。天娱娱乐2019年度业绩快报显示，报告期内公司实现营业收入13.23亿元，同比下降49.10%；实现营业利润−10.88亿元，同比上升79.64%；实现归属于上市公司股东的净利润−11.51亿元，同比上升83.91%。

用阿特曼Z计分模型来分析这家公司财务情况，天神娱乐从2015年借壳上市到2019年为止，其Z值分别为1.31、2.03、1.52、−2.59、−1.21，这家企业的Z值始终低于企业财务安全的阈值。阿特曼Z计分模型的五个变量中有三项指标值得关注，特别是第三项衡量企业盈利能力的指标，这五年数值分别为0.17、0.24、0.39、−2.42和−0.41。其次是第一项，反映短期偿债能力的指标，这五年数值分别为0.04、0.018、0.002、−0.14和−0.26。反映利润累计的指标中，这五年的数值分别为0.09、0.14、0.12、−0.49和−0.80。从Z值来看，天神娱乐的财务情况并不乐观，存在很大的经营风险。

案例思考：

（1）根据企业财务风险理论及阿特曼Z计分模型得分情况，分析天神娱乐经营过程中存在的风险。

（2）结合天神娱乐亏损事件，分析公司如何降低财务风险，实现扭亏为盈。

第一节 企业财务风险

一、财务风险的基本内涵

风险是指一定条件下和一定时期内未来结果的不确定性。风险产生的结果可能带来利润也可能是损失。财务风险是指企业在日常经营中，由于内外部环境及各种难以预料和无法控制的因素，使企业在一定时期、一定范围内所获得的实际收益与预期目标发生偏离而形成经济损失的可能性。财务风险有狭义层面与广义层面之分，从狭义层面上看，主要是指因利用举债方式筹资而产生的风险，意味着由于债务的存在而对企业利润或是股东收益等财务成果带来的不确定性；从广义层面上看，是指因企业各项财务活动中各个不能事先预测或掌控的原因，造成的企业蒙受不确定事项（一般是指预期外损失）的可能性。

二、财务风险的类型

企业财务风险按照不同标准进行多种分类。

按内容划分，财务风险包括负债（杠杆）风险、支付能力风险、投资风险、信用风险、利率风险与外汇风险等主要类别：①负债（杠杆）风险。对于公司来说，不能偿还到期债务是负债经营隐含的最大风险。这种风险既包括不能偿还到期债务本金的风险，也包括公司偏离最佳资本结构而导致资本成本上升的风险。②支付能力风险，是指公司现金流不足以满足必要经营支出和投资支出项目的风险，这类风险也叫现金流量风险。即使一个盈利的公司也可能因为现金流量无法满足其支付需求而面临危机。对于过度扩张与粗放经营的企业来说，这类风险是致命的。③投资风险，是指投资决策失误和投资过程控制失灵招致的投资失败。这是现代企业最大的财务风险之一。④信用风险，是指企业不能按期足额收回应收款项的风险。⑤利率风险，是指由于利率的波动性导致公司收或支的利息高（低）于预期值。⑥外汇风险，也称货币风险，是指因汇率变化而产生的资金回收与盈利方面的不利。

从管理角度，财务风险可分为财务制度风险、财务业绩风险、财务流动性风险与财务信息风险。

（1）财务制度风险表现为制度实际执行偏离法律制度规范要求的程度。企业必须严格遵循国家的法律法规、公司章程、战略规划与预算、管理流程、各项财务管理制度、其他规章制度等。制度的主要功能是控制风险。“上有政策，下有对策”是制度失灵的标志，是风险的导火线。

（2）财务业绩风险表现为实际业绩偏离目标、预算等标杆值的程度，财务经营业绩与财务目标、财务预算指标偶尔发生偏差，是十分正常的事情，但是如果目标值与实际状况长时间发生很大偏差或重大波动，这是企业危机的征兆。

（3）财务流动性风险表现为企业的偿债能力或支付能力不足时，其现金流无法偿还到期债务或无法维持当前的运营水平所需的必要支出所导致的一种风险。

（4）财务信息风险表现为信息不对称、信息失真、信息迟缓等导致决策、控制过程和业绩评价方面的种种问题。

按风险的来源及企业经营活动的不同环境，财务风险可以分为筹资风险、投资风险、经营风险、存货管理风险和流动性风险。

筹资风险就是指由于宏观环境或资金供需市场的变化，导致企业筹集资金给财务成果带来的不确定性。筹资风险包括利率风险、再融资风险、财务杠杆风险、汇率风险、购买力风险等。

投资风险是企业在投入一定资金后，因市场需求等因素的变化而导致可能遭受损失，或与预期收益目标偏离的风险。企业的投资活动包括两个方面：一是对内投资活动；二是对外投资活动。对内投资活动是指把资金投向企业的内部，形成固定资产、无形资产等；对外投资主要有直接投资和证券投资两种形式。投资风险主要包括利率风险、再投资风险、汇率风险、通货膨胀风险、金融衍生工具风险、道德风险、违约风险等。

经营风险是企业在生产经营的各个环节中，由于不确定性因素变化导致企业资金流动受阻，成本增加，收益下降，造成损失等风险。经营风险包括采购风险、生产风险、存货风险、应收账款风险等。

存货管理风险：企业持有一定的存货对正常的生产经营至关重要，但是存货过多或过少均会给企业带来风险，存货过多会导致资金占用过多，产生呆滞的可能性较大；存货过少容易导致生产供应不及时，造成停线待料，甚至因无法及时供货导致违约风险。

流动性风险是指企业资产不能正常变现或企业偿付能力不确定，导致企业生产经营活动中资产流动性差的风险。可以把企业的流动性风险分为现金不能清偿风险和变现力风险。由于支付能力和偿债能力而产生的风险，称为现金不能清偿风险；由于资产不能转化为现金而产生的风险则称为变现力风险。

三、财务风险的成因

财务风险产生的原因多种多样，既包括错综复杂的外部环境，又包括企业本身治理的内部问题，具体包括外部原因和内部原因，大致分为以下四个方面。

1. 错综复杂的外部环境

对于企业来说，企业的财务状况与外部的经济市场形势、外界宏观政策环境都有所联系，但这些外部情况在影响企业的同时，企业本身却无法改变。例如，金融方面，利率的升值，可能会使货币增值，致使企业的还本负担增加，增加财务风险；又如，法律政策的变更，使企业财务整体受到冲击，更有可能波及整个行业领域的经济情况，如整体萧条的经济环境，会使人们普遍的消费力降低，经济需求降低，从而给企业带来风险。

2. 盲目扩张投资规模

企业的投资规模应与企业的资本实力、融资能力等相匹配，但有很多企业在各种条件不成熟的情况下，盲目、冲动地凭借个人经验追求公司规模的扩张，却忽略与之相匹配的其他能力的提升，造成投资的巨大损失，甚至整个企业资金链条崩断，最后造成不可挽回的影响。

3. 营利能力的缺乏

营利能力是企业赚取盈利的能力，拥有良好的获利手段，会使企业增加核心竞争力，赚取丰厚的利润，带来长久稳定的保障。但随着人类的发展，多种新兴产业的崛起，会导致原有产业的萧条，带来盈利的下滑。所以要想将企业做好，不止要想着做大，还要有创新有技术，以免出现发展过程中后继无力的现象，所以，企业的盈利水平是至关重要的。

4. 公司治理因素的影响

公司治理就是使公司管理层与其他利益相关体之间形成平衡的一种方式，它要求各主体间的责任、权利、义务、收益得到规范的制度表现。但很多公司的内部治理机制并不完善，对于经营决策没有形成有效的监督决策机制，各投融资决策缺乏完备的管控体系，极易滋生财务危机。

第二节　企业财务预警方法和模型

一、财务预警的概念

财务预警（financial forecast），又称为财务危机预警，是从财务角度对企业进行预警，通过对企业财务报表及相关经营资料的分析，利用及时的财务数据和相应的数据化管理方式，预先告知企业所面临的危险情况，同时分析企业发生财务危机的原因，发现企业财务运营体系隐藏的问题，以提早做好防范措施并提出相应对策的财务分析系统。

二、财务预警的功能

一个有效的财务预警系统具有以下三大功能。

1. 信息收集功能

通过收集与企业经营活动和财务运行相关的政策、行业发展环境和阶段、企业内部的生产经营运行状况和财务统计数据信息，并对收集的信息进行进一步加工即数据分析，从而得出是否需要对企业进行财务风险的预警的判定结果。

2. 监测和诊断功能

通过监测企业的财务状况，并进一步识别和分析监测结果，判定当期企业的财务运行状况是否良好，以及将要预示着何种财务运行状态，能够对企业的财务状况做出相应判定，从而探究企业财务运行过程中存在的问题。

3. 预报和治疗功能

当企业财务状况存在较大风险乃至导致财务危机时，财务风险预警系统能及时探查到引发企业重大财务风险的原因，促使企业管理者采取有效措施防止财务状况的继续恶化。

三、财务预警的基本程序

（1）根据财务活动与其他事物的联系，寻找财务预警的警源。警源是指警情产生的根源，财务预警的警源包括外生警源和内生警源。外生警源是指来自公司外部经营环境变化而产生的警源。例如，国家产业政策的调整，将会导致公司被迫转产或做出重大经营政策上的调整，甚至可能直接或间接地导致公司产生巨额亏损乃至破产。这时候，我们把外生警源确定为“政策调整”。内生警源则是指公司内部运行机制不协调而产生的警源。例如，投资失误，而投入资金又是从银行借入的，导致公司营运资金出现负数，公司难以用流动资产偿还即将到期的流动负债，很可能被迫折价变卖长期资产，以解燃眉之急。这时候，投资失误则为公司出现财务预警的内生警源。

（2）收集整理资料，分析财务预警的警兆。警兆是指警素发生异常变化时的先兆。在警源的作用下，当警素发生变化导致警情爆发前，总会出现一些预兆。财务预警的警兆是指伴随着现金流量状况恶化的一些财务先导性指标或迹象。分析财务预警的警兆是财务预警系统的关键一环。从警源到警兆，有一个发展过程：警源孕育警情—警情发展扩大—警情爆发前的警兆出现。财务预警的目的就是在警情爆发前，分析警兆、控制警源、拟定排警对策。警兆又可细分为景气警兆和动向警兆。景气警兆是指警兆反映的是经济景气的程度和状况，反映的是萌芽状态的警情或正在成长壮大的警情。此时，警情与警兆之间并未构成某种因果关系。动向警兆是与警情具有因果关系或逻辑关系或时间先后顺序关系的先行变量指标。动向警兆一般与警源相联系，与警源构成因果关系。财务预警系统中，反映财务风险状况的一般属于景气警兆，而导致财务风险的经营风险状况属于动向警兆。财务出现风险的景气警兆有现金净流量为负数，资不抵债，无法偿还到期债务，过度依赖短期借款筹资，等等。经营出现风险导致财务出现风险的动向警兆有主导产品不符合国家产业政策，失去主要市场，或有负债与或有损失数额巨大，关键管理人员离职且无人替代，等等。

（3）设置警兆指标，监测并预报警度。警度是指警情的级别程度。财务预警度一般设计为五种：无警、轻警、中警、重警、巨警。警度的确定一般是根据警兆指标的数据大小，找出与警素的警限相对应的警限区域，警兆指标值落在某个警限区域，则确定为相应级别的警度。

（4）根据经验数据资料，建立预警模型。预报警度有两种方法：一是定性分析的方法，如专家调查法、德尔菲法、经验分析法等。二是定量分析的方法，包括指标形式和模型形式。模型形式，一般是建立关于警素的普通模型，并做出预测，然后根据警限转化为警度。

（5）根据财务危机程度，拟定排警对策。预警的目的就是要在警情扩大或爆发之前，采取排警对策，从而有效地寻找警源，通过分析警兆、测定警度，进而采取行之有效的排警对策。监测财务风险和危机的目的是有效地防范财务风险和危机。当实际警情出现时或实际警度已测定时，人们的注意力不再是“财务预警系统”，而是“财务排警对策研究”。

四、财务预警方法

企业财务预警的方法很多，一般情况下，主要有定性分析和定量分析两大类。

1. 定性分析

（1）调查问卷法。调查问卷法就是研究者通过深入了解研究对象，根据其所处的行业环境、内部的生产经营现状等，找到可能影响财务状况的因素，并列举出来。将这些因素以表格或是问题的形式设计出来，将其发放给公司中对生产经营情况有深入了解的高级管理人员或是生产经营关键环节的基层执行人员，通过对问卷结果的整理、分析，能够发现研究对象内部存在的经营战略、管理制度等问题，帮助研究者能够更加全面地了解企业财务是否出现危机，并发掘财务危机形成的原因以便及时对存在的问题进行补救。该方法的缺点是要耗费大量的精力去发放问卷，且被调查者对问题的认识不尽相同，得出的结果具有主观性。

（2）“四阶段症状”分析法。事物的发展都是分阶段的，问题不断累加，最终量变引起质变，导致问题的加剧，造成严重后果。因此，在问题的酝酿过程中，必然会有种种表现。企业财务状况的恶化也是一样，阶段主要分为四个，分别是危机的潜在期、发生期、恶化期和实现期，每个时期都有其各自特征。管理者可以根据不同阶段特征并结合财务指标进行分析，进而对财务进行预警，这样就可以将问题控制在萌芽阶段，从而使得企业能够及时应对，避免产生严重的财务损失。这种方法不仅需要成熟、可靠、易操作的财务预警模型，更需要经验足够丰富的财务人员，能够发现财务风险的蛛丝马迹以及时做出判断。

（3）三个月资金周转表分析法。企业的日常运营处于复杂的市场环境下，只有保障运营中资金的持续流入、资金的安全度高，企业短期内偿债风险才会小。该方法主要是从现金流量的角度进行分析，现金流在企业生产经营中起到重要作用。为了保证企业短期内的资金需求，需要制定三个月资金周转表，使每次转入下个月的现金流量都在总收入的20%以上，但同时对票据付款额也有要求，所处行业不同金额也不同，大致比例限制在销售额的60%或者40%以下。如果高于上述比例，说明企业在经营过程中可能存在无法支付的票据、债务等财务风险。这种方法的优点在于原理简单，容易实施，但是该方法中的界定标准很难确定，还没有得到学者的广泛认同。

（4）流程图分析法。流程图分析法是对企业财务预警研究时运用的一种模糊的动态判别方法。我们可以将企业的生产经营活动分为不同的阶段，如购买、生产、销售、集资融资等，将企业的生产经营活动以流程图的方式表现出来。该方法的最大好处就是对企业生产经营过程的直观描述，这样就可以使得企业的经营者和管理层依据流程图直接快速地找到生产经营活动中的关键点，即易于发生风险的地方，并且在这些关键点上加强监控管理，避免企业财务风险的产生。但是流程图分析法并不是一个能够单独完成企业财务风险监测的模型，通常是作为辅助的研究方法。

（5）德尔菲法。德尔菲法也称专家意见法，首先由调查者拟定一份调查表，按照一定的程序要求，采用函件的方式向专家组内每一位成员进行问题征询，然后每一位专家再以匿名的方式针对之前的问题给出意见。这样经过反复几次，专家们的意见会逐步趋于集中，最终将会得到较为精确的判断结果。该方法的优点：可以避免群体决策过程中可能出现的一些问题，并且能集思广益，避免忽视重要观点，结果准确性高。不足之处：可能忽视了少数人的意见。当问题复杂，难以解决、量化时，应采用此方法。

（6）访谈法。访谈法指的是通过书面或是口头的方式如打电话、面谈等方式，向被访谈者了解客观事实，目的在于能够更加详细地了解公司实际情况的一种研究方法。对本书而言，为了分析某些非财务指标评分低的原因，采用访谈法。根据调查问卷的结果，对于评分低的项目，根据项目的内容设置访谈的内容，通过对相关人员的谈话可以分析出某项目评分低的主要原因，以及它会如何影响企业的财务状况。该方法可以挖掘出隐蔽的线索，能够更加清晰地掌握企业的问题所在。

定性分析方法可以根据研究的具体问题制定相关的调查内容，可以将能想到的影响问题的全部因素考虑在内，方法运用灵活。但是这种方法的分析和判定主要依靠受调查者的主观经验，一旦研究结果出现偏差，很有可能给企业带来不利的影响。鉴于该类方法的不足，许多学者采用能够量化的分析方法。

2. 定量分析

企业定量财务预警的方法很多，一般情况下，主要有以下三种方法。

1）统计预警方法

统计预警方法的一般步骤：设计警兆指标—设置警限和警度—测算预警临界值—确定警兆的警报—预报警度。财务运行是在特定的时间空间背景下运行的。从时间角度分析，财务运行存在着周期性和季节性，从空间角度分析，财务运行存在着行业背景和地域差别。根据统计预警方法来设计反映财务运行特征的操作方法，具体如下。

（1）设计财务运行的警兆指标。同步指标是指这类指标与财务运行是同步的，先导指标则是先于同步指标变化的指标，滞后指标则是落后于同步指标变化的指标。财务监测与预警的对象不是盈利，而是现金及其流动。从现金流量的角度，按先导、同步、滞后三个层面，构建潜伏期、发作期、恶化期三个阶段的财务预警的警兆指标体系。

（2）设置各种警度的警限。警度一般分为五种：无警、轻警、中警、重警、巨警。警兆指标值处于不同的警限，则对应为不同的警度。

（3）测算预警临界值。预报警度的测算步骤如下：首先，判定测算的为何种类型的变量。财务指标有三种类型：第一种是“愈大愈好型”指标，如“经营活动现金净流量”。第二种是“愈小愈好型”指标，如负债总额。第三种为“区间型”变量指标，如财务杠杆系数，在某一个区间为最佳值，超过这一区间，无论是大于这一区间还是小于这一区间，均会产生警情。其次，测算预警临界值。预警临界值是指经济现象是否出现警情的量化指标。预警临界值的确定，不能拘泥于某一经验数据。行业不同、地区不同，预警临界值亦不同。在测算预警临界值的基础上，与实际值比较，根据警限设置状况预报警度。

2）指数预警方法

指数预警方法是用数学方法合成一组景气指数（先行、一致、滞后），并将它们作为测定和分析经济波动的综合尺度，再利用先行指数预测经济周期波动的转折点，以达到预警的目的。单纯用合成后的综合指数的波动来分析经济形势变化，缺乏成熟的理论基础支持，且有可能把某个重要指标的信息忽略。在预警分析中，有时难以分清合成指数到底是由哪些经济指标引起的变化，这不利于针对具体的经济变量进行调控。指数从广义上讲就是指相对数，从狭义上讲就是指社会经济现象在数量上总变动情况的动态相对数。指数一般分为个体指数和总指数。总指数又包括综合指数、算术平均数指数、调和平均数指数三种。总指数以综合指数为主。财务预警的指数系统由两个指数构成：一是个体指数；二是综合指数。财务预警指数的公式：

（1）财务预警指数=（财务监测实际指标值–财务预警临界值）/财务预警临界值。

（2）若为“愈小愈好型”指标，则算式的子项，被减数与减数的位置颠倒。

（3）资本优化的反面是劣化。

因此，财务预警指数体系，从时间层面上分析，可分为财务先导预警系统、财务同步预警系统、财务滞后预警系统；从空间层面上分析，可分为经营风险的预警系统、投资风险的预警系统、筹资风险的预警系统；从资本劣化的角度来分析，可分为资本周转劣化值测度、资本扩张劣化值测度、资本结构劣化值测度。

3）模型预警法

模型预警法是指以公司的财务报表、经营计划及其他相关会计资料为依据，利用财会、统计、金融、公司管理、市场营销理论，采用各种分析方法，对公司的经营活动、财务活动等进行分析预测，以发现公司在经营管理活动中潜在的经营风险和财务风险的方法。一般来说，财务危机模型预警法主要分为单变量模型预警法、多变量模型预警法、F分值模型法。

单变量模型在以前学者研究财务风险预警模型的基础上，利用数学上的统计方法构建单变量财务预警模型。该模型采用单一的变量，以现金流量指标或财务比率来判断财务风险的警情。

（1）单变量模型预警法。美国当代著名会计学家威廉·比弗（William Beaver）通过使用5个财务比率作为变量，对美国1954~1964年《穆迪行业手册》中79个失败公司和79个成功公司进行一元定预测。经过比较研究，比弗认为，这5个比率都可以用于对公司财务危机的评价。但债务保障率能够最好地判定公司的财务危机程度（误判率最低次是资产净收益率和资产负债率，并且离失败日越近，误判率越低）。他还提到，在财务危机预测时，要特别关注现金、应收账款和存货占用水平，对于失败公司一般有较多的应收账款而现金和存货较少。他认为预测财务失败的比率有：①债务保障率=现金流量/债务总额；②资产收益率=净收益/资产总额；③资产负债率=负债总额/资产总额；④资金安全率=资产变现率−资产负债率；⑤安全边际率=（现有或预计销售额−盈亏临界点销售额）÷现有或预计销售额。

单变量模型预警法的优点：计算简单，易理解。缺点：以一个财务指标来衡量企业的财务状况，会影响财务风险预警结果的准确性，因此对其科学性存在质疑。

（2）多变量模型预警法。多变量模型预警法是运用多变量模型思路建立多元线性函数公式，即运用多种财务指标加权汇总产生的总判别分（称为 Z 值）来预测财务危机。最初的 Z 计分模型由美国爱德华·阿特曼于20世纪60年代中期提出，用以计量公司破产的可能性。阿特曼使用了 33 家失败公司和 33 家成功公司的财务数据，并且挑选了22个财务比率进行实验。最后，阿特曼保留并使用了5个比率表示 Z 计分模型：

$$Z = 0.012X_1 + 0.014X_2 + 0.033X_3 + 0.006X_4 + 0.999X_5$$

其中，Z 是判别函数值；

X_1=（营运资金 ÷ 资产总额）× 100；

X_2=（留存收益 ÷ 资产总额）× 100；

X_3=（息税前利润 ÷ 资产总额）× 100；

X_4=（普通股和优先股市场价值总额 ÷ 负债账面价值总额）× 100；

X_5=销售收入 ÷ 资产总额。

该模型实际上是通过 5 个变量（5 种财务比率），将反映公司偿债能力的指标（X_1、X_4）、获利能力指标（X_2、X_3）和营运能力指标（X_5）有机联系起来综合分析预测公司财务失败或破产的可能性。一般情况下，Z 值越低，公司越有可能发生破产。为此，阿特曼还提出了判断公司破产的临界值：如果公司的 Z 值大于2.675，则表明公司的财务状况良好，发生破产的可能性较小；反之，若 Z 值低于 1.81，则公司存在很大的破产危险。如果 Z 值处于1.81~2.675，阿特曼称之为“灰色地带”。Z 值为这个区间的某个数值时，进入这个区间的公司财务是极不稳定的，或者说，公司陷入财务危机。

多变量模型从总体宏观角度检查公司财务状况是否呈现不稳定的现象，提前做好财务危机的规避或延缓危机发生的准备工作。当然，阿特曼的 Z 计分模型一般适用于短期（2年以内）的预测，对于5年内破产预测的准确性稍低些，大概在70%的水平。

该模型的优点：易于理解、操作方便且应用广泛。不足之处：模型要求的工作量比较大；缺乏经济的理论基础，财务变量的选择没有理论依据；没有考虑到现金流量对企业盈利能力的影响；具有很高的应用条件，即需要样本呈正态分布，而现实中很多数据不能满足此条件。

（3）F 分值模型法。F 分值模型是在 Z 计分模型的基础上，对 Z 计分模型的改进，

弥补了 Z 计分模型的不足，考虑到现金流量变动等方面的因素，可以更真实地反映出财务状况。F 分值模型具体如下：

$$F=-0.177\,4+1.109\,1X_1+0.107\,4X_2+1.927\,1X_3+0.030\,2X_4+0.496\,1X_5$$

F 分值模型与 Z 计分模型中各比率的区别就在于其 X_3、X_5 与 Z 计分模型不同，其中，X_3=（税后净利+折旧）÷平均总负债；X_5=（税后净利+利息+折旧）÷平均总资产。

F 分值模型选取的自变量是基于财务理论的，其临界点为 0.027 4，即当 $F\leqslant 0.027\,4$ 时，企业具有严重的财务问题，很有可能面临破产；当 $F>0.027\,4$ 时，企业可能具有财务问题，但仍可继续经营。

该模型的优点：有了财务理论作为选择指标的依据，使得财务指标的选取更具有说服力；考虑到了现金流量等因素对企业带来的影响。缺点：自变量的选取较少，影响了预警模型的判别效果。

除上述模型之外，多变量模型还有日本开发银行的多变量预测模型；中国台湾陈荣的多元预测模型。但这两种模型在实际中的应用并不广泛，到目前为止，Z 计分模型仍然占据着主导地位。这些模型都属于静态的统计模型。动态财务预警模型主要是把人工智能中的归纳式学习的方法应用于财务危机预测。目前，这种方法中最常用的是神经网络预测模型。在神经网络预测模型中，当输入一些资料后，网络会以目前的权重计算出相对应的预测值及误差，再将误差值反馈到网络中调整权重，经过不断调整，从而使预测值渐渐地逼近真实值。这种方法能有效地解决非正态分布、非线性数据的预测评估问题，目前在财务预警领域得到了重视。

第三节 企业财务风险管理

一、财务风险管理的含义

财务风险管理是风险管理中所包含的一个非常重要的部分，是管理企业财务风险的一种重要的方法。它是在前人对财务风险管理研究及现代科技快速发展的基础上发展起来的一种新的管理学方法。财务风险管理一般是指对企业的财务风险进行识别、评价与防范的过程。对企业的财务风险管理进行研究，有助于企业对财务风险提前进行预防与控制，也可以对企业的财务风险进行管理。

2006 年，国务院国资委印发《中央企业全面风险管理指引》，要求中央企业遵照执行。该管理指引中对全面风险管理的定义是，企业围绕总体经营目标，通过在企业管理的各个环节和经营过程中执行风险管理的基本流程，培育良好的风险管理文化，建立健全全面风险管理体系，包括风险管理策略、风险理财措施、风险管理的组织体系、风险管理信息系统和内部控制系统，从而为实现风险管理的总体目标提供合理保证的过程和方法。企业开展全面风险管理工作，既应注重防范和控制风险可能给企业造成的损失和危害，也应把机会风险视为企业的特殊资源，通过对其管理，为企业创造价值，促进经营目标的实现。

根据该管理指引对全面风险管理的界定，中央企业需要通过全面风险管理实现以下目标：一是确保将风险控制在与总体目标相适应并可承受的范围内；二是确保内外部，尤其是企业与股东之间实现真实、可靠的信息沟通，包括编制和提供真实、可靠的财务报告；三是确保遵守有关法律法规；四是确保企业有关规章制度和为实现经营目标而采取重大措施的贯彻执行，保障经营管理的有效性，提高经营活动的效率和效果，降低实现经营目标的不确定性；五是确保企业建立针对各项重大风险发生后的危机处理计划，保护企业不因灾害性风险或人为失误而遭受重大损失。

为了实现全面风险管理目标，需要采用以下风险管理的基本流程：收集风险管理的信息；进行风险评估；制定风险管理策略；提出和实施风险管理解决方案；风险管理的监督与改进。该管理指引还说明，企业开展全面风险管理工作应与其他管理工作紧密结合，把风险管理的各项要求融入企业管理和业务流程中。具备条件的企业可建立风险管理三道防线，即各有关职能部门和业务单位为第一道防线；风险管理职能部门和董事会下设的风险管理委员会为第二道防线；内部审计部门和董事会下设的审计委员会为第三道防线。

各中央企业需要每年编制年度全面风险管理报告，由国务院国资委相关部门汇总分析后向有关领导报送《中央企业全面风险管理年度汇总分析报告》。随着近年来中央企业全面风险管理工作的推动，报送全面风险管理报告的中央企业已经由 2008 年的 50%左右达到了 100%。

二、财务风险管理的原则

1. 全面风险管理原则

全面风险管理是针对公司各层次的业务单位、各类风险的全面控制和管理，管理上不能留有任何“死角”。这种管理原则要求把公司所有经营活动都纳入风险控制范围之内，把营运流程中的各种业务风险、制度风险、财务风险等不同类型的风险，把公司各个部门如管理层、业务部、技术部等不同管理对象纳入统一风险管理范围，并将承担上述管理的责任人也纳入统一的管理体系中，并根据全部业务的相关性对风险进行控制和管理。

2. 全员风险管理原则

这是指公司每个岗位都是风险管理岗位，每位员工都应该具有风险管理义务和责任，在业务和管理活动中执行公司的制度。在风险管理中必须让所有的员工认识到：风险控制不仅仅是风险管理部门的工作，无论是董事会还是管理层，无论是风险管理部门还是业务部门，每一位员工在处理每一项工作时都要考虑风险因素。

3. 全程风险管理原则

全程风险管理原则要求对风险的管理不仅仅是事后的查缺补漏，而是要求对风险的管理贯穿于所有业务的每一个过程，这就是全程风险管理原则。全程风险管理原则要求我们在制定风险管理制度和执行细则时，要“细致入微，面面俱到”，而不能“只重结果，不重过程”。

三、财务风险管理的基本程序

1. 规划风险

财务风险管理的第一步就是规划风险，这就需要考虑到各个方面的因素。具体指的是在财务风险发生之前，企业就制定出一些比较有效的财务风险管理策略。如果企业在财务危机发生前能够提前对财务风险进行合理规划，那么能够尽早地使企业提前发现它存在的不足之处，从而采取有效的预防措施。

2. 识别风险

对企业的财务风险进行详细的识别与分析，是至关重要的。只有这样，才能相应地提出财务风险管理的策略。识别财务风险的方法有很多种，其中具有代表性的有问卷调查法、生产流程分析法、财务表格分析法等。

3. 分析风险

在识别出企业的财务风险后，接下来就需要对财务风险进行分析。具体的方法有专家打分法、层次分析法、模糊综合评价法、Z 计分模型法等。这些模型可以更加客观全面地发现企业存在的财务风险，然后可以做出有效的管理措施。

4. 处理风险

通过识别和评价企业的财务风险，接下来应该对企业的财务风险进行处理。这时我们就可以有针对性地提出一些建议及切实有效的管理方法。

5. 监控风险

具体是指及时发现企业财务风险方面存在的问题，并对企业的财务风险管理措施做好监督，可以让财务风险管理措施能够更好地为企业服务，保证企业的正常运转。

四、财务风险的应对

根据《中央企业全面风险管理指引》，企业根据自身条件和外部环境，围绕企业发展战略，确定风险偏好、风险承受度、风险管理有效性标准，选择风险承担、风险规避、风险转移、风险转换、风险对冲、风险补偿、风险控制等适合的风险管理工具应对风险，财务风险也可以使用风险规避、风险转移、风险转换、风险对冲、风险补偿等方法进行应对。

1. 风险规避

风险规避是指企业回避、停止或退出蕴含某风险的商业活动或商业环境，避免成为风险的所有人。财务风险也可以通过避免涉及可能产生风险的环境和业务而实现风险规避。例如，为了规避应收账款无法收回的风险，公司可以通过 5C 评估法等对客户进行评估，即使会牺牲部分销售收入，也要放弃与信用不好的客户进行交易。又如，为了避免金融衍生品交易潜在的巨大损失，公司可以通过制度约束回避衍生品交易，只进行必要的套期保值，以免出现类似中航油新加坡公司航油衍生品交易的巨大损失。

2. 风险转移

风险转移是指企业通过合同将风险转移到第三方，企业对转移后的风险不再拥有所有权。财务风险也可以通过合同转移给第三方，不过这种转移不会降低风险，只是将之转移给其他主体承担。例如，并购业务较多的公司，为了避免并购失败给公司带来重大损失可以选择事先建立并购基金；参加相关的社会保险；与被并购方签订业绩承诺，规定被并购方无法实现承诺时需提供的补偿。

3. 风险转换

风险转换是指企业通过战略调整等手段将企业面临的风险转换成另一个风险，风险转换的手段包括战略调整和衍生产品等。对于财务风险来说，风险转换不会直接降低风险，而是在减少某一风险的同时，增加另外一种风险。例如，公司如果当前受到的业绩压力较大，需要尽快增加销售收入，那么就可以选择放松客户的信用标准，通过应收账款的形式增加销售收入。此时销售收入过低的风险得以缓解，但是应收账款无法回收的风险随之增大。

4. 风险对冲

风险对冲是指采取各种手段，引入多个风险因素或承担多个风险，使这些风险能够互相对冲，也就是使这些风险的影响互相抵消。资产组合就是风险对冲的典型做法。具体到财务风险，最常见的风险对冲就是使用金融衍生品，如套期保值。传统意义上的套期保值就是买入（卖出）与现货市场数量相当，但交易方向相反的期货合约，以期在未来某一时间通过卖出（买入）期货合约来补偿现货市场价格变动所带来的实际价格风险。新套期保值指的是利用期权投资策略，结合传统的期货套期保值的模式。加入了期权的套期保值不仅可以为现货进行套期保值，而且可以为期货进行套期保值。此时买入或卖出的都是未来一定时间内以一定价格进行操作的权利，当实际市场波动与预期相同时，则行使权利，否则就放弃权利。

5. 风险补偿

风险补偿主要是指事前（损失发生以前）对风险承担的价格补偿。对于财务风险，同样可以采用风险补偿的方式加以规避。例如，商业银行在贷款定价中，需要对客户进行评估，对不同客户的贷款利率进行区别对待，优质客户可以获得一定利率优惠，而信用等级较低的客户，商业银行可以不予合作或在基准利率的基础上调高利率。又如，当需要采用折现现金流法评估某项资产价值时，评估主体可以通过调整折现率的方式体现出对风险的预先估计，从而为将来可能发生的风险做好准备。

【思考题】

1. 财务风险的成因有哪些？
2. 财务风险预警的功能有哪些？
3. 财务风险预警将定量分析与定性分析方法结合使用的作用是什么？
4. 如何评价和比较各种财务危机模型预警法的优缺点及各自的适用性？
5. 财务风险管理的原则和具体程序具体包括哪些内容？
6. 上海凤凰（600679）是上海证券交易所的上市公司，2019 年底其证券市场收盘价为 12.34 元。该公司 2019 年 12 月 31 日的报表部分资料如下。

资产负债表 单位：万元

资产	金额	负债和所有者权益	金额
流动资产	70 753.50	流动负债	33 138.81
固定资产	12 481.24	长期负债	4 763.56
		股本	40 219.89
		留存收益	13 716.99
资产总额	183 793.07	负债和所有者权益合计	183 793.07

其他相关数据 单位：万元

销售收入	97 489.11
税前利润	5 307.55
税后利润	9 912.85
折旧	10 596.83
财务费用	189.52
资产总额（2018）	176 831.34
负债总额（2018）	36 068.08

请分别用 Z 计分值和 F 分值来对上海凤凰 2019 年的财务危机进行预警。

第九章 企业并购

学习目标

◇了解企业并购理论

◇了解企业的并购动因和效应

◇掌握企业并购价值估值的方法

◇掌握并购融资的形式

◇掌握企业并购重组的形式和反收购的方法

【开篇案例】

携程旅行网并购去哪儿网

去哪儿网创立于 2005 年，2013 年于美国纳斯达克挂牌上市。作为中国领先的在线旅游平台，去哪儿网通过网站及移动客户端的全平台覆盖，以自有技术为驱动，随时随地为旅游服务供应商和旅行者提供专业的产品与服务，其产品与服务覆盖国内外机票、酒店、度假、门票、租车、接送机、火车票、汽车票和团购等多个领域。

携程旅行网创立于 1999 年，2003 年便在纳斯达克挂牌上市。目前，携程旅行网的注册会员超过 5 000 万个，可供预订的酒店数量超过 60 万家，在国内同行业中处于绝对霸主的地位。携程旅行网无论是在规模、技术还是在运营管理体系上都具有很强的核心竞争力。随着互联网的发展和普及，在线旅游企业的竞争激烈，携程旅行网试图通过并购等方式来巩固自己的领先地位。

2015 年 10 月 26 日，携程旅行网通过新增发 11 488 381 股带投票权普通股置换百度此前拥有的去哪儿网的 178 702 519 股 A 类普通股和 11 450 000 股 B 类普通股，其中每拥有一股 A 类股享受 3 票的投票权，与之对应的 B 类股只有 1 票投票权。在并购结束后，携程旅行网占有去哪儿网 45%的总投票权，一举成为去哪儿网的最大机构股东；而百度则拥有携程旅行网约四分之一的总投票权。携程旅行网通过股权置换的方式与去哪儿网达成协议，标志着此次并购的完成。

结合企业并购理论对携程旅行网并购去哪儿网的行为进行分析发现，携程旅行网并购动因主要有以下三个方面。

（1）从市场竞争的角度来看，此次并购有望结束此前惨烈的价格战。2014 年起的 OTA（online travel agency，在线旅行社）行业价格战让许多企业出现了亏损甚至倒闭，持久的价格战不利于企业甚至是整个行业的发展。因此携程网和去哪儿网也是两败俱伤。通过并购，可以最直接有效地解决这一问题，降低成本、增加收入。另外，通过此次并购，携程旅行网和去哪儿网能够成为 OTA 行业绝对的霸主，改变在线旅游业的市场竞争格局。

（2）从经营协同的角度来看，携程旅行网并购去哪儿网可以通过资源共享、技术合作等方式降低研发成本从而提高利润。另外，并购后百度成为携程旅行网的最大股东，能够给携程旅行网带来丰富的资源和先进的技术。

（3）从公司发展的角度来看，此次并购能让携程旅行网进一步完善自身的产业链布局。去哪儿网的特点是一家提供垂直搜索、在线比价的在线旅游平台，积累了大量的互联网用户。并购去哪儿网能够给携程旅行网带来更大的平台优势、创造更多的用户流量。

在线旅游业发展至今，显示出了明显的集团化趋势。可以预期，行业间的并购在未来的一段时间内依然会是企业扩张的主要途径。在我国"一带一路"及"走出国门"相关政策的指导下，企业通过并购增强自身实力，从而实现国际化的海外扩张也是今后在线旅游业的发展趋势。

案例思考：

（1）从企业并购的角度思考携程旅行网在并购前后可能面临的风险有哪些。

（2）在携程旅行网并购去哪儿网案例中，所产生的并购效应有哪些？

（资料来源：徐静，姜永强. 互联网企业并购中财务风险研究——以去哪儿网并购案为例. 财会通讯，2019，（14）：107-110；徐志豪. 在线旅游企业并购动因及绩效研究. 西南财经大学硕士学位论文，2019.）

2014 年 6 月 11 日，阿里巴巴宣布全资收购在中国国内用户数量排名第一的移动浏览器——UC 优视。此次并购对价高达 43.5 亿美元，成为中国互联网史上最大并购案。阿里巴巴的此次并购以股票为主、现金为辅的方式进行。完成并购后，阿里巴巴持有 UC 优视 100%的股份，同时组建阿里 UC 移动事业群。此次并购的完成对阿里巴巴的移动互联网布局起到了极大的推进作用。

自 20 世纪以来，并购已经成为企业快速扩张和整合的重要手段之一。寻求扩张的企业面临着内部扩张和通过并购实现发展两种选择。当一家公司用其货币资本来购买企业比其自己直接投资建厂所获得的收益更大时，购买行为就显得更加经济可行。在优胜劣汰的市场竞争中，公司并购与重组能够最有效地将某些经营困难的公司的闲置生产要素转移给那些正在扩大生产规模的公司。不同企业的并购动机与效果也各不相同。通过本章的学习，可以对并购的相关理论和实践建立较为清晰的架构。

本章在介绍并购的基础上，分析总结并购效应的理论，并列举相关的经验证据，以此了解并购发展的必然性。在了解并购动机之后，本章简要介绍企业并购价值评估的思路，了解并购定价的理论依据，然后对并购的融资和对价方式进行总结，最后介绍在我国应引起关注和重视的敌意收购以及相关的防御策略。

第一节 并购理论及经验证据

西方有许多经典的财务理论和经济理论对并购行为进行了理论解释。本节主要就效率理论、垄断理论、信息理论、价值低估理论、代理理论、税收优惠理论等做简要综述。

一、效率理论

并购活动的重要理论依据是并购活动可以产生协同效应，从而提升效率，由于协同效应产生的原因、方式不同，效率理论又包括以下几种理论。

（一）经营协同理论

该理论认为，经营协同或经营经济可能会包含在横向或纵向的兼并中。对横向兼并而言，可以形成规模经济，所以两个或两个以上企业合并成一个企业时会引起收益增加或成本减少。该理论有一个重要的前提，即在行业中存在着规模经济，并且在合并之前，公司的经营活动水平达不到实现规模经济的潜在要求。规模经济同样也存在于纵向并购和混合并购之中。纵向并购可以节约相关的联络费用，避免各种形式的讨价还价和机会主义行为，从而提高企业经营效率；混合并购则可以通过公共支出的分摊降低单位管理费用。

但是经营协同理论也存在一些问题，主要如下：一是企业管理层的管理能力能否在短时期内迅速提高，并达到管理好比原有企业规模更大企业的水平；二是企业管理层的管理才能在相同或相近的产业中很容易扩散和转移；三是如何并购对双方都有利的资源，又如何处理并购之后不需要的部分。纽博尔德在 1970 年调查时就发现，只有 18%的企业承认并购动机与规模经济有关。

（二）效率差别理论

效率差别理论，又称管理协同效应理论。如果通过并购，使被并购 B 公司的效率提升到 A 公司的效率，那么这不仅是一种私人收益，也是一种社会收益。从事类似业务活动的企业最有可能成为潜在的收购者。它们有发现低于平均水平或未充分发挥潜力的公司的能力，并且懂得如何去提升这些企业的经营业绩。

该理论隐含着一个基本的假设，即通过并购确实能够提高目标企业的经营效率。但这一假设在实践中却显得过于乐观，实证研究表明，有些管理低效的企业并没有因为并购而将其资源利用的潜能发掘出来，因为企业经营效率低下有时并不只是管理的问题。从另一方面来看，如果一个企业管理效率低下，也并非只有通过并购的方式才能提高管理水平，还有其他方式可供选择，如直接另外聘请管理者。

（三）财务协同理论

通过并购实现的财务协同效应主要体现在以下三个方面：①并购可以降低企业破产的可能，如果两家公司的现金流量不是完全相关的，破产的可能性就会降低。②拥有许多内部现金流量但缺乏投资机会的企业，与具有较少现金但拥有许多投资机会的企业之间通过并购可以提高资金的使用效率。许多混合并购均以这种理论为依据。③随着并购之后企业规模的扩大，企业的融资能力要大于并购之前两个独立企业之和。并购不但可以增强融资能力，节约融资成本，而且由于利息费用计入成本，还可以节省税收。

（四）战略性重组理论

该理论认为，通过并购实现多样化经营可以满足管理者和其他雇员分散风险的需要。另外，并购的战略性规划理论不仅隐含了规模经济的可能性，也隐含了对未充分使用的公司现有管理能力的利用。另一个基础理论是，公司通过外部的分散化经营，获得了扩充其现有管理能力所需的管理技能。

二、垄断理论

垄断理论认为，企业进行并购，扩大经营规模，这不是为了提高效率，而是为了维持和加强其在市场上的垄断地位。在大量的企业并购活动中，的确存在着一些企业为了谋求垄断地位，获得垄断利润而进行并购的事实。那么最终决定企业规模的因素究竟是垄断的力量，还是效率的力量？钱德勒对这个问题的回答是，最终决定企业规模的是效率。从长期来看，如果一个企业进行并购和扩张之后，不能带来效率的提高和风险的降低，显然就难以持续下去。

三、信息理论

信号传递理论认为，并购信息的宣布可能会给市场参与者传递下列信息：①被并购企业未来有较好的投资机会；②被并购企业的原管理者受到了来自新所有者的冲击；③目标企业未来的现金流量和未来估价可能会增加。信息理论认为，由于现实中强势有效市场的不存在，处于信息优势地位的企业就能够利用内幕信息，通过收购股票价格低于价值的企业的股票，从而获得对该企业的控制权。

信息理论对企业并购动机的解释是全新的，但是证券市场并不总是充分有效的，当经理与其他人员串通，利用其独特的地位向市场传递虚假的信息以谋取个人利益时，则会损害其他投资人的利益。

四、价值低估理论

价值低估理论认为，被并购企业的股票市场参与者，特别是机构投资者强调短期经营成果，忽视了企业的长远发展前景，从而导致有长期投资前景的企业价值被低估。通过并购价值低估的企业，可以迅速提高并购企业的发展前景和经营业绩。一项并购活动之所以发生，是因为目标企业的真实价值被低估了，这种情况经常表现为企业的市场价格与其资产的重置价格之间存在一定的差距，这个差距就是托宾系数。据统计，20 世纪 70 年代末、80 年代初，由于通货膨胀的影响，资产的重置成本大幅提高，美国股市的 Q 值在 0.5~0.6，直接导致并购活动明显增多。

但在具体实践中，并非所有价值低估的企业都会被并购，也并非只有被低估了价值的企业才会成为并购目标。这说明在企业并购过程中，除了考虑目标企业价值是否被低估之外，还有其他一些重要因素值得考虑，如在 1999 年具有网络概念的高科技上市公司，尽管其 Q 系数很高，但仍成为众多企业竞相并购的目标。这使该理论遇到了重大挑战。

五、代理理论

Jensen 和 Meckling（1976）系统地阐述了代理问题。当管理者只拥有公司的小部分股权时，经理人员进行决策时就有可能偏离股东的目标，这样就会产生代理成本。在股权分散的公司中，个别所有者没有足够的动力花费大量的成本用于监控，因此通过报酬激励和管理者市场可能会减少代理成本（Fama，1980）。

代理理论对企业并购动因有以下四种解释。

（一）作为代理问题解决办法的接管

该理论认为，潜在的接管威胁可能会减少股东的监督成本，因为通过要约收购或代理权争夺，可以使外部管理者战胜现有的管理者，从而取得对目标企业的决策控制权。Manne（1965）用代理问题来解释并购活动，他强调市场对公司治理的作用，如果公司的管理层因为无效率或代理问题而导致经营管理滞后，公司就可能会被接管。

（二）管理主义

与上述的接管理论相反，Müller（1969）认为接管是代理问题的一种表现形式，而不是问题的解决办法。该理论假定管理者的报酬是公司规模的函数，认为利己的管理者会进行不良企图的合并，其目的仅仅是扩大企业规模和提高自身的报酬。但是一项对此的实证检验表明，管理者的报酬与公司的利润率密切相关，而不是与销售水平相关。

（三）自大假说

该理论是代理成本理论的另一种变形，竞价者较高的估价（高于目标企业的真实价值）产生于竞价者的过分自信。并且在对企业的竞价接管过程中，一个特定的竞价者无法单独从这种错误中吸取教训，始终认为自己的估价是正确的。接管现象正是部分竞价者自以为是的结果。

（四）自由现金流量理论

Jensen（1986，1988）的自由现金流量理论是建立在股东与管理者之间的利益冲突基础上的。他认为管理者总是从个人利益出发试图提高津贴和奖金。他认为，如果企业内外不存在净现值为正的投资机会，那么就应将自由现金流量派发给股东。在自由现金流量的使用问题上，股东与经理人员之间存在一定的冲突。对于经理而言，将这部分现金派发给股东会减少他们所控制的财务资源，一方面减少了用于直接投资或并购的可能，而不管这种投资的回报情况如何，也不管这种并购能否增加股东的财富；另一方面也减少了将自由现金流量用于管理者个人享受的可能。

代理理论认为，当管理者市场不能解决代理问题时，并购市场将会发挥作用。因此，可以说并购活动是解决代理问题的一种有效方法。但是，管理主义理论认为，代理问题并没有得到解决，并购活动只是作为管理者无效率和盲目投资的另一种代理问题的表现形式。

六、税收优惠理论

税收优惠理论认为，某些并购活动的出现是企业出于税收优惠的考虑，不仅如此，税收还影响并购的过程。例如，一些企业通过收购亏损企业，实现合法避税；一些企业通过支付被并购企业股东的资本性利得延迟缴税。

第二节　并购动因和效应

一、并购的动因

并购的动因是指促使并购产生的动力和原因。并购的动因虽然多种多样，涉及的因素方方面面，但归纳起来主要有如下几类：

（1）扩大生产经营规模，降低成本费用。

（2）提高市场份额，提升行业战略地位。

（3）取得充足的廉价生产原料和劳动力，降低成本，增强企业的竞争力。

（4）实施品牌经营战略，提高企业的知名度，以获取超额利润。

（5）为实现公司的发展战略，通过并购取得先进的生产技术、管理经验、经营网络和专业人才等各类资源。

（6）通过收购跨入新的行业，实施多元化发展战略，分散投资风险。

（7）股东因各种原因不愿意继续经营企业而转让所有权，或企业陷入困境，希望通过并购引进具有实力的机构以谋求新的发展。

（8）收购是股东可行使的一项重要的控制机制，当股东和管理层之间存在根本利益冲突时，被另一家企业收购是股东驱逐其不喜欢的经理的一种方法。

（9）其他类型，如投机性的转手倒卖、企业因价值被低估而产生的收购行为、合理避税、建设更大规模的企业集团等。

二、我国企业并购的动机

尽管西方国家的企业并购动机在一定程度上能够成功解释我国的部分并购活动，但我国的企业并购动机仍存在自己的特色。将我国企业并购动机与西方企业并购动机做一粗略的比较，可以发现在我国特有的制度背景下企业并购存在的问题。

（一）并购是政府行为而非市场行为

许多企业并购的原始动机是政府追求政绩，如通过强弱联合的并购避免亏损企业的破产、解决财政的沉重负担或是支持优势企业进入世界500强等要求。由于目前我国的政企尚未完全分开，政府部门有时候出现强制干预并购，以致侵犯企业权益，从而给并购带来负面影响。事实上，在政府干预下，并购代替了企业的破产，但同时也在一定程度上影响了企业并购的效果，并进一步影响了社会资源的自由流动和产业结构的调整，限制了优胜劣汰的市场杠杆作用的发挥。

（二）许多企业的并购动机与国家的政策紧密相连

从发达国家的情况来看，企业并购的动因可以归结到一点，即实现股东财富最大化。但在我国国家政策监管严格的情况下，并购只是为了获取国家优惠政策或是进入某些受到政府管制的行业。如有些企业并购是为了获得对方的土地，或是出于因所有制不同、税率差异大而享受税收优惠的目的。

（三）因我国资本市场的不完善而产生的并购行为，买壳上市成为部分企业并购的动机

企业扩张通常需要大量的资金，但靠本身的积累显得过于缓慢，而上市的审查又相当严格，很多企业都无法靠直接上市筹资，因此通过买壳上市这一途径进行筹资也是部分企业选择并购的动机。

三、我国企业并购的效应

并购后两个企业的协同效应主要体现在经营协同、管理协同、财务协同等方面。

（一）经营协同

经营协同效应是指由于经营上的互补性，使得两个或两个以上的公司合并成一家公司之后，能够使收益增多或成本减少，即实现规模经济。企业并购后，一些固定成本将摊薄，如原来企业的营销网络、营销活动可以进行合并，从而节约营销费用；研究与开发费用可以由更多的产品分担，从而可以迅速采用新技术，推出新产品。并购后，由于企业规模的扩大，还可以增强企业抵御风险的能力。

例如，联想集团购买 IBM 个人电脑业务，一方面，增强了联想集团的技术实力和国际影响力；另一方面，也可以充分利用 ThinkPad 品牌优势、人员技术优势、渠道优势等，让联想迅速成为世界知名的个人电脑生产企业。又如，平安保险集团收购了深圳发展银行，使得平安集团能够快速获得原有商业银行的渠道、客户等资源，进而开展银行业务。银行业务与其保险业务还可以进一步整合，实现“1+1>2”的协同效应。

（二）管理协同

在并购活动中，如果收购方具有高效的管理资源并且资源过剩，通过收购那些资产状况良好但仅仅因为管理不善造成低绩效的企业，收购方高效的管理资源得以有效利用，被并购企业的绩效得以改善，双方效率均得到提高。

例如，甲公司的管理比乙公司的管理更有效率，在甲公司并购乙公司之后，乙公司的管理效率提高到甲公司的水平，那么，并购就提高了效率，这种情形就是管理协同效应。按照管理协同效应理论的观点，如果某家公司有一支很有效率的管理队伍，其管理能力超过了管理该公司的需要，那么，该公司就会通过并购那些由于缺乏管理人才而造成效率低下的公司，使该公司额外的管理资源得以充分利用。通过这种并购，整个经济的效率水平将会得到提高。

管理协同效应具体包括管理人员削减、办公机构精简、在收购方有效的管理下目标公司管理效率的提高等。

例如，在美国存在活跃的并购市场，并购可以达到替换不称职经理人的目的，进而充分发挥收购方企业的管理优势并迅速提升被并购企业的管理效率，提升公司价值。

（三）财务协同

财务协同效应理论认为并购起因于财务方面的目的。这种理论认为，在具有很多内部现金但缺乏好的投资机会的企业，与具有较少内部现金但很多投资机会的企业之间，并购显得特别有利，因为在企业外部募集资金需要很大交易费用，而通过并购，就可以低成本地促使资金流向高回报项目。并购后的企业可以对资金统一调度，增强企业资金的利用效果，管理机构和人员可以精简，使管理费用由更多的产品分担，从而节省管理费用。由于规模和实力的扩大，企业筹资能力可以大大增强，满足企业发展过程中对资金的需求。

此外，企业通过并购可以实现合理避税。如果被并购企业存在未抵补亏损，而收购企业每年生产经营过程中产生大量的利润，收购企业可以低价获取亏损公司的控制权，利用其亏损抵减未来期间应纳税所得额，从而取得一定的税收利益。

财务协同效应主要包括资本成本下降、合理避税等。

四、并购的经验证据

并购后双方公司的绩效如何是衡量并购是否成功的重要依据，国内外学者都对此进行了大量研究，并取得了相当数量的经验证据。

（一）简单绩效研究

由于并购活动对公司绩效的影响主要体现在目标公司收益的增减、并购公司收益的增减及总收益的增减上，以下将从这几个方面对国内外的研究结论进行汇总，具体内容见表 9-1 和表 9-2。

表 9-1　并购绩效结论汇总表（国外）

总收益	目标公司收益	收购公司收益	研究者	研究内容
没考虑	通过兼并，享有 20%的超额报酬	不显著	Jensen 和 Ruback（1983）	总结 13 篇研究文献的研究成果
	通过接管，享有 30%的超额报酬	享有 4%的超额报酬		
负	一年反常收益为−1.53%，两年反常收益为−4.94%，三年反常收益为−7.38%	将近一半的并购公司股东累计反常收益为正	Agrawal 等（1992）	1955~1987 年的 1 164 个并购事件
正效应	正效应	正效应	Healy 等（1992）	1979~1984 年，美国最大的 50 起并购的业绩
没考虑	反常收益为 35%	不显著	Schwert（1996）	1975~1991 年的 1 814 个并购事件
没考虑	不显著	兼并完成后 5 年时损失了财富的 10%	Agrawal 和 Jaffe（2000）	美国的 937 起兼并交易和 227 起要约收购交易
综合股东收益具有不确定性	10%~30%的股票超额收益率	股票收益率不确定，有负的趋向，长期财务业绩随着时间推移递减	Bruner（2002）	对 1971~2001 年的 130 篇经典文献进行汇总分析

表 9-2　并购绩效结论汇总表（国内）

总收益	目标公司收益	收购公司收益	研究者	研究内容
没考虑	正效应	负效应	檀向球（1998）	1997 年沪市的 198 个案例
没考虑	没考虑	累积超常收益有上升趋势，但统计不显著	陈信元和张田余（1999）	1997 年上交所的并购活动
没考虑	收益变化差异不显著	收益变化差异不显著	高见和陈歆玮（2000）	1997~1998 年的资产并购重组活动
没考虑	正的累积异常收益	不显著	余光和杨荣（2000）	1993~1995 年深、沪两地的并购事件
没考虑	不显著	显著增加	李善民和陈玉罡（2002）	对 1999~2000 年的深、沪两市共 349 起并购事件进行研究，国家股比重最大和法人股比重最大的收购公司的股东能获得显著的财富增加

续表

总收益	目标公司收益	收购公司收益	研究者	研究内容
正效应	股票溢价达到29.105%	股票溢价为-16.176%	张新（2003）	对1993~2020年上市公司的1 216个并购事件进行研究
没考虑	没考虑	当年绩效提高，但其后绩效下降，且下降程度甚至抵消之前的提高	李善民等（2004）	1999~2001年，中国A股上市公司的兼并收购活动
没考虑	没考虑	并购两年内经营绩效降低，股东利益受损，并购3年后有所改善	陆桂贤（2012）	选取沪深上市公司2005年发生的37起并购案在2004~2009年各并购公司的EVA值，并分析其变化趋势
没考虑	得以改善	没考虑	张冀（2015）	2003~2008年，沪深股市发生并购事件的上市公司

（二）特殊视角绩效研究

随着讨论的逐渐深入，很多学者结合中国资本市场的特殊背景以及并购的不同动因对并购绩效进行进一步研究，得出很多具有实际意义的结论，具体内容见表9-3。

表9-3　基于特殊视角的并购绩效汇总表

特殊视角	研究者	研究结论
考虑并购所涉及的产业组织特征分类	Elgers和Clark（1980）	混合并购的并购公司的收益高于非混合并购
	Agrawal等（1992）	兼并后若干时间内混合并购的并购公司收益并不低于非混合并购
	冯根福和吴林江（2001）	总体上先升后降：混合并购的短期效益好，长期优势有限；横向并购的短期效益一般，长期绩效稳定且上升；纵向并购效果不显著
考虑并购动因	朱宝宪和王怡凯（2002）	业绩较差的公司较愿意出让控股权；多数并购是战略性的，获得上市地位是主要的并购动力；并购后主业得到明显加强；市场化的战略性并购效果较好，有偿并购的效果也较好
考虑关联方关系	王跃堂（1999）	关联方资产重组有更明显的操纵业绩的倾向，关联方资产重组采用资产置换的比例远高于非关联方，但其绩效并未好于非关联方
考虑重组类型分类	陆国庆（2000）	资产剥离+收购兼并、第一大股东变更的股权转让+资产剥离+收购兼并这种类型的绩效最好；单纯的收购兼并次之；资产置换和没有实质性重组的股权转让不但没有改善企业业绩，还恶化了企业的财务状况
考虑连续并购问题	吴超鹏等（2008）	管理者能够充分学习，则可避免并购绩效的逐次下降，甚至可能逐次上升；若管理者仍不学习，则并购绩效将持续较差，甚至逐次显著下降
考虑产业周期和并购类型	刘笑萍等（2009）	并购类型影响并购绩效的优劣，并购双方所处的产业周期也会影响并购绩效的优劣
考虑股权结构	刘大志（2010）	总体而言，并购前后绩效是先降后升的；国有股东属性与并购绩效负相关；管理层持股与并购绩效负相关，但并不显著；股权集中度与并购绩效负相关；流通股比例与并购绩效正相关
考虑异质波动	赖步连等（2006）	异质性波动通过影响投资者的投资期会影响并购绩效
考虑政府干预和企业生命周期	王凤荣和高飞（2012）	较高的政府干预对处在成长期的地方国有企业的并购绩效产生负面影响；对处在成熟的地方国有企业的并购绩效能起到明显改善的作用
考虑政治关联和高管变更	吴超鹏等（2012）	CEO并购绩效越差越容易被变更，但是政治关联CEO即使并购绩效差也不易被变更，这一现象在政府干预较少的省份较不明显；政治关联CEO被变更时的市场反应好于其他CEO，而且其所实施的并购绩效越差，其公司所在地政府干预越严重，其被变更时市场反应越好
考虑内部控制和高管权利	赵息和张西栓（2013）	内部控制对并购绩效有显著的正向影响；高管权利与并购绩效负相关
考虑控制权转移中大股东持股与利益侵占行为	陈文婷和李善民（2015）	收购后业绩较差的公司，大股东持股比例与其利益侵占呈现N形关系；收购后业绩好的公司，大股东持股比例与其利益侵占呈现倒N形关系

续表

特殊视角	研究者	研究结论
考虑并购支付方式	葛结根（2015）	以市场为主导的有偿并购的绩效明显好于以政府为主导的无偿并购的绩效；与现金支付方式相比，管理交易和并购类型是其他支付方式下并购绩效改善的主要影响因素

第三节　并购价值估值

目标公司的估价，就是并购公司根据相关因素对目标公司的价值进行评估，反映了并购公司为收购目标公司而愿意付出的代价，对目标公司进行价值评估的主要方法一般包括市场比较法、成本法、换股估价法和折现现金流法。

一、市场比较法

市场比较法是将股票市场上与目标公司经营业绩较为相似的公司或者类似交易的实际价格作为估算目标公司价值参照的一种方法。市场比较法是根据证券市场真实反映公司价值的程度（市场效率）来评定公司价值的方法，因此，并购公司在运用市场比较法时，首先要清楚目标公司所处资本市场的效率状况。

财务理论一般将市场效率分为三种类型：弱式效率、次强式效率和强式效率。运用市场比较法的前提是假定证券市场为次强式效率市场，在此假设下，证券市场将处于均衡状态，因此股价反映投资人对目标公司未来现金流量与风险的预期，市场价格将会等于市场价值。根据比较标准不同，可采用以下两种方法。

（一）可比公司分析法

可比公司分析法，首先需要在市场上选择一组与目标企业在规模、主要产品、经营目标、市场环境及发展趋势等方面类似的企业组成一个样本群，然后通过计算得出样本群中各企业的市场价值和其他相关指标的比率及其平均值，参照目标企业相应指标来判断目标企业市场价值，具体步骤如下。

（1）选择与目标企业具有可比性的样本群。

（2）计算样本群中各企业市场价值与相关指标的平均值，需要计算的指标视评估者的需要商定，一般可以计算股权乘数和总资本乘数。在股权乘数的计算中，分子是参照公司的普通股股价乘以其发行在外的普通股股数，常见的股权乘数有市盈率、价格对净现金流比率和价格对有形资产账面价值比率；在总资本乘数计算中，分子是按照公司股权的市场价值加上未清偿的长短期债务，常见的总资本乘数有总资本对息税前利润的比率、总资本对息税前净现金流量的比率和总资本对包括债务的有形账面价值的比率。在实务中选用何种乘数，取决于目标企业的财务特征及所在行业的特点。

（3）根据所计算的样本公司比率的平均值，结合目标企业的相应指标推算出目标企业的市场价值。为客观计算，分析人员应该根据乘数对公司市场价值影响的大小对各个公司估值赋予权重，并采用加权平均法计算。

（二）可比交易分析法

可比交易分析法是从类似的收购事件中获取有用的财务数据来求出一些相应的收购价格乘数，据此评估目标企业的一种方法。该方法不对市场价值进行分析，而只是统计同类企业在并购时并购方支付价格的平均溢价水平，再用这个溢价水平计算出目标企业的价值。市场溢价水平是指并购方在证券市场上的并购中公开上市公司的收购价格，超出收购要约发出前目标企业股票市场价值的水平，其理论基础是并购所带来的所有后果，如现金流量的增加、成本的降低、经营协同效应、财务协同效应及并购风险等，都由市场通过溢价水平完全表现出来。

二、成本法

成本法适用于并购后目标企业不再继续经营，并购方意图购买目标公司某项资产或其要素的情况，常见的估价方法如下。

（一）账面价值法

账面价值是指在会计核算中账面记载的资产价值，也就是资产负债表上总资产减去负债的剩余部分，即所有者权益、股东权益或净资产。这种估价方法不考虑现时资产市场的波动，也不考虑资产的收益状况，因而是一种静态的估价标准。这种估价标准只适用于该资产的市场价格变动不大或不必考虑其市场价格变动的情况。

（二）清算价值法

清算价值法是指在企业作为一个整体已经丧失增值能力的情况下的一种资产评估方法。清算价值是指目标企业出现财务危机而导致破产或停业清算时，把企业中的实务资产逐个分离，单独出售后得到的收入。它可以用作定价基准，即任何目标企业的最低实际价值。

（三）重置价值法

重置价值法是通过确定目标企业各单项资产的重置成本，减去其实体有形损耗、功能性贬值和经济性贬值，来评定目标企业各单项资产的重估价值，以各单项资产评估价值加总再减去负债作为目标企业价值的参考的方法。基本思路是任何一个潜在的投资者，在购置一项资产时，它所愿意支付的价格不会超过建造一项具有相同用途的替代品所需的成本。这种评估目标公司价值的方法适用于并购企业以获得资产为动机的并购行为。

三、换股估价法

如果并购是通过股票进行的，则对目标公司估价的任务就是确定一个股票交换比率。股票交换比率是指为换取一股目标公司的股份而需付出的并购方公司的股份数量。

（一）基于股票价格确定股票交换比率

在市场经济条件下，股票的市场价格体现了投资者对企业价值所做的评价，所以人们通常用股票的市场价格来代表企业价值或股东财富。一般来说，股票市场价格反映了企业目前和未来的营利能力、时间价值和风险报酬等方面的因素及其变化，因此，股票市场价格最大化在一定条件下成为企业追求的目标。股票并购也服从这个目标，只有并购后的股票价格高于并购前并购方和目标公司的股票价格，并购方和目标公司的股东才能接受。

假设 a 公司计划并购 b 公司，并购前 a、b 公司的股票市场价格分别为P_a和P_b，并购后 a 公司的市盈率为β，那么并购后 a 公司的股票价格为

$$P_{ab} = \beta \times \left(Y_a + Y_b + \Delta Y\right) \times \frac{1}{S_a + \mathrm{ER} \times S_b}$$

其中，Y_a是并购前 a 公司的总盈余；Y_b是并购前 b 公司的总盈余；S_a是并购前 a 公司普通股的流通数量；S_b是并购前 b 公司流通股的流通数量；ΔY是由于协同效应产生的协同盈余；ER 是换股比率。

对于并购方 a 公司股东来说，需满足的条件是$P_{ab} \geqslant P_a$，即并购后 a 公司股票的市场价格大于等于并购前 a 公司股票的市场价格；对于 b 公司的股东来说，又必须满足$P_{ab} \geqslant P_b / ER$，即并购后拥有 a 公司的股票价值总额大于等于并购前拥有 b 公司的股票价值总额。因此，由$P_{ab} \geqslant P_a$，得出最高的股权变换比率为$\mathrm{ER}_a = \dfrac{\beta \times \left(Y_a + Y_b + \Delta Y\right) - P_a S_a}{P_a S_b}$。此时，$P_{ab} = P_a$。由$P_{ab} \geqslant P_b / \mathrm{ER}_b$，得出最低的股权变换比率为$\mathrm{ER}_b = \dfrac{P_b S_a}{\beta \times \left(Y_a + Y_b + \Delta Y\right) - P_b S_b}$。此时，$P_{ab} = P_b / \mathrm{ER}_b$。

从理论上来讲，换股比例应在ER_a与ER_b之间。实际工作中，股票交换比率最终确定为多少，取决于双方的谈判过程。

（二）基于每股收益确定股票交换比率

以公司并购前各自的每股收益为基础确定换股比例的方法，其理论基础是股票的价值取决于公司的营利能力，而每股收益是公司营利能力的反映，按照此换股比例进行合并，可以保证合并后双方每股收益不被稀释。

考虑并购对每股收益的影响时，对并购方而言，

$$每股收益=\frac{并购后两企业的税后净利之和}{并购企业的股数+被并购企业的股数\times股票交换比率}$$

对被并购方而言，每股收益=并购方每股收益×股票交换比。

四、折现现金流法

折现现金流法是使用非常普遍的价值评价方法。1986年，美国西北大学教授阿尔弗雷德·拉巴波特在《创造股东价值》一书中认为，并购中目标企业价值评估方法与一般企业价值评估方法在本质上是一致的，都是用未来一段时期内被并购企业的一系列预期现金流以某一折现率进行折现后的现值与该企业的初期现金投资（即并购支出）进行比较，当该现值大于投资额时，这项并购才是可接受的。并购公司的目的在于获取未来收益，所以目标公司估价应该以持续经营观点来预测未来现金流量，并按公司加权平均资本成本折为现值，因此，折现现金流法可以说是估算企业内在价值最直接和最有效的方法。

运用折现现金流法对目标企业估价的步骤如下。

（一）建立自由现金流量预测模型

企业自由现金流量是指扣除税收、必要的资本性支出和营运资本增加后，能够支付给所有的求偿权者（债权人和股东）的现金流量。自由现金流量预测模型是由美国西北大学阿尔弗雷德·拉巴波特创立的，目的是运用折现现金流法确定最高可接受的并购价格。该方法认为决定目标企业价值的主要因素有五个：销售和销售增长率、销售利润、新增固定资产投资、新增营运资本、资本成本率。拉巴波特建立的自由现金流量预测模型为

$$\mathrm{CF}_t=S_{t-1}\left(1+g_t\right)\times P_t\left(1-T_t\right)-\left(S_t-S_{t-1}\right)\times\left(F_t+W_t\right)$$

其中，CF_t是现金流量；S_t是年销售额；g_t是销售额年增长率；P_t是销售利润率；T_t是所得税税率；F_t是销售额每增加1元所需追加的固定资本投资；W_t是销售额每增加1元所需追加的营运资本投资；t是预测期内某一年度。

（二）估算折现率或加权平均资本成本

在估计折现率时，首先应分别对各项长期成本要素（如普通股、优先股和债务等）进行估计。在此基础上，再根据并购企业期待的并购后资本结构计算加权平均资本成本：

$$\mathrm{WACC}=\sum K_i\times B_i$$

其中，WACC是加权平均资本成本；K_i是各单项资本成本；B_i是各单项资本所占比重。

（三）计算现金流量现值，估计购买价格

根据目标企业自由现金流量对目标企业估价为

$$TV = \sum \frac{FCF_t}{(1+WACC)^t} + \frac{V_t}{(1+WACC)^t}$$

其中，TV 是并购后目标企业的价值；FCF_t 是在 t 时期内目标企业的自由现金流量；V_t 是 t 时刻目标企业的终值；WACC 是加权平均资本成本。

折现现金流法较为复杂，其主要问题是各种参数估值的不确定性，而参数的微小误差就会导致对目标企业估值的较大的误差。由于在估计和选择参数时必须对许多有关市场、产品、定价、竞争、管理、经济状况、利率等的情况做出假定，所得出的数值有一个可信度的问题。鉴于这种方法是根据企业的实际运营情况对企业的内在价值进行估计，所以这一过程本身是重要的，其结果也是重要的。折现现金流法的一个重要优点是考虑到收购目标公司后通过改进绩效或协同效应所产生额外的价值，尤其是在为买方确定最高定价时。折现现金流法的另一个优点是能够提供由某个特定的管理行为所创造的潜在价值的估计，如估计提高销售额、降低每单位销售额所包含的营业费用、加强营运资本的管理或降低加权平均资本成本等行为对企业价值的影响。只要将企业采用某种管理行为后的预计现金流进行折现，得到新的价值，并与企业原先的价值进行比较，便可估计某个特定的管理行为所创造的潜在价值。

第四节 并购融资

收购企业应该利用何种金融工具筹集用以实施并购所需的资源，即并购融资问题，在公司并购中，融资问题是决定并购成功与否的关键因素之一。

一、现金支付时的筹资方式

现金支付通常会给并购企业带来沉重的现金负担，如果并购企业有足够的流动资产，首先可以考虑使用自己的流动资产支付给目标企业。但是，通常情况下，并购一家企业需要的资金数量相当庞大，在采用现金支付方式时，并购企业通常需要寻求外部筹资。常见的筹资方式有发行股票、向金融机构贷款、发行公司债券、发行认股权证或几项筹资方式的综合使用。

（一）发行股票

并购企业在选择通过发行股票取得现金时，最重要的就是考虑对并购企业股权结构的影响，但是大多数情况下，股东更愿意增加借款或发行债券而不愿扩股筹资。

（二）向金融机构贷款

在向银行或其他金融机构贷款时，首先要考虑的是偿还贷款的能力，即要考虑贷款将用什么资金来偿还。一般情况下，至少有一部分贷款的偿还需要目标企业未来的现金流入。这种现金流入包括目标企业生产经营所产生的收益和变卖目标企业部分资产所获得的现金。

（三）发行公司债券

股份有限公司、国有独资公司和两个以上的国有企业或者其他两个以上的国有投资主体投资设立的有限责任公司，为筹集生产经营资金，可以依照本法发行公司债券。上市公司经股东大会决议可以发行可转换为股票的债券。这些规定为并购企业通过发行债券筹资实现并购提供了可能。

近年来，高风险、高利率的“垃圾债券”成为美国企业并购中的重要筹资方式。1983 年美国德雷塞尔银行首先提出把“垃圾债券”用于企业并购，使用这些“垃圾债券”为并购筹集资金，银行按照目标企业所拥有的资产而不是按照借款人拥有多少资金来放款。“垃圾债券”在企业并购融资中的运用，在一定程度上增加了并购的范围，增大了并购的规模。大多数杠杆并购都通过发行“垃圾债券”的方式筹资，然后以目标企业的现金流入或变卖目标企业部分资产进行偿还。

（四）发行认股权证

认股权证，又称认股证或权证，是一种约定该证券的持有人可以在规定的某段时间有权利（而非义务）按约定价格向发行人购买标的股票的权利凭证。认股权证通常和企业的长期债券一起发行，以吸引投资者来购买利率较低的长期债券。由于认股权证代表了长期选择权，所以附认股权证的债券往往对投资者有较大的吸引力。从实践来看，当企业处于信用危机边缘或处于金融紧缩时期时，利用认股权证能够促进有价证券的发售。

二、股票支付混合证券支付时的筹资渠道

（一）发行普通股

并购企业可以通过将以前的库存股重新发售或者增发新股给目标企业的股东，换取目标企业的股权。普通股支付有两种方式：①由并购企业出资收购目标企业的全部或部分股权，目标企业取得资金后，认购并购企业的股票，并购双方不再另筹资金即可完成并购交易；②由并购企业收购目标企业的全部或部分资产，目标企业认购并购企业的股票，这样也达到了股权置换的目的。

（二）发行优先股

发行优先股可能是并购企业更好的选择。由于优先股股息率事先固定，所以优先股的股息一般不会根据公司经营情况而增减，而且优先股股东不参加公司的红利分配，无表决权和参与公司经营管理权。例如，目标企业原来的股利政策是发放较高的股息，为了保证目标企业股东的收益不会因并购而减少，目标企业可能会提出保持原来的股利支

付率的要求。对于并购企业来讲，如果原来的股利支付率低于目标企业的股利支付率，则意味着新老股东的股利都要增加，这会给并购企业带来财务压力。这时，发行优先股就可以避免这种情况。

（三）发行债券

并购企业向目标企业的股东发行普通公司债券或可转换公司债券，以保证企业清算解体时，债权人可先于股东得到清偿。债券的利息一般会高于普通股的股息，这样对目标企业的股东就会有吸引力。而对并购企业而言，收购了一部分资产，股本额仍然保持原来的水平，增加的只是负债，从长期来看，股东权益未被稀释。因此，发行债券对并购双方而言都是有利的。

第五节　并购重组与反收购

公司重组具有广义和狭义两种含义，广义的公司重组泛指公司之间、股东与公司之间、股东之间依据私法自治原则，为实现公司资源的合理流动与优化配置而实施的各种商事行为，包括经营重组、所有权重组和破产清算；狭义的公司重组仅限于公司并购。

一、公司经营重组

（一）公司经营重组的主要方式

在公司经营重组中，缩减业务的主要方式包括资产剥离、股权出售和分立等。

1. 资产剥离

资产剥离是指公司出售其某项资产或某个子公司给第三方，获得现金及有价证券。剥离并非企业经营失败的标志，它是企业发展战略的合理选择。企业通过剥离不适合企业长期战略、没有成长潜力或影响企业整体业务发展的部门、产品生产线或单项资产，可使资源集中于经营重点，从而更具有竞争力。同时，资产剥离还可以使企业资产获得更有效的配置，提高企业资产的质量和资本的市场价值。

2. 股权出售

股权出售是从资产剥离演化而来的，它是将子公司的部分股份（一般不超过 20%）出售给外部投资者，股权出售后将建立一个新的法律实体，其股东可能与原有母公司的股东不同，分离出来的公司将拥有新的管理团队并独立经营。股权出售的动机虽然与资产剥离相似，但是结果却有所不同。股权出售后，别的公司不会经营分离出的单位，因此不存在公司并购中所具有的协同效应。

3. 分立

公司分立方式下，母公司将其在子公司中拥有的全部股份按比例分配给母公司股东，从而形成两家独立、股权结构比例相同的公司。因此，新公司的股权结构与母公司的股权结构完全相同，只是新公司拥有自己的管理团队并独立经营，对股东来说，原先只能持有母公司股票，分立之后则同时持有母公司和子公司股票。从公司财务角度来讲，分立与资产剥离的差别在于：资产剥离会给母公司带来现金流入，而分立没有现金流量的变化。

（二）公司经营重组的动机

1. 公司战略需求

随着经营环境的变化，公司需要对其经营战略进行调整，公司可能发现某个行业不再适应现有的发展战略，或者继续经营无利可图。但是同行业其他公司则希望继续从事该行业，这时公司可以进行重组，将该部门或行业出售给其他公司。

2. 经营业绩欠佳

如果目前的业务或部门不能实现预期的目标或者预算成本超过公司可接受的水平，公司通常会选择退出，在业绩不佳的情况下，当前的业务或部门不但不能给公司创造价值，反而成为公司的负担，因此业绩不佳是公司重组最基本的原因。但是，公司通常会为是否重组业绩欠佳的业务或部门犹豫不决，一方面对未来前景的预期带有不确定性；另一方面因业绩不佳而重组，在一定程度上表明管理层的决策失误，管理层通常拒绝承认。

3. 融资需要

公司可以通过出售非战略性资产或业绩不佳的子公司实现新项目融资或者偿还债务，这类重组可能是出于提升短期现金流入的需要。

二、股权结构重组

股权结构重组，是指通过改变公司现有的股权结构，以实现公司控制权和利益的重组。与并购的不同之处在于，股权结构重组通常发生在一个公司的内部。股权结构重组通常有两种形式：转为非上市公司和管理层收购。

（一）转为非上市公司

转为非上市公司，是指公司的现行管理层或外部私人投资者重新购买股票，从而使公司丧失上市资格，变为少数投资者持股的过程。

公司管理层将公司转为非上市公司的动机，可能是为了避免上市公司的严格限制规定和弊端，如股票必须登记，发放红利、向证券管理机构报送材料需要费用，可能被恶意控股，容易暴露企业机密等。或者为了提高公司管理水平，因为当管理者股权比重增大后，更愿意为公司长期有效地工作，也更愿意降低公司经营成本，减少管理层职务消费等，从而提高自身收益。

转为非上市公司也有一些不利因素。首先，公司因转为非上市公司需要向投资银行、律师或其他人支付大量的报酬；其次，在转为非上市公司后，股东收益几乎是不可变现的，股东的大部分财富被锁定在公司中；最后，如果公司想再次转为上市公司，那么就需要重复支付交易成本，对公司股东而言又将是一笔巨额支出。

（二）管理层收购

管理层收购，是指目标公司的管理层利用外部融资购买本公司的股份，从而改变本公司所有者结构、控制权结构和资产结构，进而达到重组本公司的目的，并获得预期收益的一种收购行为。

管理层收购和转为非上市公司的区别：转为非上市公司是一种直接的交易，投资者仅需要向公众股东购买股票即可，而且投资者不必是公司原先的管理者；而管理层收购中，投资者主要是公司现有的管理人员。

三、反并购措施

企业置身于兼并与收购浪潮的冲击中，并购与反并购的斗争异常激烈，企业家们无法回避，重要的是应区分善意并购与恶意并购，充分调查研究，对于不友好并购坚决反击。在实践中，公司的反并购策略包括经济策略和法律策略。经济策略主要包括提高收购者的收购成本、降低收购者的收购收益和帕克曼防御策略；法律策略主要是指诉讼策略。

（一）提高收购者的收购成本

具有稳定现金流量、负债率低的成熟公司比较容易成为敌意收购的目标，因此，可提高并购成本，从而削弱并购方发起并购的动机。

1. 资产重估

通过资产重估，使资产的账面价值与实际价值更加接近，提高净资产的账面价值，从而抬高收购价格，抑制收购。

2. 股票回购

股票回购在国外经常是作为一种重要的反收购措施而被运用，回购将提高本公司的股价，减少在外流通的股份，给收购方造成更大的收购难度；股票回购后，公司在外流通的股份减少，可以防止浮动股票落入进攻企业手中。

3. 寻找“白衣骑士”

目标企业为免遭敌意收购而自己寻找的善意收购者通常被称为“白衣骑士”，作为反并购的措施，“白衣骑士”是指目标公司要求与之关系良好的公司以较高的价格来对抗并购方的并购要约，在这种方式下的第三方公司被称为“白衣骑士”，并购公司如果不提出更高的并购报价，并购肯定会失败。

在“白衣骑士”方式下，目标公司虽然也会失去独立地位，但是仍然可以得到更多好处：可能得到更高的价格、保留目标公司的管理层与员工和继续坚持已有的公司战略等。1987 年，沃伦·巴菲特就充当了所罗门兄弟公司的“白衣骑士”，击退了佩莱曼的收购要约，当时持有所罗门兄弟公司 14%股份的一位股东决定出售股票，佩莱曼提出 38 美元的购买价格，希望通过持有该股份获得董事会两个席位。由于 38 美元超过了当时股价的 20%，所罗门兄弟公司无力进行股份回购，于是向沃伦·巴菲特求援。沃伦·巴菲特从所罗门兄弟公司购买7亿美元的可转换优先股，还能以38美元价格转换为普通股，这些资金足以帮助所罗门兄弟公司回购股票，从而避免了佩莱曼的并购。

4. “降落伞”计划

由于目标企业被并购后，随之而来的经常是管理层更换和公司裁员，针对员工对上述问题的担忧，人们设计了“降落伞”计划。“降落伞”计划是指公司通过章程规定，或管理层签订合同：如果有控制权变更、经营管理层被解雇等情况发生，公司将向他们支付大量赔偿金。

“降落伞”计划具体包括三种形式：金色降落伞（golden parachute）、灰色降落伞（penson parachute）和锡降落伞（tin parachute）。

（1）金色降落伞。金色降落伞是指目标企业董事会通过决议，由企业董事及高层管理人员与目标公司签订合同，一旦目标企业被并购，其董事及高层管理人员被解雇，则企业必须一次性支付巨额的退休金（解职费）、股票选择权收入或额外津贴，上述人员的收益根据他们的地位、资历和以往业绩的差异而不同。这种收益就像一把降落伞，让高层管理者从高高的职位上安全退下来，故名“降落伞”计划，又因其收益丰厚如金，故名金色降落伞。

（2）灰色降落伞。灰色降落伞主要是向中级管理人员提供较为逊色的同类保证，目标企业承诺，如果该企业被并购，中级管理人员可以根据工龄长短领取数周至数月的工资。

（3）锡降落伞。锡降落伞是指如果目标企业的普通员工在企业被并购后一段时间内被解雇，则可领取员工遣散费。从反收购效果的角度来说，金色降落伞、灰色降落伞和锡降落伞策略，能够加大收购成本或增加目标公司现金支出从而阻碍并购。

（二）降低收购者的收购收益

1. “毒丸计划”

“毒丸计划”是美国著名的并购律师马丁·利普顿（Martin Lipton）于 1982 年发明

的，正式名称为“股权摊薄反收购措施”。当一个公司一旦遇到恶意收购，尤其是当收购方占有的股份已经达到 10%~20%时，公司为了保住自己的控股权，就会大量低价增发新股，使收购方手中的股票占比下降，也就是摊薄股权，同时也增大了收购成本，使收购方无法达到控股的目标。“毒丸计划”一经采用，至少会产生两个效果：①对恶意收购方产生威慑作用；②对采用该计划的公司有兴趣的收购方会减少。“毒丸计划”一般分为弹出计划和弹入计划。

弹出计划通常是指履行购股权，购买优先股。例如，以 100 元购买的优先股可以转换成目标公司 200 元的股票。弹出计划最初的影响是提高股东在收购中愿意接受的最低价格。如果目标公司的股价为50元，那么股东就不会接受所有低于150元的收购要约。因为150元是股东可以从购股权中得到的溢价，它等于50元的股价加上200元的股票减去 100 元的购股成本，这时，股东可以获得的最低股票溢价是 200%。

在弹入计划中，目标公司以很高的溢价购回其发行的购股权，通常溢价高达100%。就是说，100 元的优先股以 200 元的价格被购回。而敌意收购者或触发这一事件的大股东则不在回购之列。这样就稀释了收购者在目标公司的权益。弹入计划经常被包括在一个有效的弹出计划中。

（1）负债毒丸计划。负债毒丸计划是指目标公司在恶意收购威胁下大量增加自身负债，降低企业被收购的吸引力。例如，目标公司发行债券并约定在公司股权发生大规模转移时，债券持有人可要求立刻兑付，从而使收购公司在收购后立即面临巨额现金支出，降低其收购兴趣。

（2）人员毒丸计划。人员毒丸计划是指目标公司全部或绝大部分高级管理人员共同签署协议，在目标公司被以不公平价格收购，并且这些人中有一人在收购后将被降职或革职时，全部管理人员将集体辞职。这一策略不仅保护了目标公司股东的利益，而且会使收购方慎重考虑收购后更换管理层对公司带来的巨大影响。

2. 出售“皇冠上的珍珠”

从资产价值、盈利能力和发展前景等方面来衡量，公司内经营最好的企业或子公司被称为“皇冠上的珍珠”，因此也往往成为其他公司并购的目标。为保全其他子公司，目标公司可以将这类经营好的子公司卖掉，降低并购企业的预期收益，从而达到反收购的目的。

（三）帕克曼防御策略

帕克曼防御策略即收购并购者，目标公司通过反向收购，以达到保护自己的目的，主要方法是当获悉收购方有意收购时，目标公司反守为攻，抢先向收购公司股东发出公开收购要约，使收购公司被迫转为防御。帕克曼防御的特点是以攻为守，使攻守双方角色颠倒，致对方于被动局面。从反收购效果来看，帕克曼防御能使反并购方进退自如：进可并购袭击者，使袭击者迫于自卫放弃原先的袭击企图，退可因本企业拥有并购者（袭击者）的股权，即便目标企业被并购也能分享并购成功带来的好处。

帕克曼防御策略要求收购者本身是一家公众公司，否则谈不上收集袭击者本身股份的问题，并且收购者本身存在被收购的可能。目标公司自身需要有很强的资金实力和外部融资能力，否则帕克曼防御策略的运用风险很大。

（四）诉讼策略

诉讼策略是目标公司在并购防御中经常使用的策略。诉讼的目的通常包括：逼迫收购方提高收购价以免被起诉；避免收购方先发制人，提起诉讼，延缓收购时间，以便另寻“白衣骑士”；在心理上重振目标公司管理层的士气。

诉讼策略的第一步往往是目标公司请求法院禁止收购继续进行。于是，收购方必须首先给出充足的理由证明目标公司的指控不成立，否则不能继续增加目标公司的股票。这就使目标公司有机会采取有效措施进一步抵御被收购，不论诉讼成功与否，都为目标公司争得了时间，这是该策略被广为采用的主要原因。

目标公司提起诉讼的理由主要有三条：①反垄断。部分收购可能使收购方获得某一行业的垄断或接近垄断地位，目标公司可以此作为诉讼理由。②披露不充分。目标公司认定收购方未按有关法律规定向公众及时、充分或准确地披露信息等。③犯罪。除非有十分确凿的证据，否则目标公司难以以此为由提起诉讼。

（五）反并购的预防策略

1. 管理层保持高度重视

管理层要对企业被并购保持高度重视，包括要在公司章程中写入相关的反并购的条款，注重股权结构改革，过于分散的股权更容易成为并购交易中的目标公司。一旦成为并购方的并购目标时，要及时采取相应策略积极应对。

2. 修改公司章程

1）绝对多数条款

绝对多数条款（super-majority provision），是指在公司章程中规定，公司进行并购、重大资产转让或者经营管理权的变更必须取得绝对多数股东同意才能进行，并且对该条款的修改也需要绝对多数的股东同意才能生效。该条款一方面大大增加了公司控制权转移的难度，有助于防止损害本公司及股东利益的敌意收购，从而阻碍敌意收购的进行；另一方面也减轻了市场对管理层的压力，客观上有利于巩固管理层对公司的控制。不过，绝对多数条款是一柄双刃剑，在增加收购者接管、改组公司的难度和成本的同时，也会限制公司控股股东对公司的控制力。因此，为防止绝对多数条款给公司正常经营带来过多障碍，在美国，制定绝对多数条款时，通常会设置一条特别条款：董事会有权决定何时以及在何种情况下绝对多数条款将生效，以增强董事会在面对敌意收购时的灵活性与主动性。若不对董事会做此授权，则在绝对多数条款中包含除外条款（escape clauses），以使公司可以放弃或取消绝对多数条款。

2）分层董事会

董事会是股东选举的监督管理层并向股东提出决策建议的团体，董事会在投票选举管理层负责日常营运的同时，也要决策公司整体的经营战略，并对公司的主要问题和重大变化进行表决。因此，股东要更换管理层，首先就需要更换董事会。相应地，董事会的选举程序就成为反并购的重要策略，即分层董事会。

分层董事会的作用是改变董事会任期，使得在任何一个年份只有一部分董事需要改选，这无疑会延缓并购公司对目标公司形式控制权的有效时机。例如。目标公司规定每届董事会只有 1/3 的成员能够改选，每届董事会的任期为 3 年，那么在收购完成后，并购公司想要控制董事会更换管理层，就需要 6 年的时间，这样就会延误并购整合的有效时机，从而削弱收购的动机。

3）公平价格条款

公平价格就是某一特定时间内由要约收购者所支付的最高价，有时会要求该价格必须超过目标公司会计收益或账面价值所决定的水平。

公平价格条款是要求出价收购人对所有股东支付相同的价格。溢价收购主要是企图吸引那些急于更换管理层的股东，而公平价格条款无疑阻碍了这种企图的实现。有些买方使用“二阶段出价”，即以现金先购股 51%，另外再用债券交换剩下的 49%股票。目标公司股东因怕收到债券而会争先将股票低价卖出。

公平价格条款的做法，是通过公司制定可以接受的购买价格，而且这些价格都要经过股东批准。通常，这些价格都被限制在公司股票交易的历史水平上，也就是过去 3~5 年的平均价格水平。许多公平价格条款规定，一旦报价低于该水平，收购就需要经过大部分股东（2/3 或 75%以上）的同意。

4）发行双重股票

发行双重股票是对现有股票进行重组，将其分为两类具有不同投票权的股票。典型的双重股票发行措施是在现有的一股一票的情况下，发行另一种具有超级投票权的特别股票，这种特别股票每份可以拥有 10 股或 100 股的投票权。这类股票通常不允许在股票市场上交易而且股利较低。

例如，百度公司上市前就建立了一种双重股票结构，按照这种结构，包括董事、管理层、员工和早期投资者在内的股东，其所持股票的投票权 10 倍于在美国 IPO 时发行的股票，这使 IPO 前的股东拥有百度 98.5%的投票权。

3. 建立合理的持股结构

建立合理的持股结构的目的就是使并购方无法获得足够的股票进行收购，一般有以下几种方式。

（1）保持一定的控股权。如果企业直接或间接控制企业 51%以上的股权（绝对控股），敌意收购就不会发生。如果企业股权比较分散，对一个公司持有 50%以下的股份就可控制目标公司，称为相对控股，相对控股可在一定程度上避免敌意收购的发生，但不能完全避免敌意收购的发生。达到对企业的控股一般可通过公司设立时实现控股或采取增发的方式实现，另外也可以采取回购股份的方式达到控股的目的。

（2）交叉持股计划。采取与友好公司之间交叉持股的方式实现反并购的目的，通过与友好公司的交叉持股，在一方受到收购威胁时，另一方则伸以援手，以此增大敌意收购者的收购难度。但交叉持股可能需要占用双方公司大量资金，影响双方公司流动资金的合理运用。另外，在市场不景气的时候，可能出现“一损俱损”的局面。

（3）员工持股计划。在国外，员工持股往往会锁定大量的公司股票，在反并购行动中成为重要的力量。该福利只有在股票流通后才能得以实现，因此在敌意收购出现时，不能起到充分的反收购的作用。但随着中国经济的发展，中国上市公司盈利水平的提高，特别是上市公司激励机制的健全，员工持股计划将逐渐成为中国公司反收购措施的主力军。

【案例分析】

明基&西门子并购案

虽然西门子手机部门这位“迟暮美人”亟待嫁人的消息早在业界流传已久，但明基未付分文便将其纳入囊中却开创了中国IT界第一宗“白送资产还倒贴”的并购案例。昔日辉煌的西门子手机究竟何以落至今天的境地？TCL与阿尔卡特“结亲”惨败的前车之鉴犹在，明基拨打如意算盘“迎娶”来的究竟是“便宜馅饼”还是“烫手山芋”？

“天上掉馅饼”只是人们一个美好的梦想，而明基近期却真正被馅饼砸了个正着。2005年6月8日，明基正式宣布收购西门子手机部门，而这笔异常划算的买卖令其顺利成为全球第四大手机厂商。

一、明基的如意算盘

据明基透露，按照双方协议，自2005年10月1日开始，西门子手机事业体在净值无负债的基准下，将资产完全转移至明基，其中包括现金、研发中心、相关知识产权、制造工厂及生产设备与人员等。此外，另由西门子提供约计2.5亿欧元的现金与服务，投入未来手机核心专利的开发、行销业务的拓展以及共同品牌的推广活动，并且以5 000万欧元购入明基2.5%的股份从而成为其策略股东。

明基集团董事长李耀表示，明基预定于2005年7月28日在欧洲发行CDR（全球存托凭证），西门子会将其买下并成为明基的策略股东。这一系列交易需经欧盟的一系列法律手续通过，预计在10月正式生效。此外，西门子旧产品仍可沿用西门子品牌，期限是自2005年10月1日起共计18个月，而合资公司新的产品将使用明基—西门子（BenQ-Siemens）的共同品牌，始于2005年10月1日，为期5年。明基的这次买卖无疑是个如意算盘。从最新统计数据来看，西门子手机部门营业额为49亿欧元，全球市场占有率约为9%，而明基2004年手机出货量1 500万部，营业额51亿美元。合并后的明基营业额将达109亿美元的规模，手机销售将超过5 000部，有望成为全球第四大手机品牌。

二、破天荒的收购条件

造就一个国际品牌一直是李耀的梦想，而本次收购西门子手机，正是其圆梦的开端。兴奋至极的他高调对外宣布：“收购西门子手机业务后，明基能够节省7到8年的发展时间，从而迅速接近世界一流手机厂商的标准。”的确，他有理由也有资本骄傲，较之此前发生的多起跨国大企业收购，明基收购西门子的条件之优厚和代价之小均“破了天荒”。西门子手机部门2004年的营业额是49亿欧元，相当于人民币500亿元，而用2.5亿欧元的“陪嫁”外加0.5亿欧元的“投资”奉送给明基的时间仅用了半年多。而纵观此次并购案，明基将整体收购包括全球6 000名雇员在内的所有西门子手机业务，且西门子持有合资公司的股份不超过10%，此外还将有1万名员工加入明基。不过从西门子上海公司的内部员工处获悉，西门子内部已开始遣散员工。“手机业务市场、销售、采购流程等部门的员工，凡是合同到期的都不再续约”，一位内部人士透露，“合同没有到期的员工也人心涣散。”其实早在2005年1月，上海西门子移动通信公司将裁员的消息即不断流传，而明基中电通信科技有限公司总经理黄汉洲一直对媒体明确表示：按双方协议，明基目前将不会对西门子的现有员工进行裁员。

三、“便宜馅饼”还是“烫手山芋”？

西门子急于将手机部门出手的最大原因还是西门子手机的巨额亏损。全球第四大手机制造商的西门子虽然拥有强大的研发团队、技术实力和响亮的国际品牌，但近年来，由于新品推出速度慢、产品缺乏时尚卖点、部门经营未能规模化、本土化失策等原因，手机部门严重亏损并成为西门子的大包袱。在过去的一年内，手机业务给西门子制造了超过5亿欧元（约合6.15亿美元）的净亏损。截至3月底的2005年第二财季，西门子手机业务净亏损1.38亿欧元，销售额也同比下滑30%，降至8.42亿欧元。根据调查，西门子这一季度共售出了930万部手机，与2004年同期的1 280万部相比，可谓大幅度下滑。李耀胸有成竹地彻底否定了外界质疑的“烫手山芋”之说。他表示明基将使“迎娶”来的这部分业务在两年内扭亏为盈，他认为，西门子手机从2004年第三季度开始亏损的主要原因是新品推出速度慢，没跟上市场的节奏，背后牵涉从产品到管理决策的问题，而这些却正是明基的长项。他坚信，明基通过收购不仅获得了明基–西门子（BenQ-Siemens）共同手机品牌的5年使用权，还将获得西门子在全球移动通信系统、通用无线分组业务及3G等领域内的关键专利技术，而这些“便宜的馅饼”无疑可以帮助明基在手机制造领域拥有从低端到高端、从研发到销售直至横跨2G到3G的“完整价值链”。

四、前车之鉴怎能遗忘

虽然李耀的信心十足，但我们在赞赏收购方案本身的同时，却不能不对明基未来的发展质疑重重：以西门子2005年第二季度亏损1.38亿欧元计算，如明基取得西门子手机事业体后营运绩效无法马上改善，那么西门子的2.5亿欧元“陪嫁”恐怕不够明基亏半年。巧合的是，在明基正式宣布收购西门子手机的同时，业内传来了TCL与阿尔卡特的合资手机公司T&A“解体”的消息。而TCL与阿尔卡特手机当年的联姻，几乎就是明基收购西门子手机的翻版。当年的阿尔卡特手机业务部门长期处于亏损状态。2003年底，该部门资产总额2.88亿欧元，负债总额2.91亿欧元，净资产为–313万欧元，主营业务收入6.11亿欧元，亏损总额为7 390万欧元。TCL集团恰恰在这时乘虚而入，于2004年10月，以出资5 500万欧元的代价持有55%的股份，与阿尔卡特成立合资公司T&A，收购了阿尔卡特的手机资产。当时TCL宣称收购后的TCL手机年销量将达到2 000万部，将成为中国手机销量第一、全球手机销量第七的手机生产制造商。当时李东生认为TCL在中国庞大的营销网络、营销策略和渠道资源都可以弥补阿尔卡特的不足，因而制定了“18个月扭亏”的目标。不过好景不长，一年不到的TCL即不堪重负。T&A的母公司TCL通讯公告称，TCL通讯将通过增发约1.41亿股新股给阿尔卡特，换取阿尔卡特持有的45% T&A公司股份，阿尔卡特退出合资公司的经营和管理。同样，自明基收购西门子手机的消息宣布之日起，三天内，明基在台湾的股价即从33.5元新台币下跌至31.15元新台币，这一切表明：资本市场对这场交易并不十分认同。

五、整合和成本压力重重

优越的收购条件并未让李耀“冲昏了头脑”，他非常清醒地认识到，未来面对的难题非常多，绝对不可能一帆风顺。

首先，明基面临着企业文化的融合，他在谈判期间开始深入接触西门子的文化，他表示，西门子公司系统的严密度、精密程度及管理的细致程度，都值得明基学习。此外，他还认为西门子与明基在企业文化上非常接近，如强调人才素质和诚信、长期经营、正派经营、强调产品的创新管理细腻程度等，因此，双方有着良好的整合基础。

其次，成本的压力将让明基的步伐放慢。这次整合将涉及众多的国家分支机构、跨越多种文化区域，因此具体的操作绝对不会如李耀所言那么简单。明基全盘接手西门子手机，其约7 000名员工中有一半在德国工作。虽然明基承诺将完全遵守西门子此前与员工签订的合同，但德国劳动力成本之高有目共睹，明基此举的成本压力已大幅增加。明基目前提出的扭亏方略，包含开源和节流两方面。开源即迅速开发手机新品，凭借西门子的核心研发能力和明基迅速的市场反应能力，相信应该会有所作为；而节流的最大一项成本就是德国昂贵的人力付出，面对健全的劳动力保护法律和强大的工会力量，李耀想必难以有所改变。

为促使整合的顺利进行，明基透露其手机总部将迁往德国慕尼黑，而明基的全球产业布局也终于从蓝图变成了现实：慕尼黑的研发中心和欧洲四个生产基地，加之北京的研发中心和上海的制造工厂以及苏州和台湾的研发中心。也许此刻的李耀正在构思五年后，当西门子手机永远消失后，这手机的江湖又会是怎样。IT业内有一句戏言“剩者为王”——谁能笑到最后，谁就将由“剩者”变为胜者。

【思考题】

1. 并购的理论有哪些？
2. 企业并购有哪些价值评估方法？
3. 反并购策略主要包括哪些方式？

第十章 国际财务管理

学习目标

◇了解外汇风险的种类

◇了解国际企业的筹资方式

◇掌握国际双重征税产生的原因

◇掌握国际双重征税的避免方法

◇了解国际财务管理的含义和主要内容

◇掌握国际投资管理的内容

【开篇案例】

格力电器外汇风险管理

格力电器成立于1991年，是一家多元化经营的工业跨国集团，主要产品有空调、小家电、智能穿戴设备等。空调机产品涵盖20个大类、400个系列、12 700多个品种规格，远销160多个国家和地区，用户超过3亿个。在境内外拥有包括巴西和巴基斯坦在内的11大空调生产基地，其所设立的各类子公司，基本上包括了从上游部件生产到最后废品回收的全产业链。可以看出格力自创立后，经过几十年的发展，现在已成为体量非常大的跨国公司，海外扩张成功。

格力的产品远销160多个国家和地区，而且在全球主要国家和地区都有业务开展。在汇率双向变动更加频繁的背景下，巨额的外销收入、全球业务快速扩张，使得公司受外汇风险的影响越来越大。由于格力在对外销售过程中面临交易风险、经济风险和折算风险的威胁，故需要加强外汇风险管理工作。本案例将分析格力外汇风险管理中的经济风险。

经济风险是指由于汇率变动对企业成本或者收入产生影响，进而影响企业的总体经营状况。我们先分析在外销收入和外销成本共同作用下，格力外销业务毛利率的情况。从表10-1中可以看出，2012~2017年公司外销业务毛利率平均为15.01%，最高为2014年的19.72%，最低是2017年的10.53%。在研究毛利率同期增减额的数值时，有两个比较特殊的时间。第一个是 2017 年，外销收入与 2016 年同期相比增加 13.81%，但是外销成本却增加 22.90%，导致毛利率降低 6.62%。第二个是 2014 年，外销收入降低 13.69%，外销成本降低的更多，达到 21.16%，最终导致毛利率增加 7.61%，是 2012~2017 年的最高值。2017 年人民币对美元大部分时间是贬值走势，2014 年大部分时间是升值走势。因此，汇率的变动会对格力的毛利率产生影响，在未来汇率双向变动更加频繁后，格力也会面临更多的经济风险。

表 10-1　格力外销业务毛利率表

年份	外销收入/亿元	同期增减比	外销成本/亿元	同期增减比	毛利率	同期增减额
2017	184.94	13.81%	165.46	22.90%	10.53%	−6.62%
2016	162.5	21.86%	134.63	21.09%	17.15%	0.53%
2015	133.35	−3.44%	111.18	0.28%	16.62%	−3.09%
2014	110.87	−13.69%	110.87	−21.16%	19.72%	7.61%
2013	140.63	1.34%	140.63	3.52%	12.11%	−1.85%
2012	135.85	8.55%	135.85	−0.70%	13.96%	8.01%

格力主要采用经营对冲的手段管理经济风险。格力电器的国际化之路，实质上也是其外汇风险中经营对冲的重要手段，可以有效降低经济风险。格力电器国际化之路，主要有三种方式。

第一种是通过直接投资的方式，在海外直接建立自己的工厂，如直接投资 2 000 万美元在巴西建立自己的工厂。

第二种是通过技术合作，在国外建立工厂，如在巴基斯坦、越南建立的工厂，格力不投入本金，只是把现有的管理经验和技术人员对外输出，与当地的企业合作建厂。

第三种是在其他国家建立销售机构，负责其他国家当地的销售。

案例思考：

查阅格力电器财务报表，利用格力财务数据分析格力面临的外汇风险中的交易风险和折算风险，并思考格力如何管理其交易风险和折算风险。

（资料来源：李彦. 外汇风险管理对格力电器财务绩效影响的案例分析. 华南理工大学硕士学位论文，2019；本书有删节）

第一节　国际财务管理概述

一、国际财务管理的含义

国际财务管理，迄今为止还没有一个严格的、公认的定义，一部分学者认为国际财务管理就是跨国公司财务管理。1983 年，联合国跨国公司中心发表的《世界发展中的跨国公司》中对跨国公司进行了定义。跨国公司是指这样一种企业：①包括设在两个或两个以上国家的实体，不管这些实体的法律形式和领域如何；②在一个决策体系中进行经营，能通过一个或几个决策中心采取一致对策和共同战略；③各实体通过股权或其他方式形成的联系，使其中的一个或几个实体有可能对别的实体施加重大影响，特别是同其他实体分享知识资源和分担责任。

在经济全球化的过程中，跨国公司得到了迅速的发展。据统计，2000 年全球跨国公司已达 6.3 万家，国外分公司和子公司达 70 万家。2000 年总收入居世界前 11 位的跨国公司的年收入均超过 1 000 亿美元。全球 500 家大型跨国公司的产值已占世界总产值的 45%，其内部和关联贸易已占世界贸易总额的 60%以上，投资已占全球累计直接投资的 90%。跨国公司是国际财务管理的最主要的实施者，研究跨国公司的财务管理有着重要的实际意义。

在综合分析各种观点的基础上，我们认为国际财务管理的重点应该是跨国公司财务管理，但不局限于此。国际财务管理是研究在国际经济条件下，国际企业从事跨国性生产经营活动所面临特殊领域的财务管理问题，是现代财务管理在国际领域中的延伸。国际企业是从事国际经营活动的经济实体的总称，泛指一切超过国境从事生产经营活动的企业，包括跨国公司、外贸公司（进出口公司）、合资企业、合作企业、外资独资企业。

二、国际财务管理的主要内容

国际财务管理的主要内容可以概括为以下四个方面。

1. 外汇风险管理

外汇风险管理是国际财务管理的最基本内容之一，也是国际财务管理与国内财务管理的根本区别之处。外汇风险是指由于汇率的变动而给企业收益带来的不确定性。人们常常将外汇风险分为三类：交易风险、折算风险（又称换算风险）和经济风险。

2. 国际营运资金管理

国际营运资金管理是国际企业财务管理的重要组成部分。营运资金管理包括存量管理和流量管理两个方面。国际企业营运资金管理则更侧重于流量管理。

3. 国际筹资管理

筹资管理是财务管理的最基本职能之一，以低成本、低风险筹集大量资金，是国际企业具有竞争能力的主要表现。

4. 国际投资管理

透视中国企业跨国并购，不难发现中国企业跨国并购之路并非一帆风顺，中国企业还需对跨国并购有一个清醒的认识。

第二节 外汇风险管理

外汇管理是国际财务管理的一项重要内容，国际财务管理中的资金筹集管理、投资管理和营运资金管理都涉及外汇问题，而汇率的变动常给企业交易带来一定的不确定性，这就产生了外汇风险。

一、外汇的概念

外汇是一国持有的以外币表示的用以进行国际结算的支付手段。国际货币基金组织对外汇的说明如下：外汇是货币行政当局（中央银行、货币管理机构、外汇平准基金组织及财政部）以银行存款、财政部国库券、长短期政府证券等形式持有以确保在国际收支逆差时可以使用的债权。所以，外汇不仅包括外国的钞票和硬币，还包括以外币标示的债权债务证明。

根据现行《中华人民共和国外汇管理条例》，外汇是指下列以外币表示的可以用作国际清偿的支付手段和资产：①外币现钞，包括纸币、铸币；②外币支付凭证或支付工具，包括票据、银行存款凭证、银行卡等；③外币有价证券，包括政府债券、公司债券、股票等；④特别提款权；⑤其他外汇资产。

国际发生的债权债务问题，必须按约定的条件清偿。从国外进口货物，必须支付货款给外国商人；反之，向外国出口货物，必须向外国商人收取货款。由于不同国家的货币制度不同，一国货币不能在另一国流通使用，所以，外汇的主要功能就是作为国际结算的支付手段，而且外汇还能兑换为其他形式的外币资产和支付手段。

外汇汇率又称汇率、外汇行市或汇价，是指一国货币单位兑换另一国货币单位的比率或比价，是外汇买卖的折算标准。它是一种价格，是一种货币用另一种货币表示的价格。折算两个国家的货币，先要确定用哪一个国家的货币为标准，由于标准不同，外汇汇率有两种标价方法。

1. 直接标价法

直接标价法又称应付标价法，是以一定单位（一、百、万等）的外国货币为标准，折算为一定数额的本国货币的方法。当前世界上除英美少数国家外，都采用直接标价法。我国人民币的汇率，也采用这种方法。在直接标价法下，外国货币的数额固定不变，本国货币的数额随外国货币或本国货币币值的变化而变化。如果一定数额的外国货币比以前换得较多的本国货币，则说明外汇汇率升高，本国货币币值下降；反之，如果一定数额外币比以前兑换较少的本国货币，说明外汇汇率下降，本国货币币值上升。所以，在直接标价法下，外汇汇率升降，与本国货币币值的升降呈反方向变化。

2. 间接标价法

间接标价法又称收进报价法，是以一定数额的本国货币为标准，折算成若干单位的外国货币的标价方法。在间接标价法下，本国货币的数额固定不变，外国货币的数额随本国和外国货币币值的变动而变动。当一定单位的本国货币可以兑换较多的外国货币时，说明汇率上升，本国货币升值；反之，当一定数额的本国货币只能兑换较少的外国货币时，说明汇率下降，本国货币贬值。因此，在间接标价法下，外汇汇率的升降与本国货币币值成正比例变化。在国外的外汇市场上，一般都采用直接标价法，但伦敦外汇市场一直采用间接标价法。美国纽约外汇市场过去采用直接标价法，但从 1978 年 9 月 1 日起改为间接标价法，以便与国际上美元交易的做法一致。但美元对英镑的汇率，仍沿用直接标价法。

二、外汇风险的种类

国际交易必然使用外汇，而汇率的变化常给交易带来一定的不确定性，这就产生了外汇风险。外汇风险的根源在于汇率的变动，由此引起国际企业资产的价值、现金流等发生变化。外汇风险一般可以分为三类：交易风险、折算风险和经济风险。

（一）交易风险

交易风险是指企业因进行跨国交易而取得外币债权或承担外币债务时，由于交易发生日的汇率与结算日的汇率不一致，可能使收入或支出发生变动的风险。交易风险主要表现在以下几个方面：①以外币表示的借款或贷款；②以外币表示的商品及劳务的赊销业务；③尚未履行的期货外汇合约；④其他方式所取得的外币债权或应承担的外币债务。

【例 10-1】　一家美国公司将产品出售给一家英国公司，发票金额为 100 万英镑，赊销期为 3 个月。当美国公司 3 个月后如期收到 100 万英镑时，它需要按照到期日当天的汇率将英镑折算为美元。但由于到期日当天的汇率是无法预料的，所以如果英镑对美元升值（贬值），美元的收入就会增加（减少），如果这家美国公司不对风险做任何防范，它将承担汇率波动可能带来的收入变化的风险。

（二）折算风险

折算风险又称会计风险、会计翻译风险或转换风险，是指企业把不同的外币余额，按一定的汇率折算为本国货币的过程中，由于交易发生日的汇率与折算日的汇率不一致，使会计账簿上的有关项目发生变动的风险。国际企业的外币资产和负债项目，在最初发生时，都是按发生日的汇率入账的。但在编制财务报表时，要对其中的某些项目用编表日的汇率进行换算。当某项资产或负债项目发生日的汇率与编表日的汇率不一致时，经过换算后，就会给企业带来会计账表上的损益，它并不影响企业当期的现金流量，但在进行财务分析时，却会使各种财务比率发生变动。

（三）经济风险

经济风险是指由于汇率变动对企业的产销数量、价格、成本等产生的影响，从而使企业的收入或支出发生变动的风险。经济风险是相当复杂的，它涉及企业财务、销售、供应、生产等各个方面。一般来说，交易风险与折算风险的管理都由财务人员来承担，而经济风险的管理则是整个企业管理层承担的责任。公司的经济风险主要取决于以下两个因素：公司原材料和劳动力的来源市场和产品销售市场的市场结构；公司通过调整市场结构、产品结构和资源来减轻汇率变化影响的能力。

【例 10-2】 假设通用汽车公司在墨西哥的子公司从美国母公司进口汽车，在墨西哥市场上销售。如果美元对墨西哥比索升值，则通用汽车（墨西哥）公司以比索计价的成本会高，而是否会给公司带来经济风险则取决于墨西哥的汽车市场结构。如果通用汽车主要的竞争对手是墨西哥当地的公司，由于它们以比索计量的成本不变，美元升值使通用汽车（墨西哥）公司的利润减少，并导致母公司也因此承受经济风险。但如果通用汽车在墨西哥的主要竞争对手全部来自其他美国厂商，如克莱斯勒等，通用汽车的竞争地位没有发生变化，美元升值则会导致公司利润增加。

三、外汇风险的管理程序

外汇风险管理是一项十分复杂的工作，必须按科学的程序进行。这一程序应包含以下几个方面。

（一）确定恰当的计划期

确定计划期的目的是为预测汇率变动、估计受险金额规定一个时间范围。一般而言，计划期应在一年以内，并应按季度来划分，如果汇率变动幅度较大，要适当缩短计划期。

（二）预测汇率变化情况

外汇风险产生的根本原因是汇率的变动，所以，预测汇率的变动情况是外汇风险管理工作中十分重要的步骤。汇率变化的预测包括相互联系的三个方面：变动的方向、变动的时间和变动的幅度。汇率变化情况的预测是一项非常复杂的工作，需要在考虑以下因素的基础上进行综合分析，才能得出合理的预测结果：①国际货币储备的变化；②国际收支的变化；③贸易差额的变化；④通货膨胀程度；⑤金融与财政政策；⑥贸易政策；⑦其他影响汇率的因素。

（三）计算外汇风险的受险额

计算外汇风险的受险额的目的是从数量上确定企业面临的外汇风险。现以交易风险为例说明如下：交易风险的受险额等于结算期限相同的外币债权与外币债务之间的差额。为了正确计算企业所有的交易风险的受险额，应分别按不同的币种、不同的结算期来计算。在计算过程中，若外币债权大于外币债务，其差额为正受险额；反之，则为负受险额。

（四）确定是否对外汇风险的受险额采取行动

一般而言，在以下几种外汇变动情况下，企业可不采取任何行动：①受险额是正值，而该种外币预计会升值，汇率变动后，企业将获得收益；②受险额是负值，而该种外币预计会贬值，汇率变动后，企业会获得收益；③受险额为零，不管汇率如何变动，也不存在外汇风险。

但在以下几种外汇变动情况下，企业一般都需要采用适当的方式来避险：①受险额是正值，而该种外币预计会贬值；②受险额是负值，而该种外币预计会升值；③受险额可能是正值也可能是负值，外币是升值还是贬值很难估计。

（五）选择适当的避险方法

20 世纪 70 年代以来，汇率和利率变动频繁，外汇风险增大，为了有效地避免外汇风险，各种避险方法应运而生。国际企业的财务人员要认真分析各种避险方法的优缺点，以便选择最适合本企业的避险方法。

四、避免外汇风险的方式

目前，国际上避免外汇风险的方式较多，这里按不同的外汇风险分别介绍几种最常见的方法。

（一）交易风险的避险方式

1. 远期外汇交易保值

远期外汇又称期汇、期货外汇，是指按期汇合同买卖的外汇。在交易时，双方签订合同，规定买卖外汇的币种、数额、汇率和将来交割的时间。到交割日期，双方按合同的规定，由买方付款后，由卖方向买方交付外汇。通过货币的远期合约对交易风险进行套期保值，当企业有外汇债权时，可以通过出售远期外汇保证将来的本币流入金额；当企业拥有外汇债务时，则可以通过购买远期外汇锁定支付的本币。由于在签订合同时就已经规定了买卖货币的汇率，故企业可以肯定地预知将来收到或支付的货币价值，从而避免了未来现金流不稳定的风险。

【例 10-3】 波音公司向英国公司出售一架价值 1 000 万英镑的波音 747 客机，1 年后才能收回货款，即期市场汇率为 1 英镑=1.50 美元，远期汇率为 1 英镑=1.46 美元。为了保值，波音公司可以与银行签订一份 1 年期远期外汇合约，1 年以后以 1 英镑=1.46 美元的汇率卖出 1 000 万英镑，这样，无论 1 年以后即期汇率如何变化，波音公司都可以肯定地收到 1 460 万美元。

2. 货币市场套期

货币市场套期主要是指通过在国内或国外货币市场上借入和贷出资金来套期保值，通过借（贷）外币对外币应收（应付）套期保值，使资产与负债用同种货币表示，从而避免交易风险。对应于例 10-3，由于波音公司将预期 1 年后收到 1 000 万英镑，所以它可以先借入英镑，将其兑换成美元进行投资。1 年后将收到的英国公司的货款 1 000 万英镑可以用来偿还借款，这样，汇率波动的风险就被控制了。需要注意的是，波音公司需要恰当决定英镑的借入量，其原则是英镑借款在还款日的金额正好等于将从英国公司收回的英镑金额。

3. 外汇期权交易保值

期权是在一定时期内按一定汇价买进或卖出一定数量外国货币的权利。它是一种全新的外汇避险形式。期权买入的是购买或卖出某项货币的权利但又不承担相应的义务。外汇期权可分为买进期权和卖出期权。买进期权是指购买外汇期权的一方，有权在合同期满时或在此以前按规定的汇率购进一定数量的外币。卖出期权是指购买外汇期权的一方有权在合同期满或在此以前按规定的汇率卖出一定数额的外币。外汇期权是一种很好的避险形式，它有以下几项优点：①对期权合同的购买方来说，外汇期权类似于保险。因为期权合同购入的是权利而又不必承担义务，如果期权交易无利可图，企业则可以放弃这种权利。例如，一国际企业在购入买进期权后，外币汇率一直下跌，即市场价格低于协定价格，则该企业可以放弃此项合同。②对期权合同的购买方来说，使用外币期权可以使保值成本成为确定因素。不管汇率发生多大变动，期权持有者的保值成本都不会超过期权的购买价格即期权费。

【例 10-4】 华汇公司根据销售计划预测 6 个月后有 2 000 万美元的外汇净流出，为了保值，该公司买入 6 个月的美元兑人民币期权，执行价格为 1 美元=6.775 元人民币，期权费为 1 美元 0.03 元人民币。6 个月到期时，如果美元贬值，即期汇率为 1 美元=6.478 元，则华汇公司放弃行权，在即期市场上购买所需美元，支付人民币 13 016（6.478×2 000+0.03×2 000）万元。但如果 6 个月后美元升值，即期汇率为 1 美元= 6.843 元人民币，则该公司应该行权，按执行价格购买美元，支付人民币 13 610（6.775×2 000+0.03×2 000）万元。

（二）折算风险的避险方式

因为汇率的变动会同时影响资产和负债，而资产和负债对损益的影响方向相反，所以折算风险的规避需要首先计算受险资产和受险负债的差额，即净受险资产。

$$净受险资产=受险资产-受险负债$$

1. 调整外汇净受险资产

国际企业可采用适当的方法来调整外汇的净受险资产，以达到避免外汇风险的目的。国际企业的总公司与国外的分公司之间以及国外的各分公司之间通常有很多的资金往来，在材料采购、产品销售、管理服务、资金筹措等方面都会产生资金调度问题，这便可以通过提前或延缓支付的方式来调整外汇受险额。提前或延缓支付的基本原则是，当预计某种外汇即将贬值时，应加速收款而延缓付款；当预计某种外币即将升值时，应推迟收款而加速付款。

2. 平衡资产与负债数额

平衡资产与负债数额是指采用特定的方法使企业资产负债表上受汇率变动影响的资产与负债数额相等，使汇率变动的影响同时出现在资产和负债两个方面，数额相等而方向相反，使它们能自动地相互抵消，这样就可以使汇率变动所产生的风险尽可能地缩减到最低程度。

（三）经济风险的避险方式

经济风险是一项十分复杂的风险，其中汇率变动可能会影响企业的长期现金流量，经济风险管理不是一个短期的决策问题，它涉及公司的长期战略，需要从生产、销售、财务等各个方面综合考虑。从总体上来说，通过多元化经营，使有关各方面产生的不利影响相互抵消，是规避经济风险最有效的方式。具体来讲，企业可采取以下几种多元化经营策略。

1. 多元化的生产

在生产安排上，产品的品种、规格、质量尽可能做到多样化，使之能更好地适应不同国家、不同类型、不同层次的消费者的需求。

2. 多元化的销售

在销售上，力争使所生产的产品能尽快打入不同国家的市场，并尽量使用多种外币进行结算。

3. 多元化的采购

在原材料、零配件的采购方面，尽可能做到从多个国家和地区进行采购，并力争使用多种货币结算。

4. 多元化的融资

企业融资时，要尽量从多种资本市场上筹集资金，用多种货币计算还本付息金额。如外币有的贬值，有的升值，就可以使外汇风险相互抵消。

5. 多元化的投资

在投资时，尽可能向多个国家投资，创造多种外汇收入，这样就可以避免单一投资带来的风险。

此外，企业还可以通过灵活的资源政策和市场分散策略来规避经济风险，如在日元走强的情况下，日本航空公司大量雇用外国员工以保持自己在国际航线上的竞争力。

第三节　国际筹资管理

一、国际企业的资金来源

与单一的国内企业相比，国际企业有更多的资金来源，最主要的资金来源可概括为以下四个方面。

1. 公司集团内部的资金来源

国际企业的经营规模大、业务多，常常在其内部形成国际性的资金融通体系。一些世界著名的跨国公司有几十个子公司，有的甚至有上百个分支机构。这样，国际企业内部的各经营实体在日常经营活动中产生大量资金，从而构成了内部资金的广泛来源。这些来源主要包括：①母公司或子公司本身的未分配利润和折旧基金；②公司集团内部相互提供的资金。

2. 母公司本土国的资金来源

国际企业的母公司可以利用它与本土国经济发展的密切联系，从母公司本土国的金融机构和有关政府组织获取资金。

3. 子公司东道国的资金来源

国际企业也可以从子公司的东道国筹集资金。在很多国家，金融机构对当地企业贷款的方式同样适用于外资企业，因此，很多子公司都在当地借款。在当地借款既可以弥补投资的不足，又可以预防和减少企业的经营风险。

4. 国际资金来源

除集团内部、母公司本土国、子公司东道国以外的任何第三国或第三方向国际企业提供的资金，都可称为国际资金。国际资金主要包括以下三方面：①向第三国银行借款或在第三国资本市场上出售证券；②在国际金融市场上出售证券；③从国际金融机构获取贷款。

二、国际企业的筹资方式

筹资方式是指企业筹集资本所采取的具体形式和工具，体现着资本的属性和期限。与国内企业相比，国际企业的筹资方式具有更多的选择，以下介绍几种具有国际特色的筹资方式。

（一）发行国际股票

股票是股份公司为筹集自有资金发行的有价证券，是投资入股和取得收益的凭证，国际股票是指一国企业在国际金融市场或国外金融市场上发行的股票，通常也称境外上市。例如，中国的股份有限公司在美国纽约证券市场上发行的股票；日本企业在中国香港金融市场上发行的股票；美国企业在英国伦敦金融市场上发行的股票等都属于国际股票。随着经济国际化，股票的发行也已超越了国界的限制，出现了国际化趋势，许多大企业特别是跨国公司都到国际金融市场上发行股票。

国际企业在国际或国外金融市场上发行股票与一国企业相比，存在以下有利条件：①国际企业规模大、信誉好，有利于股票发行；②国际企业业务散布多国，对国外或国际金融市场情况比较了解；③国际企业通过在国外的分支机构在当地发行股票，能节约发行数量。因此，许多国际企业选择境外上市。

境外上市为企业带来的优势主要体现在以下几个方面：①企业通过扩展潜在的投资群，促使股价的提升和资本成本的下降；②境外上市为企业股票创造了第二市场，有利于国外市场的筹资；③境外上市能增强公司股票的流动性；④境外上市有利于提高企业及其产品在国际市场上的知名度；⑤境外上市有利于企业跨国并购的实施。

企业利用发行国际股票筹集资金，能迅速筹集外汇资金，提高企业信誉，有利于企业以更快的速度向国际化发展。但是到国外去发行股票，必须遵守国际惯例和有关国家的金融法规，因此，发行程序比较复杂，发行费用也相应较高。

【例 10-5】 Novo Industry A/S（以下简称 Novo 公司）是丹麦的一家跨国公司，控制了世界上大约 50%的工业酶市场。20 世纪 70 年代末，丹麦的股票市场还很小，流动性也不高，Novo 公司难以在国内资本市场筹集到所需的资金，而且由于丹麦股票市场的分割化性质，与其他竞争对手相比，Novo 公司的资本成本更高。为此，公司管理层意识到只有通过国际化获取其他渠道的资金，降低资本成本，才能使公司得到更好的发展。经过一系列的筹备之后，1981 年 7 月 8 日，Novo 公司在纽约股票交易所挂牌上市，成为第一家直接在美国筹措资本的北欧公司。上市后，Novo 公司国际化定价的优势立即显现，其股价急剧上涨，从而也验证了在小规模、分割化的国内资本市场运营的企业，通过在纽约等大规模的流动性高的资本市场上市，可以获得新的资本渠道，降低资本成本。

（二）发行国际债券

一国政府、金融机构、工商企业为筹措资金而在国外市场发行的以外国货币为面值的债券，即国际债券。国际债券可分为外国债券和欧洲债券两类。外国债券是指国际借款人（债券发行人）在某一个国家债券市场上发行的，以发行所在国的货币为面值的债券。例如，新加坡企业在日本发行的日元债券、日本企业在美国发行的美元债券等都属于外国债券。欧洲债券是指国际借款人在其本国以外的债券市场上发行的不是以发行所在国的货币为面值的债券。例如，日本企业在法国债券市场上发行的美元债券，就属于欧洲债券。欧洲债券的特点是，发行人处在某一个国家，发行在另一个国家，债券面值使用的是第三个国家的货币或综合货币单位（如特别提款权）。目前，欧洲债券选用最多的货币是美元。

（三）利用国际银行信贷

国际银行信贷是一国借款人向外国银行借入资金的信贷行为。国际银行信贷按其借款期可分为短期信贷和中长期信贷两类。短期信贷的借款期限一般不超过 1 年，国际企业借入短期资金，一般是为了满足流动资产需求。中长期信贷的贷款期限一般在 1 年以上 10 年以内。中长期借款金额大、时间长，银行风险较大，因而，借贷双方要签订贷款协议，对贷款的有关事项加以详细规定。另外，借入中长期贷款一般要求提供担保财产，国际银行信贷按其贷款方式有独家银行信贷与银团贷款两种。独家银行信贷又称双边中期贷款，它是一国贷款银行对另一国的银行、政府及企业提供的贷款。银团贷款又称辛迪加贷款，它是由一国贷款银行牵头，由该国或几国的多家贷款银行参加，联合起来组成贷款银行集团，按同条件共同对另一国的政府、银行及企业提供的长期巨额贷款。银团贷款期限一般为 5~10 年，贷款金额为 1 亿~5 亿美元，有的甚至高达 10 亿美元。目前，国际中长期巨额贷款一般都采用银团贷款方式，以便分散风险，共享利润。

（四）利用国际贸易信贷

国际贸易信贷是指由供应商、金融机构或其他官方机构为国际贸易提供资金的一种信用行为。当前，国际上巨额对外贸易合同的签订、大型成套设备的出口，几乎都与国际贸易信贷结合在一起。因此，国际贸易信贷是国际企业筹集资金的一种重要方式。国际贸易信贷按贷款期限分为短期信贷和中长期信贷。短期信贷是指期限在 1 年以内的信贷；中长期信贷是指期限在 1 年以上的信贷。由于国际贸易中的中长期信贷的目的是扩大出口，故又称为出口信贷。出口信贷是发达国家为了扩大本国产品出口，责成本国银行设立的一种利率优惠的贷款，其目的是向国外推销产品和吸引那些资金不足的进口商进口所需产品。出口信贷主要包括以下两种：①卖方信贷。这是指在大型机械或成套设备贸易中，为便于出口商以分期付款方式出卖设备而由出口商所在地银行向出口商（卖方）提供的信贷。这实际上是出口商从出口商银行取得中长期贷款后，再向进口商提供延期付款的商业信用，以便扩大产品出口。出口商付给银行的利息和其他费用，有的包括在货价内，有的在货价外另加，最终转嫁给进口商。②买方信贷。买方信贷是指在大型机械设备或成套设备贸易中，由出口商所在国的银行，贷款给外国进口商或进口商所在地的银行的信贷。这种信贷有利于进口商迅速筹集资金，扩大出口商出口。

（五）利用国际租赁

国际租赁是指一国从事经济活动的某单位，以支付租金的方式，在一定时期内向外国某单位租借物品使用的经济行为。国际租赁是一种新型的融资方式，是以出租实物的形式代替对承租人直接发放贷款。通过国际租赁，国际企业可以直接获得国外资产，较快形成生产力，充分利用外资。

三、国际企业资本结构管理与优化

国际企业资本结构管理的目标仍然是降低资本成本，优化资本结构。在完善的市场中，企业从国内和国外筹资是没有差别的。但当市场不完善的时候，国际筹资能够降低企业的筹资成本，实现资本结构的优化。

（一）降低资本成本

国际企业的筹资成本直接增加或降低其国际经营成本，影响整个国际企业的收益和资本结构，进而影响国际企业的风险级别、竞争力和总体筹资能力。所以寻求低成本资金是国际企业筹资的重要战略目标之一。

资本市场的不完全有效性和分割性为国际企业进入国际金融市场寻求较低成本的资金创造了良好的机会，国际企业可以在保持资本结构不变的情况下，以较低的资本成本和财务风险筹集到更多的资金。同时，国际企业独有的全球资金调度网络系统也为国际企业提供了把握和利用机会的有力保障。一般而言，国际企业可以通过选择合适的筹资方式、筹资地点和筹资币种来尽量避免和减少税负，从而降低筹资成本。

1. 选择合适的筹资方式

国际企业的各种资金来源中，有的可以得到各类补贴，有的需要缴纳各种税收，有的则可能受到种种其他限制。国际企业可以通过选择合适的筹资方式来尽量减轻税负，避免受到各种限制。

一方面，适度规模地利用债务筹资。目前，大多数国家对于国际企业支付给国外的债务利息，不论是支付给母公司还是国外的其他金融机构，都可享有税收减免。股息支付则不能享受税收抵免，往往会被东道国课征很重的预扣税。虽然国家之间的双边协议可能会降低或取消预扣税，但股息支付与债务利息相比，企业成本仍较高，因此很多国际企业选择债务筹资方式来筹集资金。需要注意的是，债务筹资会增大公司的财务风险，所以这里强调债务筹资规模要适度。

另一方面，争取优惠补贴贷款及当地的信贷配额。目前，世界上大多数国家与地区的政府为了鼓励对外投资或吸引外资，一般会向本国或外国的企业提供补贴贷款或税收优惠，国际企业应尽量充分利用这些优惠措施，以降低筹资成本。例如，有些国家为了促进本国产品出口，改善国际收支状况，设置专门机构，对国外进口商进口本国产品提供出口信贷，贷款利率低、期限长，并由国家补贴和担保，是国际企业重要的贸易资金来源；另外，像韩国政府，为了促进本国综合商社的国际化经营，对综合商社提供优惠的金融支持，贷款利率只有 7%~8%，而同期市场利率高达 15%。国际企业除了应充分利用本国和东道国的补贴贷款外，还应充分利用世界银行等国际金融机构提供的期限长、利率低的项目贷款等优惠贷款。

另外，有些国家为了限制或引导资本流向，稳定本国利率或汇率，限制信贷资金膨胀，有时也会采取严厉的干预措施。例如，一国政府为了限制外资过多流入，可能规定，任何借入国外资金的一部分必须存放在政府指定的机构，按规定使用，这就使得资金的流动性降低，国际筹资成本上升。为了抑制资本外流，限制当地资金，政府可能会采取信贷配额管理等办法。为此，国际企业一方面要和有关当局协调好关系，争取较多的信贷配额等；另一方面还可以利用其筹资渠道多样化、内部资金调度灵活的筹资优势，绕过信贷管制筹集资金。

2. 选择合适的筹资地点

国际企业还可以通过选择不同的筹资地点来达到减税或绕过各种管制，从而降低资金成本的目的，这也是国际企业与国内企业相比独有的优势。内部转移价格的利用一般要与筹资地点的选择相结合，才能发挥其优势。

有些国家或地区的税率很低，甚至根本不征收所得税和预扣税，而且法律管制较松，公司资金调拨和利润分配有相当大的自由度，因此，这些国家或地区就成为国际企业的避税港。

虽然征收预扣税表面上是由境外投资者负担，但是为了吸引投资者，筹资者往往要给予投资者较高的税前收益率作为补偿，这部分税收成本最终还需要由筹资者负担，所以借款公司为了保证投资人有相同的净收益，必须支付更高的利息。为了降低资金成本，国际企业应选那些不征或少征所得税及预扣税的避税港作为筹资中心。

国际企业可以通过在避税港设立所属机构来降低资金成本，此类机构的股权资本通常全部来自母公司。国际企业内部的资本转移，包括股息与股权筹资都可以通过它们进行，母国政府对于国际企业来自海外的收入一般一直延期到避税港子公司向母公司支付股息时才征收所得税，所以国际企业可以通过避税港子公司向在海外不断成长的公司提供筹资，而延缓向母国地纳税。

3. 选择合适的筹资币种

在进行长期筹资决策时，国际企业必须选择合适的币种，根据所需资金数量、证券销售价格预测其拟发行证券的票面货币汇率的变化，综合确定证券筹资的有效成本。

国际企业在进行外币筹资时有三种选择：一是选择强币筹资；二是选择弱币筹资；三是多种货币组合筹资。在实际筹资时，除了综合考虑汇率与利率变化外，外币选择还应做到以下几点：①筹资货币与用款及还款货币尽量一致，如发行债券的面值货币应尽量与其使用的货币及所创外汇收入的币种相一致，以尽量避免汇兑风险。②选择流通性较强的可兑换货币筹资，以便于资金的调拨与转移。③尽量使用软货币进行筹资，以便因债务货币汇率下浮而减少债务成本和负债额。但并非绝对如此，因为货币软硬并非一成不变，货币选择也非一厢情愿，筹资者应根据市场情况灵活应变。④筹资货币多样化，以分散风险。多种外币组合筹资可以有效降低筹资成本并且能抵补风险，这是因为单一外币筹资的有效成本是浮动的，而多种外币组合后，风险互相抵补，使得外币组合筹资成本较稳定。

（二）优化资本结构

建立国际企业总体的最优资本结构是国际企业筹资最重要的战略目标。然而，国际企业比国内企业的资本结构决策更复杂，究竟如何处理国际企业总体资本结构与国外子公司资本结构的关系呢？国际企业通常采用建立公司总体最优资本结构，然后调整国外子公司的资本结构的方法，以充分利用当地筹资机会，使国际企业的总体筹资成本最低、总体价值最大。

1. 国际企业的总体资本结构

国际企业的总体资本结构是由国际企业的母公司与全部子公司的资本结构合并而成的，也就是合并资本结构，它反映了国际企业的全部资金来源构成。目前大多数国际企业尚未实现所有权的国际化，母公司及子公司的股权资本主要来源于母国，少数资本国际化的大公司的股份多数仍由母国居民持有，外国股民持有股份仅占少数，其债务资金也以母国来源为主，国外借款又与以母国为基地的国际银行有密切关系，所以国际企业总体资本结构与财务风险评价基本上可采用母国惯例。但是，要建立国际企业的最优资本结构并非易事。

国际企业的最优资本结构是建立在全球范围内所有子公司及母公司资本结构基础上的，国际企业必须统筹兼顾，全盘考虑。国际企业的投资者及债权人最关心的是与国际企业全球范围内的资本结构相联系的违约与破产风险。国际企业任何一个海外子公司的破产与其他财务困难都会不同程度地影响公司总体的经营能力与偿债能力，降低公司的总体价值和后续筹资能力，损害投资者的利益。所以，经常监测与调整国际企业全球范围内的资本结构组合，是国际企业全球筹资战略的内在要求，是建立最优资本结构、实现筹资能力最大化的基础工作。

国际企业的总体资本结构与纯国内企业的资本结构有无原则性差别？也就是说，相比于国内企业，国际企业是采取债务密集型的资本结构，还是采取股权密集型的资本结构？对此，理论界并没有得出一致的结论。

（1）债务密集型（debt-intensive）资本结构。债务密集型资本结构是指债务资金的比例相对较大的资本结构。采取这种类型资本结构的国际企业，往往倾向采用债务来筹资，所以又称为债务倾向型资本结构。

这种类型的资本结构适合于具有稳定现金流量的企业，现金流量稳定便于及时偿还债务。一种观点认为国际企业具有比纯国内企业更稳定的现金流量，理由如下：第一，国际企业地理分布与经营业务的多样化，减轻了单个不利事件对现金流量的影响；第二，国际企业的现金流量以多种货币表示，可以有效地分散汇率风险。所以，尽管国际企业依赖于以外国子公司的收益来支付其未偿还债务，但它可以比国内企业负担更高比例的债务。

（2）股权密集型（equity-intensive）资本结构。股权密集型资本结构是指资本结构中债务比例较低，股权比例较高。采取这种资本结构的企业倾向于股权筹资，所以又称为股权倾向型资本结构。

这种资本结构适合于现金流量较少或不稳定的企业。有人认为，国际企业的现金流量比国内企业更变化无常，因此，应采用股权密集型资本结构。理由如下：第一，海外子公司的收益必须服从东道国的税法规定，这些规定可能随时改变。另外，东道国可能迫使子公司将所有收益留在当地，因而汇往母公司的资金就要减少。第二，尽管可以采取保值等方法避免汇率变化风险，但只要存在汇率变化，就可能会造成汇兑损失。如1981~1984 年，尽管各种货币对美元不按同一幅度变化，但美元对大多数主要货币升值（坚挺），结果是美国国际企业的海外子公司汇寄至母公司的收益由于美元坚挺而大幅度减少（以美元表示）。这些理由认为，如果国际企业总体采取股权密集型资本结构，在允许子公司收益暂时滞留于海外以回避风险而又不影响向债权人定期支付利息方面，具有更大的灵活性。

国际企业究竟采取何种资本结构并无一定之规。因此，国际企业应综合考虑影响其未偿还债务支付能力的所有因素，使资本结构决策符合自身战略。

不同国家及不同行业的国际企业，其总体资本结构有较大差别。一项由国外学者进行的调查研究发现，国际企业的资本结构倾向按照公司总部所处国家的变化而变化，如英联邦国家及美国的国际企业，其债务比率就比总部设在其他工业发达国家的国际企业要低。

实际上，在有些国家，虽然企业财务杠杆水平高，但并不能简单认为其财务风险就大。例如，日本企业的债务比率大大高于美国企业，但日本企业的财务风险不一定就比美国企业大，原因是日本政府对遇到财务困难的本国企业会提供帮助，而且由于企业之间存在供求依赖或互相拥有股权等，其他企业也会对遇到麻烦的企业提供宽裕的信用或价格优惠。另外，日本银行不仅是债权人，有的还与企业互相持股，尤其是一些大型综合商社与银行等金融机构有着更为密切的依赖关系，日本银行会千方百计救助困难企业，避免其破产。但是，由于部分日本企业过度依赖银行等国内金融机构，造成日本金融机构呆账过多。最近几年，日本受泡沫经济破灭的影响，经济持续低迷，中小银行开始倒闭，银行等金融机构互相兼并，企业处境艰难。这些新情况已引起人们对日本企业债务密集型资本结构的重新认识。

从实际情况看，国际企业总体资本结构中债务比率都高于母国的国内企业，因为国际企业总体收益稳定且规模大，投资者易接受较高的债务比率，所以国际企业可以在不影响其筹资能力的情况下利用更多的债务资金。另外，国际企业最优资本结构是一个区间范围，这也为国际企业选择筹资方式与规模提供了灵活性。

2. 子公司的资本结构

前面已提到，国际企业要决策总体资本结构，必须监督和调整海外子公司（包括投资项目）的资本结构，使子公司的资本结构有利于国际企业总体经营战略的实现。

子公司的资本结构不同于母公司或国际企业总体的资本结构，更不同于纯国内企业的资本结构，正是由于子公司资本结构的复杂多样性，才决定了国际企业总体资本结构的复杂性和重要性。实际上，国际企业海外子公司的资本结构不是完全独立的，因为子公司的资本结构受母公司的操纵，具有较大的随意性。但是，总的来说，国际企业海外子公司的资本结构决策不外乎三种：一是与母公司总体资本结构一致；二是与当地企业的资本结构一致；三是根据情况灵活确定，使筹资成本较低。

（1）子公司的资本结构与母公司总体资本结构一致。坚持以国际企业总体资本结构为标准来规划子公司的资本结构，能够保证母子公司合并资本结构的稳定性，保证投资者对国际企业的风险评价的稳定性，构建的资本结构也较简单。但是教条地坚持各子公司的资本结构必须与母公司总体资本结构保持一致，就会忽视子公司经营环境的特殊性，不能发挥国际企业的全球优势，使子公司无法利用低成本资金来源，坐失良机，在当地市场失去竞争力。比如，海外子公司在进行每一个新项目的预算时，如果简单地套用公司总体的加权平均资本成本，而忽视新项目特有的风险水平，就可能失去利用各种低成本资金的机会，也可能失去利用当地贷款来预防政治风险和外汇风险的机会。

（2）子公司的资本结构与当地企业的资本结构一致。国际企业以海外子公司当地的资本结构为标准来规划子公司的资本结构，有时是由于东道国政府有法律规定，子公司必须执行；有时并无法律规定，而是由国际企业自行决定。这种做法也有正反两方面效应。优点如下：一方面，坚持以当地资本结构为标准，可避免东道国对国际企业子公司过高债务比率的批评，改善国际企业子公司在东道国的形象；另一方面，子公司的当地化资本结构，有利于投资者或债权人及当地政府评价子公司的收益状况及进行同行业比较。不足之处也有两点：一是放弃了国际企业资金来源多样化、风险分散的跨国优势。为了遵守当地标准而使子公司资本结构当地化，让子公司自己管理资产的流动性和清偿能力，独立应付各种风险，增加了国际企业的经营风险。二是如果国际企业的所有子公司都采用当地化资本结构，那么整个公司的合并资本结构会偏离母国标准且不反映任何国家的标准。

总的来说，国际企业海外子公司的资本结构当地化是弊大于利，会导致国际企业因此丧失所有能动地协调公司内部资本结构、调动内部资金的优势。另外，各国的资本结构有很大的差异，如简单地要求美国在日本的子公司采取当地的高债务比率的资本结构，大量从银行借款，显然是不现实的。

（3）子公司的资本结构根据情况灵活确定，使筹资成本较低。国际企业经常采用的是根据情况灵活确定，使筹资成本较低的标准，来统一协调海外子公司的资本结构。即以国际企业的总体资本结构为控制目标，根据每个子公司的具体筹资成本和风险状况，不拘一格，灵活确定其资本结构，尽量使筹资成本较低，风险较小。其中一个重要原则就是，允许债务成本低的国家的子公司保持较高的债务比率，而让债务成本高的国家的子公司保持较低的债务比率，这样就可使加权平均资本成本最低，公司总体资本结构最优。

3. 母公司的担保与债务合并

国际企业在进行总体资本结构设计时，需要充分考虑母公司对子公司的担保与债务合并对公司总体国际筹资能力的影响。

（1）母公司的担保与筹资能力。子公司的债务比率实际上是一个装饰，债权人一般不会单纯以子公司的收益作为付款来源，最终还要依靠母公司和它的全球现金流量。

因为大多数国际企业不会让子公司赖账而拖欠债务，更不会轻易让子公司破产清算，否则将会严重损害公司总体的风险级别和筹资能力。所以，在许多情况下，子公司的债务是由母公司担保的，虽然有时不正式担保，但存在着隐含担保。

从理论上讲，母公司提供担保与不提供担保的法律责任是不同的。只有母公司提供担保的债务才会影响母公司的筹资能力。因为对于担保的子公司债务，当子公司无力偿还时，母公司负有偿还的法律责任，所以子公司的担保债务应并入总体资本结构；而对于不提供担保的子公司债务，母公司没有代替偿还的义务，不应并入总体资本结构。事实上，国际企业对待这两种债务通常一视同仁。美国学者曾对 20 家大中型国际企业进行调查，无一家表示允许子公司拖欠或拒还未经母公司担保的债务。调查的 7 家较小型公司中，只有一家表示在某些特定环境下允许子公司不履行债务契约。所以，子公司的未担保债务中隐含着担保。国际企业之所以会对两种债务一视同仁，是为了避免一旦子公司违约而导致与各类债权人，尤其是一些国际金融机构关系的恶化。因为国际企业对其可能有资金依赖关系，如果与金融机构的关系恶化，国际企业的经营活动将会遇到困难，筹资能力将大大下降。

国际企业一般情况下会对子公司提供债务担保，这有利于简化子公司的借款程序，避免由于过多限制性条款而使子公司财务与经营活动丧失灵活性，以使子公司筹资成本较低。然而提供担保也存在弊端：第一，使子公司债务失去防止东道国征用风险的功能；第二，使子公司对母公司产生依赖性；第三，母公司提供担保，表明对某些经营活动有明显的支持，这可能会诱使债权人提出额外的要求；第四，由于母公司提供担保，银行等债权人可能不再监督子公司的经营活动，因为无论子公司的经营业绩如何，银行不必再为其贷款安全担忧，这可能导致代理成本上升。

（2）债务合并与筹资能力。子公司的资本结构并非完全独立，投资者与债权人观察子公司的财务风险地位时，并不完全根据子公司的资本结构，而更看重母、子公司合并报表后的总体资本结构。仅仅根据子公司资本结构来估计整个公司的风险地位是不合理的，有时还会得出相反结论，做出错误的投资决策。因为国际企业为了实现其全球筹资战略，可以灵活地调整子公司的资本结构，所以子公司的资本结构显得不是很重要。理论上一般也认为，如果不合并子公司的财务报表，未合并的子公司债务不会影响国际企业总体资本结构和筹资能力。然而，如果国际企业企图利用这点来掩饰海外子公司的不良状况则是徒劳的，一方面是因为当今世界已拥有发达的通信网络，投资者和债权人可以方便、快捷地取得国际企业各海外机构的信息；另一方面是穆迪公司和标准普尔公司等信用评级机构总是严格审查国际企业的各种资料，所有债务都将纳入国际企业的资信评估及筹资能力的评价中。

四、降低国际企业的筹资风险

由于国际筹资环境的复杂性，国际企业的海外筹资面临多重风险，任何一笔海外筹资都可能影响国际企业的风险级别及后续筹资能力，所以国际企业必须加强其筹资风险的管理。

（一）防范国家风险

国家风险也称政治风险，是指由于东道国或投资所在国国内政治环境或东道国与其他国家之间政治关系改变，而给外国企业或投资者带来经济损失的可能性。例如，东道国没收跨国子公司的资产等，尤其是在一些发展中国家，这种风险更大。国际企业在进行国际投资时要评估和防范国家风险。由于国际筹资与国际投资等国际经营活动紧密相关，国际企业为了降低最终的国际筹资成本，应将国际筹资与相应的国际投资等经营活动的国家风险防范一并考虑。所以，国际企业在制定国际筹资战略时，也必须认真评估有关的国家风险并制定防范措施。

1. 尽可能在政治稳定的国家投资

政治稳定、法制健全的国家，一般都非常注重国家信誉，不会轻易采取没收或冻结外国公司资产、突然实行严厉的外汇管制等极端措施，外国公司在当地的投资利益会得到较好的保障，不会使国际企业因资产损失而发生破产风险。否则，一旦国际企业在当地投资失败，将给国际企业的国际筹资带来严重困难。为了确保资金使用的安全性，国际企业一般向本国或国际金融机构寻求投资保险或担保。

2. 尽量利用负债筹资

在一些风险较大的国家，可以尽量利用公司外部资金，减少公司的股权筹资。当这些国家和地区当局要求国际企业必须提供一定比例的内部资金时，母公司应尽量以贷款形式向子公司提供，避免股权投资可能造成的损失。同时，尽可能向国际性大金融机构谋求贷款，这样一旦东道国采取不利于国际企业的过激行动，影响到这些大金融机构的利益的时候，它们便会利用自己的地位向东道国政府施加压力，迫使其放弃某些做法。东道国一般不会得罪这些大金融机构。

3. 坚持以国外投资项目或子公司的生产盈利归还贷款，减轻对母公司的依赖

这种方法可以使得各类债权人（不论是来自东道国还是东道国之外的）都来关心项目或子公司的经营活动，关注东道国履行合约的信誉状况，从而使东道国处于各类利害关系人的监督之下。国外投资项目与子公司被纳入一个由银行、政府机构及客户组成的全球利害关系网中，东道国的任何过激行动都会遭到国际社会的谴责，对东道国起到遏制作用。所以从这个角度讲，国际企业还应使其项目或子公司的债务结构多元化，尤其是要尽可能利用当地筹资，强化东道国政府与子公司或投资项目有关的自身利益。

（二）避免外汇风险和利率风险

如前所述，外汇风险是指一个经济实体或个人，在涉外经济活动中由于外汇汇率的变动，使其以外币计价的资产或负债价值涨跌而蒙受损失的可能性。利率风险主要是指在实行浮动利率的情况下，如果利率上升，将会使企业的利息支出增加，提高企业的借款成本风险。国际企业在进行国际筹资时必须注意避免外汇风险和利率风险，加强风险

管理。

1. 国际筹资的外汇风险和利率风险管理原则

在国际筹资过程中，控制与防范汇率和利率等风险最重要的原则是均衡原则：①货币结构要均衡，币种组合要合理，如软硬货币搭配得当，筹资货币与用款及还款货币的币种应尽量一致；②筹资货币的期限结构要均衡，长期与短期负债搭配得当；③总体利率结构要均衡，尽量以优惠利率为主，固定利率与浮动利率搭配得当；④筹资市场结构要均衡，避免过于集中；⑤筹资总体成本结构要均衡，即综合考虑利率、汇率、费用等成本因素。

外汇风险和利率风险管理要以保值而非营利为目的，避免利用各种金融工具进行投机，要充分把握与认识金融市场，科学预测各种风险因素，把握好实施保值的时机。

2. 国际筹资过程中的外汇风险管理策略

在管理外汇风险时，公司必须能够确定计划期内的外汇风险头寸净量，并采取一定的防范措施。按照筹资者对筹资风险的态度，可以分为根本不保留外汇风险头寸、保留一定比例的外汇风险头寸及保留 100%外汇风险头寸三种策略。第一种策略把风险控制在最小限度内，不承担任何筹资风险，将利率与汇率风险 100%定下来，不留任何风险头寸。这种方法虽然安全，但有时成本过高，而且也很难做到。第三种策略是过度投机办法，由于金融市场变化莫测，这种方法是非常冒险的，不应提倡。最合适的就是按一定比例保留外汇风险头寸，根据借款成本制订一段时期的保值计划，如果市场朝不利方向变化，筹资者寻找机会平掉风险头寸部分；如果市场朝有利方向变化，则保留风险头寸，甚至扩大风险头寸。这种方法安全又灵活，尤其适用于金额大、期限长的债务筹资，但实行这种方法往往需要一定金额的准备金。

（三）保持和扩大现有筹资渠道

国际企业应放眼长远，着眼全球，在追求低成本、低风险资金的同时，从国际企业的长远战略出发，不计一时一地的眼前得失，在全球范围内拓展筹资渠道，分散风险，保证资金来源的稳定性和筹资方式的灵活性，增强后续筹资能力。主要策略如下：一是资金来源要多样化；二是大量借款保持现有资金来源。

1. 资金来源要多样化

国际企业面临发达的国际金融市场，有众多资金来源和筹资方式可供选择，这是国际企业的巨大优势。国际企业在选择资金来源时，不应过度依赖单一或少数的资金渠道与筹资方式，应努力使资金来源多样化，从而分散风险。要主动出击各个金融市场，与众多的金融机构及投资者建立良好的合作关系，这有助于提高其在国际金融市场上的知名度，显示其良好的信誉和经营实力，为其后续筹资打下良好的基础。

2. 大量借款保持现有资金来源

许多国家的银行都为其客户确定信用额度。银行提供的信用额度为满足企业短期资金的需要提供了一种非常灵活的筹资渠道。大多数国际企业的子公司都在银行拥有信用额度，国际企业可以在信用额度内随时取得贷款，其利息低于普通贷款，而对于未充分利用的信用额度，则要支付给银行一定的承诺费。银行会定期检查国际企业信用额度的使用情况，如果银行确认客户的借款水平经常低于信用额度，便会削减客户的信用额度，避免银行资金的闲置。所以国际企业有时为了使其信用额度不被削减，即便不需要资金也坚持向银行大量借款，以保持现有的资金来源，从而保证在资金紧缩时仍能获得所需的贷款。

第四节　国际投资管理

国际投资是指投资者跨越国界投入一定数量的资金或生产要素，以期望获得比国内更高利润的一种投资，是资本从一个国家或地区投入另一个国家或地区的经济活动。

一、国际投资方式

国际投资方式是多种多样的，按是否直接投资于生产经营中可分为直接投资和间接投资两种基本形式。

（一）直接投资

直接投资是指投资者通过对外国直接投资创办企业或与当地资本合作经营企业，并通过直接控制或参与其经营管理以取得利润的一种投资形式。国际直接投资最显著的特点是，它不是国与国之间的一般资本流动，而是主要表现为生产成本、关键材料、专门技术、管理方法乃至商标专利等在国与国之间的转移或转让。具体的投资组织形式包括：到国外开办工厂、企业、子公司；同国外企业共同投资开设合作经营企业或合办企业；购买外国企业的股票，从而控制或参与经营管理原有的企业。

（二）间接投资

间接投资是指投资者不直接掌握投资对象的动产或不动产的所有权，或在投资对象中没有足够的控制权的投资。间接投资一般是指各种证券投资。间接投资与直接投资的区别包括以下几个方面。

（1）间接投资者对所投资企业没有控制权和管理权，只能取得利息、股息和红利。间接投资对投资者来说，其意义在于可获得一定收益。

（2）国际证券投资流动性大，风险性小。国际直接投资一般都要参与一国企业的生产经营，其特点是投入的资金多、涉及的时间长、所冒的风险大。资金一旦投入某一特定的项目，要抽出资金比较困难，其流动性小、风险性大。与国际直接投资不同，证券投资是一种变现能力较强的资产。投资者可以根据需要，随时进行证券转让，而且国际证券在发行时一般要经过国际公认的资信评估机构确认发行人的资信等级，有的还要经过发行人所在国家的政府担保，因而，证券投资的风险一般要比国际直接投资的风险低。

（3）国际证券投资具有自发性和频繁性。国际证券投资在相当程度上表现为自发性。例如，因国际利率的差别而引起的国际证券投资，往往自发地从低利率国家向高利率国家流动；企图利用汇率的变动及其差价，进行套利套汇投机活动的投资；通过对有关证券的价格变动进行预测，进行证券交易，以取得投机性利润的投资；等等。此外，国际证券投资容易受世界经济政治局势变化的影响，经常频繁移动，以追逐投机性利益或寻找安全场所。

以下重点讲述国际直接投资。

二、国际直接投资

（一）国际直接投资的动机

企业进行国际直接投资的动机很多，且各个公司的目的也各不相同，有的以利润作为第一动机，有的以减少风险为动机；有的着眼于市场，有的则着眼于经营效率；有的从公司或微观出发，有的从政府或宏观出发。一般而言，国际直接投资的动机是获取利润。除此以外，还有一些其他的动机。

1. 防御性投资

投资者对外直接投资是为了增强国际竞争力或者试图抢先占有一种有价值且有限的生产要素或资源，以防止落入竞争对手的手里。防御性投资一般称为非利润倾向的投资的典型，这从短期看是正确的，但从长期看它仍是一种利润导向的决策，是通过防止竞争对手实力的增强而取得的长期利益。

2. 自我保险型投资

投资者对外直接投资是为了扩大生产基地和占领国外市场，以便分散和减少风险，对自身提供一定程度的保险。持这种投资动机的企业所在国一般是政局不够稳定，如国内罢工等造成生产损失，或该国由于经济衰退而投资机会较少，或由于受国外市场排挤而丧失市场。对外直接投资实质上起到一种资产组合效应，通过分散经营，抵消各种可能的或潜在的风险。

3. 提高公司形象

投资者对外直接投资，在尽可能多的国家开办子公司或分公司，主要是为了提高公司的国际形象，如在本国不具有优质厂商形象的企业，在一个拥有优质声誉的第三国进行投资和生产，就可提高本公司形象，借以扩大销售。

4. 追随领导者

投资者对外直接投资是为了避免竞争地位被削弱，这类投资通常发生在高度集中的产业部门。在这些行业或部门中，少数几家大企业旗鼓相当，势均力敌，互相制约，只要其中一个企业到其他国家建立新的子公司，进入一个新的特定市场，其他几个企业会迅速反应，纷纷跟进。这实质上反映了企业之间激烈竞争的事实。

企业进行国际直接投资是利用其自身的技术优势、管理优势、规模经济优势、资源供应优势、融资优势等，为过剩资本寻求出路和增加投资综合收益的主要方式。一方面，为了获得高额利润，调整产业结构，通过对外投资把劳动密集型产业和污染性产业转移到国外去，同时扩大高新技术产业的投资，促进新技术密集型产业的开发和发展；另一方面，有利于开发和利用国外自然资源，较好地弥补国内某些资源的不足，有利于突破保护主义障碍，维护和扩大海外市场。

（二）国际直接投资决策分析

1. 国外投资环境评价

投资环境是指影响企业投资行为的各种客观条件和因素。影响国外投资的环境因素主要有政治、经济、社会文化和教育、法律四个方面。

（1）政治环境。政治环境是国际投资环境的一个重要组成部分。它包括一国政府对外国投资的态度和控制力，如政局是否稳定，有没有战争或可能发生战争的风险，是否有国家政权或社会制度变革的风险，有没有重大政策变化的可能；或东道国的对外政策是积极地吸收外资，还是有所限制或是完全拒绝，特别是有没有被国有化的风险。

（2）经济环境。经济环境是影响国际投资活动的一种最直接、最基本的因素。它包括被投资国的经济体制、政府机制、地理环境、自然与人力资源、基础设施、经济结构和发展水平、市场销售条件以及各种经济政策和金融环境因素。

（3）社会文化和教育环境。社会文化和教育环境是指世界各国由于文化背景不同而形成的各种不同的风俗习惯、教育水平、宗教信仰、价值观念等。所有这些都在不同程度上制约或影响着国外投资者的行为。了解并尊重当地文化习俗、宗教信仰并适当加以利用是许多国际投资成功的重要因素之一。一国国民教育标准的高低，也会影响投入资本的收益，教育水准低的人，劳动力素质差，必然会导致技术落后、生产力低；反之，教育水准高的人，谋求改善生活的欲望及能力较强，极易掌握最新技术，生产力高。

（4）法律环境。分析国际投资法律环境是至关重要的。主要包括考察被投资国的法律是否健全，特别是外国投资者的权益是否或在怎样的程度下受法律保护；该国的税法、海关法、外汇管理法等能否保障投资者得到较高利润，利润和投资有无顺利汇回的保障；法律是否具有稳定性，执法机构是否具有公正性；等等。

2. 国际直接投资的纳税因素分析

这里所涉及的税收是指国际税收。从广义角度看，国际税收是指各国政府对其税收管辖范围之内从事国际经济活动的企业和个人就国际性收益所进行的征纳活动，以及由此而产生的国与国之间税收权益的协调行为。具体的国际税收活动包括以下两个方面。

（1）一国税收征纳活动中具有涉外因素并足以引起国与国之间税收权益分配问题的那部分税收征纳活动。

（2）两个或两个以上国家的税收管辖权发生交叉、税收利益发生冲突时所产生的国与国之间的税收协调活动。

税收对跨国公司的财务及投资方案具有重大影响。因为跨国公司在多个不同的国家经营业务，各国的税率差距很大，如果运筹得当，可以使公司整个税负减轻，使公司创造尽可能高的现金流入，为股东争取尽可能大的收益。

3. 国际直接投资项目的效益分析

影响企业对外直接投资项目效益的主要因素包括以下几个方面。

（1）项目预期的总投资额。它反映了公司为建设该项目所投入的资本总量，不仅包括使项目启动所需的初始投资，还包括项目寿命期间由于经营规模扩大所需追加的营运资本投资。

（2）消费者需求及产品价格。它是计算项目各期现金流量的基础。

（3）生产成本。包括产品的固定生产成本和变动生产成本，成本的高低直接决定了项目现金流出的多少。

（4）项目寿命期及其残值。项目寿命期的估算是投资决策分析中的一个重要参数；在确定项目的残值时，要考虑估算的寿命期与实际寿命期的差异，以及在这段时间内项目所能创造的收益大小。

（5）资金转移的限制。在很多情况下，被投资国政府会不同程度地阻止子公司的盈利向母公司转移，其结果将增加资金转移的成本，进而影响母公司从项目中实际获得的净现金流量。如果能够认识到这种限制的存在及其相应的后果，在评价时就可将此因素纳入考虑之中。

（6）汇率及被投资国的通货膨胀率。海外直接投资项目的获利能力必然会受到项目寿命期内汇率变动的影响；被投资国通货膨胀率的高低也将直接影响项目的真实获利能力。

（7）税负因素。世界各国的税收制度千差万别，税后净现金流量的大小在很大程度上取决于被投资国和投资国的税收征管政策。

（8）项目的资本成本，即项目的折现率。项目的折现率越高，项目的净现值越小。

4. 国际直接投资项目的风险分析

国际企业在进行对外投资的过程中，必须考虑一些在国内进行投资所不需要考虑的风险。

（1）汇率风险。汇率风险是指因汇率变化而导致投资者资产价值发生变化的风险。这类风险的影响程度，将取决于被投资国货币汇率波动的幅度所引起的外资企业资产、负债、损益等实际价值的变化程度和生产营运的变化程度，以及产品价格变化导致需求弹性的变化程度等。

（2）政治风险。政治风险是指国际经济往来活动中由于政治因素而造成经济损失的风险。近年来，由于世界各国政府对跨国公司所施加的干预不断增加，政治风险的防范问题已成为跨国公司对外直接投资决策中的一项重要因素。政治风险的表现形式是多种多样的，从外汇管制、改变税负到资产被征收、人员被驱逐，其中对跨国公司影响最大的是其在被投资国的全部资产被国有化。

因此，政治风险是跨国公司对外直接投资过程中最为敏感又最难以处理的问题。首先要对政治风险进行衡量，衡量以后才能决定是否应对该地区进行直接投资。如果有相当风险而仍不失为投资的好机会，那么就应采取相应措施，预防政治风险。政治风险的预防措施：在投资前同东道国政府预先谈判，向保险公司投保有关险种，在经营政策上预先做出安排等。

因为跨国公司海外投资项目营运过程中遇到的风险一般要比国内项目大得多，故风险分析是公司国际投资决策分析中必不可少的重要环节，而风险大小是投资决策时必须考虑的一个重要因素。对外直接投资项目的风险分析的常用方法为风险调整贴现率法和肯定当量法。

5. 国际直接投资项目的资本预算

资本预算是关于资本支出的预算。资本支出是指运用在资本财产上的支出，也称为资本投资。编制资本预算的过程包括两个方面：一是依据投资目标确定投资策略；二是按照投资决策的需要，筹划组织必要的资金来源，以满足执行各项投资方案的需要。

投资项目的资本预算编制包括以下五个步骤。

（1）投资机会研究。投资决策开始于投资机会。对于一个投资机会，可以有几种不同的设想或建议。对投资的设想或建议进行初步分析时，将根据掌握的内部和外部数据资料，分析其对于企业发展的必要性、技术条件的可行性及经济上的合理性。

（2）计划阶段。对投资机会经过初步分析后，如认为不可取，应予以排除；如认为可取，则做出投资建议并进行评价。

（3）评价阶段。对筛选后的投资建议做进一步分析评价，经过评价合格的建议，才能形成投资方案，然后做出选择。

（4）选择阶段。进一步对经过评价后进入最后选择阶段的方案进行选择，以便最终选定方案。主要根据资金的时间价值，采用净现值或内部收益率作为选择的标准。经过风险分析，最后做出决定，并编制资本预算。

（5）执行、控制和考核阶段。在这一阶段中，通过对所选方案的具体实施，可以比较资本预算标准与实际运行数据之间的差异，并依据差异及其产生的原因对投资项目的资本预算进行控制和考核，以达到合理地调整资本预算的目的。

第五节　国际企业税收管理

一、国际税收概述

国际税收是指涉及两个或两个以上国家财权利益的税收活动，它反映各国政府在对从事国际活动的纳税人行使征税权力而形成的税收征纳关系中所发生的国家之间的税收分配关系。税收管理是国际企业财务管理的重要组成部分。

（一）国家税收管辖权

税收管辖权是国家主权在税收领域的体现。税收管辖权可分为两类。居民税收管辖权和收入来源地税收管辖权。居民税收管辖权是指国家对其居民的所有收入（无论来自本国还是他国）都有权征收所得税。收入来源地税收管辖权是指国家对来源于本国境内的所得征税，而对来自国外的所得免予征税。

除少数国家和地区放开对所得税的税收管辖权外，大多数国家与地区都同时采用居民税收管辖权和收入来源地税收管辖权，既对来源于本国境内的所得拥有征税权，又对本国居民的世界所得拥有征税权。这些国家和地区包括亚洲、欧洲、大洋洲和北美洲的大多数国家和地区。

（二）国外税收抵免

为避免双重征税，大多数国家对已经向东道国缴纳的公司所得税给予一定的税收抵免。各国计算国外抵免的方法是各不相同的。通常，如果跨国公司向母公司汇回的利息、股息、特许权使用费以及其他收入已经向东道国缴纳了预扣税，那么汇回的收入也可以获得国外税收抵免。

（三）国际税收协定

国际税收协定是指两个或两个以上的主权国家，为了协调相互之间的税收分配关系和处理税务方面的问题，通过谈判所签订的书面协议。按照税收协定涉及的主体划分，国际税收协定可分为双边税收协定和多边税收协定。双边税收协定是指两个国家为了协调双方处理跨国纳税人征税事务和其他有关方面的税收关系，经过谈判而签订的一种书面协议；多边税收协定则是指超过两个以上的国家所缔结的税收协定。

按照税收协定涉及的内容范围划分，国际税收协定又可分为一般税收协定和特定税收协定。一般税收协定广泛涉及相互间的各种税收关系，如全面避免国际双重征税的协定；特定税收协定是指缔约国之间就某一特定税种或税收问题所签订的协定，如对关税增值税等的协定。

国际税收协定是出于避免国际重复征税、防止国际逃税、避免国际税收歧视等目的而产生的，现已成为调节国家间经济关系的重要工具。

（四）国际企业税收管理的目标

国际企业税收管理是国际财务管理的一个十分复杂和极其重要的问题。国际企业在从事跨国经营时，把资本投向不同的国家，就会涉及多个国家的税法。就国际企业的利益而言，税法是最直接影响其利益的法律。为了合理地做出财务决策，国际企业的财务人员应具备一些必要的国际税收方面的知识，科学地进行国际企业税收管理。总的来说，国际企业税收管理的目标是合理降低其总税负。

这一目标需要通过一系列方法才能实现，具体可概括如下。

（1）根据有关国家的税法、税收协定来避免国际企业出现双重征税的情况。

（2）利用有关国家为吸引外资而采取的优惠政策，实现最多的纳税减免。

（3）利用各种“避税港”来减少企业所得税。

（4）利用内部转移价格把利润转移至低税国家和地区，以便使总纳税额最少。

（5）利用其他方法减少所得税的支付。

二、国际双重征税的免除

国际双重征税是指两个国家对同一纳税人的同一所得额，同时按本国税法征所得税。国际双重征税现象，不利于公平竞争，应采用特定方法予以免除。

（一）国际双重征税产生的原因

（1）两国对同一纳税人的同一征税对象都按收入来源地税收管辖权进行征税。例如，甲国 A 公司贷款给乙国 B 公司，乙国 B 公司又将此款贷给丙国 C 公司，C 公司把利息汇给 B 公司时，丙国要求按收入来源地税收管辖权征税；B 公司将利息汇给 A 公司时，乙国又要求按收入来源地税收管辖权征税，这样对同一笔收入进行了双重征税。

（2）两国对同一纳税人的同一征税对象都按居民税收管辖权征税。纳税人在两国都具有居民身份时则会发生重复征税。

（3）一国按居民税收管辖权，另一国按收入来源地税收管辖权对同一纳税人的所得重复征税。这是国际税收经常发生的现象，一般所说的双重征税，主要是指这种情况。

（二）国际双重征税的危害

国际双重征税的存在，对国际经济的发展和跨国经营的推行，都产生不利的影响。

1. 国际双重征税违背了税负公平原则

从国际企业来看，同一笔所得只能承担一次纳税义务。国际双重征税的存在，使有的纳税人缴一次税，有的则要多次纳税，造成地位同等的纳税人在税收及相关的范围内处于不公平的竞争状态，这不利于国际企业在平等竞争的环境中发展。

2. 国际双重征税大大加重了纳税人的负担

一笔收入，两国同时对其征税，税后所得必然减少，如果两国均系高税率，则所剩更少，这会严重限制国际企业的生产经营活动，阻碍国际经济和技术合作的发展。免除国际双重征税，可以减轻国际投资者的税负，消除他们对国际纳税的畏惧心理，从而有利于促进国际资本的流动和各国经济的合作，推动世界经济的发展。

（三）避免国际双重征税的方法

国际双重征税的种种危害，已为各国所共识。各国政府都期望消除彼此间税收管辖权的冲突，并在许多国际条约中列入了消除国际双重征税的原则和规定，也采取了许多避免国际双重征税的方法。

1. 免税法

免税法是指对本国居民来源于国外的所得和放在国外的财产及已在国外纳了税的那部分跨国收益、所得或财产价值予以免税以避免国际双重征税的一种方法。实行免税制的国家主要是欧洲大陆和拉丁美洲的一些国家，如法国、海地、多米尼加、巴拿马、委内瑞拉等。免税法有全额免税法和累进免税法两种。全额免税法是指征税国在确定纳税人总所得的适用税率时，完全不计入免税的国外所得的一种方法。累进免税法是指征税国对境外所得虽给予免税，但在确定纳税人总所得的适用税率时却要将免税所得并入计算的一种方法。实行累进免税法，征税国往往都会取得较多的税款，故目前大多数国家都采用累进免税法。

2. 抵免法

抵免法是指居住国允许本国居民纳税人在本国税法规定的限度内，用已在来源国缴纳的税款，抵免其世界范围内所得向居住国缴纳税款的一部分，以避免双重征税的一种方法。我国目前采用这种方法。抵免法有全额抵免和限额抵免两种。全额抵免是指不管纳税人在收入来源国纳税多少，全部都给予抵免。限额抵免是指居住国对本国居民（公民）在非居住国缴纳的所得税可以从本国应纳税款中抵免的数额规定一个最高抵免额，低于或等于限额的可全数抵免，高于限额的则只能按限额抵免。在限额抵免下，由于规定了一个可抵免的最高限额，就避免了全额抵免下由于外国税率高于居住国税率而损害居住国利益的现象。所以，采用抵免法的国家通常选择的是限额抵免，对本国居民（公民）在本国应纳税款中可抵免的已纳外国税款都规定了可抵免的限额。

3. 税收协定法

税收协定法是通过与有关国家签订双边税收协定，以避免国际纳税人被重复征税的一种方法。免税法和抵免法仅是国家内部的规定，不能解决在哪些情况下应由收入来源国优先行使征税权，哪些情况下应仅由纳税人居住国征税的问题，不能完全免除国际重复征税。因此，还必须采用国际税收协定法。运用税收协定避免国际双重征税主要有两种方法：一是将征税权完全划归一方，从而完全排除了另一方对该纳税对象的征税权，使国际双重征税得以免除；二是通过税收协定，缔约国双方可以确定各自税收管辖权的范围，明确哪些所得应由来源国一方优先行使来源地税收管辖权，哪些所得应限制其税收管辖权的行使等。如此，也能避免双重征税。

三、国际避税与反避税

国际避税是指国际企业利用税法规定的差别，采用选择合适的地点和经营方式等种种合法手段，减少或消除其纳税义务的一种行为。

（一）国际避税产生的原因

国际企业的子公司和分支机构遍布世界各国，而各国税法在税收管理上存在很大差异，这便为国际企业采用适当方式避税提供了条件。各国税收差异主要表现在以下几个方面。

（1）税率的差别。各国税率的差别是显而易见的事实，税率不同必然会造成税负的差别。

（2）纳税基数的差别。各国对纳税基数的确认有不同的认识，在税法中有不同的规定，国际上对国际企业的国外子公司的收入课税存在两种不同的做法：一种是“属地原则”，只有在领土内产生的收益才是应税收益，凡是产生于领土之外的收益，不论其得益者是谁，均不予征税；另一种是“全球原则”，国际企业无论从国内还是从国外所获得的收益，都在应税范围之内。

（3）税种设置的差别。在税种设置上，各国的差别也很大。有的国家以所得税为主，有的国家以流转税为主；有的国家征收增值税，有的国家不征收增值税。

（4）税收管理效率的差别。各国税法实施管理的有效程度是造成实际税负差异的一个潜在因素。例如，有的国家虽然在税法上规定了很重的纳税义务，但由于征收管理不善，实际课税很少，使税负变得名高实低。

（5）避免国际双重征税方法的差别。双重征税是指对同一征税对象或同税源重复征税。国际双重征税则是指两个或两个以上的国家对同一纳税人就同一征税对象在同一时期内重复征税。在确定应税收入时，如果采用“全球原则”的做法，必然会产生双重征税的问题。为此，各个国家采取了不同的方法避免双重征税，目前主要有免税法、抵免法和税收协定法。

（二）国际避税方法

正因为国家之间在税收管理上存在着上述差异，国际企业可利用这些差异来规避税收。避税的主要方法：利用内部转移价格避税、利用避税港避税、选择有利的组织形式避税等。

1. 利用内部转移价格避税

内部转移价格是指国际企业内部母公司与子公司之间，或子公司与子公司之间转移商品或劳务的价格。内部转移价格避税则是指国际企业利用各国间税法的差异通过调节内部转移价格来达到避税目的的一种手段。国际企业与一般的国内企业及自然人不同，国际企业的分公司和子公司遍布世界各地，许多交易都是在国际企业内部进行的，这就为国际企业利用内部转移价格避税提供了可能。国际企业利用内部转移价格避税的主要做法是，对由低税国子公司向高税国子公司的出口业务采取高价，而对由高税国子公司向低税国子公司的出口业务则采取低价。这样就把实现利润的部分由高税国子公司转入低税国子公司，使各个国际企业的纳税额减少。

利用内部转移价格避税不仅适用于一般的商品供应，还适用于下列情况。

（1）内部贷款。国际企业的总公司通常以内部贷款的形式向其子公司提供资金。如果子公司所在国的税率较高，则贷款可采用高利息率政策；如果子公司所在国的税率较低，则贷款可采用低利息率政策。

（2）专利和专有技术等无形资产的转让费。专利和专有技术等无形资产具有独占的特性，其真实价值很难确定，各国的税务机关对此也很难设防。国际企业为了减少总的税负，在把专利和专有技术进行内部转移时，几乎可以随心所欲地提高或降低其转让价格。

（3）管理成本或费用。在国际企业内部，母公司常常为其国外子公司提供各种管理服务，而这种管理服务的收费标准很难找到可供参考的公平市价。因此，国际企业也可以通过抬高或压低管理成本或管理费用的办法来实现其避税目的。

（4）租赁。租赁是一种新兴的避税方式。国际企业在内部进行租赁活动时，可以通过抬高或降低租金的办法来达到避税目的。

2. 利用避税港避税

避税港又称低税乐园或避税地，是指以免征某些税收或压低税率的方法，使外国投资者不纳税或少纳税的国家或地区。避税港避税则是指国际企业将其所得与资产转移至避税港，以减轻税负的一种方法。

（1）避税港的一般特征。被称为避税港的国家或地区一般都有如下特征：第一，与大多数国家相比，税率明显偏低，或是应税收益的范围明显偏小；第二，有严格保守银行秘密和商业秘密的传统，即使在国际协定中也不愿打破这一传统；第三，银行和其他金融机构活动在其国民经济中占据较为重要的地位；第四，有较好的现代化通信设施；第五，对外国人存取外币不加控制；第六，努力成为国际金融中心。

（2）避税港的种类。避税港之所以能够在国际上存在，其主要原因是当地政府希望通过税收上的各种优惠措施吸引国际上的游资，从而推动当地经济的振兴和发展。第二次世界大战后随着国际企业规模的不断扩大，除了几个老牌避税港外，新兴的避税港不断涌现，它们大致可分为如下几类。

第一，无税型。这类避税港完全免除个人所得税、公司所得税、资本所得税和财产税，主要有巴哈马、英属百慕大群岛、英属开曼群岛及法属新喀里多尼亚等。

第二，低税型。这类避税港虽然征税，但是税率很低。列支敦士登公国、英属维尔京群岛等均属此类。

第三，半避税型。这类避税港只对在当地形成的收益征税，面对来自国外或地区外的收入不征税。中国香港、利比里亚、巴拿马等均属此类。

第四，避税型。这类避税港一般都具有一定的税收优惠，它们在有限程度上也有避税港的特征。瑞士、新加坡、荷属安的列斯群岛等均属此类。

（3）避税港避税的基本方法。国际企业利用避税港避税的主要方法，是在避税港设置各种各样的挂牌公司或信箱公司。这些公司一般都是出于减少纳税支出的目的而在避税港注册，它们的实际经营活动往往并不发生在避税港内，却将收益留在避税港，以避免征税。一般有以下几种做法。

第一，以挂牌公司作为虚设的中转销售公司。例如，一国际企业在甲、乙两国分别设有子公司A与B，在某一避税港设有子公司C，甲国子公司A的产品实际上是直接供应给乙国子公司B的，但为了避税，A公司以低价把产品销给设在避税港内的C公司，C公司再以高价卖给B公司。这样，收益大都转给了C公司，而C公司所在避税港的税率较低，就可以少纳税甚至不纳税。这样实际上只在C公司的账簿上转了一笔账，货物却直接由A公司发往了B公司。

第二，以挂牌公司作为收付代理公司。任何国际企业的母公司都要为子公司提供贷款、技术服务劳务服务、管理咨询服务等多种服务，这也是母公司取得收入的来源之一。为了减少这部分收入的税负，母公司可在避税港设置一个收付代理公司，这样就可以把大部分收入转入该公司。但实际上，款项的贷出、许可证的发放、劳务的提供均不由收付代理公司完成，而是由母公司安排。

第三，以挂牌公司作为持股公司。国际企业的母公司一般都从子公司中获得较多的股息和红利，为了避税，可在避税港设持股公司，要求下属公司把股息和红利汇到避税港，以减少纳税负担。

3. 选择有利的组织形式避税

跨国公司可以选择海外分公司或子公司的形式设置海外机构，从事投资活动。从法律上讲，海外分公司隶属于母公司，本身不具有独立的法人地位，而海外子公司却是在当地注册、登记并成立的具有独立法人地位的公司。从税收角度看选择哪种投资组织形式要考虑以下三个方面。

（1）海外机构在开业后几年内是否亏损。分公司的预计亏损可以包括在母公司的利润表里，可以部分抵消母公司的盈利，减少应纳税所得额。而子公司的预计亏损一般不能与母公司的利润合并，不能取得减税的效果。因此，如果该机构在开业后几年内亏损，选择分公司的组织形式较为适宜。

（2）支付预扣税与延期纳税之间的权衡。大多数国家对外国子公司向母公司支付的股息征收预扣税，国家之间是否签订双边税收协定影响着预扣税率的高低。但是如果分支机构是分公司，就不必缴纳预扣税。同时，许多国家对本国跨国公司海外子公司来源于国外的所得有延期纳税的优惠，但是海外分公司却得不到这种好处。因此跨国公司必须在支付预扣税的不利因素和延期纳税的有利因素之间权衡，选择不同的组织形式。

（3）是否为从事自然资源勘探和开发的跨国公司。一些国家允许勘探成本及部分资源开发成本作为经常性费用冲销企业当期利润，而不是在几年之内分摊。因此，许多从事石油和矿产开发的公司倾向选择分公司的组织形式，这样可以用分公司的勘探和开发成本冲销母公司的利润，减少纳税额。

（三）国际反避税

随着国际经济技术的发展，国际企业避税规模不断扩大，避税方式更是不断翻新，还往往与国际偷税漏税结合在一起，导致财富的不正当分配，歪曲了国际竞争条件，影响了一些国家（主要是实行高税率的国家）的财政收入。为此，许多国家特别是发达国家纷纷采取对策，完善税收立法加强征税管理，以防止和消除国际避税的泛滥。在长期实践中，一些国家逐渐形成了反避税的方法，具体如下。

1. 单边制定反避税法

反避税立法是主要的反避税措施，各国反避税立法的形式有以下几种。

（1）针对一种或多种国际企业避税做法加入特殊税法条款，如美国《国内收入法典》第 482 条、法国《税收总法典》第 57 条、比利时税法第 24 条等对国际企业内部转移价格做了具体限制规定。又如，比利时《所得税法》第 46 条、法国《税收总法典》第 283 条对纳税收入的可扣除项目做了具体规定。

（2）加入具有全面影响力的综合性条款。有些国家制定了在原则上适用于全部税收法规的综合性避税条款，如德国《税收通则》第 12 条、荷兰《税收总法典》第 31 条都属此类规定。

（3）加入必须获得政府同意的有关条款。在税法中明文规定某些交易活动必须先征得税务当局的同意，否则便以违法论处的内容。这是国际反避税领域中最严厉的立法形式。

2. 双边或多边的反避税措施

双边反避税措施主要是指两国通过签订双边税收协定来限制国际企业避税，并规定双方在征税管理上要相互协助、互通信息的措施。多边反避税措施是指多个国家签订多边协定来防止国际企业避税的措施。例如，欧洲经济共同体于 1975 年订立的《关于共同体为反对国际逃税和避税应采取的措施》的协定，便属于多边反避税措施。

3. 加强税收管理

税法上规定的反避税措施，还必须在税收管理实践中加以落实，否则再完善的法律也仅仅是一纸空文。为了有效地同国际避税行为做斗争，各国税务部门必须对国际企业在国外的经济活动有全面的了解。通常采用的方法有以下三种：①向纳税人或第三方施加压力，要求其提供详细的纳税资料。②在税收人员为反避税收集纳税相关资料时，要求银行给予配合。③各国之间加强税收情报的交流。

【思考题】

1. 外汇风险的管理程序有哪些？
2. 国际企业的资金来源有哪些渠道？

3. 国际组织可以选择哪些方式合理地避税？
4. 国际财务管理的含义和主要内容是什么？
5. 国际直接投资决策分析包括哪几个方面？

第十一章　企业集团财务管理

学习目标

◇了解企业集团特征和企业集团财务管理的特点

◇熟悉企业集团财务管理体制

◇掌握企业集团融资管理、投资管理和收益分配管理的内容

◇掌握企业集团财务控制的内容与方法

【开篇案例】

华能集团财务管理案例

中国华能集团有限公司（以下简称华能集团）是经国务院批准成立的国有重要骨干企业。华能集团注册资本349亿元，主营业务为电源开发、投资、建设、经营和管理，电力（热力）生产和销售，金融、煤炭、交通运输、新能源、环保相关产业及产品的开发、投资、建设、生产、销售，实业投资经营及管理。

近年来，华能集团不断地规范和完善集团组织结构和财务管理模式，对其全资、控股、参股子公司进行改建和规范，形成了以资产为纽带、以母子公司为主、总分公司结合的管理体制。截至2020年7月，华能集团拥有51家二级单位、460余家三级企业、6家上市公司（分别为华能国际、内蒙华电、新能泰山、华能水电、华能新能源、长城证券），员工共13万人。

华能集团建立了集团公司总部—区域公司（产业公司）—基层企业三级管理控制体系。华能集团组织结构如图11-1所示。

目前，华能集团电力行业在技术层面上的需求都是高科技、新能源，对资金的要求较高，尽管电力行业基本都是以国企、央企为主的垄断企业，除国家拨款外仍然需要大量融资筹资来扩大经营。另外，电力行业有地域性强的特点，为使电力传输便捷而在全国各地建立子公司，这让各个子公司在自行筹资时能更好地提高自身管理效率，也能提高筹资成功率。华能集团的子公司分布在全国各地，分散度较高，且其并购前均是市场成熟管理稳定的有自主经营方式的地方电力公司，在自身资金不足时子公司就会采取

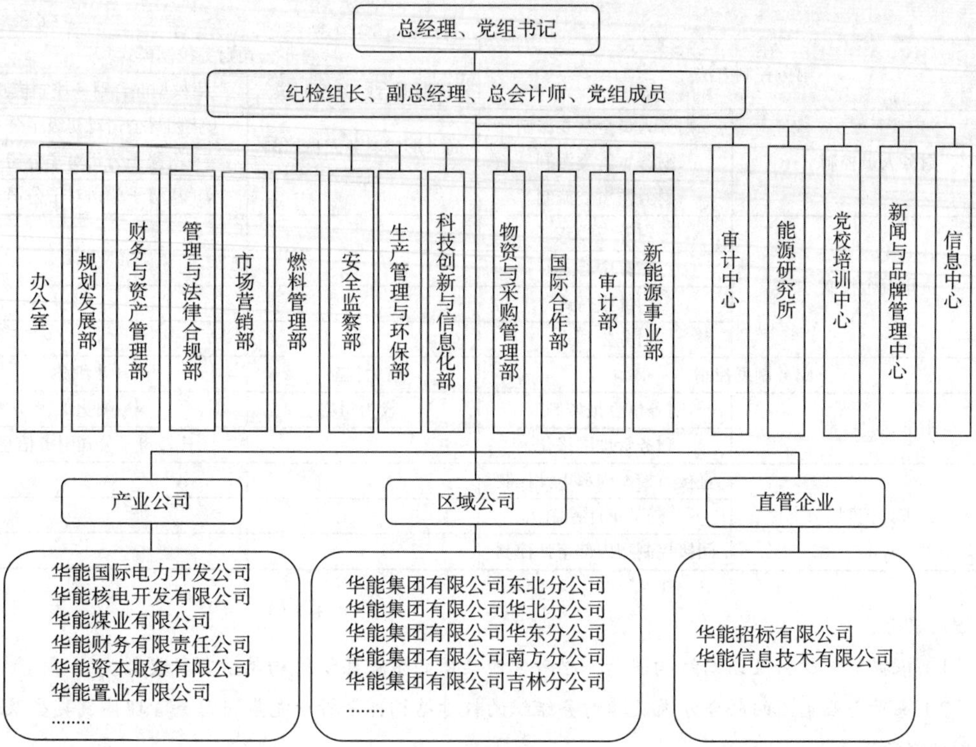

图 11-1　华能集团组织结构

自主的债务融资，合并报表时贷款的规模也远大于母公司贷款规模，总体来说，在集团的筹资活动上还是分权化程度较高。同时对其子公司既给予一定的灵活性，又实行必要的监督控制。

母公司对子公司的控制主要体现在三个领域：①人事控制。经理人员的任命、工资报酬的制定和对各子公司的职能部门职位数目的规定等方面，均由华能集团的母公司来决定而子公司严格遵守执行。②投资控制。当子公司的投资金额超过一定限额时就需向母公司提出批准申请。例如，华能集团对自主投资的限额，规模较大的主要子公司是 3 000 万元，规模较小的子公司则是 500 万元。③财务业绩控制。华能集团财务业绩主要从利润、净资产报酬率和经营活动中产生的现金流量三个方面来进行评价。几乎没有哪家子公司在年末不能达到制定的财务目标，集团期望的净资产收益率是 15%，但由于电力行业的政策性补贴等因素，其净资产收益率可以稍低，为 10%左右。

华能集团母子公司财务控制方法与控制模式的具体分配情况如表 11-1 所示。

表 11-1　华能集团母子公司财务控制方法与控制模式的具体分配情况

财务控制方法		母子公司财务控制模式	
		分权型混合财务控制模式	集权型混合财务控制模式
预算控制	以收入为中心	√（较为粗放）	√（较为细致）
	以成本为中心		
	以现金流为中心		

续表

财务控制方法		母子公司财务控制模式	
		分权型混合财务控制模式	集权型混合财务控制模式
财务人员控制	财务人员全员委派制	尚未形成财务人员控制机制	√（集团母公司对初级子公司）
	财务主管委派制		√（次级子公司对子公司）
	财务监事委派制		√（次级子公司对子公司）
货币资金控制	财务中心式		
	结算中心式		
	内部银行式		
	财务公司式	√	√
财务制度控制		较为粗略	进一步细化
财务信息控制	财务信息报告制度	√（较为粗略）	√（细化）
	财务管理网络化		√（连接母子公司财务信息）
审计控制	直接监控型内部审计控制		
	外部审计控制		
	间接控制型内部审计控制	√	√

案例思考：

（1）根据案例材料及组织结构图示，思考华能集团的企业组织结构属于哪种类型。

（2）基于企业集团的联合方式及其财务组织的权责结构，分析华能集团财务管理体制类型及选择该体制的影响因素。

第一节 企业集团财务管理概述

一、企业集团的内涵及特征

19 世纪末 20 世纪初，随着生产社会化程度的提高和生产规模的扩大，社会分工越来越细，企业间的竞争也日益加剧。为应对日益增强的竞争压力，企业逐渐由单一主体走向大型化和股份化，企业之间的外部分工协作关系也由于“管理上的协调比市场机制的协调能带来更大的生产力、较低的成本和较高的利润”而变为企业内部的分工协作关系，企业集团应运而生。作为社会化大生产高度发展和市场经济发展到一定程度的必然产物，兼并和收购是其实现的主要方式。德国的康采恩、美国的利益集团或金融集团、英法等国的财团等都是企业集团发展的早期形式。

“企业集团”不是一个法律概念，世界各国也没有一个关于“企业集团”含义的统一界定。在美国，企业集团是一种承担组织社会化生产职能的企业组织形态，它具有以大银行为中心、以资本参与为主要形式、以金融信贷关系和人事组织关系为基础等特点。在日本，企业集团是具有相互持股、设立联合投资公司、以城市大商业银行为中心综合商社与配套等特点和标志的大企业结合形式。在我国，一般来说，企业集团是指为了追求更大的经济利益，多个法人以一定的形式结合起来，服从于体现共同利益的某种决策体系的经济联合体。换言之，企业集团是以一个或少数几个实力雄厚的大型企业为核心，通过资本、契约、产品、技术等不同的利益关系，将一定数量的受核心企业不同程度控制和影响的法人企业联系起来，组成的一个具有共同经营战略和发展目标的多级法人结构经济联合体。

企业集团虽然没有统一的定义，但有共同的基本特征，主要体现在如下几个方面。

（1）企业集团以产权连接为主要纽带，形成多层次的组织结构。这是企业集团最基本的特征。根据控股、参股的程度以及经济技术协作关系，企业集团内部各成员一般可以分为核心企业、紧密层企业、半紧密层企业和松散层企业等不同的层次。其中，集团公司又称母公司或控股公司，为核心企业，集团公司完全控股的子公司（母公司占其股份总额的50%以上）为紧密层企业，集团公司参股的公司（母公司占其股份总额低于50%）为半紧密层企业，而通过契约连接的企业为松散层企业。企业集团成员间还有产品、经营等连接纽带，而非单纯产权纽带。

（2）企业集团是一个由多法人组成的法人集合体，但其本身不具有法人资格。企业集团是由多个法人组合而成的经济实体。集团内各成员仍然保持各自独立的法人地位。但企业集团本身是以营利为目的的企业利益共同体，既不是行政性公司，也不是经济管理机构，其整体在法律上则不具备法人资格，也没有法律地位，因此不需要统纳税、统负盈亏。

（3）企业集团有一个能起主导作用的核心经济实体。这个核心经济实体就是集团公司。集团公司不同于企业集团，二者不能混淆。集团公司是独立的法人，它具有投资中心的功能。集团公司规模必须达到国家大型企业标准或注册资本达到亿元以上；拥有的控股子公司必须在5个以上；其必须具有较强经济实力或产品、技术、管理、信息、融资等优势，能够对集团的统一经营活动起主导和控制的作用。

（4）企业集团的构成和经营范围具有多元化特征。企业集团产生的主要方式是兼并、收购及重组。通过并购和重组，不同所有制成分、不同行业和领域、同一行业但经营不同产品的企业都可能被纳入同一个企业集团系统中。在此过程中，企业集团构成了一个集多种所有制成分、跨多个行业与领域，同时生产和经营多种产品或服务的复杂经济组织，呈现出多元化的特点。这种多元化的特点既体现为经营范围综合化、经营方向系列化，又体现为所有制成分和经营性质的多元化。

二、企业集团的分类

企业集团的分类方法很多，下面主要介绍四种分类方法。

1. 按经济关系分类

按经济关系，可将企业集团分为财团型企业集团和产业型企业集团（图11-2）。财团型企业集团各成员之间以环状持股作为产权联合的纽带，决策机构是成员企业的经理或董事长组成的经理会。它们是以大的银行为核心，由金融资本与工业资本融合而成的企业集团，如美国的摩根集团、杜邦集团和日本的三菱集团等。

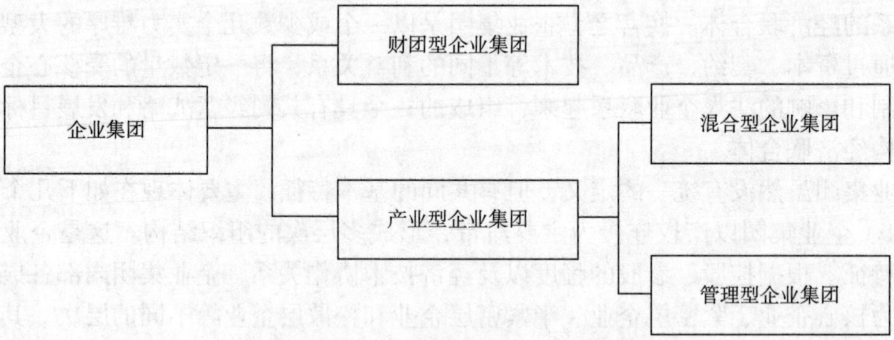

图 11-2　按经济关系分类

产业型企业集团中各成员企业间为纵向持股关系，是大、中、小企业的垂直联合，组织结构呈现出支配与被支配的关系，由塔尖上的母公司联结众多协作企业，形成母公司—子公司—孙公司—关联公司的网络，集团的经营活动主要集中在某个特定行业，并以一个特大型产业公司为核心，成员企业围绕主产业，专业化分工协作关系明确，内部交易关系密切。例如，美国的通用汽车、埃克森石油和德国的工业康采恩等。

其中，混合型企业集团的母公司既从事股权控制，又直接进行生产经营活动。一方面，它利用控股优势对子公司的生产经营进行集团化管理，使子公司的生产经营符合企业集团的整体发展战略；另一方面，它又直接参与生产企业经营，起着集团中核心企业的作用。管理型企业集团的母公司作为投资中心对下属企业的生产经营活动进行管理或控制，母公司本身不再从事生产经营，而主要从事资本的经营。

2. 按产权关系分类

按产权关系分类，企业集团包括四个层次：第一层次是集团公司（核心层），实质上是控股公司或母公司性质，在实务中称为核心企业；第二层次是控股层，包括全资子公司、控股子公司；第三层次是参股层，是由母公司持有股份但未达到控股界限的关联公司组织；第四层次是协作层，由若干签订长期生产经营合同和托管、承包协议的成员企业组成，如图 11-3 所示。

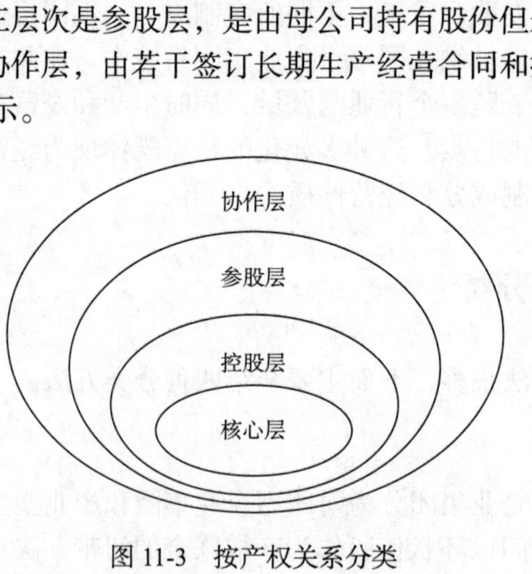

图 11-3　按产权关系分类

当然，控股子公司还可以对其他企业进行控股，形成孙公司，进而形成一个由直接控股和间接控股所组成的企业群体。根据各国经验，一般规定子公司不得对母公司反向持股。划分控股、参股、协作等的标准并不相同，但一般认为：

（1）控股是指母公司拥有对子公司的控股权，它包括母公司直接或间接控制其过半数的权益性资本的被投资企业以及通过其他方式控制的被投资企业。控股又分为绝对控股和相对控股，前者是指母公司占被投资方股本的比例超过50%；后者是指投资企业在被投资企业中为最大股东，一般持股比例在30%以上即可。

（2）参股企业是指集团公司（母公司）虽持有其股份但未达到控股程度的企业，参股企业一般不作为子公司对待。

（3）协作企业是与集团公司和子公司以合同、协议等方式建立较为稳定的协作关系的企业，它们之间不存在产权关系，但以承认企业集团章程为前提。也就是说，不承认企业集团章程但与集团公司有协作关系的企业，并不能称为企业集团协作企业。

3. 按资产组织方式分类

按资产组织方式，企业集团可分为横向结构和纵向结构两大类。其中横向结构又可分为单向结构和环状结构两种。

1）横向结构

（1）单向结构。单向结构的集团由各成员共同投资形成，这种投资是单向的，即集团成员对企业集团投资，而不存在企业集团对其成员投资以及成员之间的相互投资所形成的持股或控股关系（图11-4）。

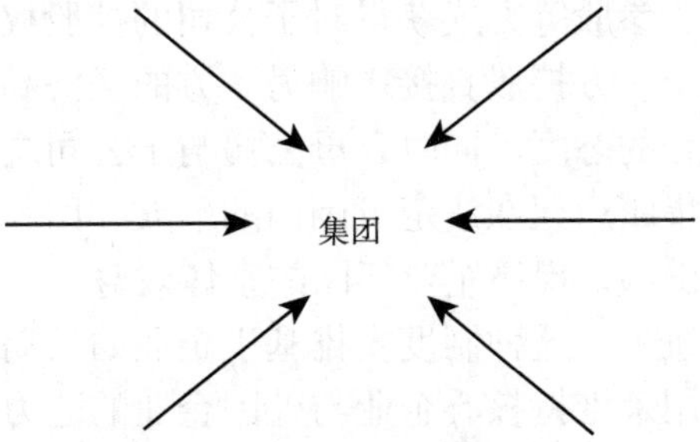

图11-4　单向结构（箭头表示投资方向）

（2）环状结构。环状结构的集团由其主要成员之间相互持股并在此基础上实行人员互派，形成交叉持股关系（图11-5）。

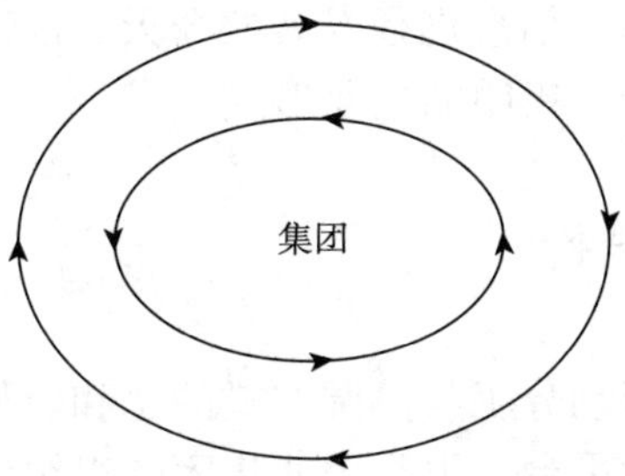

图11-5　环状结构（箭头表示投资方向）

2）纵向结构

纵向结构的集团是通过层层逐级控股关系或持股关系而形成的金字塔式的资产组织结构，具体见图 11-6。

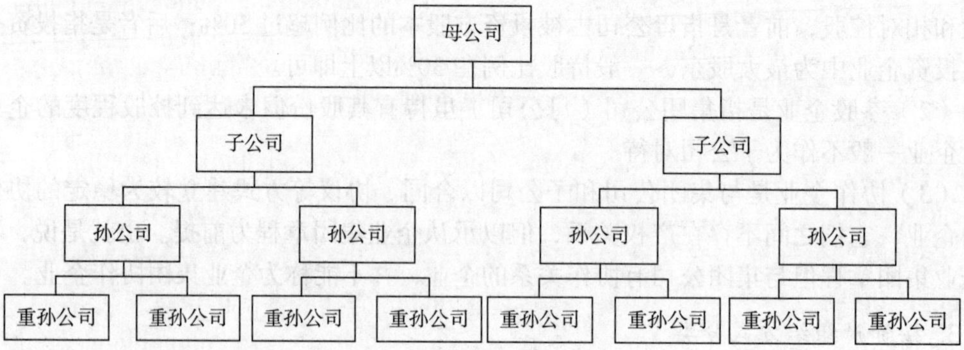

图 11-6　纵向结构

4. 按企业集团控制关系与形成途径分类

一般而言，按控制关系与形成途径，可将企业集团分为资产纽带型和契约纽带型两种。

资产纽带型以产权为联结各企业之间的纽带，是一种比较持久、稳定和有效的制度安排。集团公司通过控股、参股等方式获得对子公司的控股权、重大问题决策权以及选择重要管理者的权利。由于一方持股直接影响另一方的经济利益，这种命运共同体容易促成企业间采取协作、配合的态度。同时，母公司与子公司之间的利益分配也不妨碍母公司行使科层权威。因为集团产权在法定范围内的下放、回收均服务于节约生产成本、交易成本，扩大产品市场份额，提高企业集团的整体效益。

契约纽带型以契约为纽带，这种制度安排基于企业的长期交易关系，它凭借各方的契约、合同联系和商业信用来维持核心企业与外围企业的通力协作。长期的契约关系有利于各市场主体节省交易费用，但如果毁约的收益大于维约的收益，出现利益投机时，趋利性会促使成员企业背叛集团，企业集团的凝聚力和稳定性将大为减弱。

相比之下，资产纽带型企业集团比契约纽带型企业集团更能克服企业的短视行为，调动各个层次的积极性，实现集团长远的发展战略，但这并不是否定契约关系对联结企业间协作的积极作用。在科技、信息迅猛发展的今天，以产权联结为主、契约联结为辅的制度设计已成为组建现代企业集团的主要形式。

三、企业集团的组织结构

组织结构是组织中各种劳动分工与协调方式的总和。如果说企业的组织结构是把企业的人与企业的资源相结合的平台，那么企业集团的组织结构则是把各企业本身、企业集团的人、财、物与企业集团的其他资源相结合的平台。企业集团的组织结构，是根据企业集团的战略目标，指定企业和人在集团中的位置、明确责任、沟通信息、协调经营，以实现战略目标的有机结合体。

企业集团经营的目的在于实现其整体目标，在多法人结构的集团中组织结构是控制活动的框架（包括规划、执行和监督活动）。集团组织结构建设的好坏直接影响到企业集团的控制效果和经营成果。构建组织结构的一个重要方面，在于界定关键区域（企业集团的核心层和紧密层）的权、责以及建立适当的沟通渠道。良好的企业集团组织结构必须以执行工作计划为使命，并具有清晰的职位层次顺序、流畅的意见沟通渠道、有效的协调与合作体系。企业集团大体有五种基本的组织结构形式。

1. 直线制

直线制（又称为垂直式）组织结构，是在上下层企业之间的权责安排上呈直线分布的组织结构形式，上级企业全权领导下级企业，权力集中在集团的最高层，各种经营指令层层下达。直线制组织结构的特点是，上下级关系明确、内部结构简单、命令统一领导和指挥。直线制组织结构的优点在于权力集中、责任明确、信息传递方式简单、命令统一以及利于监督等；缺点主要是缺乏合理分工和横向协调，领导管理幅度和深度过大，容易产生武断决策行为等。

严格地说，直线制组织结构是单体企业内部组织结构在企业集团中几乎不加变革的应用。因此，直线制组织结构一般只适用于新组建的内部成员少、业务经营范围窄、规模不是很大的企业集团以及集团成员强烈依赖于核心企业的集团。

2. 直线职能制

直线职能制组织结构（U 形结构）是指企业集团中各级领导直接指挥与各级职能人员（如财务、人力资源、技术人员）的业务指导相结合的一种企业集团的组织结构形式。U 形结构有一个大的总部，包括总裁指导下的执行委员会和一些职能部门。在直线职能制中，按职能划分组织单位，并由最高经营者直接指挥各职能部门，集团的下级成员企业既接受上级管理人员的直接指挥，又接受上级职能人员的业务指导。最高决策层对职能部门和生产经营单位集中进行评价和监督。

这种组织机构形式既保证了统一的指挥和管理，又能更好地发挥各职能部门的作用，适用于经营领域比较单一的企业集团。直线职能制的缺点在于没有从根本上改变直线制高度集权的不足，适应性与灵活性较差，表现在：①在职能结构中，分清责任或判断业绩更困难。②高层管理者在协调各部门成员时也可能遇到问题。因为各部门成员都有可能感到与其他部门毫不相干，或比其他部门优越，因此很难团结一致，共同完成组织目标。③当企业集团规模很大，产品和部门很多，尤其是在集团实行多元化战略时，直线职能制下高层领导的负担过重。

直线职能制组织结构如图 11-7 所示。在这种组织结构中，职能部门主要对成员企业进行业务指导。

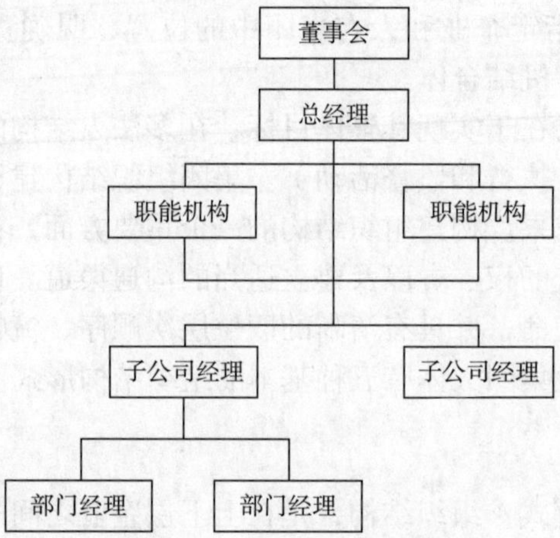

图 11-7 直线职能制组织结构

3. 事业部制

事业部制组织结构（M形结构）也称多部门结构，有时也称为产品部式结构或战略经营单位。

事业部制最早是由美国通用汽车公司总裁斯隆于 1924 年提出的，故有“斯隆模型”之称，也叫“联邦分权化”，是一种高度（层）集权下的分权管理体制。它适用于规模庞大、品种繁多、技术复杂的大型企业，是国外较大的联合公司所采用的一种组织形式。近几年我国一些大型企业集团或公司也引进了这种组织结构形式。事业部制是分级管理、分级核算盈亏的一种形式，即一个公司按地区或按产品类别分成若干个事业部，从产品设计、原料采购、成本核算、产品制造，一直到产品销售，均由事业部及所属工厂负责，公司总部只保留人事决策预算控制和监督大权，并通过利润等指标对事业部进行控制。也有的事业部只负责指挥和组织生产，不负责采购和销售，实行生产和供销分立，但这种事业部正在被产品事业部所取代。还有的事业部则按区域来划分。在灵活多变的市场上事业部制是多数大中型企业集团的首选。事业部制组织结构如图 11-8 所示。

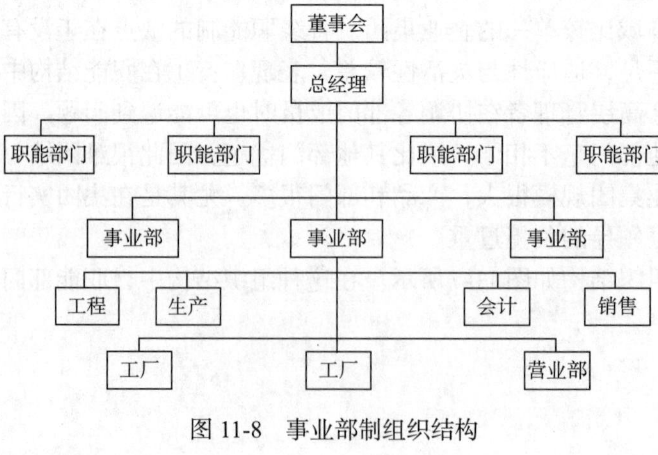

图 11-8 事业部制组织结构

一般来说，事业部制的优点在于：最高层管理者可以摆脱日常的行政和管理事务，更多地考虑整个企业集团的战略问题；各事业部之间的比较和竞争有利于企业发展；这种组织结构安排本身就具有灵活性，在外界环境或集团自身战略变化的情况下，可以按需要改变事业部的管辖范围或者增减事业部数量而无须对集团的实体单位（各子公司或其他集团成员企业）做出较大变动；这种组织结构可以培养高层管理人才。

当然，事业部制也有一定的缺陷：母公司与事业部职能机构的重叠可能会造成管理费用的浪费，同时事业部的职能部门容易不断膨胀而过于庞大；事业部实行独立核算，各事业部只考虑自身的利益，影响各部门的协作，一些业务联系与沟通交往也被经济关系所替代。另外，对事业部授权时，权限“度”的划分可以说是采取事业部制的企业集团所面临的最复杂、最头疼的管理问题。

4. 控股制

控股制组织结构（H 形结构）是一种几乎没有集中控制、相对松散、扁平的组织类型。在H形结构当中，一般设立一个小型的总办事处负责指导整个企业集团的生产与销售活动，但基本上不对成员企业的生产和技术开发活动进行协调和评估。每个成员企业都是独立的法人，有很大的决策空间，是投资中心。

控股制组织结构中的事业部由具有独立法人资格的子公司替代，监督和控制处于间接状态，主要是某些纯粹控股型的母公司以投资产业为目的设立的。控股制下很多母公司对子公司投资的直接目的就是获取股利收入或通过出让股权获取资本收益，在这一点上已经与基金、保险公司等资本市场上的其他机构投资者有相似之处了。

在许多混合控股型的企业集团里，组织结构是控股制和事业部制相结合的。母公司一方面对少量子公司实行控股型控制，基本不干预其生产经营活动（这些子公司所从事的往往是母公司主营业务以外的其他产业）；另一方面以事业部制组织结构控制那些与母公司有相同业务的子公司。

5. 矩阵型

矩阵型组织结构是指，在企业集团中，既有按职能设置的纵向组织系统，又有按某一项目划分的横向组织系统，二者相结合形成了交叉式的组织结构。矩阵型组织结构最初是为适应专业产品生产与综合产品生产的矛盾而产生的。由于客户的要求向个性化发展，传统的专业化生产越来越难以满足需要，企业集团内部各子公司横向联系和协作的要求增强。矩阵型组织结构在各子公司或事业部之间横向形成专门的项目小组，以满足单个子公司或事业部难以满足的对特殊项目和特殊产品的需求。矩阵型组织结构如图 11-9 所示。

矩阵型组织结构由于实行项目经理制，可以将职能专业化和对象专业化很好地结合起来，是一种可以不断适应战略和环境变化，最大限度地实现企业集团联合目标的集团组织形式。但是，矩阵型组织结构存在的两条权力线形成了双重指挥，违反了统一指挥原则；另外，项目经理承担着项目责任，却不完全控制相应的资源（如人员、设备等），结果就会导致权责的不对称，从而使矩阵型组织结构的运作效率受到影响。

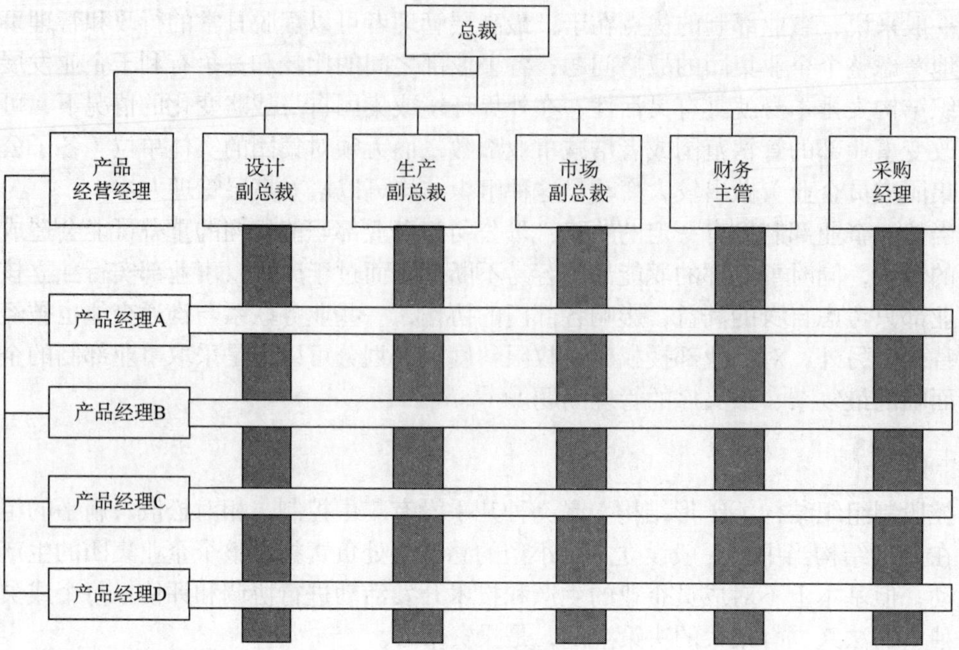

图 11-9 矩阵型组织结构

企业集团的组建，并不会改变企业财务管理的本质和企业价值最大化的目标。从长远来看，企业集团的价值最大化与集团成员的价值最大化具有内在一致性。但是，企业集团的财务管理与单体企业的财务管理相比又有不同的特点。

第二节 企业集团财务管理体制

一、财务管理体制的基本模式

根据企业集团的联合方式及其财务组织的权责结构，企业集团财务管理体制可分为集权式、分权式和集权与分权相结合三种基本模式。

1. 集权式财务管理体制

集权式财务管理体制是一种财权高度集中的组织形式，母公司对子公司进行严格控制和统一管理，即资金调度、资产管理、投资决策、内部控制、人事任免等重大财务事项都由母公司统一管理，子公司财务负责人对总部承担责任，实行垂直领导，其工资福利等由总部决定，子公司经理不得干预其工作，更无权任免。集权式财务管理体制的特点包括高度集中的会计信息联系、严格的资金管理制度和严密的内部控制。

采用这种模式的优点是有利于制定和实施统一的财务政策，发挥母公司的财务管理功能，降低经营和财务风险，保证集团战略目标的实现。缺点是财权的高度集中容易挫伤子公司的积极性，并使得集团财务管理因缺乏横向协作关系而可能出现信息流动障碍。

2. 分权式财务管理体制

分权式财务管理体制将财务责任、权力分散到子公司，母公司与子公司之间在经营管理、财务等方面保持相对松散的联系，即子公司可以根据市场环境和公司情况做出重大财务决策，母公司对其的管理以间接管理为主，并加强自身的信息处理、控制和绩效考评功能。对成本目标、利润贡献目标、资本增值均要负责的投资中心的下移是分权式最重要的特征。

这种模式的优点是子公司可以积极灵活地应对市场，减少母公司决策的压力。缺点是难以统一指挥，弱化了母公司的财务控制权，有时子公司会为了自身利益而忽视集团整体利益。

3. 集权与分权相结合的模式

集权与分权相结合的模式将财权在母公司与子公司之间适度分配，形成适度分权或适度集权的组织结构。在实际工作中，绝对的集权和分权都是比较少见的，大多数企业集团选择的都是将两者相结合。在权力结构中，一般分为最高决策层、中间管理层、基层三个层次。最高决策层由财务副总参与，主要职能是对整个集团实行战略性管理，进行财务战略决策与管理、长期发展规划、重要人事安排、盈余分配。企业内部财务管理权限配置，没有统一的标准，而是因势而异、因时而异、因企业而异。集权与分权相结合的模式有利于将重大财务决策权集中与一般管理决策权适度分权相结合。

二、企业集团产权

1. 产权关系

产权关系是指财产（生产资料）的所有权关系。在一般的意义上，完整的产权关系是多层次的，它表明财产最终归谁所有、由谁实际占有、谁来使用、谁享受收益、归谁处置等财产权中的一系列产权关系。产权的一个重要特征是产权要素的可分解性，财产所有权可以分解为财产终极所有权和财产所有权。

2. 企业集团的产权结构

契约式企业集团作为一种松散型的集团形式，是一种不稳定的形式，不利于集团制定统一的长期发展战略和科学的营运策略。只有以资产作为联结手段，采用现代企业制度予以规范化的企业集团，才能形成真正的集团优势。

由于集团内各成员企业具有法人资格，而且可能具有不同的财产最终所有权主体，因而组成企业集团时，就不可避免地涉及较复杂的产权问题，如果处理不好各个层次的产权关系，也会给集团营运、发展带来隐患、危机。企业集团的产权关系包括以下三个层次。

第一，各成员企业作为独立的法人，同其资产的终极所有者之间的联系。集体企业、私有企业的这种产权关系可能易于明确，但国有企业的产权却错综复杂、模糊不清。只要有任何一方的产权关系不明晰，就会影响另外两层次的产权关系，给集团的建立、营运设置障碍、留下隐患。因为国有企业的投资者——某一级政府或国有资产管理机构享有选择管理者、参与重大决策及资产收益的权力，而当该企业加入集团后，由集团公司参股或控股，也要参与或控制该企业，这样就出现了多头控制，让企业无所适从。只有企业明晰同资产所有者的产权关系，拥有完全的法人财产权，才可能顺利地加入企业集团。

第二，集团公司同各成员企业之间的资产关系要明确。这种资产关系是确定一个集团内各成员企业之间行为关系、利益关系的焦点。要明确这种资产关系，就要以科学、合理的资产评估作为基础，值得注意的是要切实注意对无形资产评估的重视。一些效益不好的国有企业，为了进入企业集团，不惜以固有资产的流失作为代价。例如，土地使用权不作价或作价过低、商标商誉不作价或作价过低等。除此之外，还要注意对企业债务、职工安置等进行评估，以消除后顾之忧。

第三，集团公司同政府或国有资产管理机构之间的产权关系。这一层次的产权关系是指政企分开，集团公司拥有完全的法人财产权，成为市场竞争的主体，这样才能保证集团公司制定长期的发展战略，实施科学的营运策略。

3. 持股方式

企业集团是一个具有多层次的法人联合体，一般来说，企业集团都应有多层次的组织结构：集团公司（也就是控股公司）具有母公司的性质，在整个集团中处于中心地位；控股公司通常采用产权经营形式，它不同于一般直接从事商品生产的企业，也不是简单的产品协作关系或企业间的合作关系，而主要是通过控股形式，形成以产权关系为纽带的企业集团。

不同类型的控股公司可以采取不同的持股方式，主要有三种方式。

第一种是垂直持股方式，即母公司直接持股，中间不再有中介公司，以集团公司为龙头，分别持有若干成员企业的股份，并根据持有股份的多少形成控股公司或关联公司。但由于集团资金有限，这种模式难以大面积实行。

第二种是环状的相互持股（或交换股份）方式，这种相互持股不仅是集团公司与其他成员企业之间互换股票而形成环状，而且是每个股份化成员企业都有两个以上的法人股东。

第三种是环状持股与垂直持股相混合的形式，由于产权的互相渗透，企业集团内部的产权关系十分复杂。

三、财务管理体制的选择

1. 财务管理体制选择应考虑的因素

一般来说，财务管理体制的选择取决于下列因素。

（1）企业集团的成长阶段。发展初期，因为控股公司总部缺乏足够的资金来源和财务专家，往往实行分权式财务管理。随着控股公司发展到中型规模，有了较强的经济实力和较强的财务专家，就要集中地进行财务决策。当控股公司发展为大型控股公司以后，控股公司较多实行集权与分权相结合的方式。

（2）股权结构。一般情况下，控股公司财务决策权的集中与其子公司的控制程度呈正向关系。如果控股公司的子公司大多是独资经营，由于集权更有利于控股公司的全盘财务调度，故通常选择相对集中的财务管理；相反，如果控股公司的子公司大多是合资经营，根据合资人的利益与要求，其财务管理会相对分散。

（3）技术水平。技术要求高的控股公司大多把主要精力集中在技术开发而不是财务管理上，因而倾向财务分权管理；相反，技术要求低的控股公司，产品和工艺已成熟，公司的竞争主要不是来自技术，而在于全盘调度以降低成本，需要重视财务管理，因而倾向集中财务管理。

（4）企业文化。控股公司财务管理的集权与分权在一定程度上受传统的影响。如欧洲的跨国公司因其传统的母公司与子公司的“母子关系”，财务管理集中度较高。

（5）竞争状况。由于竞争的加剧，子公司对当地市场和经营环境的变化做出迅速反应，已成为控股公司成功的关键原因之一，这要求子公司拥有更多的经营自主权，包括更多的财务管理决策权。另外，随着生产经营国际化的发展，集中财务管理决策的利益也很明显。

2. 财务管理体制的具体模式

在企业集团中，核心层企业以总公司（或母公司）形式存在，不仅对企业集团起主导和控制作用，而且在财务上也起统率作用；紧密层企业以核心层企业为主要投资者，并以子公司形式存在，在财务上与核心层是母子关系，必须服从于母公司；半紧密层企业是指核心层企业持有其一定股份，并以孙公司形式存在，在财务上与紧密层是母子关系，与核心层是协作关系，并部分地受控于核心层企业的企业；松散层企业与核心层、紧密层、半紧密层企业之间是不固定的协作关系，通常情况下，将其作为非集团成员对待，属于企业集团的影响范围或势力范围，在财务上完全脱离核心层企业。基于上述企业集团各层次之间的财务关系，企业集团财务管理体制的目标模式如下。

（1）对于核心层企业实行集权式财务管理体制。企业集团的核心层只能有一个，它必须有一个或若干个核心企业（分支机构），即所有核心企业共同组成企业集团的核心层，对这些核心企业（分支机构）应采用财务决策权集中的财务管理体制。该体制的特点是财务权力高度集中于集团总部，对成员单位人、财、物和产、供、销实行统一经营、管理、决策和核算，以便于对企业集团各成员单位的业绩进行考核，并确保核心企业目标的一致性和核心层企业整体目标利润的完成。

（2）对于紧密层企业实行统一领导下的分权分级财务管理体制。即由企业集团总部作为主要决策机构做出首要的财务决策，把执行决策的责任和做出必要的、次要的财务决策的权力下放给所属紧密层企业的管理体制，并实行核心层企业与紧密层企业两级独立核算，其财务活动应纳入核心层企业统一财务计划，并纳入合并报表的范围。

（3）对于半紧密层企业实行受控制的分散的财务管理体制。即由企业集团总部间接地通过半紧密层企业活动环境进行调控，但半紧密层企业拥有独立的财务决策权，并实行独立核算。该体制的财务活动不纳入核心层企业统一财务计划，也不纳入合并报表的范围。

（4）对于松散层企业实行完全分散的财务管理体制。即松散层企业分散地行使财务决策权，进行独立决策、独立经营、独立核算、分散管理。

第三节 企业集团财务管理内容

企业集团财务管理，是指企业集团为实现其经营目标，在特定的管理体制和环境下，组织以本金投入与收益为主要内容的各种财务活动和协调企业集团内外各种财务关系的经济管理活动。由此定义我们可知，尽管企业集团财务管理也涉及企业集团管理体制和财务管理体制的设计等集团宏观层次的问题，但其主要内容还是侧重于融资管理、投资管理、收益分配管理等方面。

一、企业集团融资管理

企业集团通过对各成员公司资源的整合，可以形成比各成员公司资源简单相加更大的聚合效应。融资是企业集团生存和发展的前提，融资可对各成员企业的资源进行整合。企业集团的融资管理要根据企业集团内外环境的状况和变化趋势，对融资决策权的划分、融资总量的确定、资本结构的安排、融资方式和渠道的选择等进行系统的谋划，为提高企业集团的长期竞争力提供可靠的资金保证，并不断提高融资效益。和单体企业融资相比，企业集团所特有的融资问题首先便是对外融资的决策权问题。

1. 融资的决策权

融资的决策权问题主要体现在以下两个方面。

其一，企业集团需要集中融资还是分散融资。母公司必须从集团公司整体的角度来分析集团风险，从集团整体利益出发考虑筹资方式。集中筹集资金的基本目的是将集团公司整体风险控制在一个适当的范围，使集团公司的整体资金结构达到最优和整体资金成本达到最低。如放手让各子公司分散融资，各子公司自然会按各自最优的方式筹措资金以降低其加权平均资金成本，提高股权资金收益率。所以母公司就必须控制各子公司只从局部利益出发的最优化筹资行为，用集中筹资的方式取而代之。

其二，集中融资的形式有哪些。根据集团公司的财务组织形式不同，集中筹集资金可以分为完全集中融资和集中决策、分散融资两种形式。完全集中融资是指子公司没有直接对外融资的权利，只有母公司才拥有对外融资的权利，并将对外筹集来的资金按子公司的资金需要量在不同子公司之间进行分配。采用这种对外融资方式的优点是通过调整各个子公司的资金来源结构，将企业集团整体风险水平控制在一个适当的范围之内，使企业整体加权平均资金成本达到最低。缺点是融资所产生的一切风险均由母公司承担，使其直接面临被起诉的风险。集中决策、分散融资，是对外融资的决策权掌握在母公司手中，实际融资仍然以子公司的名义进行，母公司根据集团整体资金结构最优的原则，确定各子公司应该采用的筹资方法。这种融资方式的优点是融资风险由子公司承担，降低母公司的风险。这种融资方式的缺点是其融资成本高于完全集中融资形式的融资成本。

总之，对于影响集团整体的战略发展结构，引起总部对成员企业股权结构改变或增大集团整体财务风险的重大融资事项，一般由总部（或财务公司）进行融资决策；而对于一般性融资事宜，企业集团应当尊重作为独立法人的成员企业的意愿，在不违背集团投融资政策的前提下，让独立法人的成员企业进行自主的融资决策。

2. 融资规模

企业集团融资活动应在充分考虑自身发展战略、生产经营活动的需要以及外部客观环境对本企业影响的基础上，预测分析资金的需要量，适时筹集到足够的资金以保证集团正常生产活动以及投资战略的需要。企业集团只要对自己的正常生产经营和扩大规模有较为确定性的把握，预测资金需要量就不算复杂的问题。在一定时期，可通过分项汇总的方法核算本期融资总额。再根据集团内部资金的来源，计算本期可提供的数额。用融资总额减去集团内部资金的来源（本期可提供的数额），即可确定集团融资规模。确定合理的融资规模，可防止融资规模过大导致资金闲置，或因融资不足而造成资金短缺。最后还应根据集团融资的评价标准对其进行修正。

3. 资本结构

在服务于集团整体战略的前提下，还需综合考虑各方面因素，确定集团整体的资本结构。通过融资管理尽量使整个集团的资金来源结构保持健康、合理。在以资本为主要联结纽带的现代企业集团中，层层控股关系使得企业集团可以利用资本的杠杆作用——集团母公司以少量自有权益资本对更多的资本形成控制。这也使得集团整体的综合负债率可能大大高于单体企业。在集团金字塔形的组织结构中，处于塔尖的母公司的收益率比处于塔底的子公司的收益率有更大的弹性，即一旦子公司的收益率有所变动，就会在母公司层面产生若干倍的放大效应，这无疑是考虑集团资本结构时必须注意的。另外，不同的融资方式与不同的融资数额对企业集团资本结构的影响不尽相同。资本性融资可能会改变企业集团的权益结构，负债性融资可能会使企业集团丧失权益，过度的负债融资甚至会威胁企业集团的生存。

4. 融资方式

一个企业集团是否具有财务优势，最主要的不是已经拥有多大规模的财务资源，而在于是否拥有或创造出更多、更顺畅的融资渠道，以及有无足够的能力来有效地利用这些渠道将资金筹措进来。在这一点上，企业集团的能力显然要远远大于单一成员企业。

因而，按照资金来源的不同，企业集团融通资金的方式一般有如下两种。

（1）外部融资。外部融资的方式有许多种，如银行或金融机构贷款、发行股票、发行债券、商业信用、融资租赁、国内联营等。这些不同的融资方式，其融资风险、融资成本、融资期限、稳定性、灵活性和约束条件都是不同的。因此，企业集团在选择这些融资方式时，应权衡每种融资方式的经济性质、经济权益、筹资风险和筹资成本，将其作为选择具体融资方式的依据。

（2）内部资金融通。内部资金融通主要是指集团凭借自己的资金力量和各成员企业的自有资金在集团内进行的资金横向融通。内部资金包括留存资金、应付资金、易变现资产等。与单体企业融资方式不同，企业集团各成员企业之间就应该相互融通资金，以节约资金，降低资金成本，共谋发展。因为企业集团的各成员企业由于经营的特点和业务类型的差异，在资金使用和业务周转上往往存在着一定的“时间差”，当一些成员企业资金紧缺时，而另一些企业的资金可能比较充裕，这样就为企业集团成员相互借贷融通、调剂资金余缺提供了更广阔的空间。

企业集团内部资金融通的主要方式包括：利用集团积累的发展资金，为各成员企业提供资金；各成员企业之间相互担保、相互租赁及债务转移；各成员企业之间信用性资金的融通；等等。下面着重介绍一下集团内各成员公司的相互担保以及债务在集团内部各成员公司之间的转移这两种形式。

（1）集团内各成员公司的相互担保包括母公司为子公司的担保、子公司为母公司的担保、子公司与子公司之间的担保。我国商业银行法规定，企业存在风险，当借款公司不能按期还本付息时，提供担保的公司将承担连带赔偿责任。因此，在我国，企业集团内部各成员公司的相互担保极为常见。公司采用担保方式借款，可以降低银行的贷款风险，其利息率往往也会低于信用贷款的利息率，为公司带来利息支出减少和收益增加的好处。

（2）债务在集团内部各成员公司之间的转移。集团公司通过债务在内部各成员公司之间的转移，可以解决某些成员公司无法取得负债资金的难题。当某些成员公司需要筹集负债资金，但受到本公司资金来源结构的限制，或不宜直接提高外债的比例，或根本无法从外部筹集到负债资金时，集团公司就可以用其他成员公司的名义对外筹集负债资金，然后再将筹集来的负债资金通过内部负债的形式转移给需要资金的成员公司。企业集团通过债务转移方式筹资，不但可以满足需要资金成员公司的资金需要，而且可以降低负债资金的成本。

内部资金融通的方式主要是成立集团公司的结算中心或财务公司，集团内各成员公司都在结算中心或财务公司开设账户，将资金统一存入结算中心或财务公司，由于集团内各成员公司资金的存入与支取存在一定的时间差，这样，企业集团就可以将成员公司暂时闲置的资金集中起来，充分发挥资金的使用效益，减少对外筹资的需要。对于规模较小以及成员企业较少的企业集团，一般不设财务公司，基于融资能力的考虑，统一由总部作为融资的执行主体应当是可行的。但对于规模庞大或成员企业数量众多的企业集团，总部显然没有足够的能力与精力统辖具体的融资事宜。在这种情况下，对于分布区域较为集中的成员企业，统一由财务公司作为融资的具体执行者显然是最为有效的。

对于个别分散的成员企业，特别是海外的成员企业，在总部或财务公司的统筹规划下，也可以考虑将具体的融资事宜直接交由这些成员企业来执行，这是符合成本与效率原则的。

5. 融资方案的选择

融资方案首先应与集团战略保持一致性。融资方案的决策是企业集团战略决策的有机组成部分，因此，以和集团战略目标相一致的方式为集团提供充足的资金、保持融资的灵活性、与集团预期的现金流量状况保持一致、保证集团整体战略的顺利实施，将是选择融资方案的重要标准。其次，对融资方案的成本与风险进行分析。对符合集团战略要求的融资方案，还要进一步运用资本结构理论对其资金成本与融资风险进行分析评价，以低成本与低风险为标准，选择最佳的融资方案。

二、企业集团投资管理

投资管理是企业集团财务管理的一项重要内容。企业集团与单一公司在投资方面的区别是，单一公司所考虑的投资结构，更多的是考虑具体资产的分布和构成，而集团公司考虑的投资结构更多的是子公司的行业或经营分布。另外，单一公司对投资的管理，其重心在本公司资产的运用上，而企业集团的投资管理重心则在于如何综合各成员公司的资产优势，使之产生最大的收益。通过加强企业集团的投资管理，能够培育和增强企业集团的核心竞争力，充分发挥集团公司的资源整合效应，调整集团公司及子公司的规模、产业方向、产品结构和发展方向。

我们可以将企业集团的投资简单地分为对内投资和对外投资两种，前者为集团核心企业向其他企业成员进行的生产性投资，后者为核心企业进行企业兼并和收购，不断扩大企业集团的规模和实力。可以这么说，企业集团尤其是大型企业集团主要是通过联合与兼并形成的，而很少是自我发展积累形成的，所以投资在集团中的战略地位更体现在对集团成长的作用上。企业集团投资管理的重点有以下几个方面。

1. 确定投资战略

企业集团应该明确集团的投资战略，确立核心企业和成员企业在投资活动中应该遵循的基本原则，对资金投放的方向和规模进行整体性和长期性谋划。在投资方向上，核心企业要根据集团发展的战略目标，考虑影响投资的各种因素，包括国家的产业财税货币等经济政策，竞争对手的基本情况，以及企业集团内部的资金需求及筹集难度，企业集团的经营战略（专业化经营或多元化经营）、经营能力与管理水平，科学地确立投资战略，选择合适的投资方向，确定企业集团资金流向。在投资规模方面，集团总部进行集中管理，从整体利益出发，全面长远规划投资规模，防止下属单位为了局部利益而盲目扩大企业规模。

2. 确定投资决策权

在一般情况下，企业集团会存在投资决策者与实施者分立的情况。核心企业应该作为投资核心主体，掌握对公司整体发展有直接或潜在重大影响的投资决策权和例外事项的处置权。对集团公司产生重大影响的投资事件包括投资巨额投资项目、调整核心业务、投资对核心业务产生影响的股权等。这是因为，作为投资主体是具有一定条件的，即拥有独立的投资决策权、可支配的经济资源、对投资形成资产的所有权和投资收益的支配权以及承担投资风险的能力。

对于子公司的投资决策权则存在着以下几种观点：①子公司基本没有投资决策权，只有在简单再生产范围内进行技术改造的权利。这种观点在保证了母公司控制权的同时，削弱了子公司的经营权利，不利于子公司的发展壮大。②子公司拥有限额的投资决策权，只要子公司的投资总额不超过规定数额，都可以行使投资决策权这种观点没有考虑到子公司的规模和具体情况，会造成“一刀切”，不利于集团内部各成员企业的协调发展。③按子公司所有者权益的一定比例确定投资决策权，对投资领域不作限制，只要投资总计不超过一定比例，子公司都可以投资。这种观点虽然能保证子公司的权利，但不利于集团投资方向协调一致。④子公司拥有无限的投资决策权，这种无限分权就意味着各个成员公司完全按照自身的最优进行投资决策而不考虑这些投资决策对集团公司整体的影响，也就失去了组建企业集团的初衷。

以上几种观点，应具体问题具体分析。对公司整体发展不产生重大影响的投资核心企业应该根据成员公司的性质，决定是否向成员公司授权。从投资的角度看，成员公司的性质可以分为投资中心和非投资中心两类。对于投资中心性质的成员公司，集团公司应该赋予它一定的投资决策权。对于非投资中心性质的成员公司，核心企业则应该自己掌握决策权。完全属于成员公司内部的日常投资管理权限，如流动资产的投资决策权和一般固定资产的更新改造的决策权等，应全部交由成员公司决策。

3. 制订投资方案

核心企业应从集团的整体利益出发，选择投资时机、投资规模、投资项目、资金投放方式制订可行的投资方案。企业集团应从资金投放的源头进行管理，在确定投资方案时必须以一些基本条件与因素（如投资方案的盈利与增值水平、投资成本、投资风险、投资管理和经营控制能力与筹资能力等）的估算与分析为前提条件。首先，应把握好投资时机。在资金投放方案实施以前，企业集团应根据总体的要求，对内外部信息进行分析，控制好投资时机。其次，确定最佳的投资规模。投资规模决定着资金的投放效益，在对企业集团最佳的生产经营规模进行测算的基础上，预测市场需求状况，运用量本利等分析方法测算最佳生产经营规模，并进行投资总额的估算与“投入和产出”弹性分析，将各成员企业的投资规模控制在长远的规划和投入范围之内。最后，进行投资项目可行性分析，从母子公司角度分别评价投资项目，对规模较大的投资项目要实行严格的审批制度，并依据投资项目的轻重缓急而统筹安排。

三、企业集团收益分配管理

获取更大的经济利益是企业间相互结合的根本目的，是企业集团建立、巩固、发展的内在动力和客观基础。进行合理的利益分配，是各企业的利益目标得以实现，调动各成员企业生产经营积极性，增强企业集团凝聚力的重要保证。

1. 利益分配格局

企业集团的利益分配格局和利润形成机制均十分复杂。仅站在集团公司的角度，其利润形成机制就有三种类型：第一种是计划机制，即按公司规定由成员企业全部上交或部分上交形成的利润；第二种是市场机制，即以投资分成、价格转移等形式参与成员企业利润分配形成公司利润；第三种是经营机制，即由集团公司本身直接从事经营事务、科技开发等业务形成的利润。各种渠道汇集成公司的利润总额，然后按照国家有关规定进行分配。

企业集团利益分配的首要环节应为企业集团与国家之间的利益划分。这样的分配体现的是作为管理者的国家与企业集团间财务分配关系。具体做法是企业集团的核心企业和紧密层企业一律按现行税法缴纳流转税，按所得税税率缴纳所得税，纳税后的利润再经过各项法定提留等后作为应付投资者利润或应付股利在集团各个企业中进行分配。

企业集团利润分配最复杂的方面应属集团核心层与紧密层企业间税后利润的划分。这样的分配体现的内容是多方位的。例如，以控股方式形成紧密层的企业与核心层间的划分体现的是投资报酬返还的投资分配关系；以承包、租赁方式形成紧密层的企业与核心层的划分体现的则是核心层向紧密层企业的所有者交付承包费和租金的有偿使用资产关系；而行政性合并形成紧密层的企业与核心层间的划分又体现为对群体经营或规模经营形成更多收益的共享关系；等等。由此可看出，税后利润的这种划分最有企业集团的特色，是企业集团利益分配的核心内容。

企业集团的利益分配还要体现核心层与非紧密层企业的利益分配关系。对只有合作关系的企业则应完全从市场交往的角度按市场价格和预先定好的取费金额或取费比例来进行利益划分。

从上述内容可见，企业集团利益分配的特殊之处在于有着各成员企业间利润分配的事项。因此，以每个企业集团的组成状况为依据，理清企业集团在利润分配格局上的特性，是搞好企业集团利润分配工作的第一步。

企业集团的组织结构和财务机制是复杂的，所采取的利润分配机制也不能单一化。集团总部应按不同情况综合采取下述利润分配体制。

（1）统收统交体制，即成员企业实现利润全部上交集团总部，集团总部依法缴纳所得税，并按规定分配税后利润，成员企业使用资金时由集团总部统一支付。核心层企业可采用这种体制。

（2）利润分成体制，即集团公司以一定方式按比例参与成员企业利润分配，具体方式又有两种：一是协议比例分成制，适合于核心层企业和实行租赁经营的紧密层成员企业；二是投资比例分成制，适用于控股层企业和以资金为纽带联结起来的紧密层和半紧密层企业。

（3）转移价格分配体制，即以制定合理的集团内部转移价格来调节成员企业间的利润分配格局。适用于集团公司对松散协作层企业的利润分配和成员企业间的利益协调。

2. 利润分配方式

合理分配集团利润是巩固和发展企业集团，增强集团凝聚力的关键。企业集团利润的分配方式主要如下。

（1）股份分配法。凡以资金、资产或技术折股联合形成的股份制集团应按股份比例进行股息分配和红利分成，以投资股份进行收益分配是集团利润分配的主要发展方向。

（2）一次分配法。以体现平均劳动耗费的标准成本为基础，加上分解的目标利润，确定各成员企业配套零部件的内部价格。由于这种内部协议价格包含了分解的目标利润，其利润是在成员企业出售零部件时一次实现的。

（3）二次分配法。第一次分配，是按事先共同确定的最终产品目标成本（或标准成本、计划成本等），制定每个零部件的目标成本，并以此作为集团内部的结算价格，结算价格与各成员企业实际成本的差异部分，盈亏自理；第二次分配，是以最终产品销售收入扣除目标成本的余额或者说是以盈利作为分配基金，然后按各成员企业生产零部件的目标成本值占最终产品目标成本值的比例加以分配。这实际上是对集团收益进行的分配，是一个“分红”过程。二次分配法在理论和实践上是基本符合商品交换合理规则的。

（4）组合分配法。集团实现的利润既按生产资料价值和非生产资料价值进行比例分配（综合表现为按投资额比例分配），又按各成员企业对集团的贡献比例分配（表现为按劳动效率高低进行分配），两者结合的比例可以由集团各方协商确定。

（5）技术成果计价分成法。提供先进技术、专利和商标的企业，按共同商定的单位产品提成额和销售量，从受益企业新增利润中提取一定份额作为报酬。

（6）协议比例分配法。根据各成员企业所提供的技术、人力、商标等资源要素，按协议中规定的分成比例分配集团利润。

这些方式在企业集团中有的表现为有主有辅，有的表现为交错共用，更多的则表现为因不同的成员企业而灵活选用。

3. 利润分配方式的选择

利润分配政策的制定过程实际上是对利润分配和留存收益之间关系的探寻过程，不可避免会涉及与集团有经济利害关系的当事人的利益，也影响到集团的财务运作。影响利润分配的具体因素主要包括以下几点。

（1）法律约束机制。许多国家的法律对股利政策制定都强调三个规则：①净利润规则，要求股利来自盈余；②资本减损规则，规定公司不得以资本支付股利；③无偿付能力规则，规定公司在无偿付能力时不得支付股利。西方国家还规定超额累计利润限制，对超额累计利润加征额外税款。

（2）短期经营因素。具体包括：①债务状况。一方面，负债契约对股利发放或投资分红有所限制；另一方面，当近期有大批到期债务时，集团首先要考虑的是满足偿债需要，集团发放红利的能力将受到较大影响。②筹资能力。如果企业集团的筹资能力较强，短时间内能迅速获得所需要资金，则可以考虑较高的股利发放率；反之，则要考虑保留更多的资金用于内部周转或偿还到期的债务。③资产流动性。资产流动性强弱反映了企业集团财务风险高低，资产流动性较高，可采用较高的红利发放率；反之就应采用较低的红利发放率。

（3）长期发展因素的影响。具体包括：①发展阶段。集团发展初期，资本实力弱，筹资能力差，急需大量资金投入，通常采取较低的红利发放率；反之，成熟期的集团，其实力雄厚，发展速度减慢，筹资能力较强，往往能采取较高的红利发放率。②投资机会。从股东财富最大化出发，集团将税后利润的一部分或全部用于内部积累，其前提是可以使股东获得高于投资报酬率的再投资收益。因此，较好投资机会的存在是保留留存收益的前提条件。③收益稳定程度。红利应以对长期收益能力的预期为基础。④资本结构及资本成本。不同的红利政策影响集团的加权资金成本。从理论上讲，留存收益的资金成本是机会成本，即权益资本成本。

（4）其他因素。具体包括：①通货膨胀因素。在通货膨胀时期，维持现有经营规模需不断追加投入，需要将税后利润更多用于内部积累。②投资者。红利派发，留存收益相应减少，而增发新股将可能稀释集团控制权。③红利政策惯性。一般来说，红利政策的波动或不稳定，会给投资者带来经营不稳定的印象，从而导致股价下跌。考虑到红利政策变动对股市的影响，红利政策应保持一定的稳定性和连续性。

第四节　企业集团财务控制

一、财务控制的含义

财务控制是指财务人员（部门）通过财务法规、财务制度、财务定额等对资金运动（或现金流转）进行指导、组织督促和约束，确保财务计划（目标）实现的管理活动。这是财务管理的重要环节，与财务预测、财务决策、财务分析与评价一起构成财务管理系统。企业集团财务控制，是基于母子公司间的产权和资本纽带关系，为实现企业集团整体利益的最大化，以母公司对子公司财务活动的约束、检查或纠偏为手段而形成的若干要素的有机结合。它是企业集团公司控制的核心。从机制角度分析，财务控制的目标是企业财务价值的最大化，致力于将企业资源加以整合优化，从而使资源配置达到最佳，即资源消费最少而其利用效率最高、企业价值最大，最终达到使其所属子公司能在经济效益上成为集团公司新的利润增长点的目标。

二、企业集体财务控制的内容

集团财务控制不是全面控制，应选择一些主要方面实施重点控制，并随集团整体战略目标和环境的变化而调整控制内容，以达到预期的效果。不同类型与不同管理风格的企业集团，其财务控制内容与重点也可能有所不同，但基本都包含以下几方面内容的控制。

（1）资本结构。资本结构是企业控制权的决定因素，因此，集团首先应注重企业的资本结构。对企业因组建、合并、分立、资本调整及清算等影响资本结构的情况实施事前、事中、事后的控制，以确保集团对企业的控制权。

（2）对外投资。对外投资从本质来讲是一种资本的位移，这种位移会给投资者带来新的风险和收益。财务对企业对外投资控制的重点是抓好投资的可行性分析、投资来源分析、投资效益分析和风险因素分析，参与投资决策，监督投资实施过程，建立明确、完善的投资分析、决策、实施和处置等相关制度。实现制度控制与过程控制相结合，并以过程控制为重点。

（3）重大工程项目。重大工程项目一般具有投资规模大、时间长、对企业发展有重大影响的特点，一旦失误会造成企业甚至集团整体效益的大幅下降，乃至拖垮整个集团。重大工程项目控制的重点是可行性分析、实施过程监督和效益分析。

（4）重大筹融资。企业向外筹融资意味着又增加了一个投资者（债权人或股东），这直接影响原有股东和集团的利益。因此，集团应对企业筹资规模和方向、融资渠道、偿还来源、资金用途及效益、存在的风险等实施全面的财务控制，这是集团财务控制一项重要的、经常性的工作。

（5）对外担保。企业对外担保虽是一项或有负债，但一旦被担保企业出现问题，就是一项即时债务，现实中不乏由于对外担保而造成企业破产的例子。因而，集团应加强对企业对外担保事项的财务控制，包括对担保内容、金额期限、被担保单位情况、担保条款等实施监控。

可以看出，企业集团财务控制的内容都属于资本性项目，属于重大事项。这些重大项目的立项、可行性论证、批准权都集中于集团总部，但项目的实施都在子公司。为了防范子公司偏离集团公司的目标，防止违规欺诈行为，集团总部必须对项目的实施进程进行监督。一般来说，重大项目的启动与实施都涉及巨额资金的流动，如果对资金进行有效的管控，也就基本能够约束子公司的经营行为。

三、企业集团财务控制的重点

从企业集团控制来看，预算控制和业绩评价控制在企业集团财务控制中的地位正在变得日益重要。这两种财务控制方法在一定程度上解决了对子公司实施过程控制与对子公司经营者的约束和激励问题，在企业集团母子公司管理中得到普遍应用。

预算控制采用事先预算、事中监督、事后分析的方法，既是一种控制机制和制度化的程序，又是经营活动有序进行的重要保证。预算的制定要以企业集团战略目标为依据，根据企业的发展规划，系统反映企业为达到生产经营目标所必须拥有的经济资源和配置情况。企业集团要依照各单位的经营职能范围、资产规模、任务大小、各项目的技术含量、市场前景和风险等不同情况，分项目、分单位，按月、季、年编制资金收支和费用计划，并将各项资金、费用预算目标实行合理分解，按月严格考核，使各单位责任明确，让公司资源合理有效地得到利用，形成企业经营活动的良性“造血”机能。预算控制已经成为企业集团全过程财务控制的重要手段之一。

在企业集团财务控制体系中，预算控制和业绩评价相互对应，构成了一个财务管理循环。一方面，在财务活动预算执行过程中，通过业绩评价信息的反馈及相应的调控，可以随时发现和纠正实际业绩与预算的偏差，从而实现对财务经营过程的控制；另一方面，预算编制、执行、评价作为一个完整的系统，相互作用，周而复始地循环，以实现对整个企业经营活动的最终控制，而业绩评价既是本次财务管理循环的总结，又是下一次财务管理循环的开始。业绩评价既然是对预算完成情况的考核评价，其内容必须与预算编制的内容相适应，以预算执行主体为考评主体，以预算目标为核心，通过比较预算执行结果与预算目标，确定其差异，分析差异产生的原因，据以评价各责任主体的工作业绩，按照奖惩制度将其与各责任人的利益挂钩，从而影响其未来的行为决策，并在此基础上调整下期预算。

四、企业集体财务控制的方法

企业集团有多种财务控制方法可供选择，可以根据自身的经营状况和治理需要选择最适合本企业的模式。只要使本企业集团的财务治理工作能够满足经营需要、控制财务风险、降低财务成本、提高资金效益，就是合理的财务控制方法。企业集团通常采用的财务控制方法有资金控制方法、人事控制方法、制度控制方法、预算控制方法和业绩考核控制方法等。

1. 资金控制方法

多数企业集团内部都设有财务结算中心。财务结算中心可以有效调节资金流向，合理控制集团资金的使用，协调集团内各成员企业的资金分配，盘活集团资金，防止资金闲置，解决企业集团在资金使用上的平均主义问题，提高资金使用效率。财务结算中心在财务控制模式上可以依据企业集团对集权与分权的不同选择，采取不同的治理方式。当企业集团倾向于集权控制时，应采用集中度高的治理方式，可采用的主要措施包括：收入统一管理，即可以将成员企业的收款事项统一由财务结算中心办理，防止收入分散造成资金失控；统一资金的使用，即集团内资金的支出由结算中心统一安排。当企业集团倾向于分权治理时，应减少在资金控制权限方面的统一事项或集中的程度。集权模式适用于集团中各公司地理位置比较集中、各子公司之间关系紧密、集团领导层决策手段先进、治理水平高或集团规模不大的情况，以保证集团的治理层能够灵活反应，快速决策，且治理控制成本较低。相对分散的财务结算中心模式适用于特大型企业集团，各子公司在生产经营内容上有较大差异，由于资金均存放于财务结算中心，各单位能通过结算中心相互调剂资金余缺，并把内部结算过程中占用的资金留在集团内部循环，从而降低了企业集团因对外流动资金贷款造成的费用。

2. 人事控制方法

代理关系的存在，导致委托代理双方存在着信息不对称，因而经常产生有损所有者利益的逆向选择和道德风险问题。董事会和监事会对经理人员的控制往往是事后行为，控制的力度和效果是有限的。因此，人事控制主要包括特派财务经理和对成员企业经营者实行监督两方面。财务总监制度可以解决人事控制问题并实施对成员企业经营者事前、事中和事后的全过程控制。子公司财务总监由集团公司委派并对集团公司负责。财务总监代表股东的利益，直接对集团公司董事会负责。财务总监同时又是公司日常财务工作的负责人，平时要受总经理领导，协助总经理工作。这样，财务总监代表股东打破了经理人员权力的过度集中，能在日常工作中控制财务活动的全过程。

3. 制度控制方法

集团一般通过统一制定财务会计制度和内部审计制度来规范成员企业的财务行为；统一财务处理方法和程序以实现对成员企业财务活动的有效控制。控制系统主要由财务监督与内部审计两个方面构成，分别从不同角度对所属单位执行财经纪律、进行财务收支和经营管理活动进行内部监督，保证企业集团按照既定目标平稳运行与发展。财务监督的重点是国家财经法规、政策的执行情况，经董事会批准的公司重大经营计划、方案的执行情况，大额对外付款、投资、借款、担保情况，固定资产的废、损、核销及出售情况，重要经济合同的签订和执行情况，所属全资和控股子公司的财务运作和资金收支情况。财务监督可不定期进行，对于检查出的财务问题，要求纠正并限期反馈纠正情况，涉及个人责任追究问题，按规定程序进行处理。内部审计在集团公司治理机构中有着不可替代的作用。内审部门的作用不仅在于监督子公司财务工作，也包括稽查、评价内部控制制度是否完善和企业内各组织机构执行指定职能的效率，也是监督、控制内部其他环节的主要力量。集团公司对子公司进行内审的主要方法：一是以强化集团资产为主线，建立审计网络，各审计部门负责对下属公司的内部审计实行离任审计制度，审查和评价子公司责任主体的经济责任履行情况；二是定期或不定期地对子公司的内部控制机构的有效性进行评估，监督和完善子公司的内部控制制度。集团公司通过对子公司的审计，可以及时发现和纠正所存在的问题，增强内部控制意识，发挥内部治理强有力的控制机制作用。

4. 预算控制方法

在企业集团财务控制过程中，预算管理起着承上启下的作用。在管理水平良好的集团，预算经常用于判定各级管理人员的业绩，理想的预算制度既能实现所有者与经营者目标的完全一致，又能激励各级管理人员按照符合道德的方式去实现集团和个人的目标。为将道德风险控制在适度的范围内，预算的编制和执行就显得尤为重要。预算的整体性和全面性使子公司在实施的过程中需要相互配合和协调，提高治理效率，减少摩擦，增强凝聚力。预算一旦确定，并层层分解下去，具体落实为责任预算时，便具有强制约束效力，给予子公司以明确的经营管理目标和各方的责权关系，便于子公司对预算的有效执行及其自我调整、评价和控制。

5. 业绩考核控制方法

企业集团具有规模和经营范围大、组织层次多的特点，且现代企业集团正逐步向跨区域、跨行业方向发展，使得反映经营状况和财务成果的一般会计指标已不能适应企业集团对成员企业进行财务控制和评价的需要，因为按照统一标准提供的评价指标不能揭示不同地区、不同行业、不同规模、不同成长阶段的成员企业在盈利水平、增长趋势和机会风险等方面的差异，所以不同的集团可选择不同的指标，不同性质的子公司也可以赋予不同的考核指标。企业的使命在于发展并盈利，因此与其相关的财务指标便成为评价的主要内容。这些指标主要包括销售额、销售利润率、剩余收益、现金流量、投资报酬率、总资产报酬率、流动资产周转天数、流动比率、资产负债率、每股盈余等。根据指标选取的原则及评价的可操作性，评价指标的数量在十个以内为宜。不同的集团根据各自的预算指标、同行业平均指标、历史同期指标、国内或国际先进指标等有关数据来确定成员企业的业绩，进行业绩评价并兑现奖惩，以实现对整个企业经营活动的控制。

【案例分析】

迪士尼公司融资行为实例分析

1922 年 5 月 23 日，创始人沃尔特·迪士尼用 1 500 美元组成了“欢笑卡通公司”。现在，迪士尼公司已经成为全球最大的一家娱乐公司，是好莱坞最大的电影制片公司。在迈克尔·艾斯纳长达 18 年的经营中，融资扩张策略和业务集中策略是其始终坚持的经营理念。这两种经营理念相辅相成，一方面，保证了迪士尼公司业务的不断扩张，创造了连续十数年的高速增长；另一方面，确保新业务与公司原有资源的整合，同时起到不断地削减公司运行成本的作用。迪士尼公司的长期融资行为具有以下四个特点：第一，股权和债权融资基本呈同趋势变动。第二，融资总额除了在 1996 年有大的增长，其他年份都比较稳定。第三，除了股票分割和分红之外，迪士尼公司的股权数长期以来变化不大。第四，长期负债比率一直较低，近年来仍在下降。迪士尼公司的负债平均保持在 30% 左右。

1. 企业融资的质量标准是什么？
2. 就融资角度而言，企业集团如何规避融资风险？
3. 思考迪士尼公司融资行为特点形成的原因。

【思考题】

1. 简述企业集团的含义及特征。
2. 企业集团财务管理体制的基本模式为哪三种？
3. 企业集团融通资金的方式有哪些？
4. 企业集团投资管理的重点有哪些？
5. 企业集团财务控制的方法有哪些？

参考文献

奥利弗 H. 1996. 公司治理：理论与启示. 朱俊，汪冰，顾恒中，译. 经济学动态，（6）：60-63.

布里格姆 E F，埃尔霍尔特 M C. 2005. 财务管理：理论与实践. 10 版. 狄瑞鹏，胡谨颖，侯宇，译. 北京：清华大学出版社.

陈文婷，李善民. 2015. 控制权转移中大股东持股与利益侵占行为研究. 中山大学学报（社会科学版），（3）：189-199.

陈信元，张田余. 1999. 资产重组的市场反应——1997 年沪市资产重组实证分析. 经济研究，（9）：47-55.

达莫德伦 A. 2001. 公司财务：理论与实务. 荆霞，曾力伟，宋国华，等译. 北京：中国人民大学出版社.

党兴华，王育晓，刘泽双. 2004. 网络环境下企业技术创新绩效评价研究. 中国管理科学，12（3）：130-135.

冯根福，吴林江. 2001. 我国上市公司并购绩效的实证研究. 经济研究，（1）：54-61，68.

高见，陈歆玮. 2000. 中国证券市场资产重组效应分析. 经济科学，（1）：66-77.

葛结根. 2015. 并购支付方式与并购绩效的实证研究——以沪深上市公司为收购目标的经验证据. 会计研究，（9）：74-80，97.

卡罗尔 A B，巴克霍尔茨 A K. 2004. 企业与社会：伦理与利益相关者管理. 原书第 5 版. 黄煜平，等译. 北京：机械工业出版社.

科普兰 T，科勒 T，默林 J. 2002. 价值评估：公司价值的衡量与管理. 3 版. 郝绍伦，谢关平，译. 北京：电子工业出版社.

赖步连，杨继东，周业安. 2006. 异质波动与并购绩效——基于中国上市公司的实证研究. 金融研究，（12）：126-139.

李善民，陈玉罡. 2002. 上市公司兼并与收购的财富效应. 经济研究，（11）：27-35，93.

李善民，曾昭灶，王彩萍，等. 2004. 上市公司并购绩效及其影响因素研究. 世界经济，（9）：60-67.

李维安. 2005. 公司治理学. 北京：高等教育出版社.

刘大志. 2010. 股权结构对并购绩效的影响——基于中国上市公司实证分析. 财务与金融，（3）：17-23.

刘笑萍，黄晓薇，郭红玉. 2009. 产业周期、并购类型与并购绩效的实证研究. 金融研究，（3）：135-153.

陆桂贤. 2012. 我国上市公司并购绩效的实证研究——基于 EVA 模型. 审计与经济研究，27（2）：104-109.

陆国庆. 2000. 中国上市公司不同资产重组类型的绩效比较：对 1999 年度沪市的实证分析. 财经科学，（6）：20-24.

罗斯 S A，韦斯特菲尔德 R W，乔丹 B D. 2002. 公司理财基础. 5 版. 方红星，译. 大连：东北财经大学出版社.

麦金森 W L. 2002. 公司财务理论. 刘明辉，译. 大连：东北财经大学出版社.

青木昌彦，钱颖一. 1995. 转轨经济中的公司治理结构：内部人控制和银行的作用. 北京：中国经济出版社.

檀向球. 1998. 关于我国股票市场经济功能的统计研究及对策. 上海统计，（4）：28-29.

王凤荣，高飞. 2012. 政府干预、企业生命周期与并购绩效——基于我国地方国有上市公司的经验数据. 金融研究，（12）：137-150.

王跃堂. 1999. 我国证券市场资产重组绩效之比较分析. 财经研究，（7）：3-5.

吴超鹏，吴世农，郑方镳. 2008. 管理者行为与连续并购绩效的理论与实证研究. 管理世界，（7）：126-133，188.

吴超鹏，叶小杰，吴世农. 2012. 政治关联、并购绩效与高管变更——基于我国上市公司的实证研究. 经济学家，（2）：90-99.

吴敬琏. 1994. 现代公司与企业改革. 天津：天津人民出版社.

希勒 R J. 2001. 非理性繁荣. 廖理，施红敏，译. 北京：中国人民大学出版社.

杨杰，方俐洛，凌文铨. 2001. 关于绩效评价若干基本问题的思考. 自然辩证法通讯，（2）：40-51.

于东智. 2005. 公司治理. 北京：中国人民大学出版社.

余光，杨荣. 2000. 企业购并股价效应的理论分析和实证分析. 当代财经，（7）：70-74.

张冀. 2015. 企业并购风险及其控制——以“新湖中宝”并购案为例. 经贸实践，（12）：57.

张青，王全生，彭建良. 2002. 基于神经网络的煤矿企业经营绩效评价研究. 煤炭学报，（2）：220-224.

张维迎. 1996. 所有制、治理结构及委托—代理关系——兼评崔之元和周其仁的一些观点. 经济研究，（9）：3-15，53.

张新. 2003. 供应链中非核心企业的发展选择. 科技进步与对策，（S1）：126-127.

赵国英. 2009. 国有企业公司治理改革的马克思主义理论解读. 产业与科技论坛，8（12）：226-229.

赵息，张西栓. 2013. 内部控制、高管权力与并购绩效——来自中国证券市场的经验证据. 南开管理评论，16（2）：75-81.

朱宝宪，王怡凯. 2002. 1998 年中国上市公司并购实践的效应分析. 经济研究，（11）：20-26，92.

Agrawal A，Jaffe J F. 2000. The post-merger performance puzzle. Advances in Mergers and Acquisitions，（1）：7-41.

Agrawal A，Jaffe J F，Mandelker G N. 1992. The post-merger performance acquiring firms：a reexamination of an anomaly. The Journal of Finance，47（4）：1605-1621.

Bachelier L. 1900. Théorie de la spéculation. Annales Scientifiques de l' École Normale Supérieure，17（3）：21-86.

Banerjee A V. 1992. A simple model of herd behavior. The Quarterly Journal of Economics，107（3）：797-817.

Bruner R F. 2002. Does M&A pay：a survey of evidence for the decision-maker. Journal of Applied Finance，（1）：48-68.

Cootner P. 1964. The Random Character of Stock Market Prices. Cambridge：MIT Press.

De Long J B，Shleifer A，Summers L H，et al. 1990. Noise trader risk in financial markets. Journal of Political Economy，98（4）：703-738.

Elgers P T，Clark J J. 1980. Merger types and shareholder returns：additional evidence. Financial Management，9：66-72.

Fama E F. 1970. Multiperiod consumption-investment decisions. American Economic Review，60（1）：163-174.

Fama E F. 1980. Agency problems and the theory of the firm. Journal of Political Economy，88（2）：288-307.

Freeman M. 1984. Law and order in 1984. Current Legal Problems，37（1）：175-231.

Fuller R J. 2000. Behavioral finance and the sources of alpha. Working Paper.

Healy P M，Palepu K G，Ruback R S. 1992. Does corporate performance improve after mergers? Journal of Financial Economics，31：135-175.

Jensen M C. 1986. Agency costs of free cash flow，corporate finance，and takeovers. The American Economic Review，76（2）：323-329.

Jensen M C. 1988. Bankruptcy and agency costs：their significance to the theory of optimal capital structure. The Journal of Financial and Quantitative Analysis，23（1）：27-38.

Jensen M C，Meckling W H. 1976. Theory of the firm：managerial behavior，agency costs and ownership structure. SSRN Electronic Journal，3（4）：305-360.

Jensen M C，Ruback R S. 1983. The market for corporate control：the scientific evidence. Journal of Financial Economics，11（1~4）：5-50.

Kahneman D，Tversky A. 1979. Prospect theory：an analysis of decision under risk. Econometrica，4（2）：263-291.

Kendall M. 1953. The analysis of economics time series. Journal of the Royal Statistical Society，94：11-25.

Kesteloot K，de Bondt R. 1993. Demand-creating R&D in a symmetric oligopoly. Economics of Innovation and New Technology，（2）：171-183.

Kuhn M H，Lewin K. 1951. Field theory of social science：selected theoretical papers. Annals of the American Academy of Political and Social Science，27（1）：146-147.

Mandelbrot B. 1966. Forecasts of future prices，unbiased markets, and “martingale” models. Journal of Business，39（1）：242-255.

Manne H G. 1965. Mergers and the market for corporate control. Journal of Political Economy，73（4）：351.

Müller G. 1969. Index of geoaccumulation in sediments of the Rhine River. Umschau in Wissenschaft and Technik，79：778-783.

Osborne M F M. 1959. Brownian motion in the stock markct. Operations Research，7（2）：145-173.

Roberts H V. 1959. Stock-market “patterns” and financial analysis：methodological suggestions. The Journal of Finance，14（1）：1-10.

Roberts H V. 1967. Statistical Versus Clinical Prediction of the Stock Market. Chicago：University of Business.

Samuelson P A. 1965a. A catenary turnpike theorem involving consumption and the golden rule. The American Economic Review，55（3）：486-496.

Samuelson P A. 1965b. A theory of induced innovation along Kennedy-Weisäcker lines. Review of Economics and Statistics，47（3）：343-356.

Schwert G W. 1996. Markup pricing in mergers and acquisitions. Journal of Financial Economics，41（2）：153-192.

Shefrin H，Statman M. 1994. Behavioral capital asset pricing theory. The Journal of Financial and Quantitative Analysis，29（3）：323-349.

Shefrin H，Statman M. 2000. Behavioral portfolio theory. The Journal of Financial and Quantitative Analysis，35（2）：127-151.

Siegfried J J，Blair M M. 1997. Ownership and control：rethinking corporate governance for the twenty-first century. Southern Economic Journal，63（3）：840-842.

Tricker R I. 1984. Corporate Governance：Practices，Procedures and Powers in British Companies and Their Boards of Directors. Aldershot：Gower Publishing Company.

Vroom H. 1965. Work and Motivation. Hoboken：Wiley.